大 学 用 书

古典目录与国学源流

王锦民 著

中 华 书 局

图书在版编目(CIP)数据

古典目录与国学源流/王锦民著. – 北京:中华书局, 2012.1(2012.7重印)
（大学用书）
ISBN 978 – 7 – 101 – 08298 – 2

Ⅰ.古…　Ⅱ.王…　Ⅲ.古籍 – 目录学史 – 研究 – 中国　Ⅳ.G257

中国版本图书馆 CIP 数据核字 (2011) 第 218651 号

书　　名	古典目录与国学源流
著　　者	王锦民
丛 书 名	大学用书
责任编辑	石　玉
出版发行	中华书局
	（北京市丰台区太平桥西里 38 号　100073）
	http://www.zhbc.com.cn
	E – mail:zhbc@ zhbc.com.cn
印　　刷	北京瑞古冠中印刷厂
版　　次	2012 年 1 月北京第 1 版
	2012 年 7 月北京第 2 次印刷
规　　格	开本/850×1168 毫米　1/32
	印张 12⅞　插页 2　字数 330 千字
印　　数	3001 – 6000 册
国际书号	ISBN 978 – 7 – 101 – 08298 – 2
定　　价	32.00 元

目　　录

第一章

导　论

——古典目录学与学术史

一、文献、学术与目录

　　首先开宗明义，凡是从事国学研究的人，都不可避免地要跟自古以来的文献打交道，而文献所蕴含着的，则是学术，使文献与学术之间建构起有机联系的，则是目录。文献、学术与目录三者始终保持着紧密的关系，可以形象地比作国学这尊大鼎的三足。

　　什么是文献？这是一个必须首先要搞清楚的基本概念。对于文献概念的理解，可以有广义和狭义两种。从广义的角度说，文献概念与史料概念大体相当。所谓史料，可以分三大类：一是过去流传下来的关于人类生存的一切物质遗存（遗迹、遗址、建筑、器物、工具、服饰等等）；二是文字和图像记载（公私文档、经籍、史传、神话、文学、石刻、图画等等）；三是口传的言语生活材料（礼俗、传说、师传、演唱、方言等等）。这三大类史料一定与人类生存有关，这一点是很重要的。国学所关涉的历史不是自然的演变过程，而是人类基于精神目的而进行的选择与创造的历程。史料本身即是一种意义载体，具有历史记忆功能，在经过周密的外部考证与内部考证之后，它能够透露出客观的、有意义的历史信息，可以帮助我们认识在过去的年代中人们所经历的物质生活、社会和精神生活的基本状况。

不过，在国学研究中使用文献这个概念，大多是从狭义的角度说的。要得出狭义的文献概念，需要对广义的文献概念做两层限制。首先一层限制，诸如物质遗存和图像类的历史材料，通常被划归到考古学、博物学之中，而不在文献学的研究范围之内。这样一来，文献学所要研究的对象，主要是那些以语言方式存在的历史材料，既可以是书面的语言文献，亦可以是口传的言语文献。这样的文献，与古代文献的本义是基本相合的。"文献"一词源出自《论语·八佾》，孔子说："夏礼吾能言之，杞不足征也；殷礼吾能言之，宋不足征也。文献不足故也，足则吾能征之矣。"郑玄注释云："以此二国之君文章、贤才不足也。"文献一方面指文献典章，另一方面指着贤口传之故事。其次一层限制，对于以语言方式存在的流传文献，也有学者做了进一步划分，认为其中只有那些传世的、发挥过重要文化影响的典籍，比如儒、道、释的经典、诸子百家、二十五史、历代诗文之类，才是核心的、正统的文献，其余的则是边缘的、非正统的文献。这种看法并不是只保留正统的文献，而摒弃非正统的文献，而是分出中心与边缘。这种对文献的看法，本身亦是自古相沿的正统观念的体现，按照这种正统观念，国学的最重要的文献，就是那些被收录在经、史、子、集四部以及佛藏与道藏中的书籍。

毫无疑问，中国古代的文献传统的确有着自身的特点，这个特点就是它自始以来就与学术密切地结合在一起。我们可以设想，古代历史中源源不断地产生着各种文献，而在当时看来，这些文献的价值是有所不同的，有一些文献被有意识地保存并传承下来，有一些文献则任其自生自灭了，而在其中发挥着评鉴、选择与建构作用的，即是与文献并行发展的学术。

那么，在国学的意义上说，学术又是什么呢？著名学者梁启超曾经给中国之学术下过一个经典性的定义：

> 学也者，观察事物而发明其真理者也；术也者，取其所发明之真理而致诸用也。……学者术之体，术者学之用。二者如辅车相依而不可离。学不足以应用于术，无益之学也；术而不以科学上之真理为基础者，欺世误人之术也。[1]

在梁氏看来，学与术都是人类探索自然与社会奥秘的某种活动，均以真理为鹄的；学与术的关系就像认识与实践的关系一样，可分而不可离。不过，尽管梁氏之说曾经发生过很大影响，却未必与中国古代的历史情况完全吻合。因为他基本上是顺着西学的路向，把学术仅仅看作是一种知识形态，而忽略了学术赖以建构的政教基础。学术不是抽象地存在着，它隶属于国家的政教体制，就像一棵大树，地表以上枝繁叶茂，地表以下也是根脉纵横。中国古代学术从产生伊始，就有政教化的特点。就上古学术的起源来看，学与术的发源地是不同的，学发源于古代的学校，术发源于古代的官守，故而前者侧重于贵族的道德理想教育，后者侧重于官吏的各种专门技能的培养。即便从知识的角度说，一开始也是并行的两套东西，是到了后来才越来越紧密地结合在一起的。学与术各有其政教发源地这一点，对于正确理解中国学术的内涵是至关重要的。中国学术不能被看作是单纯的知识形态，在考察其作为知识形态的同时，还必须注意到支撑着该形态的政教体系。

———————

[1] 参见梁启超《学与术》一文，《中国现代学术经典·梁启超卷》，第723～724页，河北教育出版社，1996年。

中国学术是国家政教的有机组成部分。早期的学术即是学中之术，它与创造、职掌与传授学术的学校与官守体制是合为一体的。经过相当长的历史之后，学术才逐渐打破官府的垄断，开始有官学、私学之分。最初的官学与私学的区分，是指春秋时代学术与教育从由政府及贵族垄断，到散落民间，并惠及庶人。孔子被认为是中国古代创办私学的第一人。自孔子之后，各诸侯国民间兴学之事层出不穷。不过，先秦的早期官学并没有就此衰亡，而是经战国蛰伏之后，在汉代发展成庞大的学校系统。汉代之后的官学主要指由朝廷和地方官府兴办和管辖的学校，又可以分为中央官学和地方官学。经过历朝历代的发展，中国古代的官学系统逐步达到了非常完备的程度。孔子之后的私学则一直与官学并列发展。汉代的经师大儒往往自立精舍，开门授徒。儒家之外的诸子百家也多靠私学传授，才得以流传。特别是宋代以降，民间书院风行于世，逐渐演变为影响力巨大的私学教育机构，当时很多著名学者，都是通过书院讲学来创说立派、传播其学术与思想的。

古代学术与政治的关系十分密切，就其起源而言，它就是要为政治服务的，甚至说它本身就是一种政治形式，因此注定要以体现国家意识形态为基本宗旨。另一方面，学术中所包含的主体的创造性、自由思想与知识因素，使其不完全屈从于政治要求，因为从学术的本质来说，应该是以追求真理为目的的。随着创造性、思想与知识的逐步增长，在学术中孳生出了一种使自身趋于独立的力量，力图使学术摆脱政治的影响，成为一种独立自主的精神活动。这样一来就造成了古代传统中的学统、道统之分。所谓学统，即是作为国家政教组成部分的学术的传统，它通过制度化的学校体系发挥作用并沿革下来。所谓道统，主要是相对自由的思想与知识的传统，它基于历代圣贤对于至高无上的道的认识与体验而薪火相传。学统与道统是交错的，保持相对独立，在某些情况下，道统可以被包容在学统当中，学统和道统可以相一致；但在另一些情况下，学统和道统又是并行的，甚至可能会出现对立的状况。

非常值得注意的是，上面考覈的官学与私学、学统与道统两对矛盾，都是中国古代学术的题中之义，它们在不同的历史时期和不同的社会背景下，呈现为不同的相互关系，既有对立，又有统一，从而使古代学术在多元的张力作用下向前发展。要全面了解古代学术的发展，仅凭考察这两对矛盾，显然是不充分的，但是它们的确是不容忽视的重要历史因素。

中国学术所具有的政教化的特点、思想与知识的多重内涵，以及在不同历史时期的独特运作机制，在很大程度上决定了文献的选择与评鉴。文献的产生，有些是独立于学术体制之外的，而后为学术所收容，也有一些就是在学术体制之中产生与流传。文献与学术的分合关系，在历代的目录中比较清楚、系统地体现出来，或者说，目录就是文献与学术的结合点，通过目录一方面可以了解文献的产生和累积情况，另一方面可以了解相应的学术的发展情况。

关于中国古代的目录学，有必要深入挖掘其内在的文献与学术双重内涵。说到目录，首先让我们想到的就是关于书籍的登记，认为目录即是按照一定的体例编排而成的书目系统。就中国古代目录学来说，"目"是指书籍的篇卷名称，"录"则是指对书籍的内容、作者、版本、类别与大义的简要说明。著名目录学家姚名达曾经综合古代目录学的各家论述，为目录学下过一个比较全面的定义：

> 目录学者，将群书"部次甲乙"，"条别异同"，"推阐大义"，"疏通伦类"，将以"辨章学术，考镜源流"，欲人

"即类求书,因书究学"之专门学术也。[1]

这是一个内容非常丰富又不免有些含混的定义。其中"部次甲乙",即是按照某种分类法,将书籍登记在册,这是最典型的目录学工作;"条别异同",则是考核不同版本的文字异同,这是校雠学的工作;这两者都是基于书籍的外部特征进行的。在这两者的基础上,还要"推阐大义"、"疏通伦类",这些都是对书籍内容的把握,不仅仅是从书籍的外部特征着眼。而中国古代目录学的基本宗旨就是"辨章学术,考镜源流",这句话是清代学者章学诚总结出来的,最能体现中国古代目录学的精髓,素来为学者推重。清代学者朱一新也说过,目录学的"本"在于"商榷学术,洞澈源流",而"多识书名,辨别版本"尽管也是必要的,但是相对来说只是目录学的"末",朱氏说:

> 世徒以审订文字为校雠,而校雠之途隘;以甲乙簿为目录,而目录之学转为无用。多识书名,辨别版本,一书估优为之,何待学者乎![2]

著名学者余嘉锡先生曾经说:

> 凡目录之书,实兼学术之史,帐簿式之书目,盖所不取也。[3]

"目录之书"而兼"学术之史",是中国古代目录学最突出、最优长的一个特点。至于姚氏定义中的"即类求书,因书究学",则主要是说这样的目录之书所能发挥出来的功能,后学者可以根

---

[1] 参见姚名达《目录学》,第9页,《民国丛书》第一辑47册,上海书店影印版。

[2] 参见朱一新《无邪堂答问》卷二,张舜徽编《文献学论著辑要》,第342页,陕西人民出版社,1985年。

[3] 参见余嘉锡《目录学发微》,第5页,中国人民大学出版社,2004年。

据目录而通晓文献与学术的门径，也是非常重要的。

那么，如何才能实现"辨章学术，考镜源流"这个中国古代目录学的基本宗旨呢？或者说，如何才能使"目录之书"具备"学术之史"的性质呢？要回答这个问题，首先需要讨论一下古代目录学所运用的方法论的性质。

按照余嘉锡的看法，"目录之书"中包含有"学术之史"。我们先做这样的推想，最初的目录编制工作，很可能采用的是归纳与综合的方法。目录的编制者面对杂乱无章、堆积如山的书籍，先是一本本地仔细审阅、校雠，推究其大义，然后按照其内容和文体的异同加以归纳，从而分出各层次的大小类别；而后编制者再将这些类别进行综合，排成具有学术意义的序列，从而构成一个完整的目录系统。目录的编制者面对的是客观的文献集合，而通过对客观的文献集合的归纳与综合所得到的目录体系，在某种意义上也恰好是文献集合中所蕴涵的学术体系的体现。

这样的推想固然有一定道理，但是这种归纳与综合的方法，很容易受到文献状况的局限。如果作为归纳与综合的对象的文献集合是完全的，处在理想状态，那么上述推想是可以成立的。如果文献集合是残缺的或有偏颇倾向的，那么上述推想就很难成立。因为基于残缺的文献集合依然可以编制出目录来，但它所反映出的学术体系必然也是残缺的，这样一来，"目录之书"所具有的反映"学术之史"的功能不免要大打折扣了。

我们再做另一种推想，目录的编制者是一位精通古今学术的学者，在他进入藏书室，接触那些汗牛充栋的文献之前，已经在头脑中有了一张古今学术的蓝图。对于他来说，编制目录与其说是对既有文献进行一番归纳与综合，不如说是拿一个早就预设好了的学术框架来套这些文献，使原本如一盘散沙的文献，按照某种特定的学术理想，被编制成一个整齐的、各类别有机关联的体系。从方法论的角度说，这是一种建构性的方法，它是在充分了解文献客观状况的基础上，再以一个学术理想来衡量与规范文献中所包含的学术，这样一来，即便面前的文献是残缺的或者偏颇的，依然可以通过预设的理想因素来加以补足，使之呈现出一幅完整的学术图景。特别是涉及到文献的评价时，目录的编制者并不是以相关文献的多寡或版本优劣来排坐次，而是超出目录学的范围，以编制者个人或所在时代的官方意识形态标准，来确定文献的尊卑主次。

以上设想的方法论上的两个向度，并不一定势同水火，不能并存，甚至说，它们都是目录学必不可少的，它们可以通过辩证思维有机地结合在一起。正因为有可能建立这样一种辩证关系，才使得文献、学术和目录达成三位一体，在目录中体现出文献与学术的完形互补。中国古代的优秀目录，必定是既能客观地反映文献的基本情况，又能充分反映编制者个人或所在时代的学术理想的目录。

二、古典目录学的体制与功用

中国古代的目录之所以能兼有"辨章学术，考镜源流"的学术史的功用，是由其独特的目录体制决定的。

余嘉锡在《目录学发微》中，从体制上区分了三类目录，余氏说：

> 目录之书有三类：一曰部类之后有小序，书名之下有解题者；二曰有小序而无解题者；三曰小序解题并无，只著书名者。昔人论目录之学，于此三类，各有主张，而于编目之

宗旨，必求足以考见学术之源流，则无异议。[1]

余氏又说：

> 属于第一类者，在论其指归，辨其讹谬。属于第二类
> 者，在穷源至委，竟其流别，以辨章学术，考镜源流。属于
> 第三类者，在类例分明，使百家九流，各有条理，并究其本
> 末，以见学术之源流沿袭。以此三者互相比较，立论之宗
> 旨，无不吻合，体制虽异，功用则同。[2]

书名、部类、小序与解题，都是构成目录体制的基本要素，
它们都有独特的学术史功用。即便是只登记书名，如果类例编制
得当，构成合理的部类，也能使"百家九流，各有条理"。其实
目录学最基础的层面就是类例，所谓类例，就是分类的原则。古
代目录除了极少数使用没有意义的分类法，比如按《千字文》分
类，大多数分类都是合乎学术原则的。因此，一个古代的目录类
别，恰好就是古代的一个学术分野。就像前面已经论述过的，这
种相合，既可以看作是对于历代文献进行归纳与综合的结果，也
可以看成是按照某种学术理想来建构性地规划文献。在类例的制
定中，已经具有了很明确的学术史意识。宋代的郑樵甚至认为，
一部好的目录，不需要有小序和解题，只要制定好类例就足够
了，类例的划分其实就是学术的划分，每一类即是一种专门之
学。类例既分，则学术自明，其先后本末，都会在目录中得到必
要的揭示。郑樵在《通志·校雠略》中说：

> 学之不专者，为书之不明也。书之不明者，为类例之不
> 分也。有专门之书，则有专门之学；有专门之学，则有世守

---

[1] 参见余嘉锡《目录学发微》，第 4 页。
[2] 参见余嘉锡《目录学发微》，第 14 页。

之能。人守其学，学守其书，书守其类，人有存没而学不息，世有变故而书不亡。……书籍之亡者，由于类例之法不分也。类例分则百家九流各有条理，虽亡而不能亡也。[1]

通过类例，将繁多的书籍划分成一个个部类，这些部类相应于各种专门之学，每种专门之学又各有其先后本末。即便某一类的书籍在流传中有所亡佚了，也可以通过其类例，推想其原有的学术规模。

不过，在大多数情况下，仅仅靠部类中书籍的排列，还难以尽发其义蕴，因此需要在部类之下，再加上小序，也称为类序，来概括说明这一类书，或者说明与这一类书相关的学术的本质特性和历史变化。通常在目录书中，各部之首冠以总序，作用在于撮述其源流正变，以挈纲领；部下的各类之首冠以小序，作用在于详述其分并改隶，以析条目[2]。小序是在分类体系的基础上对于某一部类之书以及相关之学术的说明，对学术的起源、演变、流派与兴衰，相关的历代文献聚散，均有清楚系统的论述，故而学术史的特性最为突出。

至于解题，则是就部类中的某一书而专门做的提要，是隶属在书名之下的。提要会比较全面地说明该书作者的生平与学术、著作年代、版本流变、真伪存佚、该书在整个部类中的地位，以及相关学术的宗旨和源流等等。例如《四库全书总目》的提要撰写体例：

> 每书先列作者之爵里，以论世知人，次考本书之得失，

---

[1] 参见郑樵《通志·校雠略》，《通志》卷七十一，《万有文库》本。
[2] 参见《四库全书总目·凡例》，《四库全书总目》，中华书局影印武英殿本。

权众说之异同,以及文字增删,篇帙分合,皆详为订辨,巨细不遗。而人品学术之醇疵,国纪朝章之法戒,亦未尝不各昭彰瘅,用著劝惩。[1]

我们很容易发现,从书名到部类,再到小序、解题,就像是一座层垒而起的建筑,附加到目录上的学术史内容越来越多。每上一个层次,学术史的功能就增强一步,其中尤其以小序为学术之枢纽,在三者中最为关键。这样一来,一部"目录之书"逐渐演变为一部"学术之史"。例如《四库全书总目》,既可以看作是一部具有很强学术史特性的目录书,也可以看作是以目录书形式写作的学术之史。

历代的目录学家均已注意到这种体制完备,兼有书名、部类、小序与解题的目录所具有的学术史功能,余嘉锡在《目录学发微》中将之概括为六点:

一、述作者之意,论其指归,辨其讹谬。(《隋书·经籍志》)

二、览录而知旨,观目而悉词。不见古人之面,而见古人之心。(毋煚《古今书录序》)

三、一书大义,为举其纲,书有亡失,览其目录,犹可想见本末。(朱彝尊《崇文总目跋》)

四、品题得失,藉以求古书之崖略,辨今书之真伪,并核其异同。(《四库全书总目提要》)

五、择撢群艺,研核臧否,为校雠之总汇,考镜之渊橷。(孙诒让《温州经籍志叙例》)

六、阐明指要,资学者博识。 (王先谦《郡斋读书志

---

[1] 参见《四库全书总目·凡例》。

叙》）[1]

这些都是古人精研目录学的心得，弥足珍贵。在今天的学术研究中，兼具学术史功能的目录学仍然是非常有用的。首先，它可以帮助我们进行文献考证。研究一个专题，先要确立与此专题有关的主题文献，可以是一种，也可以是几种。对于这些主题文献必须做严格、彻底的考证，以保证它们是客观的、可信的。很多文献本身已不是第一手历史材料（原料），而是一种史家创作的历史记述。出现在这些历史记述中的史料，已成了第二手材料（次料），需要重新考索其史源。著名史学家陈垣为此专门创设了"史源学"一门，即对前人著作中的历史记述做还原式的考证，彻底查出其史料来源，然后评价其价值，订正其讹误。考索史源一定要回溯其所涉及的原始文献，这种回溯是沿流讨源，必有一个可行的路径，目录学恰好能提供这种路径的指引。在"史源学"方面，目录学的作用是不可替代的。

其次，目录学有助于我们进行文献整合。在研究一个专题的时候，除了主题文献之外，一定会涉及一系列的相关文献，从而使一个单一问题被放置到一个整体背景之中。如何将基础的主题文献和广泛的辅助性文献合理地整合在一起？或者说，如何确定围绕某一问题的文献关联是充分的、周全的、没有不被允许的疏漏呢？在这种情况下，目录学可以揭示出传统学术中的一种专门之学的基本界域及其内外的相关性，就像迷途中获得了一幅地图，它可以帮助我们确定自己的位置，并指示四周的道路情况。今天的中国学术已经按照西方的学术体系分割为文、史、哲之类的各种相互独立的学科，这些孤立的学科并不是中国学术的固有

---

[1] 参见余嘉锡《目录学发微》，第 8 页。

形态，而在某种意义上说，中国学术固有的学术分野是体现在古代的目录分类之中的。

再有，目录学还有助于我们进行文献拓展。大多数传统目录书都是以著录正统的文献为主的，同时也会著录一些边缘性的文献。而清代以来，学者越来越重视拓展文献的范围，在利用各种官书、正经与正史的同时，还会援用杂史、诗文集、金石碑版和谱牒等等以作为新的史源。进入20世纪，甲骨文、金文、简帛、敦煌遗书和明清档案等新史料的大量发现，更使得今天的学术研究必须"预流"，才能实现创新和发展。陈寅恪尝说："时代之学术，必有其新材料与新问题。取用此材料，以研求问题，则为此时代学术之新潮流，谓之预流（借用佛教初果之名），其未得预者，谓之未入流。此古今学术之通义，非彼闭门造车之徒，所能同喻也。"〔1〕要做到"预流"，需要先做一番细致的目录学考证，使新发现的史料能恰如其分地嵌入到历史传统中，然后才能加以合情合理的利用。新史料的发现，逐渐促成了一大批新的目录书的出现，它们和传统目录书既有联系又有变化。

三、古典目录的主要类型

著名目录学家汪辟疆在《目录学研究》中提出了"四家目录"说：

> 一为目录家之目录，以"纲纪群籍，簿属甲乙"为宗旨；
>
> 二为史家之目录，以"辨章学术，剖析源流"为宗旨；

---

〔1〕 参见陈寅恪《陈垣敦煌劫余录序》，《金明馆丛稿二编》，第266页，上海古籍出版社，1980年。

三为藏书家之目录，以"鉴别旧椠，校雠异同"为宗旨；

四为读书家之目录，以"提要钩玄，治学涉径"为宗旨。[1]

在"四家目录"中，相对而言，目录家与藏书家之目录比较侧重书籍的形式，史家与读书家之目录则比较侧重书籍的内容。汪氏划分"四家目录"主要是从目录的宗旨来设想的，对于了解各种目录的抽象属性很有启发，但是它们并不是实际的目录类型。在中国目录学史上形成的比较完善的目录类型有以下几种[2]：

（一）官修目录

从汉代开始，历代王朝都设有专门机构负责搜集、保存和整理图书，由这些机构所编制的书录，即是官修目录。编撰官修目录是国家的大事，一般要由国家指派著名学者来主持其事，先要全面地搜集和整理文献，然后在此基础上编成目录。官修目录的规模都比较大，能够较全面地反映一个时代的文献情况，故而学术价值非常高。比较有代表性的官修目录，有汉代刘向、刘歆父子所作的《别录》与《七略》，三国魏郑默编的《中经》，晋代荀勖编的《中经新簿》，隋代柳𫘤主编的《隋大业正御书目》，唐代元行冲主持的《群书四部录》，宋代王尧臣主编的《崇文总目》，明代杨士奇主编的《文渊阁书目》，清代纪昀主编的《四库全书总目》等等。

---

〔1〕 参见汪辟疆《目录学研究》，第5页，华东师范大学出版社，2000年。

〔2〕 关于古典目录学的类型，参考了姚名达《中国目录学史》、来新夏《古典目录学浅说》、彭斐章主编《目录学教程》等书，主要采取目录学界的通说，择善而从之。

（二）史志目录

汉代班固作《汉书》首创了"艺文志"的体例，以目录体裁记载当时的文献与学术状况。此后的多数正史均沿革其例，撰有"艺文志"或"经籍志"，或者把流传到该朝代的图书全都登记下来，或者只著录本朝代所出的图书。有些正史没有"艺文志"，清代的学者皆为之补撰，由此形成了完整的史志目录体系。通过二十五史的"艺文志"，可以全面了解从上古到清代的文献发展状况[1]。其中最著名的是《汉书·艺文志》和《隋书·经籍志》。《汉书·艺文志》是现存最早的完整目录，它改编自刘向《别录》与刘歆《七略》，按照"六分法"分类著录了自先秦至汉代的图书，并附有完整的小序，学术史价值极高，也可以说是中国古代目录学的奠基之作。《隋书·经籍志》是现存最早的采用四部分类法的目录，也有完整的小序，在内容上与《汉书·艺文志》前后呼应，可以反映东汉至南北朝时期的文献与学术情况。此外，典制类史书中也会有关于文献的记载。宋代郑樵的《通志》中撰有《艺文略》，通录古今图书，精于分类而无小序和解题。元代马端临的《文献通考》中撰有《经籍考》，也是通录古今图书，并且以"辑录体"编纂了提要[2]，内容颇为丰富。

（三）私家目录

即私人撰修的目录，它主要由学者或藏书家私人撰写，始于南朝宋王俭的《七志》和梁阮孝绪的《七录》。私家目录一类是

---

〔1〕 哈佛燕京学社引得编纂处编有《艺文志二十种综合引得》，是非常有用的目录学工具书，上海古籍出版社，1985 年重印本。

〔2〕 提要目录可以分为三种类型：叙录体（如刘向《别录》）、传录体（如王俭《七志》）和辑录体（如马端临《文献通考·经籍考》）。

私人撰修的通用目录，比如唐代毋煚的《古今书录》，虽然是私撰，所著录的书其实是国家的收藏。另一类是私人藏书的目录，比如宋代尤袤的《遂初堂书目》，就是基于家藏的目录，其在版本学上有很高的价值。宋、元、明、清各朝，私人藏书盛行，因此出现了大量的私藏目录，有些目录侧重版本，有些目录侧重内容，或兼而重之，各式各样均有。私人修撰的目录中也有一些学术性很高，既是藏书家的目录，又是读书家的目录，比如宋代晁公武《郡斋读书志》、陈振孙《直斋书录解题》。明代天一阁的《四明范氏书目》、钱谦益《绛云楼书目》，清代钱曾《读书敏求记》、黄丕烈《百宋一廛书录》，都是著名藏书家的版本目录。清代周中孚《郑堂读书记》、李慈铭《越缦堂读书记》等等，则是著名的读书家的提要目录。

（四）专科目录

专科目录是指专门依六分法或四部目录下的某一类别而编制的目录，或者是单独反映某一学科文献的目录。最早的专科目录当推西汉杨仆编的《兵录》，此后历代均有这样的目录。比较有代表性的，如宋代高似孙编过《经略》、《史略》、《子略》、《集略》、《诗略》等等，都是按类别单出的目录。清代朱彝尊的《经义考》和谢启昆的《小学考》，也是某一单类的专科目录，非常著名。按照学科编制的专门目录也很多，比如元代钟嗣成的《录鬼簿》、明代吕天成的《曲品》都是专门的戏曲目录，明代殷仲春的《医藏书目》是医书目录，清代梅文鼎的《勿庵历算书记》是中国古代天文学、数学书目，顾祖禹的《方舆书目》是古代地理学书目，容媛的《金石书录目》是金石学书目，余绍宋的《书画书录解题》是带有辨伪性质的书画学书目等等。很多专门目录出自专家之手，大多考辨精审，学术性非常强。如果要研究某一专门的古代学问，非从相关的专科目录入手不可。

（五）特种目录

按照姚名达的看法，专科目录为记载各种专门学术的书目，必自成系统之学科，始有独立的目录。许多性质特别而又不限于一科的目录，可以姑且称之为特种目录，比如地方著作、个人著作、禁书、版本、辨伪、丛书、敦煌写本等等，这样的目录都可以隶属特种目录〔1〕。比较早的地方著作目录，如明祁承㸁的《两浙著作考》（已佚）。晚清孙诒让编纂的《温州经籍志》，虽然是著录地方文献，但目录体例严谨，堪为典范。地方著作除了专门撰修的以外，有一些方志中也有"艺文志"，民国时朱士嘉所编的《中国地方志综录》是很好的工具书，可供查考。禁书目录则是记载出于政治目的造成的对文献的毁坏情况，主要是围绕着《四库全书》的编修，如禁书书目、抽毁书目、销毁书目、违碍书目等等。版本目录自宋代以来也非常流行，元、明、清各朝皆有，特别见于私家目录中，比如清代邵懿辰的《四库简明目录标注》，为《四库全书》中的书标注了版本，后来孙殿起的《贩书偶记》，也是在《四库简明目录》上标注所知版本线索，都是非常有用的版本目录。丛书目录是将各种合刻的丛书汇编成方便查考的目录，工具性比较强，就像张之洞《书目答问》说的，"丛书最便学者，为其一部之中可该群籍，蒐残存佚，为功尤钜"。最早的丛书是宋代俞鼎孙、俞经所编的《儒学警悟》，最早的丛书目录则是清代顾修所撰的《汇刻书目》。今天最常用的丛

---

〔1〕 参见姚名达《中国目录学史》，第319页，上海古籍出版社，2002年。

书目录，是上海图书馆于20世纪50年代编纂的《中国丛书综录》，共有总目、子目、索引三册。

（六）劝学目录

以指导学生读书为目的的目录。它以内容为主，按照某种学术和教育理想精选、推荐古今图书，不求著录周全，也不讲究稀见版本，重点在于为学生指示读书范围，指点读书门径，正是所谓的读书家的目录。清代最著名的劝学目录，有龙启瑞编纂的《经籍举要》、张之洞主编的《书目答问》。清代劝学目录的一个特点是与书院教育相结合，多为地方学政督导学生读书而作，往往带有读书法、读书功程一类的指导。张氏《书目答问·略例》说：

> 读书不知要领，劳而无功；知某书宜读，而不得精校精注本，事倍功半。今为分别条流，慎择约举，视其性之所近，各就其部求之；又于其中详分子目，以便类求；一类之中，复以义例相近者，使相比附；再叙时代，令其门径秩然，缓急易见。凡所著录，并是要典雅记，各适其用，总期令初学者，易买易读，不致迷罔眩惑而已。[1]

此外，清代的一些私家目录也精选、推荐必读书，并对初学者做学术上的指引，有一定的劝学功能，如彭元瑞《知圣道斋读书跋》之类，在某种意义上说，这样的目录也可以归类为劝学目录[2]。

（七）宗教目录

中国传统文化一向是儒、道、释三足鼎立，相关的文献系统

---

[1] 参见范希曾编《书目答问补正》，第3页，中华书局，1963年。
[2] 劝学目录今通称导读目录，然导读目录这个说法未能彰显其与书院教育的联系，故依长泽规矩也《中国版本目录学书籍解题》改作劝学目录。

也具有同样的关系。以儒家为主的中国固有文化，集中体现在《汉书·艺文志》及其后的目录传统中，与之并行的，还有反映佛教文化的佛藏及其目录，反映道教文化的道藏及其目录。这是非常不同的三大类文献与目录体系，各有其学术原则和分类传统。在一些晚近的目录学著作中，佛藏目录和道藏目录仅被视为专科目录，这是很不恰当的。姚名达的《目录学》特别设立宗教目录一类，是极有见地的。佛藏目录与道藏目录都自成体系，应该与中国固有学术的文献目录分开来看。如前所述，文献、学术与目录是紧密结合、三位一体的，既然存在着儒、道、释不同的三大文献传统与学术传统，自然就会造成不同的三大目录传统。这不是要分裂中国古代的目录学，而是使其更加多元化，既相互独立，又交融互补[1]。

---

〔1〕 有关佛藏目录与道藏目录，将在后文详加论述，暂不举例说明。

第二章

刘向、刘歆的功绩
——文献传统的起源与目录学的奠基

一、文献传统的起源

中国古代的文献传统源远流长，如果从文字记载的出现算起，则可以追溯到三千多年以前。文献既是自然产生的，也是有意制作的，要经历一个创造与选择的过程。我们设想，在文字产生之后，上古生活的很多情况都有可能被以文字的形式记录下来，从今天的角度看，这些自然产生的文字记录全部是有价值的，但是，从当时来看，古人对于日积月累的文字记录，必然要进行一番选择和淘汰。经过选择和淘汰之后的文字记录，也许还会经过一番重新创作，然后得到专门的保管并传承到后世。这样的文字记录才能称之为文献或者典籍。举例来说，通常我们说目前发现的最早的文献是商代的甲骨卜辞。商人尚卜，遇有大事小事，都要用龟甲、兽骨占卜一番，因此也留下了内容非常丰富的卜辞。对于今人来说，这些卜辞作为研究商代文明的史料，每一片都是弥足珍贵的，不过，当时这些多如牛毛的卜辞，是否都被赋予文献或典籍的地位呢？这一点很难说了。我们从另一个有记载的方面来比照，与龟卜同样重要的是占筮，也就是"易"，商人和早期的周人同样喜欢遇事占筮，留下的筮辞也应该非常多。

这些累积的筮辞，据说后来周文王得到了一部分，他在创作《周易》的时候，从中选出最有价值的若干条，又经一番编撰之后，系在六十四卦以及每卦六爻之下，遂成了《周易》的卦爻辞。《周易》的卦爻辞肯定是重要的文献，称得上典籍，为周人所珍视并传承，但是，那些作为编撰《周易》的素材的未被选用的筮辞，在当时的人们看来，就未必是文献或典籍了。

有些重要的文献是关乎王公贵族的天命、封建、丰功伟绩，以及其他宗教与政治内容的，例如西周的"金縢之书"。或许我们应该把这样的极受重视的文献称为典籍，以突出它们原初即具有的经典特性。在某种意义上说，上古最重要的典籍莫过于那些青铜器上的铭文了。古人制作它们的目的十分明确，就是要万世永宝、代代相传。青铜器上的铭文，不应被视为零碎的史料，或者只言片语，而应该被看作是一种重要的政教文体。负载这种政教文体的青铜器，也应该看作是典籍的组成部分，而不仅仅是器物。尽管青铜器主要是按照礼制而制作的器物，并不完全以文字为核心，但是必有不可不记之事、不可不传之言，然后铭刻于其上，其所记人物、年代与事迹皆真实可信，远胜后世之史书。这些需要铭刻在青铜器上的文字，在上古宗法社会都是至关重要的典籍。《孟子·告子》曰："诸侯之地方百里，不百里，不足以守宗庙之典籍。"宗庙中的典籍不一定是写在书册上的，更多当是铭刻在青铜器上的。典籍被隆重地保存在宗庙之中，故而可以说，它们是与王公贵族的兴衰存亡相始终的。

到了春秋时代，人们普遍认为，每个王朝必有包蕴其天命功德与治世大法的标志性的典籍。《左传》昭公十二年记载，楚灵王称赞左史倚相"能读《三坟》、《五典》、《八索》、《九丘》"，按照孔安国的说法，伏羲、黄帝、神农三王之书，谓之《三坟》；少昊、颛顼、高辛、唐、虞五帝之书，谓之《五典》；八卦之说，谓之《八索》；九州之志，谓之《九丘》[1]。孔安国的解释虽然晚出，且有争议，但至少可以证明一点，即上古的历代帝王都会留有遗书，每个朝代都应该有标志性的典籍。此外，不仅是以文字、图画的形式载诸书册的，春秋之前广为流传的六代之乐舞，黄帝之《云门大卷》、唐之《大咸》、虞之《大韶》、夏之《大夏》、商之《大濩》、周之《大武》，也是六代的标志性文献。沿着这一源流而下，从上古直到春秋，口头传唱的历代的歌诗，也都是极为重要的文献。例如《诗经》中的二"南"，就以诗的形式表达了周公、召公的教化功绩。代表一个王朝的专属典籍，在王朝衰败时会发生转移，《吕氏春秋·先识览》曰："夏桀迷惑，暴乱愈甚，太史令终古乃出奔如商。……殷内史向挚见纣之愈乱迷惑也，于是载其图法，出亡之周。"与此类似，《史记》记载老子为周之史官，见周之乱，乃离周而去，不知所终。这些掌管文献典籍的史官之出走，都是兆示着天命变化的象征性事件，也意味着王朝专属文化的播散。

在夏商周三代时期，官府是掌管文献典籍的主体。按照《周礼》的记载，天、地、春、夏、秋、冬六官所统领的各级官吏，均掌管着与其职责相关的典籍，其中尤以史官以此为专职。《周礼》所记专门掌管典籍的史官有四职：小史掌邦国之志，外史掌四方之志及三皇五帝之书，御史（也称柱下史）随时记录朝廷之大事与天子之言行，天府则掌祖庙之守藏。这四史都是专门的藏书之史[2]。这种由官府垄断学术与相关文献典籍的现象，被后世学者称为"学

---

〔1〕 参见孔颖达《春秋左传正义》引述孔安国《尚书序》之说，马融、郑玄等人之说略有不同。

〔2〕 参见孙诒让《周礼正义》之"春官小史"疏，第 8 册，第 2099 页，中华书局，1987 年。

在官府"，章学诚《校雠通义·原道》云：

> 古者政教不分，官师合一。有官斯有法，故法具于官；
> 有官斯有书，故官守其书；有书斯有学，故师传其学；有学
> 斯有业，故弟子习其业。官守学业皆出于一，而天下以同文
> 为治，故私门无著述文字。[1]

"学在官府"基本是春秋之前的特殊的历史状况，也是礼乐
时代的大一统政教的体现。

对于"学在官府"还应做进一步分析。垄断学术与文献典籍
的官府同时还担负有教育的责任，即向当时的贵族子弟与有地位
的、富有的平民提供必要的教育，使之具备良好的修养，掌握一
定的知识与技能。负责教育的官府又分两大类，一类是国家的各
级学校，它负责把王公贵族的子弟培养成文质彬彬的君子，其间
所传授者，主要是《诗》、《书》、《礼》、《乐》，都是关于宗教与
历史的高深学问，也包括各种场合中得体的礼仪、言语及行为方
式；另一类是国家的各类职官，也就是政府的各个职能部门要直
接培养从事该项政事的人材，它所传授的都是现实需要的实用知
识和技能，比较低级的贵族——例如士——乃至庶人的子弟都可
以接受这类教育。学校掌管的文献典籍与职官所掌管的文献典籍
是在内容上有很大不同的两个系统，它们也是春秋之后演变出诸
子百家的两个主要源头，有些诸子是从学校演变来的，有些诸子
则是从某种职官演变来的。这一点非常重要，它从一个侧面说明
了诸子百家产生的社会根源[2]。

---

〔1〕 参见叶瑛《文史通义校注》，第951页，中华书局，1985年。

〔2〕 关于诸子的起源，可以参看拙著《古学经子》"诸子起源"一章，华
夏出版社，2008年。

春秋是中国历史上的一个巨变时代，在学术和文献典籍方面同样如此。在这个巨变时代，孔子起到了承前启后的关键作用。钱穆《孔子传》说：

> 在孔子以前，中国历史文化当已有两千五百年以上之积累，而孔子集其大成。在孔子以后，中国历史文化又复有两千五百年以上之演进，而孔子开其新统。[1]

孔子并不是站在中国历史的开端上，而是站在历史演进的中间，故而既能集过去之大成，又能开未来之新统。钱氏对孔子的定位是非常恰当的。

孔子的历史功绩首先是创办私学。春秋之后，早先的"学在官府"变成了"学在四夷"，也就是学术从天子下散到诸侯、卿大夫，进而从官府下散到民间。这中间私学起到了关键性的作用，它是一个中间环节，首先由官学演变为私学，然后再由私学化生出诸子百家。梁启超《先秦政治思想史》尝说：

> 孔子以前之教育事业在家塾、党庠、乡序、国学，大率为家族、地方长老所兼领，或国家官吏所主持，私人而以教育为专业者，未之前闻，有之自孔子始。孔子以一布衣，养徒三千，本其"有教无类"之精神，自搢绅子弟以至驵侩大盗，皆"归斯受之"，以智、仁、勇为教本，以《诗》、《书》、执礼、执射、执御等为教条，"大小精粗，其运无乎不在"。[2]

无疑，孔子是公认的私学开创者，但是，私学不止孔子一

---

[1] 参见钱穆《孔子传》"序言"，东大图书公司（台北），1987年。
[2] 参见梁启超《先秦政治思想史》第十九章"教育问题"，第211页，东方出版社，1996年。

家，同时代及其后的私学当还有很多。原来掌管官学的王官们流落到了各国之后，纷纷兴办私学，从而形成了春秋时期"士竞于教"的繁荣局面。孔子所办的私学是近乎传统学校的，主要以小、大"六艺"为教。其他的私学可能是多种多样的，会专门教授兵法、术数以及各种实用性的专门职业技能。

孔子在文献典籍上的最大贡献是修定六经。孔子兴办私学，所教授的内容和当时的学校类似，初级阶段教以礼、乐、射、御、书、数，高级阶段则以《诗》、《书》、《礼》、《乐》为主要科目。不过，孔子所用的教本都是在当时流行的各种教本的基础上，按照自己的理想重新编修的。可以说，这些经孔子修定的教本，一方面是三代遗留下来的旧典籍，另一方面又寓入了孔子的新思想。孔子晚年，又得到了一部原本为太卜掌管的《周易》，孔子并不用它来占卦，而是仔细研究它的卦象与卦爻辞内容，以至"韦编三绝"。另外，孔子还得到了一部鲁国的国史，并在此基础上修撰了《春秋》，他通过简明的正名修辞方法，把自己的政治理想藏蕴到其中，故而有了"微言大义"。

经孔子修定的经典，先有《诗》、《书》、《礼》、《乐》"四术"，再加上后来的《周易》与《春秋》，则足成了六经体系。孔子之后，孔门弟子中出现了很多传经之儒，他们世代以传授六经为业。这种传经的事业并不是一种单纯的学术活动，还包括借助于六经在邦国与乡里开展人性教化的实践，这才是孔门儒家的真正理想。《礼记·经解》托言孔子，阐述了实施六经教化所能达到的效果：

> 入其国，其教可知也。其为人也，温柔敦厚，《诗》教也；疏通知远，《书》教也；广博易良，《乐》教也；洁静精微，《易》教也；恭俭庄敬，《礼》教也；属辞比事，《春

秋》教也。

同时，实施六经之教也会出现一些偏失：

>《诗》之失，愚；《书》之失，诬；《乐》之失，奢；《易》
>之失，贼；《礼》之失，烦；《春秋》之失，乱。

如果能在实施六经之教的时候，扬其长而去其短，则最好：

>其为人也，温柔敦厚而不愚，则深于《诗》者也；疏通
>知远而不诬，则深于《书》者也；广博易良而不奢，则深于
>《乐》者也；洁静精微而不贼，则深于《易》者也；恭俭庄
>敬而不烦，则深于《礼》者也；属辞比事而不乱，则深于
>《春秋》者也。

很显然，从孔子之后到战国时代的传经之儒，他们所要实施的六经教化，还没有抬高到国家政教的层面，其主要目标是人，既可以是个体的人，也可以是群体中的人。他们希望通过全面的经典教育，改变人性的自然状态，培养出合乎理想的君子人格来，这也就是荀子曾经说过的，"化性起伪为美"，"君子知夫不全不粹之不足以为美也"[1]。

孔门之儒在传经的过程中，还确立了中国学术史，也可以说文献史上的一个重要传统，就是师与书紧密结合为一。在传经时，书离不开师，师也离不开书，由师与书的结合构成了古代学术特有的家法与师法。有些学者认为，经学中的家法、师法都是汉代才有的东西，其实早在孔门弟子的传经过程中已经为之打下了牢固的基础。

至于儒家经学之外，最受推崇的当属诸子百家了。通常人们

---

[1] 参见《荀子》之《劝学篇》、《性恶篇》。

把诸子百家的时代看作是中国的"轴心时代"〔1〕，然而尽管从年代来说，这种比附的确是相合的，但是如果说中国"轴心时代"的经典就是诸子百家的著作，则未免以偏概全了。中国"轴心时代"的经典构成是多层次的、非常复杂的。如果按照基础性为序，最基础的经典无疑是六经。章学诚曾经提出"诸子出于六艺"说〔2〕，这个说法固然是有争议的，不过，六艺经典较之诸子著作更具年代上与文献上的源初性质，这一点是很容易证明的。问题的关键是，在六经与诸子之间还有一个重要的学术与文献层面，以往我们不是很重视，即诸国之史，它们是与孔子所修的《春秋》具有同样性质的。当时周天子和各诸侯国均有史官所作的史书，据说孔子为修《春秋》，曾经见过百二十国宝书，《墨子》中也曾经提到过百国《春秋》，这些各国的史书形成了很大的文献规模。有些史书当是史官按其职责记录诸侯的言行与国之大事，就像鲁国的国史一样，是第一手的记述；有些史书则是适应当时的需要在旧史的基础上新修的，就像孔子修《春秋》一样，这样的史书大多是按照某种理想而创作出来的。

　　春秋至战国时期各国修史，是中国学术史极为关键的一个环节，因为它从历史观上为诸子百家的出现奠定了多元性的基础。换句话说，诸子百家之多样性的根源，一方面在于其所出的官守

---

〔1〕　德国哲学家雅思贝尔斯在 1949 年出版的《历史的起源与目标》中说，公元前 500 年前后，在北纬 30 度上下的地区，发生了人类文明的突破性发展，可称为"轴心时代"，各个文明都出现了伟大的精神导师，如古希腊有苏格拉底、柏拉图、亚里士多德，以色列有犹太教的先知们，古印度有释迦牟尼，中国有孔子、老子，他们的思想塑造了不同的文化传统，并持续地影响着人类的生活。当代的中国学者经常援引"轴心时代"的范畴，并将之与先秦诸子百家的时代相对应。

〔2〕　参见章学诚《文史通义·诗教》，叶瑛《文史通义校注》，第 60 页。

之学各不相同，或出于司徒之官，或出于史官，或出于礼官，或出于理官，或出于清庙之守，或出于羲和之官；另一方面在于其所接续的历史源头各不相同，或源出于鲁，或源出于齐，或源出于燕，或源出于三晋，或源出于楚，或源出于秦。本来官守之学多为实用性的知识与技能，而其与历史观的结合则使之提升到了形上学的领域。当时的诸子百家都要回答一个问题，就是礼崩乐坏、日渐衰落的周王朝将向何处去？这是一个全局性的问题，也可以说是一个由历史引发的形上学问题。对于这一问题的回答，引领着诸子的理想，从而使那些实用性的知识与技能转变成了实现理想的手段，或者说在理想中被扬弃了。然而，当诸子之学从多元的历史观中孳生出来，并上升到形上学领域之后，形上学的普遍性要求又进一步引发了大一统观念的出现。大一统观念是必然处在多元历史观的对立面的，或者说在此又导致了一次扬弃。因此，当秦汉大一统政教体制建构起来之后，首先要焚毁的就是诸国历史，这就是为什么那么多的各国史书未能流传下来的原因之一。

我认为，中国"轴心时代"之经典结构至少有三个层次：一是六艺经典，二是各国史书，三是诸子百家。由此可知，诸子百家就像是在根茎之上长出的花朵，它们不是在虚空中绽放的。关于诸子百家的著作，还有三点是需要注意的。第一，诸子百家虽然皆有官学之渊源，但都是在官学转变为私学之后，基于私学而自主创造出来的，在这中间有继承也有创新。第二，诸子百家的著作都兼有形上与形下——"道"与"器"——双重品格。总体来看，多数诸子著作都包含了修身、齐家、治国、平天下的广泛内容，其中实践性的内容多于理论性的内容。我们今天研究诸子，更重视那些涉及"道"或者说涉及哲学的著作，而忽视了那些具体而实用的知识，这是不符合诸子著作的实际状况的。诸子著作中含有大量的实用性知识，从阴阳五行、历法、兵法、术数、方技到地理、农耕、货殖、轻重等等，涉及到了宗教、政治、军事、文化与生活的各个方面。如果把诸子著作分门别类地组合起来，就是一部古代中国的百科全书。第三，诸子著作有诸子本人创作的，其作者及创作时间都可以考证出来，也有由弟子或后学辑录言行的，甚至完全是假托的，这样的著作不一定可以确知其作者与年代。很多诸子书都属后一种情况，可以视为一个学派的学术与思想的集合。

二、秦汉之际的典籍聚散

先秦时代所形成的文献典籍大体可以分为五类：

第一类是官师之藏，即官府所藏的各类典籍，内容当以宗教礼乐和政治制度为主。春秋之前，这些典籍主要收藏在周王室，春秋之后，这些典籍散落在四方，但还是以诸侯各国的官藏为多，比如《左传》记载，晋韩宣子使鲁，观书于太史氏，见《易象》与《鲁春秋》，曰："周礼尽在鲁矣！"鲁国是收藏周礼最多的诸侯国。这类官藏都是以古文书诸简册的。

第二类是六艺经典，主要是以孔子所修定的《诗》、《书》、《礼》、《乐》、《易》、《春秋》为中心，还包括与此相关的在传承过程中形成的解经之作，比如《诗序》、《书序》、《礼记》、《乐记》、《易传》、《春秋左氏传》与《公羊传》、《穀梁传》等等。从新出土的文献来看，当时的各种解经之作还有很多。这些典籍大都是有书有师、师书并传的，甚至有些传记一直靠师弟之间口耳相传，并没有书诸简册。

第三类是各国之史，也就是所谓"百国春秋"，如墨子称引

过的周之《春秋》、燕之《春秋》、宋之《春秋》等等。这一类
文献主要是春秋之后在旧史基础上新编撰的，书诸简册且由各诸
侯国官藏，这部分典籍是后来秦始皇焚书的重点，所以遭受的损
失最大，能够流传下来的非常之少。

第四类是诸子百家的著作，比如儒家自《论语》以下，诸子
之儒的著作有《孟子》、《荀子》，道家则有《老子》、《庄子》、
《列子》，墨家有《墨子》，兵家有《孙子》，法家有《商君书》、
《韩非子》等等。今天可见的先秦诸子著作仍有数十种之多。其
实在先秦除了儒、墨世称"显学"之外，其他诸子并不严格地隶
属于某家，大多数诸子都有一个醒目的宗旨，尔后又能在思想上
取长补短，既相互辩驳，又相互融会，学术界限并不都是泾渭分
明的。

第五类是那些没有被纳入经典与诸子的"大传统"，而在民
间的"小传统"中广泛流传的各种比较特殊的学术与文献，比如
各种医卜、星占、堪舆、术数与方技之类。这是相当大宗的一类
文献，估计当初官守之学中的很多低级职官所掌管的、涉及现实
生活的非常有用的各种知识与技能，都逐渐演变与传承到这一类
当中了。依今天的史学来看，研究古代的思想文化，不仅要研究
那些杰出的思想家的思想，还要注意研究当时的一般社会和普通
人的知识状况。这些"小传统"的文献看上去似乎散乱无稽，但
经过严格考证之后，都会成为具有重要学术价值的史料。

上述这五大类文献，在不同的历史阶段具有不同的价值。特
别是在秦统一前后，由于中国历史发生了重大质变，西周以来的
分封制转变为秦所开辟的大一统郡县制，因此对待文献的态度也
呈现出天壤之别。秦始皇三十四年发生的焚书事件，在政治上具
有重大意义，但却是对于上古以来的文献的一次极大毁坏。焚书

一事是由秦丞相李斯提议的，李斯在给始皇帝的上书中说：

> 丞相臣斯昧死言：古者天下散乱，莫之能一，是以诸侯并作，语皆道古以害今，饰虚言以乱实，人善其所私学，以非上之所建立。今皇帝并有天下，别黑白而定一尊。私学而相与非法教，人闻令下，则各以其学议之，入则心非，出则巷议，夸主以为名，异取以为高，率群下以造谤。如此弗禁，则主势降乎上，党与成乎下。禁之便。臣请史官非《秦记》皆烧之。非博士官所职，天下敢有藏《诗》、《书》、百家语者，悉诣守、尉杂烧之。有敢偶语《诗》、《书》者弃市。以古非今者族。吏见知不举者与同罪。令下三十日不烧，黥为城旦。所不去者，医药、卜筮、种树之书。若欲有学法令，以吏为师。[1]

为什么李斯一定请求始皇帝焚毁"《诗》、《书》"、"各国史记"以及"百家语"，甚至连谈论都被禁止呢？因为《诗》、《书》代表的是三代以来的旧传统，是儒生据古非今的主要依据；各国史记则是统一之前各国为了强化自己的地位而修撰的历史，是最有悖于大一统的。这些都直接危害到新政体的合法性和稳固性，所以这两部分书焚毁得最厉害。李斯曾经受学于荀卿，自己也属诸子之列，为什么又要焚毁诸子百家的著作呢？秦始皇九年，李斯在《谏逐客书》中还极力说服始皇帝延揽诸子，一方面让诸子皆为秦国效力，另一方面又防止了诸子为其他国家出谋画策。但那是在六国争霸的时期，而现在秦已经统一天下，李斯非常清楚　诸子学说就像是双刃剑，既可以伤人，也可能伤己，在一种情况下可能是积极的、有益的，在另一种情况下则可能是消

---

[1]　参见《史记·秦始皇本纪》。

极的、有害的。这是非常理智的政治判断，并不是像有些后世学者说的，秦始皇是因为忍受不了诸子百家对暴秦的咒骂，一怒之下决定焚书的。

后世争议比较大的一个问题是秦始皇焚书是否只是象征性地焚了一部分，并没有焚尽。郑樵的看法很有代表性，《通志·校雠略》说：

> 《诗》、《书》、百家语之在人间者，焚之，其在博士官者，存之，盖亦知其本不可废也。

清人刘大櫆发挥其说：

> 六经之亡，非秦亡之，汉亡之也。何则？李斯恐天下学者，道古以非今，于是禁天下私藏《诗》、《书》、百家之语，其法至于偶语《诗》、《书》者弃市，而吏见知不举，则与之同罪。噫，亦烈矣！然其所以若是，将以愚民，而固不欲以之自愚也。故曰：非博士官所职，诣守尉杂烧之。然则博士之所藏具在，未尝烧也。迨项羽入关，杀秦降王子婴，收其宝货妇女，烧秦宫室，火三月不灭，而后唐虞三代之法制，古先圣人之微言，乃始荡为灰烬。[1]

这样的看法是值得商榷的，特别是刘氏归罪于项羽火烧秦宫室，更是厚诬霸王。今天对于秦宫室的考古发掘基本证实，那场三月不息的大火是子虚乌有的，秦始皇焚书的罪名不能转扣到项羽的头上。那么，是不是秦始皇焚书，只焚民间所藏，不焚博士所藏呢？恐怕也不能简单定论。就秦室的官藏而论，六经、各国史记和百家语这三大类书当均有收藏，其中官藏的各国史记一定

---

[1] 转引自陈登原《古今典籍聚散考》，第38~39页，《民国丛书》第二编第50册，上海书店。

被焚了，而且焚得干干净净，以致司马迁作《史记》时感叹不已。可见即便是官藏的书，该烧的还是要烧的。汉代经学最重视学术源流，但从未有记载某种经本是源自秦朝博士所藏的，可以推想，秦室官藏的六经一定被焚了。同样的道理，官藏的百家语也基本上被焚了。灭秦时，萧何至咸阳，收秦丞相御史律令图书，这些都是官藏而不焚的书，当时的官藏主要就是这些东西，并不是萧何有意弃取，只要律令图书，而没有抢救官藏的六经、各国史记和百家语，以致被项羽的大火化为灰烬。

为什么这三大类书同历秦火，各国史记就此彻底失传，而《诗》、《书》与百家语却能在汉代死灰复燃呢？我觉得，主要原因在于这些文献的传承方式是不同的。各国史记原本出自各国史官之手，在官府中收藏，在秦时已是有书无师，所以一旦这些书被焚，也就彻底消灭了。《诗》、《书》与百家语则是官府有收藏，民间也有收藏，特别是《诗》、《书》等六经，以及影响比较大的诸子学派，都是有师弟子传承的，所谓有书有师，因此秦火之后，官府所藏虽然焚毁了，但是民间还有遗漏的私藏，即便焚后无书，因为师传仍在，所以可以靠口传心授，重新著在简帛。汉初新征集上来的经籍，有古文的，也有今文的，古文的经籍是先秦旧传下来的，今文的经籍则是汉初重新写定的。这就是六经以及诸子著作能够历秦火而不绝的原因。

汉朝建立之后，曾经发起过几次大规模的文献征集活动。最早在是汉高帝时，据《史记·太史公自序》中说：

> 秦拨去古文，焚灭《诗》、《书》，故明堂石室金匮玉版图籍散乱。于是汉兴，萧何次律令，韩信申军法，张苍为章程，叔孙通定礼仪，则文学彬彬稍进，《诗》、《书》往往间出矣。

　　这一次是出于建设新朝的现实目的，在秦火之余，将秦朝遗留下的文献加以收集，并做了初步的整理。那些实用性的文献被赋予优先地位。

　　到了汉武帝时，进行了一次大规模的、影响深远的文献征集。汉武帝以"书缺简脱，礼崩乐坏"，于是建藏书之策，置写书之官。公孙弘为丞相时，广开献书之路。于是大量的文献典籍被征集到皇室。因为这时汉武帝已设立五经博士，故而今文经学的文献收集得最多、最齐备，其他如诸子、传说类的文献，也被征集到秘府。

　　武帝时，有两个藩王在文献征集上贡献很大，一是封地在寿春的淮南王刘安，《汉书》本传云：

　　　　淮南王安，为人好书鼓琴，不喜弋猎狗马驰骋。亦欲以行阴德，拊循百姓，流名誉。招致宾客方术之士数千人，作为《内书》二十一篇，《外书》甚众，又有《中篇》八卷，言神仙黄白之术，亦二十余万言。[1]

二是封地在河间的河间献王刘德，《汉书》本传云：

　　　　河间献王德，以孝景前二年立，修学好古，实事求是。从民得善书，必为好写与之，留其真，加金帛赐以招之。繇是四方道术之人不远千里，或有先祖旧书，多奉以奏献王者，故得书多，与汉朝等。是时淮南王安亦好书，所招致率多浮辩。献王所得书，皆古文先秦旧书，《周官》、《尚书》、

----

　　〔1〕淮南王刘安使宾客所作之书，总名《淮南鸿烈》，又称《淮南子》。《汉书·艺文志》著录《淮南内篇》二十一篇，即是《内书》；《淮南外篇》三十三篇，即是《外书》；所记之《中篇》八卷，则不详其传，《汉书·刘向传》云："上复兴神仙方术之事，而淮南有枕中鸿宝苑秘书，书言神仙使鬼物为金之术及邹衍重道延命方，世人莫见，而更生父德，武帝时治淮南狱，得其书，更生幼而读诵以为奇，献之。"刘向献给汉成帝的书，或与《中篇》有关。

《礼》、《礼记》、《孟子》、《老子》之属，皆经传说记，七十子之徒所论。

淮南王和河间献王实际上主持了汉初的两大学术中心，一个在南方，以道家和神仙方术为主，一个在北方，以儒家为主，尤其擅场齐鲁之经学。他们所收集的众多文献，后来也被汇集到皇家秘府。

按照刘歆《七略》的记载，"武帝敕丞相公孙弘广开献书之路，百年之间，书积如丘山，故外有太常、太史、博士之藏，内有延阁、广内、秘室之府"〔1〕。可见文献收集的成绩很大，除了各国史记损毁最大之外，先秦文献的其他方面基本上得到了恢复。我们发现，曾被先秦诸子征引过的而汉代不见踪迹的书籍并不是很多，相反，很多先秦时还流传未定的书籍，到了汉代被写定下来了。

不过，汉武帝虽然采纳了董仲舒的建议，罢黜百家，独尊儒术，立五经博士，并大规模地征集文献，使秘府中的书籍堆积如山，但是武帝并不是一个通晓儒学的人。其后的汉宣帝主张"王霸杂用"，既推崇儒学，又重视刑名，比较功利。真正精通《诗》、《书》，崇尚儒学的是汉成帝，西汉儒学亦在成帝时达到了最成熟的阶段。汉成帝一方面使谒者陈农求遗书于天下，继续广征文献，另一方面开始对秘府所藏的大量文献进行全面整理，诏光禄大夫刘向校经传、诸子、诗赋，步兵校尉任宏校兵书，太史令尹咸校数术，侍医李柱国校方技。

三、刘向《别录》与刘歆《七略》

在汉代学术史上，刘向、刘歆父子具有很崇高的地位，曾发

〔1〕 章太炎《七略别录佚文征》，《章太炎全集》（一），第361页，上海人民出版社，1982年。

挥过至关重要的影响，虽然他们并没有新奇的思想创造，但却是汉代学术发展进程的掌舵者之一，至少在两汉之际，当得起这样的评价。

刘向、刘歆父子都是当世最博学的大学者。刘向出身王室，有非常深厚的家学渊源，可谓累世经学。先祖楚元王刘交，少时与鲁穆生、白生、申公俱受《诗》于浮丘伯，并为《诗》作传，号《元王诗》，从传承上说是《鲁诗》的一支。楚元王的后人，世传《鲁诗》。刘向也很擅长说《诗》，所作《列女传》中保存了很多《鲁诗》的诗说。刘向还精于《易》和《书》，曾经集合上古以来历春秋六国至秦、汉符瑞灾异之记，推迹行事，连传祸福，著其占验，比类相从，各有条目，凡十一篇，号曰《洪范五行传论》。汉宣帝时，刘向受皇帝指派，受《榖梁春秋》，并在甘露三年参与了石渠阁论经。石渠阁论经有两点很值得注意：一是它使汉初以来今文经学中存在的家法、师法更加固定化了[1]。二是《榖梁春秋》受到推崇，意味着古文经学开始萌动。《榖梁传》是在先秦写成的，原有古文本，在汉代被转写为今文加以传授，故而既是今文学，有时又被看作是古文学[2]。除了经学之外，刘向还家传黄老之学，他的父亲刘德年轻时修黄老术，后来因为奉命治淮南王狱，得到了淮南王的藏书，其中有源自邹衍的阴阳五行之学与神仙方术之学。可想而知，刘向由此精通阴阳五行。

到了刘歆，依然是西汉末学术上的重镇。刘歆幼承家学，少

---

〔1〕 钱穆在《刘向歆父子年谱》中认为，汉代经学就是在石渠论经之后才讲究家法的。《古史辨》第五册，上海古籍出版社，1982年。

〔2〕 参见拙著《古学经子》，第193～194页。

年时以通《诗》、《书》闻名，并一直与父亲一起在中秘校书，日积月累，遂致学识非常渊博。恰恰因为校书中秘，刘歆得以见到中秘所藏的大量古文经传，所以经学的立场逐渐从家传的今文学转移到古文学上。他曾经向汉哀帝建议，将《左氏春秋》、《毛诗》、《逸礼》、《古文尚书》皆列于学官，受到当时的众博士阻挠而未果。刘歆因此写了著名的《移太常博士书》，申述自己在今、古文经学上的主张。后来王莽篡汉，刘歆被封为国师，他又推出古文《周礼》，力图使《周礼》成为与《仪礼》并列的经典。

从刘向到刘歆，可以看出一种重要的经学转向，即由今文学独擅，到今、古文学分庭抗礼。尽管古文经传最终也没有被立为博士，但是在民间的传播很快，渐成气候。东汉以后出现了贾逵、马融、郑玄、许慎等古文学大师。发生这一经学转向的契机之一，就是刘氏父子校书中秘，如果没有他们校书，古文经传可能永远束之高阁，不会流传出来。

汉成帝和平三年，诏向领校中五经秘书于天禄阁，刘向从此领导了有史以来最大规模的一次国家校书活动，不仅整理了中秘的藏书，同时把中秘之外的一些私家藏书也包括了进来。刘向是这次校书活动的总负责人，校书活动分为四个分支：刘向负责校经传、诸子、诗赋，任宏负责校兵书，尹咸负责校数术，李柱国负责校方技。跟随刘向校书的还有杜参、班斿、王龚、□望、刘歆等人。

校书工作可以分为两个方面，首先是在书籍的形式方面，分校勘定本和缮写清本两个步骤。第一步是收集一种书籍的不同本子，然后逐字逐句地进行校雠。所谓校雠，按照刘向的说法："雠校，一人读书，校其上下，得缪误为校；一人持本，一人读书，若怨家相对，故曰雠也。"〔1〕通过校雠这个环节，正定错舛的文字，厘清杂乱的篇目，若原本无名，则为其加上书名，这样的书就可以定本了。随后进行第二步，用预先制作好的杀青竹简，按照特定的简书格式，缮写为清本，以便于保存和阅读。

另一个方面是有关书籍的内容的，分撰写叙录和分类编目两个步骤。撰写叙录，就是为每一种书写一篇内容提要，《汉书·艺文志》说："每一书已，向辄条其篇目，撮其指意，录而奏之。"可知内容提要主要有两方面内容：一是"条其篇目"，包括著录新定本的书名与篇目，叙述校雠之过程，如书本的来源、篇数、文字的差谬脱误等等；二是"撮其指意"，包括作者的事迹、书名的含义、著书的原委、书的大义、书的真伪、学术源流以及书的价值等等。把这两个方面的内容合起来，就是一篇叙录。

刘向领导校书工作达十九年之久，校书的主要成果就是为校过的书写了很多的叙录。按照阮孝绪的说法，刘向等人所撰写的叙录都是与所校的书附在一起的，如《管子书录》与整理后的《管子》放在一起。这应该是校书的常例。但是，《汉书·艺文志》既云"录而奏之"，当然不会把所有的书录和书一起呈给皇帝，所以一定要单独录出一本书录的合集，这也就是《别录》。这样的书录合集仍然是卷帙浩繁的，《隋书·经籍志》著录刘向《别录》有二十卷之多，恐怕还有散失，不是原本的全部。刘向的《别录》当是随着校书工作的进行，边校边作，直到他去世都没有完成。刘向卒后，汉哀帝命刘歆继成其业。刘歆一直随父校书，对中秘的典籍以及刘向所作的《别录》十分熟悉，说不定就是作者之一，所以很快就在《别录》的基础上编出了《七略》。

─────────────

〔1〕 章太炎《七略别录佚文征》，《章太炎全集》（一），第 361 页。

《七略》是对《别录》的简化，按《隋书·经籍志》的著录，《七略》只有七卷，这样的篇幅就比较适宜呈给皇帝御览了。

问题的关键是，《七略》所采用的七分法，或者说六分法，是沿用刘向《别录》原有的，还是新创的？按照姚名达的看法，阮孝绪在《七录序》中曾经说过，刘歆的工作是把刘向《别录》中的书录"种别"为《七略》，"种别"就是分类，《别录》只是将书录笼统地集纂在一起，《七略》才对书录进行了明确的分类[1]。

姚氏的看法还有商榷的余地。通常人们将创立《七略》分类法的功绩归之于刘氏父子，这样的评价也许有些言过其实。汉成帝诏刘向等校书时所做的分工，刘向校经传、诸子、诗赋，任宏校兵书，尹咸校数术，李柱国校方技，已经显示出当时人们对于文献分类的一般观念，很可能在校书工作开始之前，人们就已经把自古以来的书籍分作六类来看了，而不是刘氏父子在校书的过程中，通过对于书籍的广泛调查才归纳出来的。刘向《别录》虽然篇卷繁多，但总不至于杂乱无章，一定也是按照上述六类编列的。刘歆《七略》做了进一步的简化处理，使分类的效果愈加分明了。刘氏父子只有保持这样的六类，才能相应地回复汉成帝的诏命。至于每一略下分诸小类，以及小类之下排列哪些书，则可能由负责集成工作的刘氏父子决定，所以确切地说，他们是将当时通行的六分法更加系统化与具体化了而已。

刘向、刘歆的《七略》分类法如下：

　　辑略

---

〔1〕　参见姚名达《中国目录学史》之"《别录》与《七略》之体制不同"节，第37~41页。

　　六艺略：易　书　诗　礼　乐　春秋　论语　孝经
小学

　　诸子略：儒　道　阴阳　法　名　墨　纵横　杂　农
小说

　　诗赋略：屈原赋之属　陆贾赋之属　孙卿赋之属　杂赋
歌诗

　　兵书略：兵权谋　兵形势　兵阴阳　兵技巧

　　数术略：天文　历谱　五行　蓍龟　杂占　形法

　　方技略：医经　经方　房中　神仙

　　其中，《辑略》的内容已经不能确知了。按颜师古的注解：
"辑与集同，谓诸书之总要。"后世有学者认为，《辑略》是全书
的总录，包括总序和各略各类的小序，说明各类图书的内容以及
相关的学术流派[1]。但这个解释不一定对。如果《辑略》中含
有各略各类的小序，那等于说《六艺略》以下的各略各类本来没
有小序，否则就重复了。有学者推测说，各略各类的小序在《七
略》中是合编在《辑略》中的，是班固把《辑略》打散了，分
别编入各略各类之下的。但从《汉书·艺文志》看，各略各类的
著录部分和后面的小序结合得十分紧密，二者有互相说明的关
系，不像是割裂之后生拼在一起的。且后世有征引《辑略》者，
章太炎《七略别录佚文征》辑录的《辑略》佚文有三条，一条是
说孝武皇帝敕丞相公孙弘广开献书之路，另两条分别涉及校雠、
杀青之事。由此推断《辑略》的内容，当是说明收书、校书的经

----

〔1〕 姚名达认为，《辑略》应是全书的总目，包括书目、篇卷数及每类小
序，《汉书·艺文志》全文即是取自《七略》之《辑略》。《中国目录学史》，第
53～54页。

过，所遵循的原则以及采用的方法等等，并不涉及小序和书目著录。《辑略》的"辑"字，不仅有聚集的意思，还可以有整理完备的意思，比如古人说"衣冠未辑"，就是说衣冠还没有整理好。

《辑略》以下的诸略，《六艺略》著录的是儒家六经及其传记章句之书，并且在小序中说明了六经的起源以及孔子之后的传承情况。其中《乐》比较特殊，它既作为一艺，却又没有传世经本，只有《乐记》，所以汉初立五经博士，没有立《乐》。除了六艺各为一类外，还有《论语》、《孝经》和小学三类，作为经学的补充。其实《六艺略》所著录的，恰好和当时的学校教育相对应，小学和《论语》、《孝经》都是初、中级的课程，五经则是高级的课程。《诸子略》著录的是诸子之书，诸子学在汉初一度是显学，司马谈《论六家之要指》最先总结诸子学，将之概括为阴阳、儒、墨、名、法、道六家，而在《诸子略》中，六家之外又增加了纵横、杂、农、小说四家，一共十家。《诗赋略》主要是著录诗赋作品的。中国文学有两个源头，一是诗，也就是《诗经》，一是赋，也就是楚辞。因为《诗经》被归在《六艺略》，所以《诗赋略》是以赋为主，尤其以楚辞居首，兼及《诗经》之外的歌诗。前面这三略，都是刘向主持校正的，也是在学术史上最有价值的部分。《兵书略》则由任宏负责，《数术略》由尹咸负责，《方技略》由李柱国负责，最后刘向总其成，将这四个部分合成一个整体。《七略》在六略三十八类之下著录了六百零三家，一万三千二百一十九卷图书[1]。每一书之下都有简要的说明，基本是浓缩叙录的内容而成的。

著名目录学家王重民评价《七略》说："在一千九百多年以

---

[1] 《七略》著录的图书数量，乃据《古今书最》所记。

前，我国就产生了这样组织严密，并有高度水平的系统目录，是全世界上任何古代文明国家所没有的。"[1]历史学家范文澜认为，《七略》的价值不仅在于奠定了目录学的基础，它还称得上是一部极可贵的古代文化史，足以和《史记》比肩[2]。《七略》的出现，使先秦以来变化繁复、杂乱无章的学术状态，被整理成了主次有序、条理清楚的整体。班固曾称赞说"刘向司籍，九流以别"，又说"《七略》剖判艺文，总百家之绪"。也就是说，它概括出了中国古代学术史的源流与格局。

四、学术的源流与格局

所谓源流，按字面来说，"源"就是一门学问的发生与起源，"流"就是一门学问起源之后的发展与流衍。中国文化源远流长，其突出的特点就是一直呈现出时间性的源流形态，学术思想的发展有自己独特的道路，渐变多，突变少，所以几乎所有的问题都能梳理出其历史源流来。所谓格局，"格"就是学问的法式、传统的标准（"旧法"），"局"就是形势、布局，合起来说，就是一门学问的基本法则和基本形态。进一步说，格局又可以指传统中的多种学问之间的相互关系，以及由此构成的整体所呈现出的一种空间性的结构。源流与格局一纵一横，在时间与空间两维上给出了学术史的坐标系。有了这个坐标系，任何一个历史上的学术问题，都可以在由源流与格局构成的纵横之网上找到它的合理位置。

---

〔1〕参见王重民《中国目录学史论丛》，第24页，中华书局，1984年。
〔2〕参见范文澜《中国通史简编》第三编，第126页，人民出版社，1964年。

刘向《别录》、刘歆《七略》的最重要的学术价值，就是以目录的形式揭示了先秦至西汉的学术源流与格局，从而建构了学术史的坐标系。就其全面性、系统性和权威性而言，确实是亘古未有的。后世的学术史发展几乎无不受惠于此，就像龚自珍在《六经正名》中说的："汉二百祀，自六艺而传记，而群书，而诸子毕出，既大备。微夫刘子政氏之目录，吾其如长夜乎?"[1]然而，刘向、刘歆所揭示出来的学术的源流与格局，是否像后世推崇的那样，客观准确地反映了学术史的实际情况，换句话说，它就是学术史的真相吗? 要做出肯定或否定的回答，都是很困难的。

打个比方来说，学术的历史就像是黄河，在它流淌的过程中，一定会形成各种支流，会有曲直、交错、断层，乃至壅塞而成湖泊，这些都可以看作是这条长河的自然分野。然而河水的自然奔泻，并不总是有利于人们的，它一定也有泛滥的时候、为害的地方，因此需要像大禹治水那样，既因乎自然山川的分野，又加以人工的疏浚与堰堵，使之成为能够孕育出华夏文明的母亲河。学术的源流与格局也是这样，它要在学术史自然分野的基础上，又有所禁锢，有所倡导，有所开辟，使之成为一个四通八达的整体。大禹治水的时候，有个重要的目标，就是要让天下的水道相互贯通，最终连接到一个中心去，就是夏朝都城的所在地冀州。同样，学术史既是多元开展的，同时又需要有一个中心，正是因为这个中心的存在，才使得学术史的源流与格局，在本质的意义上被建构出来。

先秦学术的自然分野，可以概括为"多元一体"，而刘向、

---

[1] 参见龚自珍《六经正名》，张舜徽《文献学论著辑要》，第99页。

刘歆建构起来的学术体系，可以称之为"一体多元"，两者之间有重大差别。考古发现证明，华夏文明的发源地不是单一的，而是分布在黄河、长江流域的多个区域。考古学家将新石器时代的中国，区分为六到十二个文化区[1]，这充分显示了中国史前文化的多元性。到了夏、商、周三代，文化经过长期、广泛的交流与融合，逐步由多元趋于一体。这种由多元到一体的变化是在历史发展中自然实现的，在这个大背景下所产生的早期的先秦学术，也有同样的特点。早期的先秦学术大多有其地域性的根源，或者有不同的先于学术的实践性根源，故而它们是多元性的。随着历史的发展，学术一体化的特征固然是越来越明显，但是，自觉地把学术在理想的层面理解为不可分割的统一体，这样的观念要到春秋战国时代才出现。《庄子·天下》曾经描述过一个过程，即上古统一的道术在春秋之后分裂了，其结果就是产生了诸子百家。在这个描述中，学术不是从多元趋于一体，而是从一体变为多元，与历史的实际走向正好相反。那么，这样的观念是否就是荒诞不经的呢？当然不是，从哲学的角度来说，应该积极地评价这样的观念，因为在这样的描述中，历史过程被抽象为逻辑过程，把历史的理想当作逻辑的起点。那个构想出来的上古道术统一体未尝不是当世学者们所向往的大一统世界的倒影。至于诸子百家，则是道术统一体的多个侧面，尽管他们各自立说，但因为他们在本质上隶归于统一体的管摄，所以最终还是要指向这个中心，这也就是《易传》所说的"天下一致而百虑，同归而殊途"。应该说，刘向、刘歆继承和发扬的就是这样的观念。

---

〔1〕 参见《中华文明史》第一卷引述苏秉琦、严文明的观点，第57页，北京大学出版社，2006年。

　　前面说到，刘氏父子并不一定是六分法的发明者，但是毫无疑问，他们为六分法提供了十分完善的论证，使之由一种经验性的分类转变为本质性的分类。要对学术进行本质性的分类，必须首先确立一个最高的类，以之作为全部学术的核心。在刘向、刘歆看来，所有学术共同拱卫的核心，或者说，所有学问中的最高学问，理所当然是六艺，也就是五经之学。确立了六艺这个核心，然后就可以由中心向边缘，一圈一圈地扩展开。这样一来，六艺、诸子、诗赋、兵书、数术、方技等六略，就不是并列而单行的六种学术而已，而是从属于一个"中心—边缘"的有机关联结构。由六经向外扩展，则是诸子九流十家。诸子的主张五花八门，但在本质上都是从属于六经的，故而说"合其要归，亦六经之支与流裔"，"若能修六艺之术，而观此九家之言，舍短取长，则可以通万方之略矣"。诸子之外，依次是诗赋、兵书、数术和方技，又都是沿经传与诸子的余绪发展出来的。

　　最后还应说明一点，在刘向、刘歆校书的西汉末，西汉以降的今文经学已经基本发展成熟。西汉末，刘向曾经参与的汉宣帝时的石渠阁论经，东汉之后，班固曾参与的汉章帝时的白虎观论经，这两次论经可以说是两汉经学的最高峰，它们不仅在制度上确定了经学的学术地位，而且把经学所蕴含的微言大义提升到了国家意识形态的层次。从学术制度来看，汉代的经学从汉武帝时开始设立五经博士，自始至终以今文学为主体，其间几经兴废，到东汉初确立了十四今文博士的基本格局，这个格局一直贯彻到汉末。而因为刘向等人校书中秘，中秘中的古文经传被发现，很多学者据此研究古文学，则极大促进了古文学的发展。经学中的今、古文学形成了并峙局面。从刘向、刘歆校书开始，中国古代学术和文献开始围绕着经学这个中心发展，经学稳固地占据了第一位，然后才是从经学中演化出来的史学、诸子学、诗赋以及其他实用性的学术。这样的学术格局维持了将近两千年都没有发生根本的改变。

第三章

《汉书·艺文志》（一）
——《六艺略》与经学传统

一、班固与《汉书·艺文志》

汉代自司马迁作《史记》，史学一直十分兴盛。在汉儒看来，史学是绍继孔子作《春秋》的传统，所以是极崇高的学术。在两汉之际，史学尤其达到一个高峰，当时的名儒，如刘向、刘歆、扬雄等等，皆有续作《史记》之志，并做了一些为人称道的尝试。其中最著名、最终取得辉煌成就者，则为班氏家族。

据《汉书·叙传》及《后汉书·班彪传》记载，班氏本来是楚国令尹子文之后，秦末避难到了北边，是当地的望族。至班况这一代，始入朝为官。汉成帝时，班况之女为婕妤，班况有三子，在当时都很有名。长子班伯，曾受《诗》于师丹，又从郑宽中、张禹受《尚书》、《论语》，讲论五经异同于许商。次子班斿，博学有俊才，与刘向一起校书中秘，并得到皇帝特许，可以将中秘中的书籍录写副本，藏于家中。三子班穉，亦有才名，穉之子即班彪。到了班彪这一代，班氏在朝中已经有相当大的影响力，且交游颇广，当世的好古之士以及扬雄等名流，皆造其门。学术上也不再拘守经学，班斿之子班嗣，雅好老庄之学，是东汉老庄之学逐渐复苏的前驱。班彪则肆力于史学，采前史遗事，踵继

《史记》，作《后传》六十余篇。班彪卒后，其子班固又继承父亲未竟的事业，潜精积思二十年，至建初中，基本完成了《汉书》这部史学巨著[1]。

班固年方九岁，即能属文诵诗赋，及长，遂博贯载籍，九流百家之言无不穷究，所学无常师，不为章句，举大义而已。班氏本来家藏甚富，为作《汉书》，汉明帝还曾任命他为兰台令史，典校秘书，章帝又特许他读书禁中。可以说，刘向、刘歆之后，没有人比班固更熟悉当时的历代文献典籍了。

班固认为，史书应当反映历代的文献典籍变迁，他在《汉书》中创立了《艺文志》一体，这是司马迁《史记》所没有的，在史学上是重要的创新之举。不过，这篇《艺文志》并不是班固新作的，而是删节刘歆《七略》而成。清儒朱彝尊说：

> 班固《汉书》依《七略》作《艺文志》，诚良史之用心，而史家之体例之不可少者也。[2]

朱氏所言极是，自班固为《汉书》增加了《艺文志》之后，遂成为正史的一个有机组成部分，并成为多数史书遵循的基本体例。以后的正史，多设《艺文志》或《经籍志》，没有《艺文志》的正史，清代学者多为之补撰，从而形成了完整的正史《艺文志》系统，可以据此考覈古今文献及相关学术的基本状况。

班固的《汉书·艺文志》与其所据的刘歆《七略》大体相同。王重民曾经比较二者之异同，归纳出班固所做的六点改编：

第一，基本保留了《七略》的六略三十八种的分类体系，以

---

[1] 班固著《汉书》，其八表及《天文志》未能完成，汉和帝诏其妹班昭补作之，后来马融之兄马续又继班昭续作之，最终完成全书。

[2] 参见朱彝尊《经义考·著录》，《四库全书》本。

及各类中所著录的书籍，凡有删改、移易和补充的地方，都在自注中说明。

第二，把《辑略》内的内容，附散到六略和三十八类的后面[1]。

第三，把《七略》中的简明提要，必要时节取来作为自注，也有些自注出于其他资料或班固自己的看法。

第四，新增了刘向、扬雄和杜林三家的著作，不过，也可能是刘歆、扬雄、苏竟为王莽校书时增入，班固沿用之。

第五，班固对于《七略》原来的著录按照"出"、"省"、"入"三例做了必要的调整。

第六，《汉书·艺文志》总计著录了六略三十八类，五百九十六家，一万三千二百六十九卷，与《七略》相较，入刘向等三家，省兵书十家，共减少七家，卷数则增加五十卷[2]。

如此看来，尽管班固学有根源，见闻广博，但他对于刘向、刘歆的既有成果，只做了一些技术性的改动，并没有做伤筋动骨的大改造。为什么呢？是否意味着他和刘歆一样是站在古文学的立场呢？这的确是个很有意思的、值得思考的问题。以班固家传之学及其对于当世学术的了解而言，他是一个兼通今、古文学的学者，《后汉书》本传亦说班固学无常师，不喜章句之学，在这种情况下，非要将他归在今文学阵营，或者归在古文学阵营，都是很为难的[3]。班固曾经参与过汉章帝亲自主持的白虎观论经，

---

[1] 关于这一点，笔者不能赞同，参见第二讲关于《七略·辑略》内容的考辨。笔者认为，因为《辑略》说的是校书的宗旨、原则与过程，不合乎史体之需要，所以班固将之整个略去了。

[2] 以上六点，参见王重民《中国目录学史论丛》，第43~44页。

[3] 顾实以为，班氏之门庭，为古文学之渊薮。参见氏著《汉书艺文志讲疏》自序，上海古籍出版社，1987年。

并受诏而整理出了《白虎通义》一书。《白虎通义》是汉代今文学的集大成之作。班固既主持其事，可以推断其在观念上应该是信奉今文学的。为什么说是观念上呢？因为王莽在位时，受刘歆的鼓动，古文学突然兴起，并草草立了《左传》、《毛诗》、《古文尚书》、《周礼》四个博士。东汉光武帝重兴汉室之后，很快拨乱反正，废除了这些古文博士，仍以十四今文博士为主。《白虎通义》就是在今文学复兴的局面下出现的，汇聚了当时最有权威性的经学见解。如果班固顺应新形势而另起炉灶新编一部《艺文志》，很可能也会扬今抑古，与《白虎通义》相一贯。但班固并没有这样做。《白虎通义》与刘歆《七略》相比，还是有很大差异的。举个例子来说，在汉代经学中有一种常见的观念，就是将"六经"比附于"五常"，刘歆《七略》的比附方法是《乐》为仁，《诗》为义，《礼》为礼，《书》为智，《春秋》为信，《易》则为"六艺之原"〔1〕，而在《白虎通义》中则是《乐》为仁，《书》为义，《礼》为礼，《易》为智，《诗》为信，《春秋》则为"黄帝以来"〔2〕。班固当然知道在两汉之际所发生的这些经学观念变化。但是，即便班固在观念上有可能倾向于今文学，还要考虑到他所固有的史家立场。在汉代今古文学的纷争中，史家基本上是超然事外的。最初司马迁作《史记》，就是无论今古文，凡有益于史者，兼收并蓄。司马迁曾经说，其作《史记》，"欲究天人之际，通古今之变，成一家之言"。所谓"一家之言"，既不是今文也不是古文，乃是史家独有的"一家之言"〔3〕。班氏父子正

---

〔1〕 参见《汉书·艺文志》六艺略序。
〔2〕 参见《白虎通义·五经》。
〔3〕 晚清今文经学家崔适作《史记探源》，认为凡是《史记》引古文者，都是后来刘歆窜入的，此说颇嫌狭隘，是不知史家之独有立场也。

是继承了这样的史学精义，如班固在《汉书·叙传》中自赞其《汉书》云：

> 准天地，统阴阳，阐元极，步三光，穷人理，该万方，纬六经，缀道纲，总百氏，赞篇章，函雅故，通古今。

班固既以如此广大而精微的才识自负，自然不愿囿于今文或古文的小圈子里。其实刘歆《七略》亦不尽出刘歆的党派之见，乃是刘向等通儒花费一代心血而作的，其学术成就固非班固所能逾越。班固采用删节《七略》的方式而作《艺文志》，看似因循取易，其实是最好的学术选择，既能反映当时的文献与学术状况，又体现出史家之通识博大[1]。

二、《易》学的传统

在《汉书·艺文志》的《六艺略》中，《易》无疑占据了首要位置。《易》在六艺中的地位最高，凌驾于其他诸经之上，统领诸经。《乐》、《诗》、《礼》、《书》、《春秋》配合着仁、义、礼、智、信五常之道，相须而备，而《易》为之原。没有《易》，天地都要熄灭了，五常之道自然也就无法展开。

《汉书·艺文志》在《易》类序中，首先说明了《易》"人更三圣，世历三古"的形成过程。所谓"人更三圣"，是说《易》是经过了伏羲、周文王和孔子三位圣人的制作而后完成的，伏羲作八卦，文王重为六十四卦，作卦爻辞上、下篇，孔子则作

---

〔1〕 班氏之史学固有承继司马迁以来的史家传统者，然其间亦有重大变化。司马迁之史学本于天官之学，故擅以天道解说世事变迁，故迁父谈学近乎黄老，迁虽转奉儒家，然多采董仲舒一系的齐学。史学至班氏，始由天官之学转为儒家之业，且随着西汉末《穀梁传》之受重视，鲁学重视德性之传统亦渗入史学，史学在秉持固有之天道观的同时，天命与道德的因素亦有所恢复。

《彖》、《象》、《系辞》、《文言》、《序卦》之属十篇。所谓"世历三古",则是以伏羲为上古,文王为中古,孔子为下古。这样的描述有虚无实,无非是要给《易》加上一个神圣的光环。

《易》类序接着叙述了前期汉代《易》学的源流与格局。从汉武帝到西汉末,立于学官的《易》学有施雠、孟喜、梁丘贺、京氏四家。这四家都是有来历的,汉代今文《易》学均源出田何,田何授王同、周王孙、丁宽、服生,这几家的《易》说,西汉末仍有流传,《汉书·艺文志》均有著录。其中丁宽又从周王孙受古义,而后授田王孙,田王孙授施雠、孟喜、梁丘贺。汉武帝时的《易》博士是田王孙,宣帝时,施、孟、梁丘三家先后被立为博士。元帝时,又立了京氏为博士。京氏《易》的创始者京房,先从术士焦延寿受阴阳灾异,又从孟氏问《易》,在四家博士中与众不同。在民间传授的《易》学有费直、高相两家,没有被朝廷立为博士。这些都是今文《易》学,各家都有自己的经本。刘向校书的时候,发现中秘中藏有一部古文《易》,他将之与当时流传的各家今文《易》进行对照,发现与施、孟、梁丘三家的经本相比,有一些文字上的不同,或脱去"无咎"、"悔亡",唯独与费直所传的经本是相同的。

自孔子传《易》,儒家陆续作了很多解说《易》的传,以阐发《易》所包含的微言大义为主旨。大约在汉初的时候,儒家对于这些先秦遗留下来的《易》传进行了甄选,选出了《彖》上下、《象》上下、《系辞》上下、《文言》、《说卦》、《序卦》、《杂卦》等十篇,托言是孔子所作,谓之"十翼",附在《易》的经本上下两篇之后,共计十二篇。估计被淘汰的有关《易》的传还有很多,《汉书·艺文志》著录有《古杂》八十篇,沈钦韩《汉书疏证》说:"《古杂》者,盖年代汗漫,虽有其书,莫究其用，亦未知适是周太卜所掌与否，故存疑云。"《古杂》中当汇集了一些太卜三易的旧材料，也当包括一些不知传统的有关《易》的传记。沈氏还怀疑，后来的各种《易纬》也都是从《古杂》中流变出来的。还有一个情况必须了解，先秦时期传授《易》学的不止是儒家，其他如阴阳家、道家也有自己的《易》学，《汉书·艺文志》著录的《古五子》十八篇，是演说阴阳的，应该属于阴阳家，还有《淮南道训》二篇，是淮南王门下九位明《易》的学者所作，号"九师说"，则当属于道家。秦汉之际的《易》学是颇为繁杂的。

到了汉代以后，《易》学的发展开始以儒家为主体，即便是来源不清的"旁门左道"，也必须汇入到儒家《易》学的主流之中，才能成为当世显学，孟喜、京房是典型的例子，他们成功地把术士之学带入了《易》学。清代学者吴翊寅《易汉学考》说：

> 西汉《易》学凡四派，曰训故举大义，周、服等是也；曰阴阳灾变，孟、京是也；曰章句师说，施、孟、梁丘是也；曰象、象释经，费、高是也。[1]

吴氏所论西汉《易》学的规模和特点是可以信从的，都可以从《汉书·艺文志》中得到文献与学术的佐证。

因为《易》为卜筮之书，不在秦始皇焚书的范围之内，所以传习者一直不绝。西汉各家《易》都是今文的。刘向校书的时候，见到了一本中秘所藏的古文《易》，这本古文《易》和费直所传的《易》文句是一样的，因此后来传费氏《易》者，都号称是古文学。这就造成了一定的混乱。西汉的费氏《易》原本是今

---

〔1〕 转引自吴承仕《检斋读书提要》，第 77 页，北京师范大学出版社，1986 年。

文的，东汉的费氏《易》却被认作是古文的。东汉以后，有很多学者研究古文《易》，如陈元、郑众、马融、郑玄等人，他们的古文《易》很可能是从中秘流传出来的，也就是刘向校书所见的那一本，但都被笼统地说成是传费氏《易》。尽管如此，古文《易》还是在学术史上发挥了重要作用。大体来说，汉代《易》学，西汉重今文，东汉重古文，古文《易》学要比今文《易》学质朴得多，特别是以"十翼"解经的传统被恢复了，从而开启了从重象数到贵义理的学术转折。

今天我们看到的《周易》，包括《易经》与《易传》，就是延续费氏《易》的版本传承下来的。通过当代的考古发掘，我们又发现了几种《周易》的文本，一是上海博物馆的楚简《周易》，已成残本，仅涉及三十四卦，每卦亦不完整，大约抄写于公元前四世纪至公元前三世纪之间，是迄今为止所见到的最早的《周易》文本。二是阜阳汉简《周易》，见于汝阴侯夏侯灶之墓，抄写于汉初，也已成残本，只有四十余卦的残简。三是马王堆帛书《周易》，见于汉初长沙国丞相轪侯利苍之墓，年代亦在汉初，这是一个包含了全部六十四卦的完整本子。除了经本之外，马王堆帛书中还有一批有关《易》的传本，包括《系辞》、《易之义》、《要》、《二三子问》、《缪合》、《昭力》等等。这些抄写于战国至汉初的《周易》经传文本被发现之后，立刻受到广泛的重视，很多学者都积极地肯定了其珍贵的文献价值。

我们设想，刘向、刘歆校书的时候，如果见到了这些《易》类的书籍，将会如何著录它们呢？上博本《周易》一定会像中秘的古文《易经》一样，被看作先秦遗留下来的、汉初未经正定、也没有师法传承的古文《易》。如果它与传世的诸家《易》相比差异太大的话，刘歆也许会建议朝廷为它立一个博士。阜阳汉简

《周易》和马王堆帛书《周易》，则可能会得到另外的安排。汉初
《易》学已经建立起以田何为首的主流传统，刘氏父子著录《易》
类书籍，就以这个主流传统为参照系。对于这两种汉初的《周
易》，刘氏父子一定尚能知其本末。如果这两种《周易》是从田
何以降的主流传统中分流出来的，则会著录在四家博士与民间
费、高二学之下的附属地位，譬如著录《韩氏》之例；如果它们
是主流传统之外的，或者不是儒家所传的，则更居其次，将处于
《古五子》、《淮南道训》一样的位置；如果它们只是当时坊间流
行的用来占筮的《周易》，则可能不被著录，或者干脆被排除到
《六艺略》之外，著录在《数术略》的"蓍龟"类里——"蓍
龟"类中也有很多关于《易》的书籍。凡书籍的著录，一定有其
共同遵循的学术原则与凡例，可以据之考覈书籍，定其主次，分
其远迩，使书籍被归置在合理的位置，而这个位置也恰好能准确
地反映出它们的学术性质。

　　《汉书·艺文志》的《六艺略》序中，把《易》推崇为"六
艺之原"，这一观念在中国思想史上影响深远，非常值得重视。
按照《周礼》的记载，《易》本来是由太卜所掌的一种实用的占
筮技术，为什么孔子晚年非常喜欢它，以致"韦编三绝"呢？
《易传·系辞》中说"形而上者谓之道，形而下者谓之器"，对
《易》的重视表明，孔子开创了一种探究形上之道的传统，或者
说，它是中国古代形上学的肇端。在孔子的时代，《诗》、《书》、
《礼》、《乐》之学都已经比较成熟了，从这些学术中也逐渐衍生
出了很多抽象性的观念，比如天、地、人，以及仁、义、礼、
智、信。这些多元的观念需要一个统一的本体，尤其关键的是这
样的本体不是一个孤立的概念，而是一个内涵着阴阳五行八卦之
抽象结构的图式，既能保证天地万物的生生不息，又能使这个生

生不息的过程体现出抽象而和谐的秩序。《易》恰恰适合了这样的哲学需要，它可以作为涵摄天地人变化总体的本原。所谓本原，一方面有源头的意思，天地万物都是从这儿化生出的；另一方面又有枢纽的意思，天地万物都围着这个枢纽运转。《汉书·艺文志》以《易》为"六艺之原"的思想，又为东汉郑玄所发挥，他在《六艺论》中把《易》的地位进一步拔高，将之视为"政教之原"：

> 《易》者，阴阳之象，天地之所变化，政教之所自生。

也就是说，《易》不仅是六艺之原、天地万物之原，也是国家政教之原。郑玄还扩大了《汉书·艺文志》"三圣"、"三古"的范围，认为自人皇初起，也就是遂人氏，历太昊帝伏羲、炎帝神农、黄帝轩辕，到夏、商、周三代，再到孔子，可以说，人类早期文明的全部精华都包含在《易》道之中，《易》之道广矣，大矣。

三、《书》学的传统

如同《易》一样，《汉书·艺文志》对《尚书》的起源也做了神圣化的描述：

> 《易》曰："河出图，洛出书，圣人则之。"故《书》之所起远矣。至孔子纂焉，上断自尧，下讫于秦，凡百篇，而为之序，言其作意。

《尚书》起源于《河图》、《洛书》，而按郑玄《六艺论》所说，《河图》、《洛书》，皆天神言语，所以教告王者也。《尚书》秉承这样的传统，其所汇集的唐、虞、三代典籍，不仅是记述历史，更重要的是让后世的王者从中取法，从中吸取前代治理国家的经验教训。汉代的天子之师多出《尚书》家，如东汉传欧阳

《尚书》的桓氏，三代皆为帝师。

在汉代的经学中，《尚书》的今、古文问题最为复杂。不过，直到刘向、刘歆校书的时候，《尚书》的今、古文还是分得很清楚的，没有发生混淆。汉儒大多相信，《尚书》是孔子编纂的，本来有一百篇，且孔子为每一篇均作了序，称为《书序》，与《尚书》一起流传。秦始皇焚书，孔子的百篇本《尚书》损毁得非常厉害，到了汉初居然找不到一部完善的《尚书》经本。幸好济南伏生把一部《尚书》藏在墙壁里，因此躲过了秦火，不过再找出来的时候，丢失了数十篇，只剩下二十九篇了。伏生于是开始传授这部二十九篇的《尚书》，并作《尚书大传》。因为伏生的《尚书》是用隶书抄写的，所以称为今文《尚书》。整个汉代的今文《尚书》学，包括立为博士的欧阳和大、小夏侯《尚书》三家，一直都延续着伏生的传统。伏生所传的《尚书》就是《汉书·艺文志》著录的《经》二十九卷，它是今文《尚书》学最基本的经本。

汉武帝时，鲁共王刘余因为扩建宫室，拆了孔子旧宅的墙壁，意外发现了很多藏在墙里的古书，其中就有一部用古文写的《尚书》。鲁共王将这些古书都交给了孔子的后人孔安国，经孔安国初步整理，孔壁中的古文《尚书》一共有四十五篇，除了与伏生今文《尚书》相同的二十九篇之外，还多出了十六篇。孔安国将这部古文《尚书》献给了汉武帝，恰逢朝中闹巫蛊案，无暇视顾，既没有为这部古文《尚书》立博士，也没有让原来的今文《尚书》博士增习多出的十六篇逸文，只是将之收藏在中秘，直到刘向、刘歆校书才重新被发现，也就是《汉书·艺文志》著录的《尚书古文经》四十六卷。刘向用这部古文《尚书》，校勘欧阳、大、小夏侯三家经文，发现文字异者七百有余，脱字数十。

这么大的文字差异，加上十六篇逸文，足以引起学者对于古文《尚书》的重视。于是刘歆建议为古文《尚书》立博士，但是在西汉末没有成功，只在王莽时曾经短暂地列于学官，东汉初旋即废除了。不过，从此之后，凡是治《尚书》者，都要同时参覈今、古文，古文的影响逐渐渗透到了今文之中[1]。

值得注意的是，即便两汉之际古文再受重视以后，《尚书》学也只是传习与今文相同的二十九篇，逸出的十六篇古文一直没有师说，没有成为专门之学。后世尊奉今文学的学者就认为，今文二十九篇是一个思想完整的体系，孔子所传即是如此，并没有残缺的问题。晚清著名学者皮锡瑞在《经学通论》中认为，孔子百篇之说是不可信的，伏生所传的二十九篇即是《尚书》的全

---

[1] 2008 年 7 月，清华大学获海外捐赠战国竹简 2388 枚，年代测定为公元前 300 年左右，通称"清华简"。据李学勤先生《清华简九篇综述》介绍，其中《尚书》以及《尚书》类文献共有《尹至》、《尹诰》、《程寤》、《保训》、《耆夜》、《金縢》、《皇门》、《祭公》、·《楚居》九篇。其中《尹至》为商书，记伊尹见汤之对话，后世未见；《尹诰》亦为商书，可能与孔壁古文《咸有一德》有关；《程寤》以下为周书，《金縢》与《尚书》同，文字略有差异；《程寤》、《皇门》、《祭公》见于《逸周书》，简本较传本完整；《保训》、《耆夜》记述周初故事，未传后世；《楚居》则叙述历代楚君居住之地，体例近似《世本》的《居篇》。按刘向校书，《书》类的文献被分为三类：第一类是孔壁所见但未曾立学的《尚书古文经》四十六卷；第二类是立为学官的今文《尚书》二十九篇；第三类是《周书》七十一篇，颜师古引《别录》云："周时诰誓号令也，盖孔子所论百篇之余也。"汉儒大多相信孔子所编订之《书》有百篇，故而有百篇《书序》。考覈新发现之竹简，亦当准此三类。今"清华简"与今文《尚书》同者一篇（《金縢》），疑似古文《尚书》者一篇（《尹诰》），其余同于《逸周书》者三篇（《程寤》、《皇门》、《祭公》），未见传世者三篇（《尹至》、《保训》、《耆夜》），非《书》类文献一篇（《楚居》），照此来看，"清华简"大体上属于第三类，名之为"殷周逸书"似乎更妥当，不宜以一《金縢》即攀附《尚书》，或以疑似未定之篇即称古文《尚书》。按孔子之时，殷周旧简遗存甚多，孔子编《书》有所择汰。汉代之后，刘向著录之今、古文《尚书》和《周书》之外的"书"仍有流传，乃至张霸伪造之百二篇《尚书》，梅赜所上之今传《尚书》的古文部分，均有旧简依据。总之，"清华简"主要是删余之"书"，其或与《逸周书》具有同等地位，未可径侧于经书行列。

部，其中包含了系统、完整的儒家学说。皮氏说：

> 案二十九篇，篇篇有义，如《尧典》见为君之义，君之义莫大于求贤审官，其余巡守、朝觐、封山、浚川、赏功、伐罪，皆大事；
>
> 《皋陶谟》见为臣之义，臣之义莫大于尽忠纳诲，上下交敬，以致雍熙；
>
> 《禹贡》见禹治水之功，并锡土姓，分别五服；
>
> 《甘誓》见天子亲征，申明约束之义；
>
> 《汤誓》见禅让变为征诛，吊民伐罪之义；
>
> 《盘庚》见国迁询万民，命众正法度之义；
>
> 《高宗肜日》见遇灾而惧，因事进规之义；
>
> 《西伯戡黎》见拒谏速亡，取以垂戒之义；
>
> 《微子》见殷之亡，由法度先亡，取以垂戒之义；
>
> 《牧誓》见吊民伐罪，兼明约束之义；
>
> 《洪范》见天人不甚相远，祸福足以儆君之义；
>
> 《大诰》见开国时基业未固，防小腆靖大艰之义；
>
> 《金滕》见人臣忠孝，足以感天，人君报功当逾常格之义；
>
> 《康诰》见用亲贤以治乱国，宜慎用刑之义；
>
> 《酒诰》见禁酒以绝乱源，宜从重典之义；
>
> 《梓材》见宥罪加惠以永保民之义；
>
> 《召诰》见宅中图大，祈天永命之义；
>
> 《洛诰》见营洛复政，留公命后之义；
>
> 《多士》见开诚布公以靖反侧之义；
>
> 《无逸》见人君当知艰难，毋以太平渐耽乐逸之义；
>
> 《君奭》见大臣当和衷共济、闵天越民之义；

《多方》见绥靖四方，重言申明之义；

《立政》见为官择人，尤当慎选左右之义；

《顾命》见王者所以正终，当命大臣立嗣子之义；

《康王之诰》见王者所以正始，当命大臣保王室之义；

《甫刑》见哀敬折狱，轻重得中之义；

《文侯之命》见命方伯，安远迩之义；

《费誓》见诸侯未征，严明纪律之义；

《秦誓》见穆公悔过，卒伯西戎之义。[1]

尽管皮氏之说在考据上未为定论，但是他的解说对于研读《尚书》者来说，可以起到非常好的导引作用，犹如为《尚书》各篇作了义理提要，配合以对应的说明创作原义的《书序》[2]，更能发挥学术作用。

《汉书·艺文志》在《书》类中，除了著录了今、古文两种经本，亦著录了欧阳、大、小夏侯三家博士的章句、解故和说义著作。伏生以后，这三家是汉代《尚书》学的主流，其支流与附庸之学也很多。伏生还开创了一个特别的传统，即《尚书》家兼治阴阳五行之学，《汉书·艺文志》著录的刘向《五行传记》十一卷、许商《五行传记》一篇，均是这方面的代表性著作。

与《尚书》相关的阴阳五行之学，是以《洪范》为核心的。按照《书序》的说法，"武王胜殷，杀受，立武庚，以箕子归，作《洪范》"。《尚书大传》则记载，箕子"于十三祀来朝，周武王因其朝而问《洪范》"。二者都是说《洪范》是殷周之际箕子

---

[1] 参见皮锡瑞《经学通论》"论百篇全经不可见，二十九篇篇篇有义，学者当讲求大义，不必考求逸书"条，中华书局，1982年。

[2] 今传孔安国本《尚书》各篇前冠有序，可以参看。

为周武王所作的〔1〕。什么叫做《洪范》呢？"洪"即是大，"范"的意思是法，"洪范"就是治理国家的大法。《洪范》共有"九畴"，排在第一位的就是五行——水、火、木、金、土。对于《洪范》来说，五行是一个抽象的图式，它是一切天命、政教、天文、地理、人伦以及道德、祸福的基础。五行的相生与相胜关系，也反映了自然与社会各个方面之间的变化关系。所以说它是非常重要的，是古代人的世界观。

伏生作《尚书大传》，其卷三为《洪范五行传》，可以看作是汉代《洪范》五行学之滥觞。汉代《尚书》学中几乎都有五行传，欧阳、大小夏侯莫不如此。五行传有两种：一种重在数，许商的《五行传记》可能是侧重数的推算的；一种重在义，刘向的《五行传记》即是本传中记载的《洪范五行传论》，乃集合上古以来春秋六国至秦汉符瑞灾异之记，加以比类与解说。这两种五行传，都是在《尚书》学的正轨之内的，所以《汉书·艺文志》加以著录，附在三家之后。还有很多有关五行的东西，不一定是正统经学中的，而是从先秦的数术传统中演变来的。这类书籍，《汉书·艺文志》将之著录在《数术略》的五行类中。

《汉书·艺文志》著录在《数术略》五行类中的书籍，也都是有来历的，不可忽略。与经学不同，这类学术在先秦大多是官守之学，是由专门的史官掌管并传授的。到了汉代，这些书籍有的残破了，有的还比较完整地保存着。但是，因为相应的史官早就没有了，所以虽然书本尚存，却没有正统的师传。其放者为

---

〔1〕 今所见《尚书·洪范》并不是周初的作品，以笔者所考，当是西周末至东周初的作品。现代很多学者主张《洪范》出现于战国末，甚至晚至汉初。本书不从其说。可参见拙著《古学经子》中的考证。

之，往往会流入小道，甚至陷于乱道的困境。这些学术所涉及的明堂、羲和、史卜三大方面，自古以来就跟国家政教的关系十分密切，它们都是供王者之用的，所谓"圣王所以参政也"。按道理来说，汉代在建立政教的过程中也离不开这些学术，不过，汉代对它们的利用，采取了迂回与扬弃的方式，它是通过五经之学，特别是《尚书》学，来吸收阴阳五行之学的精华，使五经之学成为阴阳五行之学的新载体，从而也为汉代政教的建构提供必要的学术支持。

四、《诗》学的传统

《汉书·艺文志》的《诗》类序云：

> 《书》曰："诗言志，歌咏言。"故哀乐之心感，而歌咏之声发。诵其言谓之诗，咏其声谓之歌。故古有采诗之官，王者所以观风俗，知得失，自考正也。孔子纯取周诗，上采殷，下取鲁，凡三百五篇，遭秦而全者，以其讽诵，不独在竹帛故也。

《诗》是孔子为教授弟子而编订的，秦始皇焚书，那些写在竹帛的《诗》被焚了，但因为《诗》又是口口传唱的，故而不能尽灭，还是比较完整地流传到了汉代。

《诗》是古代大学"四术"之一，也是孔子教授弟子的主要科目之一。古代的贵族，或者一个想成为君子的人，必须接受《诗》的教育。《诗》之所以备受重视，有三点值得注意：一是《诗》为礼乐，二是以《诗》为史，三是"不学《诗》，无以言"。

《诗》是由风、小雅、大雅和颂构成的。如果我们从文学史的角度看，一定会认为，其中的十五国风是最有文学性的，小雅也有一定的文学性，大雅和颂就没有什么文学性了。所以一般的文学史，讲到《诗经》，总是重点讲十五国风。但是，从经典的角度研究《诗经》，就不一定这样分配风、雅、颂的权重了。我们先看看《诗经》的内容。按照研究者的分析，《诗经》的诗可以分为几类，第一类是宗教祭祀诗与民族史诗，主要是颂和大雅中的诗；第二类是政治讽刺诗，主要是小雅比较多，大雅中也有；第三类是战争诗，第四类是劳动生活的诗，第五类是爱情与婚姻方面的诗，这三类基本上是反映社会生活的，主要在小雅和国风中。我们从当时的历史来设想，对于天子或者说相对于当时的国家政教来说，什么诗是最重要的，当然首先是宗教祭祀和反映周民族历史的，其次是反映政教善恶的，最后是反映民风、民俗的。诗与宗教、与政治的关系，要先于诗作为对日常生活的反映。

那时的诗并不是独立的文学创作，它从属于礼乐系统。诗的自然发源原本是十分广泛的，大部分是由朝廷的采诗之官从民间采集来的，也有一些诗可能是为了礼乐活动的需要专门制作的。这些诗被采集上来以后，乐官会对它们做必要的修改，而后将之纳入礼乐。自西周至春秋时期，《诗》一直非常广泛地运用于礼乐活动，运用于祭祀天地祖先、送迎、飨宴、射节、房中乐等多种场合。《诗》的具体运用，则或合乐、合舞，或歌诗、诵诗，有多种变化形式。

以《诗》为史，意思是说《诗》具有很强的历史性。这里所说的历史性，是说《诗》中含有一种追溯性的历史意识，以精神与情感记忆的方式，追溯那些先公先王的事迹，以及他们所秉承的天命、所施行的教化、所建立的功绩。《诗》作为史，不像史官"左史记言，右史记事"那样，把历史事件及时如实地记录下来，而是一种回环往复的回味。《诗》还有个非常重要的特点，就是以周文王为历史的中心。这一点特别体现在颂、雅中。《诗》的宗教性以颂最强，因为它与祭祀有关。如果按年代的次序排列三颂，自然是《商颂》、《周颂》、《鲁颂》，而实际的排序则是先《周颂》，次《鲁颂》，最后才是《商颂》。《周颂》以《清庙》为首，《诗序》曰："《清庙》，祀文王也。周公既成洛邑，朝诸侯，率以祀文王也。"所以也可以说，《周颂》为三颂之首，文王又为《周颂》之首。《大雅》中的诗，亦是以《文王》为首，《诗序》曰："《文王》，文王受命作周也。"《大雅》中最有史诗性的六篇诗，按其内容的时间先后当为《生民》、《公刘》、《緜》、《皇矣》、《文王》、《大明》，而《大雅》的实际排序是先言文王、武王受命，而后追溯后稷、公刘、太王、王季等先公先王的功业。颂、雅中的诗，之所以用关于文王的诗为首，是因为文王为周之受命者，故在周人的宗教与历史意识中居于中心地位。

就君子个人修养来说，一个贵族或者君子，一定要有文雅的言语修养，获得这种修养的途径则是学习《诗》。孔子说："不学《诗》，无以言。"在正式的社交场合，以《诗》的言语应对，赋《诗》言志，是当时君子的仪表特征之一。孔子的考虑似乎更深一些，孔子认为，一个君子不仅要具备德性，还要有很好的言语能力，所谓"有德者必有言"。有些德性恰恰是需要在诗化的言语行为中养成的，君子可以通过文辞上的修养，同时获到道德的提升，即"修辞立诚"。通过学习《诗》来涵养道德，一直是儒家所大力提倡的。

从孔子开始，儒家一直传《诗》，孔门弟子中有很多人，比如子夏之儒、颜氏之儒，以及稍后的思孟学派和荀子学派，都曾经传授《诗》。到了西汉初年，形成了鲁、齐、韩、毛四家《诗》说。鲁、齐、韩三家《诗》是立为学官的今文学，《毛诗》则是兴起于东汉的古文学。

《鲁诗》之传始于申公。《汉书·艺文志》著录《鲁故》二十五卷，是申公所作。又著录《鲁说》二十八卷，是申公弟子所传。申公在孝文时为《诗》博士，而后传承不断，是汉代今文《诗》中影响最大的。吴承仕尝云：

> 《鲁诗》之学出自荀卿，远承雅训，一也；三家之学，鲁最先出，二也；终汉之世，传业为盛，三也；永嘉以后，不过江东，《隋志》遂无著录，四也。[1]

吴氏的概括十分简明扼要。《鲁诗》复有两个特点，一是《诗》与礼合义，二是以《诗》为谏书劝讽君德。刘向传《鲁诗》，其说多保存在《列女传》中，主要是讲礼、讲德，最能体现《鲁诗》之淳厚。

《齐诗》之传始于辕固。《汉书·艺文志》著录《齐后氏故》二十卷，是辕固再传弟子后苍所作；《齐后氏传》三十九卷，又是后氏弟子所作。另有《齐孙氏故》二十七卷、《齐孙氏传》二十八卷，当是辕固弟子孙氏及其弟子所作。《齐诗》最大的特点是大量吸收齐地流传的阴阳五行学说，并衍生出四始、五际、六情之类独特的观念，用来解说《诗》。这些都是儒家本来没有的，更不是从《诗》中阐释出来的。汉代经学一向有鲁学、齐学之别，《鲁诗》是鲁学的代表，《齐诗》是齐学的代表，二者有着明显的差异。

《韩诗》之传始于韩婴，是起于燕赵的《诗》学，与鲁学与

---

〔1〕 参见吴承仕《经典释文序录疏证》，第79页，中华书局，1984年。

齐学都不同。《汉书·艺文志》著录《韩故》三十六卷、《韩内传》四卷、《韩外传》六卷、《韩说》四十一卷，卷帙颇繁。《韩诗》虽起于汉初，但是主要流行于东汉。传《韩诗》者大多学问博杂，有的侧重人伦，有的侧重图谶，有的侧重比附史事，有的侧重阐说义理，总的来说，有点泛滥难收，很难概括出一致的特点。

《毛诗》之传始于毛公。《汉书·艺文志》著录《毛诗故训传》三十卷，注作者为毛公，而未著其名。郑玄《诗谱》云："鲁人大毛公为《训诂传》于其家，河间献王得而献之，以小毛公为博士。"据陆玑《毛诗草木鸟兽虫鱼疏》说，大毛公名毛亨，小毛公名毛苌。《毛诗》为旧传之古文学，尽管自汉初就有传授，但直到刘向、刘歆校书时，传习始终不太兴旺。东汉古文学兴起后，《毛诗》之学才逐渐盛行。《毛诗》偏重训诂，擅长解说文字名物，与《尔雅》相通，比较平实。

汉代《诗》学，主要是在鲁、齐、韩、毛四家之间升降。三家今文学中，又以《鲁诗》声望最隆。西汉宣帝甘露三年石渠阁论经，《鲁诗》在三家中占优。东汉章帝建初四年白虎观论经，又是《鲁诗》占优，故《白虎通义》所引《诗》说，均出自《鲁诗》。汉末熹平石经，所刻《诗》亦以《鲁诗》为主。两汉著名学者如孔安国、司马迁、刘向、刘歆、扬雄、蔡邕、张衡、王充、王符、高诱等等，都曾传习《鲁诗》，其著作中论《诗》，多有《鲁诗》遗说。《鲁诗》之见重，亦由此可知。《毛诗》之学则自东汉之后才逐渐取得独尊的地位。唐晏《两汉三国学案》说：

> 两汉儒者皆传《鲁诗》，至东汉而《韩诗》盛行，至康成提倡《毛诗》，毛始大行于世。而鲁、韩皆微矣。此亦关

乎世运也乎?[1]

五、《礼》学的传统（附《乐记》）

在汉代经学中，以《礼》学的变化最为复杂。汉初只有"一礼"，也就是《仪礼》，到了汉末增广到"三礼"，《仪礼》之外又加上了《礼记》和《周礼》。

《汉书·艺文志》对于与《仪礼》相关的今、古文学记述得很完整，也很清楚。在《六艺略》之《礼》类序中，先简单讲了礼的起源，说明礼的核心在于区别夫妇、父子、君臣、上下，也就是宗法制社会的等级。接着重点描述了《礼》学的兴废过程。早在春秋战国时期，诸侯就为了自己的利益开始有意识地毁坏礼书，到了秦始皇焚书，《礼》损坏得非常之大。汉初，只有鲁国的高堂生传《礼》，所传授的为《士礼》十七篇，也称为《礼经》或《仪礼》。高堂生传后仓，后仓有三个弟子：戴德、戴胜、庆普，这三家都传《礼》，且被立为博士。西汉的今文《礼》学，共有大、小戴和庆氏三家。

与伏生所传《尚书》的情况很类似，高堂生所传的十七篇《仪礼》，也是一个历秦火而不全的本子。后来又得到了一个古文本的《礼》，一说是出于鲁淹中，为河间献王所得，一说是鲁共王坏孔子壁，与古文《尚书》等一起被发现。这个古文本，《汉书·艺文志》著录为《礼古经》五十六卷，其中包括高堂生所传的十七篇，又多出了三十九篇。这部分多余的《礼古经》被称为《逸礼》，一直没有传习者，先是有书无师，后来书也亡佚了。

至于《礼记》的情况则不是很明朗。《汉书·艺文志》著录

---

[1]　参见唐晏《两汉三国学案》，第307页，中华书局，1986年。

了《记》百三十一篇，并注云："七十子后学所记也。"本来，七十子传《礼》，每于经文之后附列记传。贾公彦《仪礼疏》云："凡言记者，皆是记经不备，兼记经外远古之言。"《仪礼》中有十三篇经文后附有记传。到了七十子后学，他们传《礼》时也会作记传，但所作的记传不再附经，而是另篇流传，《汉书·艺文志》著录《记》百三十一篇，应该就是这些古文记传的汇集。传世的大、小戴《礼记》，都是从这些古文记传中取材的。《大戴礼记》有八十五篇，《小戴礼记》有四十九篇，这两种《礼记》估计在西汉已经形成了，起初只供传《仪礼》时参考之用，故可能没有单行本。刘向校书中秘时，曾整理过一部四十九篇的《礼记》，且作了叙录，载于《别录》，但不知为何《汉书·艺文志》却没有著录。东汉以后，《小戴礼记》越来越受重视，得到独立的传授，其地位亦由记传上升为经，与《仪礼》相并列。《礼记》各篇选编自古文《记》，基本都是先秦旧书，因为在汉代传《仪礼》的过程中一直在用这些记传，所以辗转间难免会沾有汉代的痕迹，甚至被重新改编过。《礼记》的内容可以分为四个方面：一是配合《仪礼》所记述的各种礼仪而阐释经义的；二是通论性地说明儒家有关礼、乐的思想大义的；三是博取先秦各种政书、史书而成篇的；四是博取儒家及其他诸子之说而成篇的。尽管有些混杂，但是不读《礼记》，则不能通《仪礼》，亦不能知战国儒家的思想规模。

《汉书·艺文志》著录《周官经》六篇及《周官传》四篇。《周官经》又称《周官礼》或《周礼》，本来只是一部先秦古书，作成年代大约在战国后期，主要内容是以天、地、春、夏、秋、冬六官来记述西周官制，其中大多数内容是实录，也有少部分是虚拟的。《周礼》作成以后，并没有作为经书传授。至汉初，这部古书被河间献王收得，从此开始有人研究《周礼》。《汉书·艺文志》著录的《周官传》，可能就是西汉传《周官》者所作，是不是河间献王门下的儒生所作，尚不敢断言。后来，河间献王将《周官》献给武帝，武帝藏诸秘府。及至成帝时，刘向、刘歆校理秘书后，《周礼》才复为学者所知。《周礼》在王莽时曾置博士，属于古文学，至东汉初又废除了，转在民间传授不息。

东汉《周礼》流行于世之后，《周礼》、《仪礼》、《礼记》遂被合称为"三礼"。东汉最精通"三礼"的当属郑玄。郑玄是兼通今古文学的经学大师，他在中国古代目录学史上也占有一席之位，代表其目录学成就的是《三礼目录》，为三礼篇目之解题目录。郑玄《三礼目录》分别解释了《周礼》、《仪礼》、《小戴礼记》的主要内容，为每一篇都作了简要的叙录。郑玄精通"三礼"学，因此所作之叙录虽然简单，但至为精到，后世治"三礼"者无不由此入门，可谓是《礼》学津梁。例如郑玄解说《周礼》六官，不是琐细地叙述有哪些具体的官职，而是取天、地、春、夏、秋、冬之象，通过象彰显其德，由此阐明了周人设官分职，都是以道德为根本，取"礼为德器"之义。郑玄解说《仪礼》各篇，打通今古文，以出自《周礼》的"吉、凶、宾、嘉、军"五礼，将十七篇《仪礼》各从其类，提纲挈领，使最号难治的《仪礼》条理粲然。郑玄的《三礼目录》是其学术精华之凝聚，这样的目录著作，最能凸显文献、学术与目录三位一体的特点。

《汉书·艺文志》六艺略分出"乐"类，但是"乐"并没有经，所以只著录了《乐记》二十三篇，以及《王禹记》二十四篇。《汉书·艺文志》的《乐》类序说：

　　孔子曰："安上治民，莫善于礼；移风易俗，莫善于乐。"

二者相与并行。周衰俱坏，乐尤微眇，以音律为节，又为郑、卫所乱，故无遗法。汉兴，制氏以雅乐声律，世在乐官，颇能纪其铿锵鼓舞，而不能言其义。六国之君，魏文侯最为好古，孝文时得其乐人窦公，献其书，乃《周官·大宗伯》之《大司乐》章也。武帝时，河间献王好儒，与毛生等共采《周官》及诸子言乐事者，以作《乐记》，献八佾之舞，与制氏不相远。其内史丞王定传之，以授常山王禹。禹，成帝时为谒者，数言其义，献二十四卷《记》。刘向校书，得《乐记》二十三篇。与禹不同，其道浸以益微。

这段话看上去没有明确的结论，但是其中揭示的内涵十分丰富。自周公制礼作乐以来，礼、乐并行，春秋战国之世礼崩乐坏，乐的损失又甚于礼。汉代的乐学，自一开始就没有固定的传统。制氏所传，只是铿锵鼓舞，也就是音律乐舞方面的技能。《周官·大宗伯》之《大司乐》章，是关于乐官制度的。出自河间献王的《王禹记》，是言乐事、乐义的，但是与刘向校书所见的二十三篇《乐记》又不同。尽管没有经，《汉书·艺文志》的记载还是比较全面的，从音律乐舞到乐官制度，再到乐事、乐义，将诸项综合在一起，可以看出汉代乐学的大体规模。

传世的《乐记》即是《小戴礼记》中的那一篇。郑玄《三礼目录》云："名曰'乐记'者，以其记乐之义。此于《别录》属乐记。盖十一篇合为一篇，有《乐本》，有《乐论》，有《乐施》，有《乐言》，有《乐礼》，有《乐情》，有《乐化》，有《乐象》，有《宾牟贾》，有《师乙》，有《魏文侯》。今虽合此，略有分焉。"这就说明《小戴礼记》中的《乐记》是由十一篇合为一篇的，这十一篇在刘向所见的二十三篇《乐记》中都有，另有十二篇，则是《小戴礼记》中没有的，其篇目为《奏乐》、《乐器》、《乐作》、《音始》、《乐穆》、《说律》、《季札》、《乐道》、《乐义》、《昭本》、《昭颂》、《窦公》。从传世的《乐记》来看，通论了乐之本源、乐之功用、圣王作乐的初意，以及乐与国家政教的关系，其中的思想非常系统，也非常深刻，简单地将之视为古代音乐学的文献，实在是低估了它的价值。在某种意义上说，《乐记》是从音乐的角度通论了儒家的思想，虽然不如《中庸》、《大学》等出于鲁地儒家的作品意味醇厚，但格局相对较大，特别是以乐象表征天地的观念，在五经中尤其与《易》颇有相通之处。

六、《春秋》学的传统

汉代五经之学中，与现实政治关系最为密切者莫过于《春秋》学。孔子作《春秋》，本身就是一个有明确政治意识的行为。唐晏《两汉三国学案》云：

> 夫《春秋》，孔子所以记变之书也。春秋以前尧、舜、殷、周，大异乎春秋也。春秋以后，七雄争王，亦异乎春秋也。而其致变之枢，则在春秋之代。故孔子作《春秋》，上起自隐，下逮乎哀，即一部《春秋》，而已首末不同矣。故世无《春秋》，则后世不解三王之天下何由以成战国也。此孔子作《春秋》之本义也。[1]

原有的史官只是如实地记载发生的事件，而这些事件体现出怎样的历史规律，则旧史未必能够明了。孔子作《春秋》，首要目的就是要揭示出历史的演变规律，所谓"十世可知也"。唐晏基于古文学立场，只是说《春秋》"记变"；如从今文学立场看，

---

[1] 参见唐晏《两汉三国学案》，第401页。

则孔子在《春秋》中还寓藏了他的政治理想，也就是汉儒所尊奉的"素王之法"。董仲舒尝说：

> 周道衰废，孔子为鲁司寇，诸侯害之，大夫壅之。孔子知言之不用，道之不行也。是非二百四十二年之中，以为天下仪表。子曰："我欲载之空言，不如见之于行事深切著明也。"[1]

孔子所作之《春秋》，是在鲁国旧史的基础上修定的，所记二百四十余年史事，都是非常准确的。但今传世的《春秋》并不完整，简册有缺失、错乱及后世篡改者，这种情况或者是孔子笔削以前已经如此，或者是在孔子以后的流传过程中发生的。《汉书·艺文志》著录《春秋古经》十二篇，又有今文《经》十一卷，二者的篇卷数不同，按照何休的说法，今文《经》"系闵公篇于庄公下"，故而只是编排不同，内容并无缺失。《春秋古经》即《左氏传》的经，今文《经》即《公羊传》、《穀梁传》的经，三家经文大体相同，略有少量异文而已。

《汉书·艺文志》的《春秋》类序说：

> 周室既微，载籍残缺，仲尼思存前圣之业，乃称曰："夏礼吾能言之，杞不足征也；殷礼吾能言之，宋不足征也。文献不足故也，足则吾能征之矣。"以鲁周公之国，礼文备物，史官有法，故与左丘明观其史记，据行事，仍人道，因兴以立功，就败以成罚，假日月以定历数，借朝聘以正礼乐。有所褒讳贬损，不可书见，口授弟子。弟子退而异言，丘明恐弟子各安其意，以失其真，故论本事而作传，明夫子不以空言说经也。《春秋》所贬损大人当世君臣，有威权势

---

[1] 参见《史记·太史公自序》。

力，其事实皆形于传，是以隐其书而不宣，所以免时难也。及末世口说流行，故有公羊、穀梁、邹、夹之传。四家之中，《公羊》、《穀梁》立于学官，邹氏无师，夹氏未有书。

这段话把孔子作《春秋》的过程，以及《左氏》、《公羊》、《穀梁》三传的产生与流传，都说得非常清楚。《汉志》此说当是沿袭了刘歆《七略》。刘歆在西汉末大力提倡《左氏传》，要将之立为博士，故在三传中着重表彰了左丘明，说左氏在孔子作《春秋》时就曾协助过夫子，在孔子殁后，左氏之所以为《春秋》作传，乃是恐怕孔子弟子"各安其意，以失其真"。言外之意是说《左氏传》最符合孔子的原意。《汉书·艺文志》所著录的《左氏传》三十卷，当是保存在中秘的先秦旧书，为刘向、刘歆校书时所见并自中秘传出。今人据《左氏传》的文本内容，考定其作成时间为战国中期，诸家确定的具体时限略有升降，大体范围在前四世纪至前三世纪一百年之间[1]。

汉初由口传而书于简帛的《春秋》传，有《公羊》、《穀梁》、《邹氏》、《夹氏》四家，这四家都是今文的。其中《公羊》、《穀梁》被立为博士，《邹氏》、《夹氏》则逐渐失传了。《汉书·艺文志》著录《公羊传》十一卷，下注曰："公羊子，齐人。"又著录《穀梁传》十一卷，下注曰："穀梁子，鲁人。"按《汉书·古今人表》有公羊子、穀梁子，列在秦武王后，在万章、告子、薛居州、乐正子、高子之前，大概略后于孟子。此

---

〔1〕 王献唐《新出汉熹平春秋石经校记》认为，西汉的《左传》只有传文，没有经文："刘子骏时掌典藏，既为《左氏》创通大义传世，《公》、《穀》皆兼传经，《左》独无经，欲立学官又不能无经，殆别取中秘古经，改写时体，与《左传》并传。入东汉后，习《左氏》者，因皆有经有传，惟不合一。杜（预）氏始就并传之经，分入传中。"参见《那罗延室稽古文字》，第299页，齐鲁书社，1985年。

外，《公羊传》、《穀梁传》并不是成于公羊子、穀梁子时，《公羊传》还称引沈子、北宫子、鲁子、公扈子，《穀梁传》称引沈子、尸子，此数子在《古今人表》中列在韩襄王之后，邹衍、田骈之前，则二传的成书时间不应早于这一期间。桓谭《新论》云：“《左氏》传世百余年，鲁穀梁赤为《春秋》，残略多所遗失。又有齐人公羊高，缘经文作传，弥离其本事矣。”桓谭所说的三传先后次弟，大致可从，即《公羊》、《穀梁》二传形成于公元前三世纪至前二世纪的百年之间。

郑玄《六艺论》评三传各具其长说：

《左氏》善于礼，《公羊》善于谶，《穀梁》善于经。[1]

范宁《春秋穀梁传序》评三传之得失：

《左氏》艳而富，其失也巫；《穀梁》清而婉，其失也短；《公羊》辩而裁，其失也俗。若能富而不巫，清而不短，裁而不俗，则深于其道者也。

以今天的学术眼光看，《左氏传》出于史官之手，其所释者主要是《春秋》的历史基础，对于孔子着眼于未来的微言大义，则未予发挥。《穀梁传》写成年代次于《左氏传》，在解经上最笃实，所反映的是战国鲁地儒家的思想，其说多道德教训，以《春秋》为人性教化之具。《公羊传》成书最晚，其说寓含了大一统、五德终始与天人感应之类的政教理想，但这些观念大多为战国末至汉初的儒家所创立的，离孔子及孔门诸儒已经十分遥远，不一定尽合《春秋》的本义。

---

[1] 郑玄《六艺论》文为唐杨士勋疏范宁《春秋穀梁传序》时所征引，杨氏并疏曰：“言《左氏》善于礼者，谓朝聘、会盟、祭祀、田猎之属不违周礼是也；《公羊》善于谶者，谓黜周王鲁及龙门之战等是也；《穀梁》善于经者，谓大夫曰卒，讳莫如深之类是也。”

尽管如此，如果从义理上评价三传，《公羊传》无疑是最出色的。自战国至汉初，《春秋》何以独重《公羊传》？关键在于《公羊传》最擅长发挥孔子《春秋》的微言大义。汉代的《公羊》学，前、后汉都有大师。西汉的《公羊》学大师是董仲舒，《汉书·艺文志》著录了他的两部著作：一部是《春秋》类中著录的《公羊董仲舒治狱》十六篇，这是演说《春秋》经世致用的；另一部是在诸子略的儒家类，著录了《董仲舒》百二十三篇，有学者认为，传世的《春秋繁露》就是从这部大书中选编出来的。董仲舒的学术是将阴阳五行之学与《春秋》相结合，从而设计出一套完整的天人感应的政教体系，天人之间以灾异相警示。后人常常批评董仲舒的思想是一种迷信，其实不然，思想总是在历史中逐渐进步的，其中有些思想看似荒谬，却是整个思想进步过程的一个必要环节。董仲舒的思想是中国传统思想大厦的基石之一。

东汉的《公羊》学大师是何休。《公羊传》解说《春秋》有个突出特点，就是十分重视归纳出条例。与董仲舒同时传《公羊》学的胡毋生，就善于说《公羊》条例。到了东汉何休作《公羊传解诂》，把胡毋生的条例发扬光大，借条例来阐述《公羊》学说。经由何休发明的《公羊》条例，有"五始"、"三科九旨"、"七等"、"六辅"、"二类"等等，还有"大一统"、"张三世"、"通三统"等等，这些条目都有很深的思想寓义，反映了战国至汉代儒家的政治与历史观念，并且在后世不断获得新的阐释和发展。

在《汉书·艺文志》的《春秋》类中，还著录了《国语》二十一篇（作者左丘明），《世本》十五篇，《战国策》三十三篇，都是先秦的史书。又著录《楚汉春秋》九篇（作者陆贾），

《太史公》百三十篇（作者司马迁，十篇有录无书），冯商所续《太史公》七篇，《太古以来纪年》两篇，《汉著记》百九十卷，《汉大年纪》五篇，这些是汉代的史书。《汉书·艺文志》把这些史书都附在六艺略《春秋》类之后，其用意是说明后世的史学都应以《春秋》为宗。就古典目录学而言，这一点具有非常重要的意义。在魏晋之后出现的四部分类中，史部独立出来了，但是，其与《春秋》的源流关系依然是存在的，故而占据了次于经而先于诸子的地位。后来在史部中逐渐形成了纪传体的正史一类，在史部中又占了首位。

第四章

《汉书·艺文志》（二）
——诸子、诗赋及其他学术

一、诸子出于王官说

《汉书·艺文志》论述的诸子出于王官，是有关诸子起源的重要学说，尽管后世学者不断有所质疑，认为不完全符合历史的实际情况，但是又一直没有足够的证据予以否定，相反，新的考古发现与研究倒是进一步增强了这一学说的可信度。

《汉书·艺文志》的《诸子略》将先秦诸子分为儒、道、阴阳、法、名、墨、纵横、杂、农、小说十家，并且说明了这十家诸子都是从过去的王官之学发展来的：

> 儒家者流，盖出于司徒之官，助人君顺阴阳明教化者也。

> 道家者流，盖出于史官，历记成败存亡祸福古今之道，然后知秉要执本，清虚以自守，卑弱以自持，此君人南面之术也。

> 阴阳家者流，盖出于羲和之官，敬顺昊天，历象日月星辰，敬授民时，此其所长也。

> 法家者流，盖出于理官。信赏必罚，以辅礼制。《易》曰："先王以明罚饬法。"此其所长也。

名家者流，盖出于礼官。古者名位不同，礼亦异数。孔子曰："必也正名乎！名不正则言不顺，言不顺则事不成。"此其所长也。

墨家者流，盖出于清庙之守。茅屋采椽，是以贵俭；养三老五更，是以兼爱；选士大射，是以上贤；宗祀严父，是以右鬼；顺四时而行，是以非命；以孝视天下，是以上同。此其所长也。

从横家者流，盖出于行人之官。孔子曰："诵《诗》三百，使于四方，不能专对，虽多亦奚以为？"又曰："使乎，使乎！"言其当权事制宜，受命而不受辞，此其所长也。

杂家者流，盖出于议官。兼儒、墨，合名、法，知国体之有此，见王治之无不贯，此其所长也。

农家者流，盖出于农稷之官。播百谷，劝耕桑，以足衣食。故八政一曰食，二曰货。孔子曰："所重民食。"此其所长也。

小说家者流，盖出于稗官。街谈巷语，道听涂说者之所造也。[1]

从诸子之间的差异性而言，除了源自不同的王官之外，其所属的地域文化也不同，如儒、墨出于鲁、宋，道家流行于楚、齐，名家、法家多出三晋，阴阳家出于齐、燕，而春秋战国之时，士不怀土，多有周游列国之事，学术已有很多交流。无论是所出之王官，还是所处之地域，只是诸子学术产生的背景而已，促使他们创造新思想的真正动力还是现实的需要。

---

[1] 引自《汉书·艺文志》诸子略各小序，有节略。拙作《古学经子》于诸子各家起于官守有较详细之考证，可参看。

先秦诸子以士为主体，士的社会地位和教育、知识状况在一定程度上影响了诸子思想的性质。孔子说"士志于道"，士是以"道"为理想的。不过，对于士所志的"道"还需要细加分析。历史学家范文澜将战国之士分为四类，一类是学士，如儒、墨显学，以著书立说为目的；一类是策士，游说诸侯，参与政治；一类是方士或术士；还有一类是食客之流[1]。这样庞杂的士阶层所追求的"道"也是五花八门的，有大道，有小道，有修身之道，有养禄之道，有些道是理想性的，有些道则是非常实用的。士要获得这些"道"，必须要通过各种教育途径，而这时的私学已经很流行，原来的王官们纷纷到民间办学，最初的王官之学也与时俱进地做出必要的改进，以适合当世之需要。这时的文化与思想交流非常活跃，各国都有传统的学术，也都出现了创新的学术，这些都是促使王官之学转变为诸子之学的因素。

本来，先秦诸子大多以个人显名，除了儒、墨之外，均未称家。以家论诸子，始于汉初司马谈，《史记·太史公自序》记载了司马谈《论六家之要指》，其中区分了阴阳、儒、墨、名、法、道德六家，并说明了各家的得失。《汉书·艺文志》基本上延续了这一传统，二者的不同之处，一是将六家扩大到十家，二是说明了十家所出的王官，三是从尊道家变为尊儒家。在具体说明各家的学术特点时，则同样指出了他们的长处和短处。司马谈和班固在论述各家学术时，有个共同的倾向，就是都试图把诸子纳入一个大的学术架构当中。诸子各家虽然都偏于一隅，但又各具所长，有其独特的功用，如果综合起来，则能构成一个既对立又相互补充的整体。从源流上说，诸子各家又是由六艺演变而来的，

---

[1] 参见范文澜《中国通史简编》第一编中有关战国养士风气的论述。

所以诸子又可以配合六艺，《汉书·艺文志》的《诸子略》序云：

> 诸子十家，其可观者九家而已。皆起于王道既微，诸侯力政，时君世主，好恶殊方，是以九家之术蜂出并作，各引一端，崇其所善，以此驰说，取合诸侯。其言虽殊，辟犹水火，相灭亦相生也。仁之与义，敬之与和，相反而皆相成也。《易》曰："天下同归而殊涂，一致而百虑。"今异家者各推所长，穷知究虑，以明其指，虽有蔽短，合其要归，亦六经之支与流裔。……若能修六艺之术，而观此九家之言，舍短取长，则可以通万方之略矣。

通常说起诸子学，其范围是可以涵盖整个中国学术史的，从先秦直到清代都可以有诸子。但是最典型的诸子学还是先秦诸子，汉代诸子虽然距先秦诸子很近，但却难以比肩。刘勰《文心雕龙·诸子》说：

> 六国以前，去圣未远，故能越世高谈，自开户牖。两汉以后，体势漫弱，虽明乎坦途，而类多依采，此远近之渐变也。

先秦诸子多原创性的思想，而且诸子之间都有独立的主张，且文体各异，遇到不同的思想则加以往复辩论，即使同属一家，也决不因循守旧、人云亦云，必有独特的所闻、所见、所思，而后始唱为一说。战国末期，杂家兴起，顺应当时大一统政治的现实需要，非要混同诸子百家为一，诸子的鲜明个性才逐渐消磨掉了。两汉诸子，因为成了经学之附庸，当然更是衰落了。《汉书·艺文志》在儒、道等各家，都著录了他们在汉代的余绪，这些汉代的诸子和先秦鼎盛时的诸子相比，不免每下愈况，存在着很大的差距。

不过，汉代的诸子思想并不是在"罢黜百家，独尊儒术"之后戛然而止，而是在相当程度上被经学吸收了。比如阴阳家，在司马谈论六家时是排在第二位的，其中的思想在战国末至汉初非常流行，西汉的今文经学几乎没有哪一经不吸收阴阳家的思想，比如《易》学中的孟氏、京氏，大、小夏侯《尚书》，《齐诗》，《公羊春秋》等等，都擅长以阴阳五行说经。现代学者顾颉刚说，从汉代开始，阴阳五行说就成了中国人的思想律，是中国人对于宇宙系统的信仰，两千余年来，它有极强固的势力[1]。今文经学对于阴阳家的大量吸收，致使阴阳五行学说转移到了经学中，作为诸子的阴阳家反倒成了次要的了，《汉书·艺文志》说，诸子十家，其可观者九家而已，罗焌在《诸子学述》中认为，不可观的这一家并非通常说的小说家，而是阴阳家，《汉志》著录的阴阳家，后来都散佚了，自隋之后，历代史志子部皆无阴阳家，后出的著作，则并入天文、历数、五行三类[2]。罗氏还全面论述了诸子学在汉代以后逐渐散入到经、史与集中，可见诸子虽然体势不振，思想的影响力还是广泛而持久的。

二、儒家诸子

《汉书·艺文志》关于儒家的著录很有特色，它体现了汉代学者心目中儒家诸子的基本规模。首先最突出的一点，孔子所开辟的六经传统和儒家诸子是区分开著录的。《汉书·艺文志》说儒家"游文于六经之中，留意于仁义之际，祖述尧舜，宪章文武，宗师仲尼，以重其言"，这段话揭示出一个界限，孔子之前，

---

〔1〕 参见顾颉刚《五德终始说下的政治与历史》，《古史辩》第五册，第404页。

〔2〕 参见罗焌《诸子学述》，第12页，商务印书馆（上海），1935年。

从尧、舜、文、武到孔子，都是儒家所尊崇的圣人，当然不能以诸子百家视之，孔子所修定的六经，以及记载孔子言行的《论语》、托为孔子所作的《孝经》，都属于儒家的经书，当著录在《六艺略》中；孔子以后，从七十子开始，才是作为诸子百家之一的儒家，他们各自著书立说，所传下来的书籍，则著录在《诸子略》中。

《汉书·艺文志》所著录的儒家诸子，属于七十子一辈的，有《子思》二十三篇（名伋，孔子孙，为鲁缪公师），《曾子》十八篇（名参，孔子弟子），《宓子》十六篇（名不齐，字子贱，孔子弟子）；属于七十子后学的，有《漆雕子》十三篇（孔子弟子漆雕启后），《景子》三篇（说宓子语，似其弟子），《世子》二十一篇（名硕，陈人也，七十子之弟子），《魏文侯》六篇（受经于子夏），《李克》七篇（子夏弟子，为魏文侯相），《公孙尼子》二十八篇（七十子弟子），《孟子》十一篇（名轲，邹人，子思弟子），《孙卿子》三十三篇（名况，赵人，为齐稷下祭酒），《芈子》十八篇（名婴，齐人，七十子之后），由此可见，儒家诸子的主体是七十子和七十子一传、再传的弟子们。

说到孔子之后的儒家，先有子思、曾子两家。《汉书·艺文志》著录《子思》二十三篇，旧题子思撰。《史记·孔子世家》云："子思作《中庸》。"郑玄《礼记目录》也认为《中庸》是"孔子之孙子思伋作之，以昭明圣祖之德"。六朝时的沈约认为，《礼记》中的《中庸》、《表记》、《坊记》、《缁衣》，都是子思的作品。《子思》二十三篇中，这四篇是可以考见的，而其他篇目已不可知。

《汉书·艺文志》著录《曾子》十八篇，旧题曾参作。据学者考证，《曾子》十八篇中有十篇后来被收录在《大戴礼记》中，其目为《曾子立事》、《曾子本孝》、《曾子立孝》、《曾子大孝》、《曾子事父母》、《曾子制言上》、《曾子制言中》、《曾子制言下》、《曾子疾病》、《曾子天圆》。此十篇记录了曾子与弟子论孝之言，故不是曾子自著，应该是弟子或再传弟子所辑录的。

子思、曾子之后，有孟子和荀子。《汉书·艺文志》著录《孟子》十一篇，赵岐《孟子题辞》云："七篇二百六十一章，三万四千六百八十五字。又有《外书》四篇，《性善》、《辨文》、《说孝经》、《为正》，其书不能宏深，似非《孟子》本真也。"《孟子》一书在先秦诸子书中地位显要，汉初立诸子传记博士，立有《孟子》博士，至汉武帝时才被取消。虽然如此，《孟子》在人们心目中比其他诸子显要，汉人奏疏往往引用之，有时与六经并列。汉赵岐作《孟子章句》，此外汉儒刘向、程曾、高诱、郑玄、刘熙也都注过《孟子》。

《汉书·艺文志》著录《孙卿子》三十三篇，孙卿即荀卿，也就是荀子。刘向《叙录》云："所校雠中《孙卿书》，凡三百二十二篇，以相校，除复重二百九十篇，定著三十二篇。"可知传世的《荀子》是由刘向编定的。《汉书·艺文志》云三十三篇，当是传写之误。《荀子》对汉儒影响颇大，其影响途径不同于《孟子》以诸子得立博士，而是《荀子》各篇多被吸收到汉初的各种传记之中，大、小戴《礼记》中有很多内容与《荀子》有重叠，当同属一个学术传统。

汉代最主要的儒家诸子，《汉书·艺文志》著录了《陆贾》二十三篇，《贾谊》五十八篇，《董仲舒》百二十三篇，桓宽《盐铁论》六十篇，刘向所序六十七篇（《新序》、《说苑》、《世说》、《列女传颂图》），扬雄所序三十八篇（《太玄》十九、《法言》十三、《乐》四、《箴》五）等等，这些都是汉代最有名的，其他还有若干家。扬雄的著作是班固新增入的，本不在刘歆《七略》之中。

近年之考古发现，又见到《汉志》未著录之儒家经典。按照李零的统计，新发现的儒家典籍有三批：

首先，郭店楚简中的新见儒籍：

《缁衣》，今本《礼记》中有此篇。

《五行》，佚书，马王堆帛书中也有这一种。

《鲁穆公问子思》，佚书。

《穷达以时》，佚书。

《唐虞之道》，佚书。

《忠信之道》，佚书。

《性自命出》，佚书，上博竹简也有这一种。

《成之闻之》，佚书，上博竹简也有这一种。

《六德》，佚书。

《尊德义》，佚书。

《语丛一》，佚书。

《语丛二》，佚书。

《语丛三》，佚书。

其次，上海博物馆藏楚简中的儒籍：

《性情论》，佚书。

《纺衣》，即郭店楚简的《缁衣》。

《孔子诗论》，佚书。

《子羔》，佚书。

《鲁邦大旱》，佚书。

《君子为礼》，佚书。

《弟子问》，佚书。

《相邦之道》，佚书。

《从政》(甲、乙篇)，佚书。

《中(仲)弓》，佚书。

《民之父母》，佚书。

《昔者君老》，佚书。

《内礼》，佚书。

《季庚(康)子问于孔子》，佚书。

再次，八角廊汉简中的儒籍：

《论语》。

《儒家者言》。[1]

这些儒家典籍在刘向、刘歆校书时是否还在，已不得而知。不过，从著录的体例来说，这些典籍如果西汉末仍在，或者应著录在《六艺略》的儒家传记中，或者应在《诸子略》的儒家子书中，从文献之文体上还需做进一步的确认。

在新发现的先秦简牍中，郭店简、上博简和清华简均为公元前300年左右，如何看待它们的学术史价值，是一个难题。首先，这些简牍的遭遇有两种可能，既有被秦火而亡佚的可能，也有没有被秦火在汉代仍有流传的可能，这两种可能都没有确凿的证据予以证实。如果是前一种可能，那么这些简牍在汉代以后就没有发生过影响，今天重现人世，我们可以据之重新认识战国中晚期的学术。而如果是后一种可能，问题就复杂了，因为它们的亡佚是在学术史中被有意淘汰的，刘向等人校书时可能看过这些文献，或者类似的东西，刘向等人没有给予足够的重视，将之归到

---

[1] 上述郭店、上博与八角廊儒籍之书目转引李零《丧家狗——我读〈论语〉》，第45～47页，山西人民出版社，2007年。

逸礼、逸书一类的古文传记，或《儒家言》一类的汇纂之中了。所以说，这些新发现的简牍，一定会丰富我们对于先秦学术史的既有认识，不过，其分量不一定像有些学者想象的那么重，依我之见，尚不足以导致传统学术格局的根本变化，至少不足以改变刘向、刘歆所规划的学术格局。此外，有些学者仓促地将之归于某一特定的诸子派别，如将郭店儒籍归属思孟学派，亦恐有未安。李零曾推测这些新见儒籍与七十子的关系，我认为这是一个可能性比较大的推测，一者说七十子中传经之儒与诸子之儒皆有之，立说多本经典；二者说七十子时代，孔门虽分四科，但尚无明显派别之分，荀子所批评的诸儒，韩非子所说的儒分为八，均是七十子之后的情况[1]。

《汉书·艺文志》著录的儒家诸子中，还有很多史书、政书，如史书类的《晏子春秋》、《李氏春秋》、《虞氏春秋》、《高祖传》，政书类的《周政》、《周法》、《河间周制》、河间献王《对上下三雍宫》等等。这一点应该引起我们足够的注意，至少到西汉为止，儒家的学术范围是很广泛的，除了正统经学之外，其余的学术还可以分三类，一类是侧重阐发义理的诸子之儒，一类是沿着《春秋》传统下来的史家，一类是在礼乐典章和政治制度方面为国家提供必要咨询的博通之儒。就像陈寅恪所说的，"儒家在古代本为典章学术所寄托之专家。……夫政治社会一切公私行动，莫不与法典相关，而法典为儒家学说具体之实现。故两千年

---

〔1〕按：判定新发现的儒家之年代与归属，可用先秦人性论为参照系。先秦人性论凡四说，世硕主人性善恶混，告子主人性无善无恶，孟子主性善，荀子主性恶。王充《论衡》尝云："周人世硕，以为人性有善有恶，举人之善性养而致之则善长，恶性养而致之则恶长。……宓子贱、漆彫开、公孙尼子之徒，亦论性情，与世子相出入。"观郭店楚简儒籍，多有主张人性善恶混之言论，与七十子最为接近。告子非儒家，而孟子之性善论与荀子之性恶论，皆后于七十子。

来华夏民族所受儒家学说之影响，最深最钜者，实在制度法律公私生活之方面"[1]。后两类儒家著作在其后的目录学典籍中被转移到其他部类中，但是其与儒家的关联还是很密切的。

三、道家诸子

《汉书·艺文志》对于道家的著录，可以让我们清楚地了解先秦至汉代的道家情况。道家本来以老子为尊，不过，《汉书·艺文志》首先著录了老子之前的四部著作，首先是《伊尹》五十一篇，伊尹为商汤相；二是《太公》二百三十七篇，《谋》八十一篇，《言》七十一篇，《兵》八十五篇[2]，太公即吕望，为周师尚父，始封于齐；三是《辛甲》二十九篇，辛甲为商纣臣，纣无道，辛甲七十五谏而去，周封之；四是《鬻子》二十二篇，鬻子名熊，为周师，自文王以下问焉，始封于楚。《汉书·艺文志》将这四部书著录在道家之前，其在学术上别有深意。这四部书均出自后世道家依托，最早也是战国末至汉初的作品。这四部书很可能是道家所整理新编的道家的"书"，犹如儒家取前代旧籍以为《书》一样。道家的产生有齐、楚双重背景，而其尊奉之前圣，多为商王和周王的贤臣或老师。在《鬻子》之后，《汉书·艺文志》著录《管子》八十六篇，道家重管子，并非将其视为道家诸子，而是同尊伊尹、太公、辛甲、鬻子一样，尊为前驱，将传出于管子的著作视为前代经典。《管子》中确有道家的著作，最著名的是《心术上》、《心术下》、《白心》、《内业》，为战国时

---

[1]　陈寅恪《冯友兰中国哲学史下册审查报告》，《金明馆丛稿二编》，第251页。

[2]　钱大昭《汉书辨疑》云："《谋》、《言》、《兵》，就二百三十七篇而析言之，《太公》其总名也。"

齐国的道家所作，后世称为《管子》四篇。

道家最重要的经典《老子》，是春秋末周王室的柱下史老聃的著作。这部书的成书过程比较复杂，一开始可能由老子传其学说，弟子口诵老子之言。到了战国中期出现了写在竹简的《老子》，但还没有完全写定，可能同时流传有好几个本子。今可见的最早的本子是郭店楚简中的《老子》甲、乙、丙三组，抄写时间不晚于公元前300年左右，三组竹简的文字都不完全。秦汉之际，《老子》以诸子传记得立学官，这时整理出了完整的《老子》，分为上下两篇。汉初马王堆汉墓中发现的帛书《老子》甲、乙本，基本是整理过的本子。

秦朝曾经立诸子传记的博士，其中就有《老子》。汉初延续了一段时期，到了汉武帝时，与其他诸子传记一起被废除。按照《汉书·艺文志》的著录，《老子邻氏经传》四篇，《老子傅氏经说》三十七篇，《老子徐氏经说》六篇，这三家可能就是从《老子》博士而来的。刘向也传《老子》，作《说老子》四篇。这四家合称《老子》四家经传。

刘向在《列子书录》中说："道家者，秉要执本，清虚无为。及其治身接物，务崇不竞，合于六经。"不仅概括了道家思想的主要特点，还将道家思想联系到儒家的六经上。这是西汉末儒家的流行看法，班固也说道家之说合乎《易》的谦卦，也可以说是六经的支裔。汉初儒道之间有过很激烈的对立，到了西汉末则逐渐开始把儒道纳入到一个互补的格局中，尤其喜欢把《周易》与《老子》比类在一起。

《汉书·艺文志》著录老子后学的著作，有《文子》九篇，《蜎子》十三篇，《关尹子》九篇，这三人都是老子弟子。同样为老子后学的还有《庄子》五十二篇，《列子》八篇。这两家在后世道家中都非常受尊敬，特别是庄子，影响尤其大，与老子并称为"老庄"或"庄老"。《汉书·艺文志》著录的《庄子》有五十二篇，这是刘向校书时整理之本。刘向将流传下来托为庄周所作的篇什编辑起来，分为内篇七、外篇二十八、杂篇十四、解说三。而我们今天见到的《庄子》是郭象注本，分内篇七、外篇十五、杂篇十一，共三十三篇。据学者考证，《庄子》的内七篇是庄子所作的，外、杂篇则是庄子后学所作的。

《汉书·艺文志》除了著录老子以下的道家之外，还著录了黄帝之学。黄帝之学本来不属于道家，它是在齐国兴起并流行的学术，尊黄帝为始祖，以流传下来的黄帝之教为经典。《汉书·艺文志》著录有《黄帝四经》四篇，《黄帝铭》六篇，《黄帝君臣》十篇，《杂黄帝》五十八篇，《力牧》二十二篇。《隋书·经籍志》说：

> 汉时诸子道书之流，有三十七家，大旨皆去健羡、处冲虚而已。其《黄帝》四篇，《老子》二篇，最得深旨。

在战国末至汉初，黄帝之学与老子之学合流，称为黄老道德之术，或黄老之学，《黄帝四经》是和《老子》并列的道家核心经典。当时的诸子，如慎到、田骈、接子、环渊，皆学黄老道德之术，许多诸子都曾征引黄帝之说。长沙马王堆汉墓所出土的文献中，有四篇道家佚书，其篇目为《经法》、《十六经》、《称》、《道原》。这四篇佚书，唐兰认为即是《汉书·艺文志》所著录的《黄帝四经》，这一看法有人赞成，也有人反对，迄今未成定论。司马迁在《史记》中说："黄帝举风后、力牧、常先、大鸿以治民，顺天地之纪，幽明之占，死生之说，存亡之难。"黄帝之学，主要是治民之术，也就是《汉书·艺文志》说的"君人南面之术"，与老子之学相比，政治内涵更多，也更具有实用性。

汉初自汉文帝始好黄老，窦太后及景帝亦尊黄老之学，他们认为，黄老之学在儒家的五经之上。司马谈《论六家之要指》将道德家置于儒家之上，即是汉初风气的体现。汉初的黄老之学传承比较清楚，北方有从河上丈人传下来的一系，曹参、陈平等人都受其影响；南方有司马季主传下来的黄老之学，后来影响到了严遵、扬雄。

四、阴阳、法、名、墨、杂

除了儒、道两家之外，《汉书·艺文志》很重视阴阳家，这也是汉代的一般风气。阴阳家的情况十分复杂，有传自古羲和之官的官守之学，也有诸子发展出来的新学说。《汉书·艺文志》著录的《宋司星子韦》等著作，当是由羲和之官传下来的专门之学。在传承的过程中也有变化，比如有《黄帝泰素》一书，即是战国时阴阳之学与黄帝之学混合而成的。这些以"敬顺昊天，历象日月星辰，敬授民时"为主旨的专门之学，与《数术略》中的天文、历谱、五行等类的著作不妨参合在一起，中间的分别不是很大。战国末阴阳家的核心人物为齐国的邹衍，《汉书·艺文志》著录了《邹子》四十九篇，《邹子终始》五十六篇。邹衍的学术大致可分为两部分，前部分为星历分野之学，以及大九州之说，出于古羲和之官；后部分则将阴阳五行说与儒家思想相结合并加以变化，为五德终始之说，这是邹衍所创的。与邹衍之学关系最为密切的儒家学术可能是流传于齐地的《春秋》公羊学，廖平《公羊补正》谓邹衍之学与公羊家法同源，实为卓识。阴阳家在汉代影响非常大，几乎所有的学术都有阴阳五行的元素在其中。

《汉书·艺文志》著录的法家，首先是《李子》三十二篇。李子名悝，是子夏的弟子，魏文侯相，与儒家关系密切。李悝之所以为法家之首，因为他曾经作过一部《法经》六篇，影响很大，商鞅就是受习了这部《法经》之后，入秦国变法。《汉书·艺文志》著录了商鞅的著作《商君》二十九篇，商鞅是战国法家最杰出的代表人物，不仅有系统的法家思想，且能在现实中实践自己的理想。《汉书·艺文志》著录的《申子》六篇，《慎子》四十二篇，这两家都是兼受道家之学的法家，也被称为"道法家"。战国法家至韩非子集其大成，韩非是荀子的弟子，又受黄老之学，《汉书·艺文志》著录《韩子》五十五篇。战国时期的法家有几个特点，从地域上说，他们主要集中在魏、赵、韩三晋，东讲学于齐，西实践于秦。从学术上说，他们同时受名家中的刑名之学、儒家、道家的影响，各有不同的主张，但都将以法治国视为己任。在汉代人看来，法与礼是相辅相成的，就像贾谊说的，"夫礼者，禁于将然之前，而法者，禁于已然之后"[1]，礼与法就像国家的两个车轮，缺一不可。法家思想具有独特的价值，且比较开放，既与道家为邻，与儒家也不是截然对立的。

《汉书·艺文志》著录的名家，首先是《邓析》二篇。邓析为春秋时郑国人，与子产同时，他是中国第一个私撰法律的人，创作了一部《竹刑》。按《汉书·艺文志》的说法，名家起于礼官，即掌分辨礼名之官。春秋礼崩乐坏之后，郑国最先出现了由礼治向法治的转变，属于礼治的礼名，也随之变化为隶属于法治的刑名。名家的兴起就在这个转折之际，邓析是刑名之学的创始者。战国中期，邓析所开创的刑名之学逐渐转移到法家之中，如申不害、商鞅均好刑名。名家则由刑名之学转变为形名之学，走上了一条很抽象的思辨道路，如惠施、公孙龙之流，都是战国时

---

〔1〕 参见《汉书·贾谊传》引上疏。

最有名的辩者。《汉书·艺文志》著录《公孙龙子》十四篇，《惠子》一篇。从今天的角度看，他们讨论的问题都是有关认识论、逻辑学的，他们提出很多古怪的命题，如离坚白、合同异，以及卵有毛、鸡三足、白马非马之类，都包含有深刻的哲学思想。在后世关于先秦诸子的研究中，名家比较受冷落，其实，名家在当时的影响是很大的。最初的名家擅长分辨礼名，这方面与儒家有相通之处，孔子说礼，首重正名。以邓析为首的刑名学则对战国法家有深远的影响。战国中后期，名家由礼名转为形名，与墨家、道家和儒家都开展过激烈的辩论，在百家争鸣中做过贡献。

按照《汉书·艺文志》，墨家出于清庙之守，即守护文王清庙的官。《汉书·艺文志》首先著录《尹佚》二篇。尹佚为周臣，在西周成、康二王时，可能是墨家所尊奉的先贤。顾实《汉书艺文志讲疏》云：

> 尹佚亦曰尹逸，又曰史佚。鲁惠公使宰让请郊庙之礼于天子，天子使史角往，惠公止之。其后在于鲁，墨子学焉。岂史角之先，出自尹佚，故以佚书为墨家冠，且以其出于清庙之守耶？[1]

墨家的实际创始人为墨子，《汉书·艺文志》著录《墨子》七十一篇。墨子名翟，为宋大夫，在孔子后。《墨子》七十一篇不全是墨子的作品。墨家在先秦诸子中比较特别，他们是有严密组织的团体，在战国时声名显赫，孟子曾说"杨、墨之言盈天下，不归杨，则归墨"，杨即杨朱，老子弟子，道家的代表；墨即墨子及其学派。《墨子》一书是墨家学派集体的作品，其中有

---

〔1〕 参见顾实《汉书艺文志讲疏》，第143页。

墨子所作的，也有墨子后学所作的，其中尤其以《墨辩》部分最有价值。墨家的学说有几个特点，一是在诸子百家中宗教色彩最为浓郁，敬天事鬼，主张兼爱、非攻，这可能与其出于清庙之守有关系。二是体现出很强的抽象思维能力，尤其长于逻辑，在当时与名家比肩，因为名家的著作多散失，传世之作多为后世伪托，因此可以说，《墨子》中的逻辑思想代表了先秦逻辑学发展的最高水平。如果与西方学术相比，则堪比古希腊亚里士多德的逻辑学。三是《墨子》中还有很多反映当时科学技术的史料，从中可以看出古代数学、物理学的萌芽，以及相当高超的工程技术方面的知识。

杂家的著作，多是由各诸侯国权臣的门客所作。蓄养门客之风起于战国中期，齐孟尝君田文、赵平原君赵胜、魏信陵君魏无忌、楚春申君黄歇、秦文信侯吕不韦等所养门客均在三千人以上。此风气一直持续至汉初，淮南王刘安、河间献王刘德，都广集门客。这些门客之中一定不乏通百家之学者。百家汇于一门，杂家之学由此而兴起，其发展也大致自战国中期，讫汉武帝时代。杂家的著作总的说有两个特点，其一为托名，其二为出于众手。《汉书·艺文志》著录的杂家，最重要的有三种。第一种是《尸子》二十篇，尸子名佼，战国时人，有人说他是商鞅的老师，也有人说是门客。但尸子并不是法家，而是一个博取各家的杂家，在杂家中他是比较早的。第二种是《吕氏春秋》二十六篇，是战国末秦相吕不韦召集门下宾客集撰的。以"十二纪"、"八览"、"六论"把当时诸子百家的思想，特别是儒、道、法、阴阳，都融汇为一体。第三种是《淮南子》，又名《淮南鸿烈》，即《汉书·艺文志》著录的《淮南内》二十一篇，《淮南外》三十三篇。颜师古注曰："《内篇》论道，《外篇》杂说。"这是淮南王的宾客所合撰的，以道家为主旨。不过，《淮南子》之属道家与先秦很单纯的道家不一样，它是汉代杂家化的道家，特点是以道家为本，广取诸子百家之长，从而集诸子学之大成。

五、诗赋

首先要明确地知道，《诗赋略》以赋为主体，它既是"七略"中独立的一略，又与《六艺略》的《诗》类之间有某种继承关系，换句话说，在《诗》完成之后，才开始有赋的创作。这也就是后来刘勰《文心雕龙》中说的"赋自《诗》出"。《汉书·艺文志》在《诗赋略》序中论述了《诗》与赋之间的本末关系：

> 《传》曰："不歌而诵谓之赋，登高能赋，可以为大夫。"言感物造端，材知深美，可与图事，故可以为列大夫也。古者诸侯、卿大夫交接邻国，以微言相感，当揖让之时，必称《诗》以谕其志，盖以别贤、不肖，而观盛衰焉。故孔子曰"不学《诗》，无以言"也。

这是说春秋以前是以《诗》为主的时代，其后则发生了变化：

> 春秋之后，周道浸坏，聘问歌咏不行于列国，学《诗》之士，逸在布衣，而贤人失志之赋作矣。大儒孙卿及楚臣屈原，离谗忧国，皆作赋以风，咸有恻隐古诗之义。其后宋玉、唐勒；汉兴，枚乘、司马相如，下及扬子云，竞为侈俪闳衍之词，没其风谕之义，是以扬子悔之，曰："诗人之赋丽以则，辞人之赋丽以淫。如孔氏之门用赋也，则贾谊登堂、相如入室矣，如其不用何！"

赋是在《诗》不行之后兴起的，它与《诗》有一个重要的不同，《诗》是"思无邪"的，而赋一开始就有遭受忧患、失志离谗的特点。不过，在班固看来，屈原、荀卿的赋，还含有讽谕恻隐之义，与古诗一脉相承，故而还可以说是"诗人之赋"。至于屈原之后的宋玉、唐勒，汉代之后的枚乘、贾谊、司马相如、扬雄等人的赋，则"竞为闳衍之词"，没有了讽谕恻隐义，只是"辞人之赋"。扬雄最早区分了二者，"诗人之赋"和"辞人之赋"都有"丽"的特点，这是相同的，不同在于前者"丽以则"，而后者"丽以淫"。"则"与"淫"的区别可以从两方面看，一是思想内容上，如果能做到像《关雎》那样"乐而不淫，哀而不伤"，就是"则"，班固引述淮南王刘安《离骚传》说："以国风好色而不淫，小雅怨诽而不乱，若《离骚》者，可谓兼之。"如果一味于乐，或者一味于哀，或者一味于怨诽，没有讽谏，所谓"劝百而讽一"，那样就是"淫"。二是语言形式上，虞挚《文章流别论》尝论赋有"四过"："假象过大，则与类相远；逸辞过壮，则与事相违；辩言过理，则与义相失；丽靡过美，则与情相悖。"有此"四过"的赋，则是"淫"，无此"四过"，能使象与类、辞与事、言与义、丽与情两相协调，即是"则"。

　　《汉书·艺文志》将战国至汉代的赋分为四类，首先是屈赋之属，著录《屈原赋》二十五篇，《唐勒赋》四篇，《宋玉赋》十六篇，《庄夫子赋》二十四篇，《贾谊赋》七篇，这些都是战国末至汉初楚国的赋家，屈子自然是最高的，可以说是后世所有赋家的楷模，王逸《楚辞章句》说：

　　　　屈原之词，诚博远矣！自终没以来，名儒博达之士，著造词赋，莫不拟则其仪表，祖式其模范，取其要妙，窃其华藻。所谓金相玉质，百世无匹，名垂罔极，永不刊灭者矣。

　　唐勒、宋玉、庄忌、贾谊之辈，尽管较屈子等而下之，但亦是最早承屈子之风者，他们的一些作品附载在屈子赋之后，总称为《楚辞》。汉代赋家中《枚乘赋》九篇，《司马相如赋》二十九篇，《淮南王赋》八十二篇，《刘向赋》三十三篇，《王褒赋》十六篇，则是《楚辞》之后的佼佼者。

陆赋之属首先著录《陆贾赋》三篇，其次如《枚皋赋》百二十篇，《严助赋》三十五篇，《司马迁赋》八篇，《扬雄赋》十二篇。其中尤其以扬雄之赋最为著名。

荀赋之属首先著录《孙卿赋》十篇，同类的赋还有很多，但几乎没有非常知名的作者，也未传下来。

杂赋之属著录《客主赋》十八篇，还有一些关于四夷、兵、草木禽兽雨旱之类的赋。杂赋均不注作者，当是按内容类别汇集而成，不是一人所作。

刘师培《论文杂记》说：

> 《汉书·艺文志》叙诗赋为五种，而赋则析为四类，屈原以下二十家为一类，陆贾以下二十一家为一类，荀卿以下二十五家为一类，客主赋以下十二家为一类，而班《志》于区分之意，不注一词。近代校雠家，亦鲜有讨论及此者。自吾观之，客主赋以下十二家，皆汉代之总集类也，余则为分集。而分集之赋，复分三类，有写怀之赋，有骋辞之赋，有阐理之赋。[1]

刘师培所说的"写怀之赋"即是屈赋，"骋辞之赋"即是陆赋，"阐理之赋"即是荀赋。当代赋学家姜书阁比较各类赋的文学特点说："屈、荀的赋皆为诗人之赋，但作法不同，表现亦异。屈赋缘情托兴，情为里而物为表；荀赋指物类情，声色毕见而文甚质朴。宋玉、相如、扬雄，则全异于是：聚事征材，骋其辞

---

〔1〕 参见刘师培《论文杂记》，《中国中古文学史·论文杂记》，人民文学出版社，1959年。

藻，而情志微矣。"[1] 汉代司马相如以降的赋，固然有"情志微"这样的弱点，但是也有独特的优点，其表达的"天地精神"越来越显豁。以古诗的标准看赋，自然过犹不及；如果给予赋独立的艺术地位，则赋所具有的富赡而奇诡的想象力，以及借助这种超越的想象力"合纂组以成文，列锦绣而为质"，从而创造出的"苞括宇宙，总览人物"的博大气象[2]，又是任何其他艺术形式所无法比拟的。

对于汉代以至两晋的赋，如在内容上略加分类，比如音乐赋、乐舞赋、器物赋、宫室赋、山水赋、时光赋、怀思赋、灵异赋、玄思赋、述志赋、自然赋、艺术赋、隐逸赋、圣贤颂赞等等，则不难看出其中包含的思想内容是十分丰富多彩的，好学深思者可以从中了解当时的精神境界，亦可得到深致之陶养。

六、兵书、数术、方技

《汉书·艺文志》将兵书单列为一略，既有历史的原因，也有学术上的道理。自秦汉之际起，兵书就是一个自成系统的文献集合。按照《汉书·艺文志》的说法，兵家出自古司马，是负责国家的武备与战争的。春秋战国时代，灭国频仍，战争关乎国家的生死存亡，故而是各国皆倾力关注的头等大事。汉初，张良、韩信曾经整理先秦以来的兵书，有一百八十二家之多，删取要用，定著三十五家。汉武帝时，杨仆作《兵录》，首创兵书目录。汉成帝时，任宏负责典校兵书，《汉书·艺文志》的《兵书略》当是任宏的校书成果。任宏将兵书分为四类：兵权谋、兵形势、

---

〔1〕 参见姜书阁《汉赋通义》，第288页，齐鲁书社，1988年。
〔2〕 参见《西京杂记》卷二所载司马相如论赋。

兵阴阳、兵技巧。这四类构成了相当完善的古代军事学的体系，兵权谋是关于国家的军事战略、用兵的大政方针的，它兼形势，包阴阳，用技巧，统摄后三者。《汉书·艺文志》著录了《吴孙子兵法》八十二篇，并有图九卷，这就是著名的《孙子兵法》，它被视为后世兵家之祖，在兵书中首屈一指。《齐孙子》八十九篇，图四卷，这是孙子后人齐国孙膑所著的兵法，此书失传很久，后来在银雀山发现了汉简《孙膑兵法》，使此书失而复得。还著录《公孙鞅》二十七篇，《吴起》四十八篇，二者都是法家而深知兵道者。《兵书略》中本来还有《司马法》一书，班固将之移在《六艺略》的礼类，因为其中有很多与军礼有关的内容。由此也可知，兵家之用，涉及礼、法及诸多政治方面，必须要统筹国家之全局，谋定而后动。兵形势则是兵发之后的用兵之术，将在外，要审时度势，因地制宜，最终达到制敌的目的，最著名的是《尉缭》三十一篇。兵阴阳是以阴阳五行之术，巧妙利用天时地利，甚至假借鬼神之力，在战斗中打败敌人。兵技巧是战士实际掌握的攻守战术，从武艺到兵器、机关，都是最基本的实用性的东西。从学术上说，兵家之学要涉及礼制、法制、国家财政、外交、权谋、赏罚、练兵、科技等等非常多的方面，这样的学术其综合性是任何一家诸子都不能相比的。后世把兵家看作是诸子之一，有失允当，《汉书·艺文志》单列为一略才是正确的做法。无论在学术还是文献上，古代的兵书都足以构成了一个独立的传统。

　　《数术略》与《方技略》在整个《汉书·艺文志》中地位非常特殊。首先说数术，通常人们都认为，数术是对于自然的一种认识，这种认识和我们今天的自然科学既有联系，又有本质的不同，它是带有泛灵论思维特点的一种初级认识，它是从巫术变化出来的，但是已经不是巫术，更不能简单地说是迷信，它已经形成为一种系统的知识，尽管在这类知识中包含着很多神秘因素，总是与人世间的吉凶祸福联系在一起。

有两点需要注意，一方面，数术本来作为一种重要的学术有其源远流长的传统，可以追溯到古明堂、羲和、史卜等职官，它们本来是处在主流传统之中的；另一方面，这样的数术传统在汉代经过了一次大规模的扬弃，所以著录在《数术略》中的书，有些是当时仍很重要的书，有些则是淘汰下来的、已经不太重要的书。

《数术略》分天文、历谱、五行、蓍龟、杂占、形法六大类。首先，天文和历谱可以看作是同类的学术，天文是关于历象日月星辰运行的，历谱则是根据日月星辰的运行而制定历法的。这些都是由古明堂、羲和之官传下来的。尽管其中包含有吉凶祸福的迷信因素，但总的来说，还是反映了早期的科学认识成果。中国古代的天文学和历法学十分发达，有些成果就保存在《数术略》的天文、历谱两类书中。不过，天文、历法的知识是在不断进步更新的，不像六艺类的经典以古为贵。而且，天文历法具有非常强的国家政教性质，由国家确认并颁行的则为正统，其他的则为旁流。汉代国家认定的天文历法之学，主要反映在《史记》的《律书》、《历书》、《天官书》，《汉书》的《律历志》、《天文志》中，这些史书中的天文、历法知识可能与《数术略》中的书相关，也可能不相关，这中间应该有过一个复杂的变化过程。比如，《史记·天官书》和《汉书·天文志》均征引《甘石星经》，可知《甘石星经》在当时的主流学术之中，但是这部重要的书竟然没有被著录，可能是被分散吸纳在二史书之中了。再比如，《数术略》著录了很多古历，但是正在使用的则不著录。秦用颛项历，汉武帝后用太初历，《数术略》著录了前者，而没有著录后者。天文历法根于算术，据说出自先秦的《九章算术》、《周髀》等古算书，也未能著录，其故不详，著录的《许商算术》和《杜忠算术》是比较晚出的。后来的《四库全书总目》把古算书都并入了天文算法类，诚为卓识。汉代律历之学中还增入了很多的《易》学因素，如焦氏《易》、京氏《易》等等，在《数术略》的天文、历谱两类中也没有体现出来，后来《四库全书总目》则将之归入了数术类。

其次，五行为一类。这一类自然也是起源很早的，但是汉代学者多认为邹衍为其创始者，或者说，旧有的五行家因为与邹衍之学发生了联系，才成为一时显学。据补撰《史记》的褚少孙说，汉武帝时发生过五行家、堪舆家、建除家、丛辰家、历家、天文家、太乙家之间的争议，武帝钦定以五行家为主。可知五行之学时称显学，当在司马迁之后。《史记》中没有五行传，班固在《汉书》中新加了这一传例。不过《汉书·五行志》所记载的五行传，是按照《洪范》推广的五行之学。汉代的今文《尚书》家，以及刘向、刘歆，都做过五行传，这些是五行之学的正统，而《数术略》中的五行基本上是民间术士所传的旁流。汉代的五行之学固然杂入了很多阴阳灾异之类迷信的东西，但是其中以五行分类万物以及五行相生相克的基本思维模式是好的。胡适曾经说，汉代的阴阳五行之学就像一辆"垃圾马车"[1]，不妨说马车是好的，车上的垃圾的确是需要加以扫除的。

第三，蓍龟与杂占为一类。如《汉书·艺文志》所说，蓍龟

―――――――――

〔1〕 参见胡适《中国中古思想史长编》，第555页，《胡适文集》（六），北京大学出版社，1998年。

本是圣人所用，于国家政教关系重大。依周人的礼制，龟卜大于蓍占，而春秋之后，蓍占渐多于龟卜，筮用《连山》、《归藏》、《周易》三易。《周易》被尊为经典之后，龟卜的地位渐落，其他二易也逐渐不通行了。到了汉代，《周易》独立出来，列六艺之首，淘汰下来的各种蓍占和龟卜之属，就归在了《数术略》中。这些蓍龟数术也不一定是废弃不用的东西，但是已不为国家政教所采用了，民间可能仍然流行。这样一个扬弃过程也可以从《史记》与《汉书》之间的差异看出，《史记》中还有《日者列传》、《龟策列传》，《汉书》中就统统取消了。杂占的地位低于蓍龟，主要是采用各种事物的占筮法，其中梦占是比较古老的，曾经广为运用，《周礼》中曾经记载过三梦占法。其他的占法，则比较低级，但似乎颇有些实用的功能，甚至在天气、种植、蓄养等日常生活中也很有用处。

第四，形法为一类。这一类的范围比较大，或许出自堪舆家。所谓"堪舆"，堪为天道，舆为地道，即是观察天地变化以断吉凶。形法之术最显著的特点就是用眼睛"相"，相天象、相地形、相人面、相宅墓、相六畜、相器物，都可以看出好坏来，这里面一定包含有丰富的生活经验，不全是迷信的东西。《汉书·艺文志》在这类书中首先著录了《山海经》十三篇，后来的《隋书·经籍志》改到了地理类，再后的《四库全书》改到了小说类。其实如《汉书·艺文志》所说："形法者，大举九州之势，以立城郭室舍形，人及六畜骨法之度数，器物之形容，以求其声气贵贱吉凶。"《山海经》正是大举九州之势的书，传为夏禹所作，与《禹贡》相呼应。按由大到小的趋势，由九州到国都，再到宫室，以及人与六畜、器物。

《方技略》分为四类。医经、经方两类都是关于古代医学的，涉及医与药两个方面。房中、神仙两类则是养生和修炼之术，也有强身健体的内容，但总的说是为了追求长生不老，属于宗教性的内外修炼功夫，后来就转入了道教之中。《方技略》中最有价值的就是有关古代医药方面的经典，最著名的就是《黄帝内经》十八卷，其中《素问》九卷、《灵枢》（又名《针经》）九卷。

《黄帝内经》也是以阴阳五行为基本观念的，但是，它与邹衍以来将阴阳五行与国家政教和祥灾异结合在一起，大搞天命神学的那一套不一样，它不牵涉社会、历史问题，主要是针对人体自身及其与自然的关系立说，有朴素的辩证法思想。《黄帝内经》基本上是战国时代的作品，它对战国时代诸子百家的思想都有吸纳。《黄帝内经》既是中国古代医学之渊薮，其所阐明的人体气、形、质三基元，腑脏与经络之运作机理，以及病变之因，诊断、治疗与摄生之术等等，都经过长期的实践证明，成了中医的基本原理；同时它也是中国古代哲学的最精微的体现，它所包含的天人合一、身心合一、阴阳互补、五行生克、中庸和谐等等重要观念，构成了一套完整的生命哲学，与诸子哲学相比毫不逊色。

第五章

《隋书·经籍志》（一）

——四部分类与正史艺文志传统

一、魏晋六朝目录学的发展

自刘向、刘歆父子校书中秘并作《别录》、《七略》之后，中国古代目录学的传统由此奠基。《汉书·艺文志》主要反映了刘氏父子的目录学成果，也有班固的一些贡献。在班固之后，东汉的目录学仍有进一步的发展，一个很突出的特点是校书的工作和古文经学之间发生了紧密的联系。东汉的很多大学者都参与过校书。东汉迁都洛阳之后，除了运来西汉藏书之外，又新收进了很多图书，旧书收藏在兰台，新书则收藏在东观和仁寿阁。汉明帝、章帝时，班固、傅毅、贾逵等人曾经对这些图书进行过一次全面的整理，兰台的旧书就沿用《七略》，又为东观和仁寿阁的新书编出了两部目录，一是《东观新记》，一是《仁寿阁新记》[1]。此后，又多次诏令学者校书东观，似乎形成了一个东观校书与治学的学术传统，比如刘珍、刘𫘦𬴂、马融等校书东观，卢植、马日碑、蔡邕、杨彪、韩说等校书东观，这些活动与其说是整理图书，不如说是利用东观的藏书研究学问，特别是以马融、郑玄为代表的古

[1] 参见王重民《中国目录学史论丛》，第39页。

文经学，大多是从这里发源并向外流传开的，所以在某种意义上说，东观是古文经学的大本营。博士所传之今文学与东观所出之古文学，逐步形成了两个对立的派别。

东汉桓帝延熹二年，朝廷在东观的基础上设立了秘书监，专门掌典图书古今文字，考核同异。在此后相当长的一段时期，秘书监对于学术发展发挥了很关键的作用。魏晋以后，秘书监一度由著名学者掌管，东晋以后，秘书监则成了世族子弟培养品望的所在。秘书监的学术取向，往往会影响到当世的好尚之风。比如魏文帝时王肃领秘书监，他像郑玄一样遍注群经，但却专门与郑玄为异，在当时有很多追随者，形成了王学与郑学势均力敌的局面。东晋以后，秘书监由年轻的世族子弟把持，逐渐使严谨深厚的学术为清谈所取代[1]。

曹魏时期，战乱频仍，汉代传下来的图书难免有所散佚，也有一些新收集的文献，这些图书仍收藏在中秘三阁之中，秘书郎郑默对这些藏书加以整理与登记，编成了一部官藏目录《魏中经簿》。这部目录沿用了汉代的旧有目录模式，只是删定旧文，做了简单的登记而已，不过它给后来的《晋中经簿》打下了一个很好的基础。

西晋荀勖、张华等人编撰的《晋中经簿》，可以说是《七略》之后、《隋书·经籍志》之前最有代表性的官修目录。荀勖在目录学上的重要贡献是创立了四部分类法。这时的四部分类法还处于草创阶段，以甲、乙、丙、丁命名，甲部纪六艺及小学，乙部有古诸子家、近世子家、兵书、兵家、术数，丙部有史记、旧事、皇览簿、杂事，丁部有诗赋、图赞、汲冢书。荀勖的四部分

---

[1] 参见王重民《中国目录学史论丛》，第36~27页。

类涉及学术变化的主要有三方面：一是把《七略》中的兵书、数术、方技三略的内容都转入到诸子之中，从学术上说，这三类的学术也由此被视为诸子学之附庸，后世的大多数目录都继承了这一做法；二是把《七略》中隶属《春秋》的史书独立出来，另立一部，也就是所谓史部，由附庸蔚为大国，这是目录学的一个重大进步；三是著录了当时新发现的出土文献——汲冢书，《晋书·束皙传》记载："晋太康二年，汲郡人不准发魏襄王墓，或言安釐王冢，得竹书数十车，大凡七十五篇，漆书，皆蝌蚪字。"此外，按照姚名达《中国目录学史》的看法，荀勖的《晋中经簿》后面附录了佛经，这是传统目录附载佛教、道教著作的肇始。东晋以后，李充整理过江后的文献，作《晋元帝四部书目》，他调整了荀勖的四部分类，以五经为甲部，史记为乙部，诸子为丙部，诗赋为丁部，进一步完善了四部分类法，直到《隋书·经籍志》最后定型。

两晋以后的目录大多沿用荀、李的四部分类法。南朝的文化十分发达，历朝都有校书活动，官修目录也不断产生。比较著名的有刘宋时期谢灵运等修纂的《元嘉八年秘阁四部目录》，这是南北朝期间卷帙比较浩繁的一部国家藏书目。在宋、齐之间，最有名的是王俭，他为国家修了一部《宋元徽四年四部书目》，又自撰了一部《七志》。入梁之后，梁武帝雅好文学，文献收藏与目录也因此繁荣，其中最著名的有刘孝标等撰《梁文德殿四部目录》、殷钧撰《梁天监六年四部书目录》。这两部书都包括了四部分类，但又都多出了一类，前者于四部之外又单列出了术数类，由精通数学的祖暅所编撰；后者则把对艺术作品的著录单列了出来，殷钧曾受诏料检西省法书古迹，故而编成目录。梁代最高水平的目录，不是这些官修书目，而是阮孝绪所著的《七录》，《七录》与《七志》一样，都是私家目录。相比之下，北朝的文化事业不及南朝发达，学术上也比较守旧，新出现的书不多，总的藏书量不如南朝多，虽然也产生了《甲乙新录》等几部藏书目录，但都不是很完备。

南北朝最有代表性的目录是王俭的《七志》和阮孝绪的《七录》。我们首先考察《七志》的情况。尽管王俭用通行的四部分类法编撰了《宋元徽四年四部书目》，其实他是服膺刘向、刘歆的七分法的，故而在《七志》中以复古为基础，首先回到《七略》，再略做必要的调整，形成了自己的七分法目录体系。阮孝绪在《七录序》中说：

> 王俭《七志》改六艺为经典，次诸子，次诗赋为文翰，次兵书为军书，次数术为阴阳，次方技为术艺。以向、歆虽云"七略"，实有六条，故别立图谱一志，以全七限。其外又条《七略》及二汉艺文志、中经簿所阙之书并方外之经，佛经、道经，各为一录，虽继"七志"之后，而不在其数。[1]

按照《隋书·经籍志》记载，《七志》的"经典志"纪六艺、小学、史记、杂传，"诸子志"纪古今诸子，"文翰志"纪诗赋，"军书志"纪兵书，"阴阳志"纪阴阳图纬，"术艺志"纪方技，"图谱志"纪地域及图书。佛经、道经则附见，共计七加二为九类。不过，阮云"二汉艺文志、中经簿"未必是确指某书，概指前代之记载而已。阮云王俭将《七略》与前代记载所缺的书并方外之经，在七录之外单作一类，则与《隋志》不合。方外之经当即指佛经、道经，《七略》与前代记载所缺之书当各从其类，

---

[1] 参见阮孝绪《七录序》，张舜徽《文献学论著辑要》，第26页。

散入七录。

王俭的分类法有几个值得注意的特点:一是把当时藉由四部分类法独立出来的史部,又推回到了"经典志"之中。这一复古的做法有点不合时宜,阮孝绪《七录序》就批评说:

> 刘、王并以众史合于《春秋》,刘氏之世,史书盖寡,附见《春秋》诚得其例。今众家记传,倍于经典,犹从此志,实为繁芜。

阮氏说得很有道理。二是在"阴阳志"中著录了两汉以来的图纬之书,从而使盛行于两汉之际的谶纬之学在目录中得到记载。由谶纬之学而来的图纬之书在南北朝时还有流传,这些书虽然自称出自上古圣人,或是解说六经的,但当时的人们还是视之为小道,故而著录在以数术为主的"阴阳志"中是很合适的。三是增加了"图谱志",这是《七略》所没有的。阮孝绪批评说,图谱一般都是从属于某书的,并不是独立的著作,所以应该各从其类,没有必要单列出"图谱志"来。这种批评有一定道理,且很有影响,后世的目录学家除了郑樵之外,基本没有赞成这一做法的。不过,《隋书·经籍志》是按照阮氏说的把图谱各归其类的,但在其中还是可以看到比较集中的图谱文献,如在史部的最后关于山川地理的书大多有图,关于世代族姓的书往往有谱;子部的天文、五行、医方等类之中,都有很多书是有图的。这些图谱类的文献还是很有特点的,中国古代有些学术,是以图为主的,文字的说明还在其次,尤其是在天文、地理、五行、医学、礼俗、建筑、艺术等等方面。当时的很多图,可能是以图本的形式单独流传的,并不都是作为书的附件,如果单列一类,这样的图本可能会被更好、更多地保存下来。如殷钧的《梁天监六年四部书目录》著录了法书古迹,这些艺术文献可能也是"图谱志"的一部分。从今天的史料学角度来看，图像史料的价值丝毫不低于文字史料，对于图像史料也发展出了成熟的图像学方法，可以对图像所包含的历史与观念内涵做出严格的解读。

阮孝绪的《七录》与王俭有意复古到刘向、刘歆不同，尽管他自称是斟酌刘、王，其实只是修改了当时通行的四分法而已，算不上《七略》传统的真正继承者。阮孝绪《七录》分内、外篇，其内篇有"经典录"、"记传录"、"子兵录"、"文集录"、"术伎录"，外篇有"佛法录"、"仙道录"，加起来总共有七类。按照王重民《中国目录学史论丛》的看法，阮孝绪的内篇五录，实际上是仿效了刘孝标、祖暅的《梁文德殿四部目录》，这部目录采用了四部分类，但又将术数单列出来，故而也可以看作是特殊的五部分类。阮氏《七录》的内篇五录与之基本相同。至于佛、道二录，《七志》作为附录，是在七分法之外的，阮氏亦当作外篇，所以与《七志》相对的只有内篇五录，二者相比，增加了史类，减去了军书、阴阳、图谱三类。从刘孝标、祖暅到阮孝绪，他们把术数类的书单列出来，应该有特别的学术涵义，就像《七志》设"图谱志"一样，一定有当时的历史背景及独特价值。

汉代的数术之学主要以阴阳五行为骨架，同时附载了很多吉凶灾异的东西。东汉的张衡对于这样的数术之学做过系统的清理，他的贡献是把其中具有科学性质的部分剥离出来，使之独立发展，这是一个很大的进步。到了魏晋时期，王弼的新《易》学，清扫了汉代《易》学中乌烟瘴气的象数迷信，藉此创立了玄学。这一学术变革是众所周知的，不过人们往往忽视一个方面，即在玄学的新思维的影响下，数术之学的内部也发生了一些质的变化，突出的表现即是在数学上进展迅猛，产生了刘徽、祖冲之等许多杰出的数学家，他们编注、创作了一大批数学著作。唐高宗时把《周髀算经》、《九章算术》、《孙子算经》、《五曹算经》、《夏侯阳算经》、《张丘建算经》、《海岛算经》、《五经算术》、《缀术》、《缉古算经》十部数学著作合编为"算经十书"，其中除最后一部外，都是南北朝期间的数学家的著作。按照专门研究中国数学史的学者的看法，他们确立了中国古代数学的基本体系。

魏晋南北朝最有代表性的思想成果首推魏晋玄学。玄学是很抽象的哲学，因为受老庄之学的影响，有些虚无缥缈。而按照我的看法，玄学不仅有虚的一面，也有实的一面，这个实的一面就间接地体现在当时的数学上。在当时的很多数学家看来，数学与玄学有个共同的源头，即《周易》，比如刘徽在《九章算术注》中认为"九九之术"出自《周易》，刘徽其他方面的数学思想也是与玄学相通的。魏晋南北朝时期的抽象思维水平很高，而抽象思维的表现有两翼，一翼是玄学，一翼是数学，二者比翼齐飞，或者按前后次第将数学视为玄学的后继发展。我认为，在对魏晋玄学的研究中，如果能在玄学与数学之间建立起一种相互参证的解释关系，一定可以使玄学研究玄而不虚，别开生面。

二、《隋书·经籍志》的结构与主旨

《隋书》共八十五卷，又分两个部分：本纪、列传五十五卷，唐魏征等撰，记隋代三十七年史事；"五代史志"三十卷，唐长孙无忌等撰，记梁、陈、周、齐、隋五代的典章制度，分礼仪、音乐、律历、天文、五行、食货、刑法、百官、地理、经籍十志。

《隋书》是出于众人之手的史书，据《史通》及新、旧《唐书》的记载，参与修撰《隋书》的有颜师古、孔颖达、于志宁、韦安仁、李淳风、李延寿、敬播、令狐德棻、赵弘智、魏征、许敬宗等人，至于具体分工，则很难考定，特别是《隋书·经籍志》，对它的作者莫衷一是，姚振宗《隋书经籍志考证》说："大抵是志初修于李延寿、敬播，有网罗汇聚之功，删定于魏郑公，有披荆剪棘之实。撰者可考者三人。"王重民《中国目录学史论丛》则认为，《隋书·经籍志》当是魏征在做秘书监兼领《五代史》的时候，根据隋代留下来的藏书目录以及唐初秘书监所整理的隋代遗书编成的。

《隋书·经籍志》的编纂有一个既有的基础，即《隋大业正御书目》，这部书目是隋大业初年秘书监柳𫘧受命整理国家藏书时修撰的。《隋书·经籍志》就利用这部目录，将之与当时尚存的隋代遗书相核对，删去重复，注明存佚情况，按照经、史、子、集四部，四部下面又分四十个小类，共计著录了存书三千一百二十七部，三万六千七百零八卷，佚书一千零六十四部，一万二千七百五十九卷，后面还附了佛、道二录。

在南北朝时期，四部分类法虽然已广为流行，但是还处在变化过程之中，故而有四分、五分、七分、九分等不同的尝试。《隋书·经籍志》则使四部分类法完成了定型，并最终确立了其在古代目录传统中的主导地位。《隋书·经籍志》还承续了《七略》的传统，全面作了总序、大序和小序，使每一部、每一类图书的传承、存佚、相关学术与思想意义，都得到了非常好的揭示。通过《隋书·经籍志》的四部四十类，我们可以看到一个中国古代学术的完整图景：

经部

易　以纪阴阳变化

书　以纪帝王遗范

诗　以纪兴衰诵叹

礼　以纪文物体制

乐　以纪声容律度

史部

正史　　以纪纪传表志

古史　　以纪编年系事

杂史　　以纪异体杂记

霸史　　以纪伪朝国史

起居注　以纪人君动止

旧事　　以纪朝廷政令

职官　　以纪班序品秩

仪注　　以纪吉凶行事

刑法　　以纪律令格式

杂传　　以纪先圣人物

地理　　以纪山川郡国

谱系　　以纪世族继序

略录　　以纪史策条目

子部

儒家　　以纪仁义教化

道家　　以纪清净无为

法家　　以纪刑法典制

名家　　以纪循名责实

墨家　　以纪强本节用

纵横家　以纪辩说诡诈

杂家　　以纪兼叙众说

农家　　以纪播植种艺

小说家　以纪刍辞舆诵

兵法　　以纪权谋制变

天文　　以纪星辰象纬

历数　　以纪推步气朔

五行　　以纪卜筮占候

医方　　以纪药饵针灸

集部

楚词　　以纪骚人怨刺

别集　　以纪诗赋杂论

总集　　以纪类分文章[1]

《隋书·经籍志》的总序是一篇涵义至深且广的文献与目录学通论，且是对于此前历史的全面总结。其思想有三个方面，一是通论经籍之大义，二是述历代典籍的聚散兴衰，三是梳理目录分类法的变化过程。这篇总序开头的一段话非常精要，引录如下：

夫经籍也者，机神之妙旨，圣哲之能事。所以经天地，纬阴阳，正纪纲，弘道德。显仁足以利物，藏用足以独善。学之者将殖焉，不学者将落焉。大业崇之，则成钦明之德；匹夫克念，则有王公之重。其王者之所以树风声，流显号，美教化，移风俗，何莫由乎斯道。故曰："其为人也，温柔敦厚，《诗》教也；疏通知远，《书》教也；广博易良，《乐》

---

[1] 参见《唐六典》，转引自王重民《中国目录学史论丛》，第92～94页。

教也；洁静精微，《易》教也；恭俭庄敬，《礼》教也；属辞比事，《春秋》教也。"遭时制宜，质文迭用，应之以通变，通变之以中庸。中庸则可久，通变则可大。其教有适，其用无穷。实仁义之陶钧，诚道德之橐籥也。其为用大矣，随时之义深矣，言无得而称焉。故曰："不疾而速，不行而至。"今之所以知古，后之所以知今，其斯之谓也。

这段总序首先揭示出经籍具有两个本质属性，一是"机神之妙旨"，也就是天地变化所彰显出来的道；二是"圣哲之能事"，也就是说圣人效法天地之道而创作出图书。二者统一在一起，就造就了经籍。进一步说，圣人通过经籍，可以"经天地，纬阴阳"，这是天的一面，还可以"正纪纲，弘道德"，这是人的一面，合起来说，就是天人合一。经籍中所包含的天人之道，在显诸仁时，则可以利生天下万物；藏诸用时，则可以独善君子之身。经籍发挥作用的方式有显、藏两种，其作用的对象可以是群体，也可以是个体。从国家大业，到匹夫个人，都可以从经籍中得到莫大的好处，修身、齐家、治国、平天下，每个环节都离不开经籍。学习经籍则可以进步，不学习经籍则必然衰落。《隋书·经籍志》重点是从国家方面立言，强调经籍在显扬王者声名、施行教化、移风易俗方面的功能，并引用了《礼记·经解》中的话，来说明这种教化功能所要达成的理想效果。同时，以经籍行教化，又要因时制宜，要文质互用，要按照中庸的智慧来进行，这样则可达到贯通古今的目的。司马迁《太史公自序》中曾说作史的目的是"究天人之际，通古今之变"，这段总序的核心观念是与之相通的，经籍中包含了天人、古今之至道，通过经籍可以成就经国与教化之大业。

三、四部分类与学术的分合

从《七略》、《七志》的七分法，到《中经》、《隋书·经籍志》的四分法，这中间的变化是积极的还是消极的，在学术史的意义上应该如何评价呢？《隋书·经籍志》之后，经、史、子、集四部分类成为官修目录和史志目录普遍采用的分类法，成了主流，但是学者私撰的目录则对于刘歆、王俭的七分法仍有留恋。章学诚是服膺刘歆的，但是却十分公允地指出，从七分变到四分是一个必然的发展过程。章氏《校雠通义·宗刘》云：

> 《七略》之流而为四部，如篆隶之流为行楷，皆势所不容已者也。史部日繁，不能悉隶以《春秋》家学，四部之不能返《七略》者一。名墨诸家，后世不复有其支别，四部不能返《七略》者二。文集炽盛，不能定百家九流之名目，四部不能返《七略》者三。钞辑之体，既非丛书，又非类书，四部不能返《七略》者四。评点诗文，亦有似别集而又非总集者，四部不能返《七略》者五。凡一切古无今有、古有今无之书，其势判如霄壤，又安得执《七略》之成法，以部次近日之文章乎？[1]

人们通常认为，《七略》之所以可贵，是因为它是以学术分类统领图书分类，某一类书恰好就是某一专门之学。四部分类法则更多迁就图书增多的现实，以方便著录图书为原则，于是打乱了原有的学术格局，书与学二者不再相互吻合。不过，学术的发展和文献的发展都是有历史性的，二者的相合也是历史性的，并非一成不变的。《七略》的分类法是实质性的，它几乎是先设计

---

[1] 参见叶瑛《文史通义校注》，第956页。

了先秦至两汉之际的学术格局,然后各从其类,将相关的书排列在下面。中国古代目录学一向把重视内容看作是一项优点,也正是在这个意义上,古代目录才兼有"学术之史"的功能。四部分类法较之《七略》,因为时代变化了,故而与学术史的结合程度降低了,但是另一方面,作为目录体系的形式性增强了,所以它包容的文献更广,沿用的时间更长,这一点也应该视为一种进步。

在四部分类法产生的初期,也就是南北朝时期,学术的发展和分类体系之间,曾经有过很好的互动。在文献目录被分成经、史、子、集四大部的同时,学术也区分为类似的四大领域。南朝宋文帝十三年,何尚之立宅南郭外,置玄学,聚生徒。十五年,立儒学馆于北郊鸡笼山,命雷次宗居之,聚徒教授,置生百余人。十六年,命何尚之立玄素学,何承天立史学,谢元立文学,各聚门徒,多就业者。宋文帝车驾还多次临幸雷次宗学馆。这时儒学、玄学、史学、文学并为当世显学。如果把玄学看作是诸子学的发展,则这时的学术格局,基本上与当时的目录分类相一致。宋明帝泰始六年,立总明观,征学士以充之。置东观祭酒、访举各一人,举士二十人,分为儒、道、文、史、阴阳五部学。这是把学术划成了五个领域,加入了阴阳之学。这时的五部学与后来刘孝标《文德殿书目》的五部分类正好是一致的。限于所知史料,很难断定当时是目录体系影响了学术格局,还是学术格局影响了目录体系,但无论如何,魏晋以后的学术格局不可能还维持两汉的老样子,发生某些变化是合乎常理的。一些旧的学术消隐了,一些新的学术凸显出来。如果仍用《七略》的目录体系来套已经变化了的新学术,显然是不适宜的,而用四部或五部分类法,更为合理一些。

自魏晋南北朝以降，中国固有的学术开始逐步地汇聚到经、史、子、集四大传统之中了。不过，却不能说经、史、子、集就是中国学术的全部，它们所反映的只是先秦以来中国固有的学术，尽管王俭、阮孝绪都把佛、道作为附庸，但是佛、道二教的文献最终还是由附属的地位中独立出来，在南北朝之后，逐渐形成了各自的文献与目录体系。这样一来，中国固有学术就与佛、道二教构成了三足鼎立的局面，形成了并行不悖的三大源流。

四、正史艺文志的传统

在《隋书·经籍志》的史部，第一次出现了正史这一史书名称。但是《隋书·经籍志》并没有解释何谓正史，只是在序中说：

> 古者天子诸侯，必有国史，以纪言行。后世多务，其道弥繁。夏、殷以上，左史记言，右史记事。周则太史、小史、内史、外史、御史分掌其事，而诸侯之国，亦置史官。

确切地说，正史就是一个完整的封建王朝历史，它的核心也就是封建王朝体制的核心——帝王。溥天之下，莫非王土，率土之滨，莫非王臣。正史的主要角色就是一个封建王朝的帝王将相以及典章制度。而一个王朝的统治要取得合法性，首先要在尧、舜以来的历代帝王的序列中获得一个地位，并且通过五德终始的推演，确知其正统之所在。所以，正史之所以为正史，关键在于它是处在历史发展的正统之中，并且明确地表达出这种正统的历史。从体裁来说，正史一定是纪传体的，纪传体是司马迁发明的，所以正史以司马迁《史记》为首。不过，《史记》是一部通史，这一点又不太适合正史表达皇权至上以及凸显一代正统之所在的要求。班固的《汉书》既是纪传体，又是断代史，它只纪汉朝一代的历史,且严格按照儒家思想来论列与解释历史,就这一点而言,它比《史记》更充分地体现了正史的本质,故而后世多将《史记》和《汉书》并尊为正史的典范,唐代刘知几《史通》更推崇《汉书》在《史记》之上。《汉书》以后的正史,都是断代的,不再采用《史记》那样的通史体例。

正史的主要任务是反映一代之国家政教,即如《隋书·经籍志》的总序所说,自上古以来,经籍即是国家政教的核心组成部分,是不可或缺的。不过,以二十四史或二十五史而论,有些正史原有艺文志或经籍志,有些则没有,而清代或近代学者为之补撰齐全。比较重要的原志与补志如下[1]:

* 《汉书·艺文志》,(汉) 班固

《汉书艺文志拾补》六卷,(清) 姚振宗

《补续汉书艺文志》二卷,(清) 钱大昭

《补后汉艺文志》四卷,(清) 侯康

《补后汉艺文志》十卷,(清) 顾櫰三

《后汉艺文志》四卷,(清) 姚振宗

《补后汉书艺文志》一卷、《考》十卷,(清) 曾朴

《补三国艺文志》四卷,(清) 侯康

《三国艺文志》四卷,(清) 姚振宗

《补晋书艺文志》四卷,(清) 黄逢元

《补晋书艺文志》四卷,(清) 秦荣光、秦锡田

《补晋书艺文志》四卷、《附录》一卷,(清) 丁国钧

《补晋书艺文志》六卷,(清) 文廷式

---

〔1〕 根据长泽规矩也《中国版本目录学书籍解题》。汇编史志目录的丛书有《八史经籍志》、《历代经籍志》、《中国历代艺文志》、《二十五史补编》等。

《补晋书经籍志》四卷，（清）吴士鉴

《补南北史艺文志》三卷，（民国）徐崇

《补宋书艺文志》，（民国）聂崇岐

《补南齐书艺文志》四卷，（民国）陈述

* 《隋书·经籍志》，长孙无忌等

《隋书经籍志补》二卷，（清）张鹏一

* 《旧唐书·经籍志》，（后晋）刘昫等

* 《新唐书·艺文志》，（宋）欧阳修等

《补五代史艺文志》，（清）顾櫰三

* 《宋史·艺文志》，（元）脱脱等

《宋史艺文志补》，（清）倪灿，卢文弨校补

《西夏艺文志》，（清）王仁俊

《辽艺文志》，（清）缪荃孙

《补辽史艺文志》，（清）黄任恒

《辽史艺文志补证》，（清）王仁俊

《金艺文志补录》，（清）龚显曾

《元史艺文志》四卷，（清）钱大昕

《元史新编艺文志》，（清）魏源

《补辽金元艺文志》，（清）倪灿，卢文弨校补

《补三史艺文志》，（清）金门诏

* 《明史·艺文志》，（清）张廷玉等

* 《清史稿·艺文志》，（民国）朱师辙

汪辟疆《目录学研究》认为，史志目录最主要的功能是使后学者周知一代学术，藉以"辨章学术，考镜源流"。不过，从目录学的角度说，这些正史的艺文志，除了《汉书·艺文志》、《隋书·经籍志》是值得称道的，其他的原志和补志，都不是很完

善。史志目录要通记一代的文献，而书籍越往后越多，统统要填充在四部及其属类之中，难免会出现部类混乱、谬误丛生的情况。聂崇岐在《艺文志二十种综合引得序》中说，史志目录的缺点有五：一是就其基本宗旨而言，偏见太深，因为尊儒而歧视异派，并有对小说、戏曲等文学的偏见。二是就目录学体制而言，体制不纯，有人名歧出、书名歧出、互著之例不一致、同类书误入二部、种别混淆等等问题。三是就图书分类而言，重复相糅，一则门类疑似，一书两入，一则一书两名，误认二家。四是就收录图书而言，错谬丛生，或者门类误入，或者应收未收，收所不应收。五是就学术派别而言，漫无伦次，或者派别次序混淆，或者年代错乱[1]。在利用正史的艺文志的时候，应该注意到这些缺点，慎加考证辨析，而后才能达到"辨章学术，考镜源流"的目的。

---

[1] 参见《艺文志二十种综合引得》，第 23～38 页。

第六章

《隋书·经籍志》（二）

——自东汉到六朝的四部学术演变

一、经部学术之演变

《隋书·经籍志》的经部总序对先秦至六朝的经学史做了精要的论述：

> 《传》曰："玉不琢，不成器；人不学，不知道。"古之君子，多识而不穷，畜疑以待问，学不逾等，教不陵节，言约而易晓，师逸而功倍，且耕且养，三年而成一艺。自孔子没而微言绝，七十子丧而大义乖，学者离群索居，各为异说；至于战国，典文遗弃；六经之儒，不能究其宗旨，多立小数，一经至数百万言，致令学者难晓，虚诵问答，唇腐齿落而不知益。且先王设教，以防人欲，必本于人事，折之中道。上天之命，略而罕言；方外之理，固所未说。至后汉好图谶，晋世重玄言，穿凿妄作，日以滋生。先王正典，杂之以祅妄；大雅之论，汩之以放诞。陵夷至于近代，去正转疏，无复师资之法，学不心解，专以浮华相尚，豫造杂难，拟为雠对，遂有芒角、反对、互从等诸翻竞之说，驰骋烦言，以紊彝叙，哓哓成俗，而不知变。此学者之蔽也。

这段话可以划分三个阶段：一是孔子与七十子的时代，二是孔子殁至西汉，三是东汉至魏晋南北朝。其论述先秦乃至西汉的经学，与《汉书·艺文志》基本是一致的，重点在于《隋书·经籍志》指出了自东汉至魏晋时期的经学有两个突出的特点，一是妄究上天之命，故而杂入图谶，二是喜言方外之理，因此溺于玄言。南北朝时期的经学则比较粗疏，学者不能通章句训诂，惟以辩难相尚，故而学风浮华。这些都被看作是经学的弊端。

两汉经学又分今文学和古文学，西汉多传今文学，罕治古文学，东汉则今古文并行，古文学稍胜。今文学到了西汉末已经显出两大弊端：一是十分繁琐，《隋书·经籍志》所说的"六经之儒，不能究其宗旨，多立小数，一经至数百万言，致令学者难晓，虚诵问答，唇腐齿落而不知益"，指的就是这种情况。二是西汉哀、平以降，谶纬之学兴起。谶和纬不完全一样，谶姑且不论，纬主要依附于今文学，传今文学的学者很多同时兼擅经、纬，以通"七纬"为内学，以通"五经"为外学，一直到东汉，大都如此。古文学的兴起，其实是针对今文学的上述流弊的。自刘歆提倡古文学之后，贾逵、马融、许慎、郑玄之流，都是东汉出类拔萃的古文学或兼通今、古文学的大师，他们或承西汉以来民间传授的古文学，或据中秘所藏的古文经传文本，参覈今文学，重新为群经作注，使经学的面貌为之一新。

古文学一改今文学专尚微言大义的学风，转而以小学为解经的基础。小学本是幼童所学的初级课程，《汉书·艺文志》著录的《史籀》、《苍颉》、《凡将》、《急就》、《元尚》等等，都是当时幼童所用的字书。与古文学关系密切的首推《尔雅》，《汉书·艺文志》附录在六艺略的《孝经》类之中，《隋书·经籍志》附录在经部的《论语》类中。《尔雅》是自先秦至汉初以来传经之儒口口相传的故训的汇纂，非出于一人之手，而其编纂颇有条例，分类清晰，释义有法则，汇集了大量的先秦古词古义，以及有关宫室、器物、乐器、天文、地理、植物等方面的词汇。唐陆德明《经典释文》曰：

> 《尔雅》者，所以训释五经，辨章同异，实九流之通路，百氏之指南，多识鸟兽草木之名，博览而不惑者也。尔，近也；雅，正也。言可近而取正也。

按西汉末，刘向、刘歆对于《尔雅》在五经训诂上的价值已经十分重视，曾建议成帝使诸儒共集五经训诂，而五经训诂当以《尔雅》为准绳。另一部与古文学关系密切的小学书是许慎的《说文解字》，《隋书·经籍志》著录在经部的小学类中。许慎作《说文解字》始于东汉和帝十二年，成于安帝建光元年，历时二十一年。其书共十四篇，五百四十部，九千三百五十三字，重一千一百六十三字。许慎发明了文字部首，并更新了《周礼》中的"六书"说，以象形、指事、会意、形声、转注、假借，推求文字之本义与引申义，重点在解说文字字形，有时兼及字音。自东汉开始，以《尔雅》、《说文解字》为代表的小学成为经典解释学的一部分，不单隶属于我们通常说的语言文字学的范畴。

许慎从贾逵受古文学，是比较纯粹的古文学家，时人尊称其"五经无双"，《隋书·经籍志》经部五经总义类著录了他的《五经异义》，是专门与郑玄辩难的。东汉也有纯粹的今文学家，比如何休，他继承西汉胡毋生的公羊学，是今文学大师，《隋书·经籍志》著录了他的《春秋公羊解诂》，他也曾与郑玄有过辩难。郑玄则是兼通今、古文经学，遍注《周易》、《尚书》、《毛诗》、《周礼》、《仪礼》、《礼记》、《论语》、《孝经》等，并作《六艺论》总论六经大义。在郑玄所注的群经中，今、古文说被融合为一，在当时影响最大，皮锡瑞在《经学历史》中说：

郑君康成以博闻强记之才，兼高节卓行之美，著书满家，从学盈万。当时莫不仰望，称伊、雒以东，淮、汉以北，康成一人而已。咸言先儒多阙，郑氏道备。自来经师未有若郑君之盛者也。[1]

后世对于郑玄融合今、古文学的做法褒贬不一，赞扬者称其为集两汉经学之大成，反对者则指责其既破坏了今文学，又破坏了古文学。

郑玄在注经的时候，相信谶纬之说，还注释过不少纬书，这一点也是屡遭后世学者诟病的。《汉书·艺文志》并没有著录纬书，按照俞正燮《癸巳类稿》的看法，《汉书·艺文志》之所以不载，因为西汉的纬书保存于太史手中，不在中秘，东汉以后才转入秘府。《隋书·经籍志》经部异说类著录了纬书八十一种，并在小序中说明了纬书的源流，大意有三方面：其一，谶纬出于河、洛，其产生缘自圣人之受命，以纪革命易代之征；其二，谶纬出自孔子，孔子既明叙六经，又秘制谶纬，二者相辅相成，以传微言大义；其三，自汉代哀、平之世，谶纬一时兴盛，然而因帝王忌讳，今、古文学对其均有排斥，故此逐渐衰落。

姜忠奎《纬史论微》说："经之所言，人事也，庸行也。知贤愚不肖，咸可由是而之焉。纬之所记，天地之道，庶务之理，而以征人事者也。"[2]经重在人事，纬重在天道，后者是辅翼前者的。不过，纬书中鱼龙混杂，既有非常有价值的思想，又掺杂了很多迷信的东西。毋庸置疑的是，纬书也是汉代经学的一个有机组成部分，不仔细研究纬书，是不可能弄清楚汉代的思想世界的。

---

[1] 参见皮锡瑞《经学历史》，第 141 页，中华书局，1959 年。
[2] 参见姜忠奎《纬史论微》，第 1～2 页，上海书店出版社，2005 年。

《隋书·经籍志》指出，魏晋以后的经学中出现了玄学化的趋势。经学的玄学化首先是源自汉代就有的儒家学者兼好老庄之学的传统，可以举出刘向、班彪、马融、蔡邕、董遇等等很多人，他们在传习儒家经典的同时，都喜读老庄之书。但是汉代的兼尚风气，并没有造就学术上的成果，到了王弼才使二者有了紧密结合，其结合点就是融通《周易》和《老子》。王弼同时注释了《周易》和《老子》，《隋书·经籍志》分别予以著录。王弼虽然并注《周易》和《老子》，他的最精要的思想还是在《周易》一面，他援老入《易》，也就是借用老子的思想解释《易》，一扫汉代《易》学中的象数思想。《易》学可谓是汉人世界观的基石，王弼并没有改变这一格局，只是把这一基石上的瓦砾一扫而空。这是具有革命性的学术变化。

王弼是魏晋玄学的开辟者。魏晋玄学以《周易》、《老子》、《庄子》为三玄，从目录学来看，一部分在经学，一部分在诸子学。在此我们主要讨论前者。《隋书·经籍志》所说的"晋世重玄言"，也主要是指经学中的《易》学部分。既然《周易》被看作是玄言的对象，自然会有不同于经学的新特点。王弼之后，很多名士并不完整地注释《周易》，只是从《周易》中抽取出一些问题，独立地加以讨论。陆德明《经典释文序录》著录张璠《集解》十二卷，其中涉及二十二家《易》说，包括钟会《易无互体论》、向秀《易义》、庾运《易义》、应贞《明易论》、荀煇《易义》、张辉《易义》、王宏《易义》、阮咸《易义》、阮浑《易义》、杨乂《易卦序论》、王济《易义》、卫瓘《易义》、栾肇《易论》、邹湛《易统略》、杜育《易义》、杨瓒《易义》、张轨《易义》、宣舒《通知来藏往论》、邢融《易义》、裴藻《易义》、许适《易义》、杨藻《易义》。这二十二家中如钟会、向秀、应贞、王宏、阮咸、阮浑、王济、卫瓘等，均为玄学之重要名士，他们的《易》说，姑且称为"名士《易》学"。《隋书·经籍志》提到的爻角、反对、互从等等，应该就是名士们创造的新的解经方法。可惜这些著作都亡佚了，否则一定会从中看到很多精微的思想，丰富我们对于玄学的研究。

在当时，王弼的《易》学和各家名士的《易》学主要在南方流行，北方还是以郑玄的《易》学为主。这也导致了南北学风的显著不同，《世说新语·文学篇》曰："褚季野语孙安国云：'北人学问渊深广博。'孙答曰：'南人学问精通简要。'""渊深广博"是北方学问的特点，"清通简要"是南方学问的特点，二者在伯仲之间。中国文化自上古起就是多中心起源的，先秦两汉的学术一直有地域的特点，如儒家的经学分鲁学、齐学两大系，战国时三晋多法家、燕齐多方士，诸如此类。至于南北朝时期，政治的区隔使南北文化之间的界限渐趋稳定，影响远及后世。

在南北朝时期，除了玄学化的经学，还有一些《隋书·经籍志》没有提及的重要经学成就，比较重要的可以举出两种，一是礼学中的《丧服》学，一是伪《古文尚书》。《隋书·经籍志》经部礼类著录了很多有关《丧服》的著作，吴承仕《经典释文序录疏证》云：

> 《丧服》一篇总包天子以下五服差降，六术精粗，变除之数既繁，出入正殇交互，研精甚难，故有专治此篇者。萧望之尝以《论语》、《礼服》授皇太子，戴德撰《丧服变除》，其最朔也。魏晋以下讫于陈隋，其著录于阮《录》、《隋志》者七十余家，《序录》所出十家，盖其尤切要者也。[1]

---

[1] 参见吴承仕《经典释文序录疏证》，第109页。

《丧服》一学于魏晋至六朝广为流行，其学术意义尤在于其与当世玄学的关系上。魏晋时期的玄学，名教与自然尖锐对立，名士多蔑视礼法，率性而为。东晋以后，玄学中名教与自然的矛盾得到调合，名士转而主张"儒道同"，而在学术上的表现即为"礼玄双修"[1]。且治《丧服》者，玄学、佛教、道教之士皆有。《丧服》之学已超出作为《仪礼》之一篇的意义，实作为当时儒家思想最现实的体现，同时为玄、佛、道等所共尊。

汉代今文《尚书》一直是伏生所传的二十九篇，出自孔壁的古文《尚书》，亦称"逸书"，因为未立学官，逐渐散失了。至东晋元帝时，豫章内史梅赜奏上一个新的古文《尚书》，并有孔安国所作的传，故称《尚书孔传》。梅赜所献之《尚书孔传》共五十八篇，其中包含两部分，一是将伏生所传的今文二十九篇改编为三十三篇，二是多出的二十五篇，后世称为"《古文尚书》"，亦称"晚书"。这部《尚书孔传》随即被立为博士，在南北朝时期流传很广，唐孔颖达作《尚书正义》，就是以它为基础的。这部《尚书孔传》真伪参半，其中二十五篇"晚书"从宋代起就有人怀疑，至清儒阎若璩作《古文尚书疏证》，"晚书"之伪终成定论。不过，"晚书"之作并非全无根据的杜撰，蒋善国《尚书综录》列出"晚书"来源，如孔壁《逸书》、张霸百两篇《尚书》，以及晋时所存《周书》、《汲冢周书》、《汲冢周志》、诸子引书等等[2]，如果慎加考证疏通，还是可以发掘出有价值的史料和思想的。

---

[1] 有关"礼玄双修"之情况，可参看唐长孺《魏晋玄学之形成及其发展》，载《魏晋南北朝史论丛》，三联书店（北京），1955年。

[2] 参见蒋善国《尚书研究综述》，第361~366页，上海古籍出版社，1988年。

二、史部学术之演变

古人说到史部的发源时，总是要追溯到上古，其实史学的真正勃兴，是在司马迁和班固之后。踵继《史记》、《汉书》，魏晋以来的史学越来越兴盛，私家作史成为一代风气。金毓黻《中国史学史》说：

> 当此之时，私家作史何以若是之多，其故可得而言。两汉经师，最重家法，至后汉郑玄，而结集古今学之大成，魏晋以后，转尚玄言，经术日微，学士大夫有志撰述者，无可发抒其蕴蓄，乃寄情乙部，一意造史，此原是经学之衰者一也。自班固造《汉书》，见称于明帝，当代典籍史实，悉集于兰台东观，于是又命刘珍等作《汉纪》，以续班书，迄汉亡，而未尝或辍，自斯以来，撰史之风，被于一世，魏晋之君，亦多措意于是，王沈《魏书》，本由官撰，陈寿《国志》，就家逐写，晋代闻人，有若张华、庾亮，或宏奖风流，或给以纸笔，是以人竞为史，自况马、班，此原于君相之好尚者二也。古代史官世守之制，至汉已革，又自后汉灵、献之世，天下大乱，史官更失常守，博达之士，愍其废绝，各记见闻，以备遗亡，后则群才景慕，作者甚众，《隋志》论之详矣，此原于学者之修坠者三也。若乃晋遭八王之乱，南则典午偏安，以逮宋、齐、梁、陈，北则诸国割据，以逮魏、齐、周、隋，历年三百，始合于一，割据之世，才俊众于一统，征之于古，往往而然，当时士夫各有纪录，未肯后人，因之各有国史，美富可称，此原于诸国之相竞者四也。具此四因，私史日多，又何足怪。

金氏已将东汉至南北朝史学兴盛的原因说得十分清楚，无须赘言。金氏并将班固以降官、私修撰的史书分为五类，且据《隋书·经籍志》和《旧唐书·经籍志》、《新唐书·艺文志》做了统计：一是后汉史，可考者有刘珍《东观汉纪》、范晔《后汉书》等十三种；二是三国史，可考者有陈寿《三国志》等十五种；三是晋史，可考者有臧荣绪《晋书》、萧子云《晋书》、沈约《晋书》等二十三种；四是十六国史，可考者有崔鸿《十六国春秋》等三十种；五是南北朝史，可考者有沈约《宋书》、萧子显《齐书》、魏收《魏书》、牛弘《周史》等四十二种，其中有十种是唐人著作[1]。这些史书，《隋书·经籍志》都各从其体例与内容，分入正史以下的各类之中。

蒙文通《中国史学史》认为，中国古代史学有三个兴盛时期，一是晚周，二是六朝，三是两宋[2]。这三个时期的共同点，都是由哲学上的思想解放引出史学的新局，故而蒙氏说："哲学发达之际，则史著日精，哲学亡则史亦废。"这一观点颇有深意。按照这样的思路，六朝史学之所以兴盛，是由魏晋玄学引发的，这是值得肯定的，但又不能简单地推断六朝史学与玄学在思想上是完全一致的，二者有一致的方面，也有相互反对的方面。关于这一点蒙文通有精到的论述。

汉代史家之学有两个根本，一是天官，一是礼法。魏晋时期固有的史学观念与新兴的玄学观念在这两个方面都有交汇，且有所异同。汉代史家的天官之学，在关于天文、律历的记述中，混杂进许多星占、灾异等迷信的东西。在魏晋之后，王弼首先在

---

〔1〕 以上引文及史书统计参见金毓黻《中国史学史》第四章"魏晋南北朝以迄唐初私家修史之始末"，商务印书馆（上海），1957 年。

〔2〕 参见蒙文通《中国史学史》绪言，《经史抉原》，第 222 页，巴蜀书社，1995 年。

《易》学上扫除了象数，杜预作《春秋左传注》，在《春秋》学
方面也做了类似的工作。这些新的观念影响到史学上，六朝史学
在记述天文、律历时，迷信的东西少了。裴子野《宋略》说：
"先王历象日月，敬授民时，后世穿凿，拘于禁忌，推步盈虚，
其细已甚，多鄙俚之说，乱采索之旨。由是缙绅先生不以阴阳为
学。"不是说没有了阴阳之学，对于史学来说，阴阳之学还是必
要的，但如蒙文通指出，当时的史家"虽崇灾候阴阳之说，而摧
图谶征应之辞，符于张衡之论"，延续的是东汉张衡的比较科学
化的阴阳之学传统，张衡已将阴阳之学与图谶明确地区分开了。
蒙氏又说，"玄者以虚无为天道，史家以灾候为天道以抗之"。这
是说史学尚崇灾候，有抗衡玄学的意思〔1〕。其实玄学既有虚的
一面，也有实的一面，阴阳之学并不一定是与玄学相矛盾的，甚
至在某种意义上说，还可收互补之效。

要说史学与玄学的对立，在礼法方面要突出得多。从汉代开
始，史学即被看作是儒家之学，司马迁作《史记》还是博取众
家，班固作《汉书》已是独尊儒术了。从竹林到中朝的名士，多
放诞而蔑弃礼法，这一点在六朝史学中遭到了严厉的批评。不仅
如此，有些史家还把西晋倾覆的责任推卸给清谈。干宝《晋纪总
论》痛陈当时的清谈之害：

> 学者以老、庄为宗而黜六经，谈者以虚荡为辩而贱名
> 检，行者以放浊为通而狭节信，进仕者以苟得为贵而鄙居
> 正，当官者以望空为高而笑勤恪……其倚仗虚旷，依阿无心
> 者，皆名重海内。……国之将亡，本必先颠，其此之谓乎？

---

〔1〕 参见蒙文通《中国史学史》"史学与江左清谈"，《经史抉原》，第273
页。

　　清谈家要臧否人物，史家也要臧否人物，二者相比，史家则笃实纯正得多。王鸣盛《十七史商榷》评论范晔《后汉书》说：

　　　　今读其书，贵德义，抑势利，进处士，黜奸雄，论儒学则深美康成，褒党锢则推崇李、杜，宰相无多述，而特表逸民，公卿不见采，而特尊独行。立言若是，其人可知。[1]

从中不难看出东汉以来的士大夫的风骨与精神。

　　六朝史学在礼法方面还涉及到一些重大问题，比如王朝之正统。陈寿在作《三国志》时首先遇到了这个问题。陈寿要写魏、蜀、吴三国的历史，该以谁为当时中国的正统呢？陈寿在具体的历史记述中，尽量持平，各纪其年，使三国并立。但是因为陈寿身处晋世，晋是继魏而来的，尊晋必尊魏，所以不得已又特别以魏为正统。赵翼《廿二史劄记》中说陈寿发明了正史中的"回护之法"[2]，这种史家笔法为后世所沿袭。不过，稍后于陈寿的习凿齿则反对陈寿的正魏论，他认为晋应该越魏而继汉，故而以自称汉裔的蜀为正统。到了宋代，这个问题又被翻出来，司马光主张正魏，朱熹主张正蜀，这些争辩使三国时的正统问题成为中国古代历史哲学的一个重要问题。

　　六朝史家以范晔、陈寿最为杰出，其次干宝《晋纪》、孙盛《晋阳秋》也闻名当世。刘勰《文心雕龙》说："干宝述《纪》，以审正得叙；孙盛《阳秋》，以约举为能。"当时的史学，既承史家之传统，又有反映时代变化之新观念。东晋以后，士族门阀制度占主流，对于史学有显著的影响。因为士族把持修史，故而在

────────

〔1〕 参见王鸣盛《十七史商榷》卷六十一"范蔚宗以谋反诛"条，第596页，商务印书馆（上海），1959年。
〔2〕 参见赵翼《廿二史劄记》卷六"三国志多回护"条，第74页，中国书店，1987年。

史书中突出了士族的地位，表现之一就是十分重视士族的谱牒、家传。按照门阀制度，"有司选举，必稽谱牒"，门第高低，胜过道德功业，所以在史书的传记当中，必详记其家世，甚至就是传主的家谱或家传。独立的谱牒类著作也多了起来，有家谱、宗谱、族谱之类，《隋书·经籍志》史部专列了谱牒类，著录这样的著作。还有一个新的历史情况，即东汉以后佛教的传入和道教的兴起。在六朝时期，佛、道二教对士大夫的影响很大，故而在史传当中广泛涉及了佛、道二教的事迹，既可由此了解当时的政治、社会与文化所受佛教、道教的影响，又可作为佛教史、道教史的补充。且史书中有了专门记载佛、道二教的部分，沈约《宋书·夷蛮传》比较集中地记述了南朝佛教，魏收的《魏书·释老志》以专门的体例记述了佛、道二教在北朝的发展。这些都成为后世研究佛教史、道教史必定参考的重要文献。

《隋书·经籍志》史部总序对于魏晋以降的史学颇有微词，批评说：

> 自史官废绝久矣，汉氏颇循其旧，班、马因之。魏、晋已来，其道逾替。南、董之位，以禄贵游，政、骏之司，罕因才授。故梁世谚曰："上车不落则著作，体中何如则秘书。"于是尸素之俦，盱衡延阁之上；立言之士，挥翰蓬荜之下。一代之记，至数十家，传说不同，闻见舛驳，理失中庸，辞乖体要。致令允恭之德，有阙于典坟，忠肃之才，不传于简策。斯所以为蔽也。

南、董，是指春秋时齐国的南史氏和晋国的史官董狐；政、骏，则是指汉代典校秘书的刘向、刘歆父子。古代史官是由秉笔正直、学术高深之士担任的，而魏晋以后这个位置却往往是由不学无术的贵族子弟占据，故而不可能产生好的史书。《隋书·经籍志》的这种批评也不无道理。唐初对于六朝的史书，有所不满，故而诏令修史。唐高祖武德中，令狐德棻已有修史之议，太宗贞观三年，诏令令狐得棻、岑文本修《周书》，李百药修《齐书》，姚思廉修《梁书》、《陈书》，魏征修《隋书》，而以房玄龄总监诸史，至贞观十五年，五史俱成，合称《五代史》，凡二百二十五卷。

三、子部学术之演变

《隋书·经籍志》子部的著录相较《汉书·艺文志》有了比较大的变化，它将《汉书·艺文志》的诸子、兵书、数术、方技四略合并在一起，分为儒家、道家、法家、名家、墨家、纵横家、杂家、农家、小说家、兵法、天文、历数、五行、医方，共十四个小类。

《汉书·艺文志》著录的儒家诸子书，止于扬雄，《隋书·经籍志》又著录了其后的诸子书，总计六十三部。其中比较著名的有东汉桓谭《桓子新论》十七卷、王符《潜夫论》十卷、荀悦《申鉴》五卷，魏曹丕《典论》五卷、徐干《徐氏中论》六卷，晋杨泉《杨子物理论》十六卷等等。《隋书·经籍志》在儒家类的小序中特别提到孔子之后，"孟轲、子思、荀卿之流，宗而师之，各有著述，发明其指"，又提到"中庸之教，百王不易者也"，已经初步勾勒出了儒家的道统源流。

这时的儒学，甚至说所有的学术，均受到清谈的很大影响，汉代的章句训诂之学已经不再受推崇，转而喜好口谈心会的讲学。赵翼《廿二史劄记》评论六朝清谈之习云：

> 当时父兄师友之所讲求，专推究老、庄，以为口舌之助。五经中惟崇《易》理，其他尽阁束也。至梁武帝始崇尚

经学，儒术由之稍振。然谈义之习已成，所谓经学者，亦皆以为谈辩之资。……当时虽从事于经义，亦皆口耳之学，开堂升座，以才辨相争胜，与晋人清谈无异，特所谈者不同耳。[1]

当时私人设馆讲学的风气十分流行，讲学之方式类似清谈。讲学之会，往往聚生徒逾千人，即便是讲授五经，也是以析理分明、言论清雅为上。在某种意义上说，讲学造成了学术的新局面，一方面，辨析异同、敷陈宗旨的义理之学由此而兴，突破了汉学拘泥于经本、不敢越雷池半步的局限，开始向后来的宋学方向转化；另一方面，设馆讲学作为研究与传播学术的新形式，经过逐步发展和完善，到了宋明时期乃蔚为大观。

《隋书·经籍志》的道家类小序，对于道家思想有一个很新颖的论述：

> 道者，盖为万物之奥、圣人之至赜也。《易》曰："一阴一阳之谓道。"又曰："仁者见之谓之仁，智者见之谓之智，百姓日用而不知。"夫阴阳者，天地之谓也。天地变化，万物蠢生，则有经营之迹。至于道者，精微淳粹，而莫知其体。处阴与阴为一，在阳与阳不二。仁者资道以成仁，道非仁之谓也；智者资道以为智，道非智之谓也；百姓资道而日用，而不知其用也。圣人体道成性，清虚自守，为而不恃，长而不宰，故能不劳聪明而人自化，不假修营而功自成。其玄德深远，言象不测。

这种对道家思想的论述，将道家和《周易》联系在一起，把儒家的"道"和道家的"道"看作一体而二用，显然是受魏晋玄学的影响，与汉代人有了很大差异。按东汉至六朝的学术，子部的核心即是玄学。所谓玄学，是以本末关系为基本问题，追求玄远之超越的学问，它以《周易》、《老子》、《庄子》为基本经典，称为"三玄"。在王弼的时候，主要讲《易》、《老》，王弼之后，则《老》、《庄》的地位逐渐上升，所以后世学者取其大要，将之视为道家的复兴，或称之为"新道家"。

《隋书·经籍志》著录的有关《老子》的著作，首先是补充汉代的《老子》注，著录了河上公《老子注》二卷，毋丘望之《老子注》二卷，严遵《老子注》二卷，虞翻《老子注》二卷。其余魏晋以降的《老子注》，比较知名的有王弼注《老子道德经》二卷，《老子道德何晏撰论》二卷，何、王等注《老子杂论》一卷，钟会注《老子道德经》二卷，顾欢撰《老子义疏》一卷、《老子义纲》一卷，梁武帝撰《老子讲疏》六卷，刘遗民撰《老子玄谱》一卷，宗塞撰《老子玄机》三卷，等等。这些关于《老子》的注释与阐义著作，可能都是与玄学有关的。此外，道教方面有葛仙公撰《老子序决》一卷，佛教方面有释慧观撰《老子义疏》一卷，释惠琳注《老子道德经》二卷，释惠严注《老子道德经》二卷，等等。魏晋时期的《老子》之学当然首推王弼。王弼承汉代以来的《易》、《老》并重之传统，融会贯通而开创了玄学。学者多称王弼援《老》入《易》，借《老子》之力而扫除了汉代《易》学中的阴阳象数，其实汉代的《老子》之学也混杂进了很多术数、养生乃至神仙的内容，故在某种意义上说，王弼之注《老子》，也未尝不是对汉代以来的《老子》之学的一场清算。

魏晋竹林时代以降，《庄子》之学大行其道。按《隋书·经籍志》著录，著名的《庄子注》有向秀注《庄子》二十卷、《音》三卷，崔譔注《庄子》十卷，司马彪注《庄子》二十一卷、《注音》一卷，郭象注《庄子》三十卷、《目》一卷、《音》三卷，等等，基本是作为玄学著作名世。在魏晋时期的《庄子》注疏中，以向秀、郭象的《庄子注》最为著名。向、郭二注合为一本，郭象之作很大部分是本自向秀，《世说新语·文学》云：

> 初，注《庄子》者数十家，莫能究其旨要，向秀于旧注外而为解义，妙析奇致，尤畅玄风，唯《秋水》、《至乐》二篇未竟而秀卒。秀子幼，其义零落，然颇有别本。郭象者，为人行薄隽才，见秀义不传于世，遂窃为己注，乃自注《秋水》、《至乐》二篇，又易《马蹄》一篇，其余众篇或点定文句而已。后秀义别本出，故今有向、郭二《庄》，其义一也。

后世学者比较二家之注，认为虽然郭象窃向秀一事确凿无疑，但郭象在向秀基础上述而广之，加入了自己的思想。《四库全书简明目录》云：“《世说新语》称象攘窃向秀《注》，后向《注》复出，遂两本并行。今乃向佚而郭存，以陆德明《庄子释文》所引向《注》互校，攘窃之迹昭然可见，然象亦有所补缀改定，不可目为秀书，故今仍题象名焉。”

道家还有一部值得注意的著作就是《列子》。《汉书·艺文志》虽然著录过《列子》八篇，但是与《隋书·经籍志》著录的张湛注《列子》八卷，恐非一书。从唐代开始，就有学者怀疑这部《列子》是伪作，近人马叙伦作《列子伪书考》，举二十事证今本《列子》为魏晋人伪造。这部魏晋人伪造的《列子》，已非整理性质，而杂入大量的魏晋思想，还有佛教思想，故已不能作为先秦史料，但是作为魏晋六朝的史料则仍有重要价值。近人黄侃《汉唐玄学论》称赞《列子》“建理立论，乃以融通佛、老之为，陈义极其宏远”，与伪《古文尚书》、《孔丛子》三书为魏晋间最大之玄学著作[1]。

需要指出的是,魏晋玄学的发展是非常多元化的,仅仅从子部道家来寻找玄学的史料是远远不够的,玄学作为一种新的思维方式,它的影响是发散性的,在经部、史部和集部中也都有所反映。此外,很重要的一点,作为一种思潮,广义的玄学既要包括正始、竹林时代王弼、何晏、嵇康、阮籍、郭象等人的代表性的思想,又要包括东晋以后的那些反玄学的思想,比如反对嵇、阮"越名教而任自然"而号称"名教中自有乐地"的乐广,反对"贵无论"而作《崇有论》的裴𬱖,作《老子非大贤论》的孙盛,与阮籍《达庄论》针锋相对而作《废庄论》的王坦之,等等。"玄部"在当时是相对独立的一个部类。当时的学者曾试图将玄学独立为一部,比如《隋书·经籍志》著录张讥的《玄部通义》十二卷、《游玄桂林》二十四卷,当是玄论的汇集。不过这个立部的设想并没有在目录学中得以实现。

至于子部的其他诸家,《隋书·经籍志》的著录也有一些新意。比如在各家的小序中,《隋书·经籍志》梳理了各家的起源,特别指出了其在《周礼》中的根据,换句话说,它是把诸子各家的起源归结到《周礼》的各种职官。这是《汉书·艺文志》所没有的,因为当时《周礼》还没有成为公认的经典。从著录来看,汉代以后的法、名、墨、纵横、杂、农、小说诸家,总的来说比较弱,但是偶尔还是有比较重要的著作。比如,名家著录了刘邵的《人物志》三卷,《四库全书总目》云:"其书主于论辨人才,以外见之符,验内藏之器,分别流品,研析疑似。故《隋志》以

---

[1] 参见黄侃《汉唐玄学论》,《黄侃论学杂著》,第 483~484 页,上海古籍书店,1986 年。

下皆著录于名家。然所言究悉物情，而精覈近理，视伊文之说兼陈黄老申韩、公孙龙之说惟析坚白同异者，迥乎不同，盖其学虽近乎名家，其理则弗乖于儒者也。"现代学者则多以刘邵《人物志》为玄学与清谈的先驱。杂家中有王充《论衡》二十九卷、仲长统《仲长子昌言》十二卷，是比较著名的子书，特别是《论衡》，《四库全书总目》云："充书大旨详于《自纪》一篇，盖内伤时命之坎坷，外疾世俗之虚伪，故发愤著书，其言多激。《刺孟》、《问孔》二篇，至于奋其笔端以与圣贤相轧，可谓悖矣。"王充《论衡》出，世人惊服其才，谢承《后汉书》记谢夷吾荐王充曰："充之天才，非学所加，虽前世孟轲、孙卿，近汉扬雄、刘向、司马迁不能过也。"

《隋书·经籍志》将兵法、天文、历数、五行、医方等类的著作并入子部，后世皆以此为法。我以为，从目录学上说，这种做法是值得商榷的，不如自立一部为好。此姑且不论。

《隋书·经籍志》著录的兵法类著作，不像《汉书·艺文志》那样分兵权谋、兵形势、兵阴阳、兵技巧四类，而是就几大主要的兵法系统来著录，有司马穰苴兵法、孙子兵法、吴起兵法、太公兵法、黄石公兵法。特别值得重视的是魏武帝曹操的兵学，他注释过《孙子兵法》二卷、《太公阴谋》一卷，还编撰了《兵书接要》十卷，南北朝时还出现了《魏武帝兵法》一卷，可见当时的影响是非常大的。

天文、历数、五行、医方类的著作，最值得注意的是其中与古代科学技术有关的部分。在子部农家类曾著录了两部重要的农学著作，一是汉氾胜之的《氾胜之书》二卷，二是北魏贾思勰的《齐民要术》十卷。这两部书在中国科学技术史上都占有重要地位。天文类的重点是天文学的著作，历数类的重点是历法和数学著作，这些都是精华。天文与历数之学的最突出的成果就是历法，中国古代的历法非常发达，汉代时曾有太初历、四分历，魏晋以后有景初历，南朝又有何承天《元嘉历》、祖冲之《大明历》，北朝也有姜岌《三纪甲子元历》、赵歐《玄始历》，等等。其中祖冲之的《大明历》最为精密。如果没有高度发达的天文学和数学，是不可能编制出如此精密的历法的。《隋书·经籍志》记载了许多天文、历法和数学著作，这些著作可以参考《隋书·律历志》加以考覈。

在医方类，则著录了大量的有关古代医药学的著作。其中如皇甫谧的《甲乙经》是中国最早的针灸著作，王叔和《脉经》是讲经脉的，《神农本草》是讲草药的，《张仲景方》、《华佗方》是讲医方的，张湛《养生要集》是讲养生的，《食经》是讲饮食的，诸如此类。《隋书·经籍志》医方类小序说：

> 医方者，所以除疾病、保性命之术者也。天有阴阳风雨晦明之气，人有喜怒哀乐好恶之情。节而行之，则和平调理；专壹其情，则溺而生火。是以圣人原血脉之本，因针石之用，假药物之滋，调中养气，通滞解结，而反之于素。其善者，则原脉以知政，推疾以及国。

当然，在天文、历数、五行、医方各类中，有很多源于古代方术、带有迷信色彩的著作，特别是五行类，几乎全是占筮、堪舆方面的书，天文、历数类也有很多星占、风角方面的书，医方类也有讲修道服食的书。《隋书·经籍志》在各类的小序中已经说明了，从大处说，这些书中的知识对于国家政治和社会生活都是非常有用的，但是小人为之，则会使大道破碎，溺于迷信。问题是这两个方面很难截然分开，这一点也真实地反映了当时的认识水平，所以最好能客观、宽容地看待它们，尽量使它们保持历史的原貌。

四、集部学术之演变

《隋书·经籍志》集部分楚辞、别集和总集三类。《楚辞》之所以被独立地分为一类，是因为在魏晋南北朝时期，《楚辞》是名士必读的最重要的经典之一。《世说新语·任诞篇》记王恭言："痛饮酒，熟读《离骚》，便可称名士。"刘勰《文心雕龙》在"原道"、"宗经"、"征圣"之后，将"明诗"与"辨骚"并举，视二者为一切文学的根源。

刘师培《论文杂记》说："西汉之时，总集、专集之名未立；隋唐以上，诗集、文集之体未分。"〔1〕又说："六朝以前，文集之名未立。《汉志》载颂、赋、诗一百家，皆不曰集。晋荀勖分书为四部，四曰丁部，不曰集也。宋王俭作《七志》，三曰文翰，亦不曰集也。文集之称，始于梁阮孝绪《七录》。"〔2〕按照通常的看法，集部收录的主要是文学类的书，这样的看法有一定道理，但不是很严谨。集部的内容十分庞杂，不能仅用某一种学术来标示。比如经部可以称经学，史部可以称史学，子部可以称子学，惟独集部不能称学。尽管如此，集部也不是乌合而成，它的核心是文。萧统《文选序》说：

> 若夫姬公之籍，孔公之书，与日月俱悬，鬼神争奥，孝敬之准式，人伦之师友；岂可重以芟夷，加以剪截？老、庄之作，管、孟之流，盖以立意为宗，不以能文为本。今之所撰，又以略诸。若贤人之美辞，忠臣之抗直，谋夫之话，辩

---

〔1〕 参见刘师培《论文杂记》，《中国中古文学史·论文杂记》，第113页。
〔2〕 参见刘师培《论文杂记》，第121页。

士之端，冰释泉涌，金相玉振。所谓坐狙丘，议稷下，仲连之却秦军，食其之下齐国，留侯之发八难，曲逆之吐六奇，盖乃事美一时，语流千载，概见坟籍，旁出子史。若斯之流，又亦繁博，虽传之简牍，而事异篇章，今之所集，亦所不取。至于记事之史，系年之书，所以褒贬是非，纪别异同，方之篇翰，亦已不同。若其赞论之综辑辞采，序述之错比文华，事出于沉思，义归乎翰藻，故与夫篇什，杂而集之。

萧氏定下的规矩是不收周、孔经典，不收老、庄、管、孟之类的诸子书，也不收史书，所要收录的是"赞论之综辑辞采，序述之错比文华，事出于沉思，义归乎翰藻"的文章。不过，集部毕竟是一个目录学的部类，所以它不会以著作的文学性质作为选择的标准，这样的标准未免主观性太强了，而是以相对客观的文体（或称文类）作为依据。萧统《文选》将文分为四十类：

赋、诗、骚、七、诏、册、令、教、文、策问、表、上书、启、弹事、牋、奏记、书、移书、檄、难、对问、设论、辞、序、颂、赞、符命、史论、史述、赞论、连珠、箴、铭、诔、哀文、碑文、墓志、行状、吊文、祭文。

这种分类只是提供一个样例，当时也有不同的分类，比如刘勰《文心雕龙》的分类就与此不同，有六十三类之多。后世的文体分类更是变化纷纭，没有统一的标准。

别集是辑录一家之文的集子。但是，最初的别集并不是某一作者的著作全集，就像萧统所说的那样，该作者有关经、史、子的著作不收在内，只收文章。这一点与后来的情况有所不同，后来的别集，往往是把所能见到某一作者的所有文字都汇录在一集之内。《隋书·经籍志》别集小序云：

　　别集之名，盖汉东京之所创也。自灵均已降，属文之士众矣，然其志尚不同，风流殊别。后之君子，欲观其体势，而见其心灵，故别聚焉，名之为集。辞人景慕，并自记载，以成书部。

　　《隋书·经籍志》著录的别集有四百三十七部，四千三百八十一卷，若通计亡书，合八百八十六部，八千一百二十六卷。自扬雄以降，比较知名的别集有《扬雄集》五卷、《桓谭集》五卷、《班彪集》二卷、《班固集》十七卷、《贾逵集》一卷、《张衡集》十一卷、《马融集》九卷、《王逸集》二卷、《郑玄集》二卷、《蔡邕集》十二卷、《孔融集》九卷、《阮瑀集》五卷、《徐干集》五卷、《应玚集》一卷、《陈琳集》三卷、《刘桢集》四卷、《王粲集》十一卷、《魏武帝集》二十六卷、《魏文帝集》十卷、《陈思王曹植集》三十卷、《刘邵集》二卷、《何晏集》十一卷、《王弼集》五卷、《夏侯玄集》三卷、《阮籍集》十卷、《嵇康集》十三卷、《钟会集》九卷、《山涛集》九卷、《羊祜集》一卷、《杜预集》十八卷、《皇甫谧集》二卷、《张华集》十卷、《司马彪集》四卷、《潘岳集》十卷、《潘尼集》十卷、《欧阳建集》二卷、《挚虞集》九卷、《左思集》二卷、《陆机集》十四卷、《陆云集》十二卷、《江统集》十卷、《郭象集》二卷、《郭璞集》十七卷、《庾亮集》二十一卷、《干宝集》四卷、《王羲之集》九卷、《孙绰集》十五卷、《习凿齿集》五卷、《孙盛集》五卷、《袁宏集》十五卷、《罗含集》三卷、《戴逵集》九卷、《范宁集》十六卷、《陶潜集》九卷、《谢灵运集》十九卷、《范晔集》十五卷、《何承天集》二十卷、《裴松之集》十三卷、《颜延之集》二十五卷、《鲍照集》十卷、《王俭集》五十一卷、《顾欢集》三十卷、《谢朓集》十二卷、《江淹集》九卷、《沈约集》一百一卷、

《范缜集》十一卷、《陶弘景集》三十卷，等等。

总集是按照文体，或者时代，或者其他某一收录标准，把不同作家的作品综录在一起，按照《文选》的体例，它也是只收文，不收其余。《隋书·经籍志》总集小序云：

> 总集者，以建安之后，辞赋转繁，众家之集，日以滋广，晋代挚虞苦览者之劳倦，于是采摘孔翠，芟剪繁芜，自诗赋下，各为条贯，合而编之，谓为《流别》。是后文集总钞，作者继轨，属辞之士，以为覃奥，而取则焉。

《隋书·经籍志》著录的总集有五百五十四部，六千六百二十二卷，通计亡书，合一千一百四十六部，一万三千三百九十卷。其中最著名的总集有挚虞《文章流别集》四十一卷、刘义庆《集林》一百八十一卷、沈约《集钞》十卷、昭明太子《文选》三十卷、谢灵运《赋集》九十二卷、徐陵《玉台新咏》十卷，等等。刘勰的《文心雕龙》十卷，亦被著录在总集类中，这种文艺理论著作后来被独立出来，专立诗文评一类。

尽管不能说集部所收录的都是文学作品，但是文学无疑是集部的主体，是集部最精华的部分。研究中国文学史的学者几乎公认魏晋南北朝是文学自觉的时期。所谓文学自觉有三个特征，一是文学从广义的学术中分化出来，成为一个独立的门类；二是对文学的各种体裁有了比较细致的区分，对各种体裁的体制与风格特点有了比较明确的认识；三是对文学的审美特性有了自觉的追求，开始出现了文艺理论著作[1]。可以说，这一时期的文学自觉是以集部的发达为基础的，或者说，文学的自觉直接导致了集

---

〔1〕 参见袁行霈、罗宗强主编《中国文学史》第二卷，第3~5页，高等教育出版社，1999年。

部的发展，不仅是文学作品，还有逐步构成独立学术体系的文艺理论著作。这些有关文艺理论的著作一开始附在总集类，至《崇文总目》、《新唐书·艺文志》始另作文史一类，郑樵《通志·艺文略》作文史、诗评两类，至《四库全书》合并为诗文评类。

另一方面，集部中还含有一些极有思想史价值的论说文，也是集部的亮点之一。就其内容而言，这些论说非常多样化，辨析玄理，臧否人物，商榷礼制，驳难刑法，针砭时俗，阐明乐律，品评文艺，分判夷夏，涉及到易象、才性、养生、力命、形神、因果等等许多重要的哲学、美学问题，以及儒、释、道三教的问题。这些论说都非常精彩，魏晋思想的精义大多涵蕴其中，其思想水平超过了当时的诸子书，可以看作是对子书的有益补充。

第七章

佛录传统的奠立
—— 佛经翻译与晋唐佛典目录

一、佛经翻译小史

佛教是从印度传入中国的宗教，中国佛教的建立以佛经翻译为首要前提，这是显而易见的。译经的重要性在中国佛教的传统中一直很受重视，历代的高僧传都把译经传放在首位。慧皎《高僧传序录》云：

> 法流东土，盖由传译之勋，或逾越沙险，或泛漾洪波，皆忘形殉道，委命弘法，震旦开明，一焉是赖。兹德可崇，故列之篇首。

佛教传入中国的初始时间至今没有定论。西汉有"伊存授经"的传说，东汉有"永明求法"的传说，虽均未能证实，但综合各种记载可以推断，佛教是在两汉之际开始从西域传入中国的。其时西域的佛教学者相继来到中国，他们把印度大乘佛教北传的一支带入中国，并且根据自己的记诵，把梵文佛经翻译成中文。

自东汉至唐代，译经事业一直很兴盛。据唐智升《开元释教录》统计：

> 自后汉孝明皇帝永平十年岁次丁卯，至大唐神武皇帝开

元十八年庚午之岁，凡六百六十四载，中间传译缁素，总一百七十六人，所出大、小二乘三藏圣教及圣贤集传并及失译，总二千二百七十八部，都合七千四十六卷。

《开元释教录》详细开列了各代译家的人数与译经的数目：

后汉：缁素一十二人，所出经律并新旧集失译诸经二百九十二部，三百九十五卷。

曹魏：沙门五人，所出经戒羯磨一十二部，一十八卷。

孙吴：缁素五人，所出经等并及失译，一百八十九部，四百一十七卷。

西晋：缁素一十二人，所出经戒集等及新旧集失译诸经三百三十三部，五百九十卷。

东晋：缁素一十六人，所译经律论并新旧集失译诸经一百六十八部，四百六十八卷。

前秦：沙门六人，所译经律论一十五部，一百九十七卷。

后秦：沙门五人，所出经律论九十四部，六百二十四卷。

西秦：沙门一人，所译经及三秦代新旧失译经律论五十六部，一百一十卷。

前凉：外国优婆塞一人，所译经四部，六卷。

北凉：缁素九人，所出经律论并新旧集失译诸经八十二部，三百一十一卷。

宋：缁素二十二人，所出经律论等并杂集失译诸经四百六十五部，七百一十七卷。

齐：沙门七人，所译经律一十二部，三十三卷。

梁：缁素八人，所出经律论及诸传记等并新集失译诸经总四十六部，二百一卷。

北魏：缁素一十二人，所译经论传八十三部，二百七十四卷。

北齐：缁素二人，所出经论八部，五十二卷。

北周：沙门四人，所出经论一十四部，二十九卷。

陈：缁素三人，所出经律论及集传四十部，一百三十三卷。

隋：缁素九人，所出经论及传录六十四部，三百一卷。

唐：缁素三十七人，所出经律论及传录三百一部，二千一百七十卷。

后汉是佛经翻译的肇始期，其代表人物有安世高和支娄迦谶。安世高为安息人，于明帝永平年间来华，译出《安般守意经》、《阴持入经》、《大十二门经》、《小十二门经》和《百六十品经》等，《出三藏记集》根据《道安录》作三十五部，《开元释教录》作九十五部，所译佛经基本是小乘经，以"禅数"为主，间及阿毗昙学。支娄迦谶，简称支谶，月支人，于桓帝末年来到洛阳，也是最早的佛经译者，他译出了《般若道行经》、《般舟三昧经》、《首楞严三昧经》等，据《出三藏记集》记载，有十四部。支谶所译的佛经属于菩萨乘，也就是大乘，其中最重要的是《道行般若波罗蜜经》，是《般若经》的第一译，可谓中土般若学的嚆矢。

三国时期的佛经翻译，在北方，魏承后汉余绪，仍以洛阳为中心。代表人物是中天竺人昙柯迦罗，他译出了《僧祇戒心》，即摩诃僧祇部的戒本一卷，这是最早传来的戒律经典，昙柯迦罗因此被尊奉为律宗的始祖。在南方，吴都建业也是佛教中心，月支人支谦是这一时代的译经大师。支谦继承了后汉支谶的传统，所译兼及大、小乘，可考的译经有二十九部，其中重要的有《无量寿经》二卷、《维摩诘经》二卷、《大般泥洹经》二卷、《法句经》二卷，等等。

在三国时期，还出现了中土沙门西行求法的第一人——朱士行。朱士行是魏颍川人，研习《道行般若》，苦其简略，发愿西行求法。他于甘露五年从雍州出发，越过流沙到了于阗，得到《大品般若》的梵本，凡九十章，六十余万言。后遣弟子弗如檀等十人送回洛阳，于晋元康元年，由无罗叉和竺叔兰译出，名为《放光般若经》二十卷，在当时影响很大。

西晋时期译经者，以世称"敦煌菩萨"的竺法护最为知名，他早年随师父到过西域，获得大量的梵本大乘经。泰始二年，他从敦煌到长安，后到洛阳、江左，一直从事译经。据僧祐《出三藏记集》记载，竺法护所译经有一百五十九部，三百零九卷，智升《开元释教录》刊定为九十一部，二百零八卷。竺法护所译出的大乘经典，按后世的分类，兼有般若类、华严类、宝积类、大集类、涅槃法华类，有大乘经集类，有大乘律类，有本生经类，又有西方撰述类等，种类繁多，几乎具备了当时西域流行的要籍，这就为大乘佛教在中国的弘传打开了广阔的局面。著名的有《光赞般若波罗蜜经》十卷、《正法华经》十卷、《普曜经》八卷等等。值得注意的是，通过支谶、支谦到竺法护，再包括从朱士行到无罗叉、竺叔兰，大乘般若学经典的翻译逐步完善，亦在中国发挥出越来越大的影响。

佛教在东晋时期已经传遍大江南北，并形成了南北两大区域。北方佛教的代表人物是道安和鸠摩罗什，南方佛教的代表人物则为慧远和佛陀跋陀罗。

北方佛教发轫于佛图澄，道安出其门下。道安在襄阳、长安等地宣讲佛法，并组织佛经的翻译。道安依据当时的佛经翻译情况，编撰了《综理众经目录》，被尊为佛典目录传统的奠基者。到了后秦弘始三年，佛教传入史上最伟大的译师鸠摩罗什由西域被请到长安，入西明阁和逍遥园专事译经，在弟子僧肇、僧叡的协助下，译出了《大品般若经》、《小品般若经》、《法华经》、《维摩诘经》、《阿弥陀经》、《金刚经》、《首楞严三昧经》、《大智度论》、《十住毗婆沙论》、《中论》、《百论》、《十二门论》、《大庄严经论》、《成实论》等等，都是大乘佛教最重要的经典，特别是龙树之学，对于中国佛教的发展产生了巨大影响，中国佛教之各宗派，如天台、三论、成实、净土，大多是以这些经典为依据的。陈寅恪尝说，中国自创之佛宗，如天台宗等，追稽其原始，莫不导源于罗什[1]。据《出三藏记集》所载，鸠摩罗什前后所出三十五部，二百九十四卷，《开元释教录》刊定为七十四部，三百八十四卷。当时先后来到长安从事译经的，还有弗若多罗、佛陀耶舍、昙摩耶舍等，都是罽宾国人。北方佛教的译经事业由此达到全盛。

　　南方佛教以庐山的东林寺为中心，主持者是慧远。慧远本从道安出家，后到南方弘法。他曾请佛陀跋陀罗译出《达摩多罗禅经》。佛陀跋陀罗是迦维罗卫人，先到达长安，后因与鸠摩罗什见解相违，遂到南方，先在庐山，后转到建康道场寺，传译支法领在于阗获得的《华严经》梵本，译成五十卷（后世作六十卷），佛陀跋陀罗所译的这部《六十华严》是后来贤首宗所依据的主要经典。与佛陀跋陀罗合作译经的法显原是一位著名的西行求法者，他于东晋隆安三年，与同伴从长安出发，往天竺寻求戒律，

---

〔1〕　参见陈寅恪《大乘义章书后》，《金明馆丛稿二编》，第161页。

历时十一年，经过三十余国，在中天竺巴连佛邑，获得《摩诃僧祇律》、《方等般泥洹经》等梵本，更泛海到狮子国，获得《弥沙塞律》、《长阿含》、《杂阿含》和《杂藏》的梵本。法显回国后，来到建康道场寺，依佛陀跋陀罗，二人共同译出《大般泥洹经》等多种佛经，又自撰《佛国记》（又称《法显传》）一卷，记述求法时所历诸国的地理风物。

到了东晋时期，佛教的阿含、阿毗昙类经典，已经基本译出。昙摩难提译出《中阿含经》、《增一阿含经》，后来僧伽提婆与僧伽罗叉重译《中阿含》、校改《增一阿含》，竺佛念为佛陀耶舍传译《长阿含经》，南北朝时求那跋陀罗译出了《杂阿含经》，阿含类的经典遂告全。阿毗昙类经典因为慧远的提倡，也译出多部，如僧伽提婆、慧远共译的《阿毗昙心论》。此外，佛教的律典也基本译出。弗若多罗、昙摩流支、鸠摩罗什、卑摩罗叉等历时多年译出了《十诵》，佛陀耶舍、竺佛念译出《四分》，佛陀跋陀罗和法显一同译出《僧祇》，再加上南北朝时佛陀什所译出的《五分》，这就是汉地流传的四部广律，是研习律学者的根本经典。

南北朝时期，南朝的译经一直很兴盛。其中宋时罽宾人求那跋摩译出《菩萨善戒经》，共三十品，为大乘戒法瑜伽系传于南方的开始。中天竺人求那跋陀罗所译的《楞伽》、《胜鬘》等经，均为后世通行之本。最著名的译师当推陈代的真谛。真谛是西天竺人，自广州登岸，从扶南带回了许多梵本经论，先后译出《金光明经》、《十七地论》、《唯识论》、《摄大乘论》、《俱舍论》等，《开元释教录》记有四十九部，一百四十九卷。真谛所弘扬的主要是大乘瑜伽学系无著、世亲之学，中土瑜伽学系的规模由此奠定。另外，由真谛译出的《摄大乘论》，开创了中土的摄论学派。

北朝著名的译师可以中天竺人昙无谶和南天竺人菩提流支为

代表。昙无谶译经很多，最突出的贡献是译出了《大般涅槃经》，其中一切众生皆有佛性的思想，在当时的佛教界曾发生过重大影响，从而开创了北方的涅槃师一派，与南方道生的涅槃学相呼应。菩提流支译出世亲所造《十地经论》，还译出《金刚般若波罗蜜经》、《入楞伽经》、《法集经》、《深密解脱经》、《无量寿经论》、《法华经论》、《金刚般若经论》、《大乘宝积经论》等三十部，总的来说，也有偏重大乘瑜伽学系的倾向。菩提流支以《无量寿经》授昙鸾，则对净土宗的建立起到很大作用。

到了隋唐时期，佛经传译达到另一个高峰。自唐代起，译经由国家主持，设立译场，从事译经的有来自天竺、西域的外国沙门，也有中国的僧人。唐代最著名的译师是玄奘、义净、不空。玄奘自幼广受佛法，壮年西行求法，到印度那烂陀寺精研印度各派佛学，玄奘曾用梵文创作过《会宗论》三千颂（已佚）、《制恶见论》一千六百颂（已佚）、《三身论》（已佚），在印度赢得盛誉，得着"大乘天"的称号，是真正学贯中印的佛学大师。吕澂认为玄奘的佛学处在整个佛教发展史——包括印度佛教和中国佛教——的顶峰位置[1]。玄奘归国之后，所译经典多为大部，有《大菩萨藏经》二十卷、《显扬圣教论》二十卷、《瑜伽师地论》一百卷、《大毗婆沙论》二百卷、《大般若经》六百卷，还译出了《解深密经》、《因明入正理论》、《成唯识论》、《能断金刚般若波罗蜜多经》等经。据《开元释教录》记载，玄奘所译经七十五部，总计一千三百三十五卷。另有玄奘口述、弟子辩机记录而成的游记《大唐西域记》，也是一部佛教史上的名著。玄奘所译侧重于瑜伽、般若、

---

[1] 参见吕澂《玄奘与印度佛学》，《吕澂集》，中国社会科学出版社，1995年。

大小毗昙，其中尤其以瑜伽部经典最为重要，玄奘据之创立了法相唯识宗。此外，义净也是唐代的西行求法者，著有《大唐西域求法高僧传》，他译出佛经六十一部，二百六十卷，侧重于律典。不空则是狮子国人，译出佛经一百零四部，一百三十四卷，侧重于密教。总体来看，魏晋南北朝期间传译过来的佛教经典，以大乘空宗为主，至唐代，又系统传译了大乘有宗，这样一来，印度大乘佛教的精华已经基本迻译进来了。

宋代仍然延续译经事业，国家设立了译经院。前后译家可考者有十五人，所译的总数达二百八十四部，七百五十八卷。其中以密教的典籍占大多数，因为当时印度的密教正盛行，故而有不少梵本流入中国。

关于佛经翻译，虽然我们说是梵汉间的传译，其实这中间还有西域语言这个中介环节是不可忽视的。早期的译师多为西域人，他们在翻译佛经时，往往交互利用梵文、西域文和汉文，故而造成意义混杂。张广达先生说："早期传来东土的佛教，并不是面目全同于印度的佛教，而是流行于西域的佛教，或经过西域中介而为汉人揣摩、体会的佛教。不仅如此，我们还可以进一步推断，即便当时流行于西域的佛教，也不是纯粹印度的面貌。"[1]

二、汉文佛典的自立

以上是佛经翻译的简要历史[2]。对于中国佛教的研究，无

〔1〕　参见张广达《论隋唐时期中原与西域文化交流的几个特点》，《北京大学学报》，1985 年第 4 期。
〔2〕　以上关于佛经翻译的历史，主要参考《中国佛教》第一册黄忏华所撰《后汉佛教》、《三国佛教》、《西晋佛教》、《东晋佛教》、《南朝佛教》、《北朝佛教》，及吕澂所撰《唐代佛教》、《宋代佛教》诸条目，知识出版社（上海），1980 年。

疑应从佛经翻译入手，中国佛教之得以成立，首要前提即是译经，这是毋庸置疑的。佛经的原作者是释迦牟尼以及历代的印度高僧，从原初教义与思想创造的意义上说，印度之作者当居功首位，这也是毋庸置疑的。不过，本书的用意是基于这一前提讨论中国佛教的经典系统，因此着重点在传译既成的汉文文本之集成。通过一千多年的佛经翻译史，中国佛教逐步建构成了自己的完备的经典系统，即汉文大藏。相对而言，在现存的各种语言的佛教文献集成中，汉文大藏的完备性是最高的，超过了现存的巴利文、梵文的佛教文献，甚至一些在印度及南亚失传的佛教文献，转赖汉文大藏才得以保存至今。

尽管如此，我们还是要强调，汉文佛典主要是从梵文佛典翻译过来的。如果仅从翻译的角度说，译本必须以原本为权舆，在翻译的过程中，译本不可避免地会有一些隔阂、误解与错谬的情况发生，这自然会折损原本的本有涵义。在通常的情况下，原本与译本乃至再译本之间，一定是每下愈况。那么，在作为原本的梵文佛典与作为译本的汉文佛典之间，是否可以理解为这样一种关系呢？

这牵涉到一个根本性的哲学问题，即如何理解佛教真理与佛教经典之间的关系。佛教真理属于宗教真理，而宗教真理一般被视为绝对真理，宗教真理需要某种语言的宗教经典来表达，而无论何种语言的宗教经典，都是宗教真理的相对载体。换句话说，佛教真理只是借寓在各种语言的佛经之中，无论是巴利文、梵文，还是汉文、藏文，都不过是佛教真理的相对寓所而已。尤其关键的是，释迦牟尼在世的时候，是用各种语言说法的，并没有形成某一专属语言的文本。如果以释迦说法为佛教真理的原点，则这些口耳相传的说法落实到写定的文本，还有一段漫长的历史。

从印度本土来说，从释迦牟尼创立佛教到佛经的大量产生，经历了一个漫长而复杂的历史过程。据记载，在佛陀入灭之年，以及佛陀入灭之后一百年、二百三十六年、四百年，共举行过四次结集活动，经、律、论三藏都是在这几次结集中形成的。最初的结集方式主要是口诵，并不是用文字记录下来，故而第一、二次结集，只留下传说而没有留下文献。今天可以见到的最早文献是出自公元前三世纪的阿育王铭文，而这时佛教已经基本成长为完备的宗教了。阿育王时代的第三次结集之后，佛教开始有了文本形式的经典，并且有了南传和北传的分别，南传的佛教经典是用巴利文写成的，北传的佛教经典则是用梵文写成的。此外，第四次结集确定了佛教中大、小乘的分别，北传进入中国的主要是大乘佛教，这些大乘佛教的经典大多数是用梵文书写的，传入中国之后，又被分别传译为汉文和藏文。佛教真理固然首先是寓于印度本土的佛经之中的，但是漫长而复杂的佛经形成过程，早已逐步将佛教真理相对化了，因此可以推论说，佛经传入西域，以及其后的佛经的汉译或藏译，都是从属于这一大的相对化过程的。

进一步说，大乘佛教对于佛经的看法是比较开明的，对于佛经的复杂性已经有很充分的认识。首先，大乘主张"依法不依人"[1]，也就是说，只要是正法，不管是佛所说，还是凡夫、外道所说，都要依从；不契合正法，即使托言佛名，也不可依从。按照《大智度论》中的说法，佛法不都出自佛口，有五种人说，

----

〔1〕 大乘佛教"四依四不依"说：依法不依人，依了义经不依不了义经，依义不依语，依智不依识。说见《大智度论》等大乘经典。

一佛自口说，二佛弟子说，三仙人说，四诸天说，五化人说〔1〕。这些说法中，谁说得有理就依从谁的。其次，大乘主张"依了义经，不依不了义经"，换句话说，三藏中也是良莠不齐，不都是体现真谛的，有值得依从的经典，也有不了义的、不可依从的经典。再次，大乘还主张"依义不依语"，这一点既涉及对巴利文、梵文的佛经原本的理解，也涉及对汉文、藏文等佛经译本的理解。不论是巴利文、梵文，还是传译的汉文、藏文，它们都是"语"，都只是达到"义"的津筏，只要方便过渡，就达到了目的。即便可以对这些不同语系的佛经加以比较，也是在比较津筏，它们背后的佛教真理是统一的。对于佛教真理来说，巴利文、梵文、汉文、藏文的佛经，都只是相对性的表达，不存在谁的真理性更高的问题。当然，各种语言的佛经有传写时间的差异，有流传地域的差异，所反映的具体佛教史内涵也不尽相同，这种历史的嬗变亦是不可否认的。

这当然不是说，对于佛经来说，翻译所不可避免地带来的种种问题就不存在了，或者说，佛经的翻译是十全十美的，译本完全可以等同于原本。如果佛教可以相对区分为印度佛教和中国佛教的话，那么对于中国佛教来说，佛教真理所寓之经典就是汉文佛典，它虽然是经传译而来的，但是逐渐取得了与作为原本的梵文佛典平等的地位，哪怕是传译过程中的变异与舛误，也都一并成了意义的生长源。

汉文佛典要承担起中国佛教之经典的重任，至少需要具备三个学术性质：

---

〔1〕 见《大智度论》二，《大智度论》四十六又云："或佛说，或化佛说，或大菩萨说，或声闻说，或得道诸天说。"

　　第一个性质是自足性。尽管不能从量上说所有的佛教经典都译成了汉文，但举世公认的是，汉文佛典对于大乘佛教经典的传译是相当全面的。至少在中国佛教自身看来，大乘佛教所有必要的经典都已经被翻译过来了。关键是从义理的角度说，佛教所内含的思想结构亦被完整地移植过来，所以从质上说，汉文佛典是完备的、自足的。中国佛教最终实现这一点，是在唐代。唐代之后，虽然译经的工作仍有继续，然已无关大局，多是枝节上的踵事增华而已。刚开始的时候，佛经翻译是比较随意的、零散的，往往是西来的僧人记得什么经，就翻译什么经，所译的经也未必完整。这些零散的佛经累积得越来越多，中国佛教自然要厘清这些经之间的关系，以及这些经所昭示的佛教义理的体系，于是就出现了"判教"。所谓"判教"，即将已经传译过来的佛经，按照义理的浅深、说时的先后等方面，加以归纳与分类，使之构成一个次第有序的系统。这种整理经典的方式本来在印度也有，但是中国佛教的"判教"是基于中国既有的佛经进行的。南北朝时中国佛教即有了"判教"之说，史称"南三北七"，最有名的则是隋唐时期天台宗的"判教"和华严宗的"判教"。以天台宗智颢的"五时八教"为例，他把佛说法分为"五时"：

　　一为华严时，是指佛初成道时，于三七之间，阐说《华严经》的时期。

　　二为鹿苑时，是指继华严时之后十二年间，佛于鹿野苑等地说小乘四《阿含》经的时期。

　　三为方等时，是指阿含时之后八年间，说《维摩》、《楞伽》、《金光明》、《胜鬘》等大乘诸经的时期，方等为大乘经之通名。

　　四为般若时，是指方等时后二十二年间，说《摩诃般若》等诸般若经典的时期。

五为法华涅槃时，是指佛在最后八年间，说示《法华经》，更于涅槃之际，说《涅槃经》。

至于"八教"，则分为顿、渐、秘密、不定，以及藏、通、别、圆。中国佛教在佛说法的"判教"问题上歧见纷纭，这也是各种宗派衍生出来的原因之一。中国佛教各宗派的"判教"，未必符合印度的佛经产生的真实历史，但是，"判教"不失为中国佛教对于佛教经典与教义整体结构的一种反思，可以说是中国佛教基于自己的理解，对于佛教经典与教义的源流与格局进行了重新建构，故而其理论意义远大于历史意义。

第二个性质是生成性。佛教经典的功用不仅在于记录佛陀当时的言行，作为佛教发展所依托之教义体系，它还必须能够经由后世的解释而不断衍生出新的义理。它就像是深厚的土壤和土中深埋的根茎，不断生长出枝叶和花果来。当然，光有这样的比喻还不足以说明佛教的义理生成问题。汉文佛典之所以具备了生成性，在于在长期的译经过程中确立了佛教的汉语名相系统，它逐渐成熟且独立，构成了完整的语义、语用与语境层面，从而使中国佛教对于佛教教义的体察与阐释，基本上可以在汉语名相的范围中进行，不必时时回溯到梵文原本。在某种意义上说，译经本身已经是第一层的解释活动，而译经的成果构成了汉语的经典文本，为进一步不断更新的解释活动以及义理生成，提供了坚实的基础。汉文佛典的生成性对于中国佛教的成立是至关重要的，它的一个突出体现，即是在译经之后开始出现章疏义解之学，再进一步又发展出中土人士的独立著作。佛教义理的重心逐渐从西土撰述向中土撰述迁移。这样的一个变化过程从佛藏目录中可以清楚地窥其脉络。

第三个性质是信仰性。宗教经典之所以被奉为经典，必须要有信仰加诸其上。欧阳竟无曾经说，佛教的经不同于其他宗教的经典，它是可以被讨论甚至怀疑的[1]。尽管此说有一定道理，但是我们还是应把佛经看作是宗教经典，因为它是绝对的佛教真理的载体，而佛教真理既然属于绝对真理，则必定作为信仰的对象，而不仅仅是理性探究的对象。当中国的广大佛教信众将他们的信仰加诸汉文佛典之中时，汉文佛典就是中国佛教具有合法性的经典。这是一个宗教上的必要程序，也是汉文佛典之为中国佛教之经典的最高保证。如果我们把佛教当作一种宗教来对待，就不能否认或回避上述信仰所在的问题。

不过，对于中国佛教研究来说，是否只依据汉文佛典就足够了，没有必要研究梵文佛典了呢？当然不是。对于佛教真理而言，研读任何语言的佛典，都会起到增进智慧的作用，不分彼此。不过，通常学术界以梵文佛典为研究印度佛教的文献主体，以汉文佛典为研究中国佛教的文献主体。这两者的主体地位是相互独立的，不能轻易地以梵文佛典否定或者改易汉文佛典。十九世纪以后，在欧洲肇始的佛教文献学，加强了对于存世的巴利文、梵文佛典的研究，这就造成了一种新的学术可能，即用存世的巴利文、梵文佛典来对勘汉文佛典。在这个基础上，梵文佛典一方面可以在语言与思想上给予汉文佛典大量有益的补充，另一方面可以通过比较二者的差异，看出中国佛教的特殊性所在。同样的道理，因为汉文佛典是目前世界上保存最完备的，所以在基于梵文佛典研究印度佛教时，也可以参考汉文佛典中的相关史料

---

〔1〕　参见欧阳竟无《佛法非宗教非哲学而为今时所必需》，《中国现代学术经典·杨文会、欧阳渐、吕澂卷》，河北教育出版社，1996 年。

与文本。这样一来，在现代学术的背景下，梵文佛典与汉文佛典就被置于一种良好的互动互补关系之中了。

三、传统目录对于佛教文献的著录

佛教传入中国之后，自然会遇到一个如何处理好与中国固有文化之间的关系问题，在文献与学术方面也是如此。在中国佛教发展的过程中，一方面翻译出来的佛典越来越多，另一方面中国自身也开始产生与佛教相关的文献。佛教之外沿革《七略》传统而来的中国目录学，对于这些新增的文献当然不会视而不见，所以在魏晋南北朝的传统目录中，也试图著录一些佛教文献。

在魏晋南北朝的各种目录中，很多都著录了部分佛教文献。晋荀勖《晋中经簿》首次著录了佛教的书，但情况已不详。南北朝时，刘宋元嘉八年的《秘阁四部目录》著录了五十四帙四百三十八卷佛经。王俭在《七志》中将道教、佛教经典附在最后，阮孝绪继承了这一传统，他在《七录》中附列《佛法录》与《仙道录》，其《佛法录》有初步的分类，分为戒律部、禅定部、智慧部、疑似部、论证部，共五部。可惜的是这些目录都已经散佚了，且对于佛教、道教文献的著录，多是作为附录，不在目录主体之内。

《隋书·经籍志》也是著录佛教、道教文献的传统目录。《隋书·经籍志》对于佛教文献的著录，分为两个方面。一方面沿着《七录》的传统，在四部之后设立了道经和佛经两个部分，但均只记载部数、卷数，没有书名。著录的佛经总数为一千九百五十部，六千一百九十八卷。《隋书·经籍志》采用的分类法，当是根据隋大业时沙门智果在东都内道场撰写的《诸经目》，分大乘、小乘、杂三大类，每类再分经、律、论，则为九种，再加上疑经、记，共十一种。另一方面，《隋书·经籍志》在四部下的各类中，混杂地著录了大量与佛教有关的书籍，有些是与佛教史有重要关系的，如史部的杂传类著录了很多重要的佛教史著作，如宝唱《名僧传》三十卷，《尼传》二卷，慧皎《高僧传》十四卷，法进《江东名僧传》，王巾《法师传》十卷，裴子野《众僧传》二十卷，僧祐《萨婆多部传》五卷，《法显传》一卷，《法显行传》一卷，等等。史部的地理类著录了与佛教有关的地理记载，如关于西域的有《张骞出关志》一卷，《西域道里记》三卷，裴矩《隋西域图》三卷；关于中原佛教寺院的有杨衒之《洛阳伽蓝记》五卷，刘璆《京师寺塔记》十卷、《录》一卷；还有关于外国的《大隋翻经婆罗门法师外国传》五卷，等等。在子部，与佛教有关的书主要著录在杂家中，包括《因果记》、《报应传》一类的书，还有佛教的杂钞，如《内典博要》三十卷，一些重要的僧传和目录也被混录在这里，如《释氏谱》十五卷，费长房《历代三宝记》三卷，虞孝敬《高僧传》六卷，《宝台四法藏目录》一百卷，等等，还有其他一些书，可能也与佛教有关。

值得注意的是，在佛教传入的过程中，印度文化也随之而来，这些外来文化在佛教传播的初期发挥过特殊的作用。在后汉时期人们通常把初传的佛教看作是一种方术，原因之一可能就在于佛教带来了一些有关天文、历数和医学的新鲜知识。比如《隋书·经籍志》在子部天文类中著录了《婆罗门天文经》二十一卷，《婆罗门竭伽仙人天文说》三十卷，《婆罗门天文》一卷，还有《摩登伽经说星图》一卷，这些都是传入的印度天文学。历数类著录了《婆罗门算法》三卷，《婆罗门阴阳算历》一卷，《婆罗门算经》三卷，这些都是传入的印度数学。据学者研究，从南北朝至唐代，中国与印度在天文、历数方面交流很多，唐代时天竺人来华，多做太史令，参与制定历法。最著名的是瞿昙悉达，开元时官太史监，他所作的《开元占经》，既有传译过来的印度历法，又搜集了不少中国的天文史料，可以说是古代印度文化与中国文化相结合的代表作。自印度或西域传来的医学类的书就更多了，有十几种之多，如《龙树菩萨药方》四卷、《龙树菩萨和香法》二卷、《龙树菩萨养性方》一卷、《西域诸仙所说药方》二十三卷《目》一卷、《西域波罗仙人方》三卷、《西域名医所集要方》四卷、《婆罗门诸仙药方》二十卷、《婆罗门药方》五卷、《耆婆所述仙人命论方》二卷《目》一卷、《乾陀利治鬼方》十卷，等等。

魏晋南北朝信仰佛教的文人士大夫很多，在他们的别集中有很多与佛教有关的内容。南朝谢氏家族是信仰佛教的高门大族，尤以谢灵运为代表。在当时有重大影响的《辨宗论》即在《谢灵运集》中。同时，佛教沙门的别集也被平等地看待，与文人士大夫之别集著录在一起，其中有晋沙门《支遁集》八卷、《支昙谛集》六卷、《释惠远集》十二卷，姚秦沙门《释僧肇集》一卷，宋沙门《释惠琳集》五卷，陈沙门《释标集》二卷、《释洪偃集》八卷、《释瑗集》六卷、《释灵裕集》四卷、《策上人集》五卷、《释曷集》六卷，后周沙门《释亡名集》十卷。总集中著录了梁元帝编的《释氏碑文》三十卷，释僧祐编的《诸寺碑文》四十六卷、《众僧行状》四十卷，释宝唱编的《法集》一百零七卷。

此外，《隋书·经籍志》的佛经类小序是一篇非常有价值的佛教史文献。这篇小序的价值在于全面介绍了佛教的起源、教义、传入中国的情况、传法与求法、佛经翻译、历代兴毁，就此一篇即可知唐代之前佛教的历史梗概。对于译经的叙述尤其周详，每代的译者与译作，均举出最有代表性的人物，纵向的历史线索很清晰，横向的佛经分类也颇有典据，大、小乘，经、律、论，均条理分明。在传统目录有关佛教的类序中，这是最好的一篇。

《旧唐书·经籍志》改变了《隋书·经籍志》的做法，不再于四部之外附列佛、道两类，而是比较集中地在子部的道家类末尾很突兀地接续著录了佛书和道书，此外在四部各类之中也有零散的著录。《旧唐书·经籍志》在著录上有新的补充，例如，经部乐类著录了释智匠《古今乐录》十三卷，其中当记载了印度、西域传入中国的音乐情况。史部杂传类在宝唱、慧皎诸家僧传之外，新增了释道宣《续高僧传》三十卷，释义净《西域求法高僧传》二卷；地理类则新增了释智猛《外国传》一卷，释法盛《历国传》二卷。子部道家类自《牟子》二卷以下，都是佛教的，有汇纂、类书型的，如萧子良《净住子》二十卷，及释道宣《统略净住子》二卷，释僧祐《法苑》十五卷等；还有关于儒、释、道论争的，如释道宣《集古今佛道论衡》四卷，杨上善《三教诠衡》十卷，顾欢《夷夏论》二卷，甄鸾《笑道论》三卷，卫元嵩《齐三教论》七卷，释法琳《辩正论》八卷、《破邪论》三卷，杜乂《甄正论》三卷，释彦琮《崇正论》六卷，等等。集部则著录了两部著名的佛教总集，一是僧祐所编辑的《弘明集》十四卷，二是道宣编辑的《广弘明集》三十卷。

《新唐书·艺文志》延续了《旧唐书·经籍志》的做法，仍把佛教文献著录在子部道家类，但比较集中，除此而外基本不再散隶于各类。《新唐书·艺文志》著录了释氏二十五家四十部三百九十五卷，在内容上要比《旧唐书·经籍志》广泛得多，它吸收了宋代以后的新观念，除了遵照传统著录僧传、地理、目录和一些佛教论著、合集之外，还新增了章疏、礼仪、语录、颂赞等方面的内容。著名的有道宣《大唐贞观内典录》十卷，《众经目录》五卷，毋煚

《开元内外经录》十卷，王彦威《内典目录》十二卷，《释氏谱略》二卷，《释迦方志》二卷，彦琮《大唐京寺录传》十卷，玄奘《大唐西域记》十二卷，玄应《大唐众经音义》二十五卷，《法苑珠林集》一百卷，法海《六祖法宝记》一卷，玄觉《永嘉集》十卷，宗密《禅源诸诠集》一百零一卷，等等。

从目录学的角度说，在《隋书·经籍志》中，无论是佛教还是道教，都是作为四部的附庸，尚不能进入中国古代学术格局的核心。《旧唐书·经籍志》把佛教、道教的书都含混地罗列在诸子的道家之后，这一做法受到了《四库全书总目提要》的批评，谓其"并佛书于道家，颇乖名实"。其实何止是将佛教文献隶于道家之下不妥当，将道教文献隶于道家之下也不妥当。不过，在这一含糊的做法中我们可以发现一个新倾向，就是这时的目录学试图把佛教纳入到子部当中。宋代《三朝国史》的艺文志中设立了释家类，列释家于子部第四。稍后的《崇文总目》改名为释书类，居子部之末。可以说，宋代以后的子部中，大都有释家。另一方面，也是从《旧唐书·经籍志》开始，传统目录在著录佛教、道教文献时，只著录佛、道二教的撰述，不著录二教的经典，这一点则得到了《四库全书总目提要》的赞许。就佛教而言，如果把佛教之三藏都堆积在子部的一个小类下，肯定是行不通的，因此需要从中切割出一部分来。这一部分的特点是以中土撰述为主，另外如陈垣所说，就是"大抵为士人所常读，考史所常用"，尤其是与中国思想和历史有关联的著作[1]。这表明中国传统目录对于佛教文献的著录是有其自己的原则的，与佛教自身的目录系统有很大不同。

---

[1] 参见陈垣《中国佛教史籍概论》，第 1 页，中华书局，1962 年。

郑樵《通志·艺文略》对于佛教文献的著录，可以说是公私传统目录中的典范。郑樵把诸子分为儒术、道家、释家、法家、名家、墨家、纵横家、杂家、农家、小说、兵家十一类；释家排在第三位；释家又分传记、寺塔、论议、诠述、章钞、仪律、目录、音义、颂赞、语录十小类，将中土撰述的佛教文献条理分明地著录下来。在郑樵著录的佛教文献中，除了对前人目录有所补充外，最有特色的是比较全面地著录了唐代以来的禅宗的著作，也就是语录和灯录。语录是佛教禅宗特有的文体，本来是记录禅宗祖师说法的书。自记录唐代慧能说法的《坛经》之后，这种佛教著作日渐增多，宋代尤为流行。语录有多种，详细的称为广录，简要的称为语要，有的是一位禅师的语录，称为别集，也有的将多位禅师的语录汇编在一起，称为通集，等等。禅宗是主张"不立文字，教外别传"的，擅长以特别的言语与行为机缘悟入，所以，禅宗祖师们独特的宗教经验，惟赖语录记录下来。灯录即传灯录，是禅宗历代传法机缘的记载，如灯火相传，辗转不绝，所以叫传灯录。最早在南北朝时已经有了灯录，其在禅宗出现之前。禅宗的灯录有两个主要特点：一是通明法统，灯录中总是要标明法统的传授源流，它是谱录体的著作，大多有宗统、世谱、宗图、世系图等内容，有时不免引起关于禅门正统的纷争；二是灯录亦是记言体，取材各代禅师的语录，有偈颂、公案、古则、机语、传记之类，汇编在一起。不过，郑樵对于语录和灯录的区分似乎不是很清楚，在传记类中著录了唐智矩《宝林传》十卷，宋道原《景德传灯录》三十卷，杨亿《传灯玉英集》三十卷[1]，这

---

〔1〕 郑樵著录有误，《传灯玉英集》十五卷，宋王随于景祐元年编撰，为《景德传灯录》之删节本。

些都是有名的灯录，算在传记类倒也有一定道理。还有《祖堂
集》，是成于五代的灯录，但被著录在语录类中了。语录类的著
录则比较集中，除了少数散在他类中，基本著录在一起，有《德
山和尚语录》一卷，《云门和尚语录》一卷，《凉州罗汉琛和尚法
要》三卷，《庞居士语录》一卷，《大唐国师小录法要集》一卷，
《祖堂集》一卷，《永嘉一宿觉禅师宗集》一卷，《法眼禅师集》
一卷，《法眼前后录》六卷，《遗圣集》一卷，《楞伽山主小参
录》一卷，《忠国师语》一卷，《天台国师百会语要》一卷，《紫
陵语》一卷，《僧齐堂禅师要》三卷，《百丈广语》一卷，《无住
和尚说法记》三卷，《龙济和尚语要》一卷，《净本和尚语论》
一卷，《积元集》一卷，《七科义状》一卷，《禅关》一卷，《裴
休拾遗问》一卷，《仰山辨宗论》一卷，《相传杂语要》一卷，
《德山集》一卷，《庐山集》十卷，《释氏要语》一卷，《妙中语》
三卷，《五位语》一卷，《三转语》一卷，《唐僧宗密与清凉国师
书》一卷，《五峰集》三卷，《保宣语录》一卷，《净因语录》一
卷，《投子语录》一卷，《秀禅师语录》一卷，《怀和尚语录》一
卷，《海会语录》一卷，《灵隐胜和尚法要》五卷，《宝华轲和尚
语录》一卷，《悦禅师掬泉集》三卷，《雪窦明觉大师住洞庭语
录》一卷，《明觉祖英集》一卷，《明觉添泉集》一卷，《明觉后
集》一卷，《汾阳第二代语录》一卷，《百丈常禅师语录》一卷，
《汾阳绍二和尚语录》一卷，《法灯禅师拈古》一卷，《云门正真
大师对机语录》二卷，《明觉拈古》一卷，《三角山和尚语录》
一卷，《风穴绍和尚语录》二卷，《富沙信老投机语录》一卷，
《宝峰岩和尚语录》三卷。这些语录应该都是宋代比较流行的语
录，如果将之与藏内和藏外流传的灯录与语录合起来考覈，对于
了解佛教禅宗的思想与历史一定大有裨益。

《四库全书总目》在著录佛教文献方面十分潦草，只收录了与佛教史有关、有资考证的一些书。按照《四库全书简明目录》自述：

> 佛氏之书，浩如烟海，非惟经论语录，不可胜收，即叙述释家故实者，亦难以赅载。故今惟即官库所有，择可录者录之，以见梗概；官库所未收者，则自有彼佛藏在，无庸代为蒐辑也。

的确，随着佛教自身的目录系统日渐完备，大藏经几经刊版，传统目录每视著录佛教文献为越俎代庖之事，所以就不再重视了。

四、佛典目录的创始与集大成

佛教自身的目录系统简称"佛录"，也称"经录"、"众经目录"、"内典录"、"释教录"、"法宝录"。按照佛教学者苏晋仁的研究，经录的发展可以分为四个阶段：[1]

一、两晋时期，为经录的创始阶段。西晋早期法护所撰的《众经目录》是最早的经录。其后有聂道真撰《众经目录》，东晋支敏度撰《经论都录》，以及东晋十六国时的《二赵经录》，以及其他的众多经录，但这些经录都是比较初级的，或限于时，或限于地，体例也不完善。到东晋宁康二年，释道安编撰了《综理众经目录》，始为经录的发展奠定了基础。《道安录》已佚，重要内容都收入《出三藏记集》中。

二、南北朝时期，为经录逐渐完备的阶段。这一时期有名的

---

[1]　参见苏晋仁撰《中国佛教》"经录"条，《中国佛教》第四册，第224~231页。

经录不断产生，如梁代宝唱所撰《梁世众经目录》、北魏李廓撰《魏世众经目录》、北齐释法上撰《齐世众经目录》等等，其中最有代表性的经录，有南朝宋佚名的《众经别录》（此录有敦煌写本，残存上卷一部分），梁僧祐所撰《出三藏记集》。此期经录的特点是数量众多，体例各异，诸家一方面从译经的情况和佛经的篇卷着眼，另一方面也开始将其对于佛教的源流与格局的理解，逐渐融入目录编制当中，往往学风宗派不同，目录也有不同的面貌。不过，这一时期的经录大多佚失了，僧祐《出三藏记集》是现存的最古之经录。

三、隋唐时期，为经录发展的大成阶段。这一时期的经录，卷帙浩繁，体例十分完善，佛典目录的基本格局被奠定下来了，可以说是佛典目录史的最高峰，超越了前代，此后再没有被逾越。著名的经录有隋代法经等人所撰《大隋众经目录》、费长房撰《历代三宝记》、彦琮撰《众经目录》、唐代道宣撰《大唐内典录》、智升撰《开元释教录》等等。这些经录都是存世的，在中国佛教史上占有重要地位。

四、宋元明清时期，为经录的演变阶段。这一时期的经录，很多是记录当时的译经情况的，于译人、教乘、部别、梵本来源、译场情况及表奏、诏谕等记载颇详，比较有史料价值。比较有特点的经录有元代庆吉祥等撰的《至元法宝勘同总录》，是将汉文藏经目录与藏文藏经目录对勘，故名勘同录。此外，关于佛藏的解题目录开始出现，如宋代惟白撰《大藏纲目指要录》，王古撰《大藏圣教法宝标目》，明代寂晓撰《大明释教汇目义门》，智旭撰《阅藏知津》，等等。这些解题目录皆为深研大藏的高僧所撰，学术价值非常高。

姚名达《中国目录学史》中有《中国历代佛教目录所知表》，

著录了现存与已佚的佛教目录七十七部，基本反映了历代佛录的基本面貌[1]。兹举晋唐时期的五部最重要的佛录，以深入了解佛教文献的著录情况。

（一）《综理众经目录》

道安《综理众经目录》一卷，收录后汉至东晋孝武帝宁康二年约二百年间之汉译佛典及注经之作。这部目录早就佚失了，不过，僧祐的《出三藏记集》卷二至卷五是在此书的基础上增补的，可据此以窥其大要。道安是当时的佛教大师，他在长安曾主持数千人的大道场，除了经常讲说佛法外，主要是组织并亲自参与译经活动。经既译出，道安又择要做注释，《出三藏记集》卷十五云：

> 初，经出已久，而旧译时谬，致使深义隐没未通。每至讲说，唯叙大意，转读而已。安穷览经典，钩深致远，其所注《般若》、《道行》、《密迹》、《安般》诸经，并寻文比句，为起尽之义，及析疑甄解，凡二十二卷。序致渊富，妙尽玄旨；条贯既序，文理会通。经义克明，自安始也。

注经之外，则是编制佛录，《出三藏记集》卷二云：

> 逮及桓灵，经来稍广。安清、朔佛之侪，支谶、严调之属，翻译转梵，万里一契，离文合义，炳焕相接矣。法轮届心，莫或条叙。爰自安公，始述名录，铨品译才，标列岁月。妙典可征，实赖伊人。

道安编制的经录，主要是就佛经翻译方面着眼，分七个部分：经论录、古异经录、失译经录、凉土失译经录、关中失译经

---

〔1〕　参见姚名达《中国目录学史》"宗教目录篇·中国历代佛教目录所知表"，第189~196页。

录、疑经录、注经及杂志录。道安把当时的佛经，有译人的归为一类，按年代排列，所谓"诠品译才，标列岁月"，这是最基本的，也就是本录；失译人的和摘译别出的归为一类，以便核考；疑伪的经归为一类，不使真伪混淆；自撰的著作归为一类，附在最后。《道安录》被后人尊为佛教目录的开山之作，其实还是比较简略的，其主要贡献是为佛教目录创设体例。佛教目录的体例有两大方面，一是依译经而起例，一是依教义而起例。《道安录》主要是根据译经的情况而设立体例，比如，异经录著录那些胡本同而汉译本异的经，或者是由一部大经摘译而成的或派生出来的经；失译经录著录那些遗失了译人名字的经；疑经录著录那些真伪不能确定的经；注经录著录那些有注解的经。这些体例都被后世经录完好地继承下来了。

（二）《出三藏记集》

僧祐的《出三藏记集》十五卷。僧祐在齐、梁间，以建业城中的建初寺和定林寺为中心，建设佛教的大藏。慧皎《高僧传》称赞其"造立经藏，搜校卷轴，使夫寺庙广开，法言无坠"。在此机缘下，僧祐以道安的《综理众经目录》为基础，开始编制新的更为完备的经录，即《出三藏记集》。

严格地说，《出三藏记集》并不是纯粹的目录书，而是一本以经录为核心复加增广的综合性的著作，或者说它是以目录为主体的佛教史也未尝不可。《出三藏记集》分为四大部分：一为"撰缘记"，二为"诠名录"，三为"总经序"，四为"述列传"。这四个部分各有其价值，僧祐在自序中说：

> 缘记撰，则原始之本克昭；名录诠，则年代之目不坠；经序总，则胜集之时足征；列传述，则伊人之风可见。

"撰缘记"部分凡一卷。所谓"缘记"者，说明佛经之结集及译经之源流。

"诠名录"部分凡四卷。"名录"即是历代佛经的名目，从汉代至南朝梁四百多年间译出和撰集的一切典籍，均为著录。这部分主要是在《道安录》基础上新撰的，在分类上，既有继承《道安录》的，也有僧祐新增的类别，共有十五录：

新集经论录

新集异出经录

新集表序四部律录

新集安公古异经录

新集安公失译经录

新集安公凉土异经录

新集安公关中异经录

新集律分五部记录

新集律分十八部记录

新集律来汉地四部序录

新集续撰失译杂经录

新集抄经录

新集安公疑经录

新集疑经伪撰杂录

新集安公注经及杂经志录

以上十五录共收经目二一六二部四三二八卷（据《历代三宝记》卷十五统计）。

"总经序"部分有七卷，可分两部分，前六卷是抄录一些经律论的前序与后记，作者有康僧会、道安、支敏度、支恭明、支道林、慧观、僧肇、道朗、慧远、刘虬、严佛调、竺昙无兰、道标、僧睿、周颙等中外十余人，均为南北朝之文，共一百一十篇；后一卷收录了陆澄、竟陵王及僧祐等中土纂辑诸书的序和各卷篇目，共十篇。

"述列传"部分有三卷，传主主要是汉代以降的中外译家，有安世高、支谶、朱士行、支谦、竺法护、僧伽提婆、鸠摩罗什、佛陀耶舍、昙无谶、佛驮跋陀、求那跋陀罗、法祖、道安、慧远、道生、法显、智猛等等，总计三十二人，还有很多人附见于列传中。这是现存最古的高僧传，后来的宝唱《名僧传》、慧皎《高僧传》均采用过其中的史料。

《出三藏记集》的历史价值极高，著名史学家陈垣尝评论此书说："本书之特色，全在第三方式之经序，为其他经目所未有，可以考知各译经之经过及内容，与后来书录解题、书目提要等用处无异。其后记多记明译经地点及年月日，尤可宝贵。"陈氏特别指出，僧祐《出三藏记集》不仅在佛教内影响深远，对于教外之学术的影响也不容小觑，清人朱彝尊撰《经义考》即取法此书[1]。

（三）《历代三宝记》

费长房《历代三宝记》十五卷。隋开皇时，费长房任翻经学士，长期参与译经并致力于编纂经录。当时曾有法经等编撰的《众经目录》七卷，在分类上有所创新，记载则不够详尽。而费长房的《历代三宝记》，在分类上稍取法于《法经录》，总体上还是继承了《僧祐录》的传统，以历史性见长，史料非常丰富，特别是广泛征引了历代经录，使这些已佚的经录得以知其规模，略

---

〔1〕 参见陈垣《中国佛教史籍概论》卷一，第 3 页，中华书局，1962 年。

见其鳞爪。

《历代三宝记》分四部分，前三卷为"帝年"，以周庄王十年为释迦降生之年，下及隋开皇十七年，分上下排列，上列各朝帝王、年号和干支，下记佛教的兴替、佛典的传译，旁及当时史事。卷四至卷十二为"代录"，分后汉、魏吴、西晋、东晋、苻秦、姚秦、西秦、北凉、元魏、北齐、陈、宋、齐、梁、周、隋，每卷前有序论，次列经卷，经卷后说明经典来源与译经的情况，并有译人的小传。卷十三、十四为"入藏录"，分大乘入藏目和小乘入藏目，大、小乘各分经、律、论，再分有译、失译。第十五卷为"总目"，有《上开皇三宝录表》、《开皇三宝录总目序》、全书总目，并附有宋、梁、魏、北齐、隋六家经录和已佚的二十四家经录。

陈垣评价《历代三宝记》，特重其纪年。纪年为中国史学之基干，关涉皇朝承续的正统问题。《历代三宝记》虽然以佛教为主，但涉及到了一套有特殊意义的纪年，核心即是尊齐、梁而黜北魏，其意以隋承周，周承齐、梁，为中国之正统。陈氏认为，这套纪年比司马光《资治通鉴》的纪年系统价值更大[1]。从目录学的角度看，《历代三宝记》最好的自然是"代录"部分，它延续了《僧祐录》的做法，把目录和传记结合起来，构成一个个历史单元，这些历史单元以纪年的方式串联起来，就成了一部佛教的编年史。

（四）《大唐内典录》

道宣《大唐内典录》十卷，是开创唐代佛典目录的著作。道

---

〔1〕　参见陈垣《中国佛教史籍概论》卷一，第7页。

宣首先批评《僧祐录》和《长房录》的弊病：

> 祐《录》征据，文义可观，然大小雷同，三藏糅杂，抄
> 集参正，传记乱经，考括始终，莫能通决。房《录》后出，
> 该赡前闻，然三宝共部，伪真淆乱，自余诸录，胡可胜言。
> 今余所撰，望革前弊。

唐代的经录最大的特点，就是把南北朝、隋代以来的经录做一番大综合，使此前经录的长处尽可能被融会在一起，并发挥到极致。这种大综合并不是简单的罗列堆积，而是通过创设完备的体例来实现。道宣的《大唐内典录》分十个部分，这十个部分亦是十项体例：

第一，"历代众经传译所从录"，卷一至卷五，记载东汉至唐各代的译经与撰述，是仿照《僧祐录》和《长房录》，按年代将译人和译经结合在一起，侧重佛教史。据梁启超说，这部分将《长房录》的"代录"完全摄入，并加以考证萃审，订正了不少错误[1]。

第二，"历代翻本单重人代存亡录"，卷六至卷七，这是以大小乘、经、律、论为基本架构，说明佛经翻译的单本、重翻，以及译人、译时、译地等等，侧重佛经的翻译情况。梁启超说，这部分吸取了《法经录》的很多内容。佛典目录对于佛经的翻译一向非常重视，故其分类法中一直有关于译本状况的内容，自《道安录》始，即区分了有译、失译，异经、疑经，《僧祐录》和《长房录》都沿用下来。法经《大隋众经目录》对于译本的分类则更为细致，分为一译、异译、失译、别生、疑惑、伪妄。唐代彦琮《众经目录》则定为五例：单译、重翻、别生、疑伪、随卷

---

〔1〕 参见梁启超《佛教目录在中国目录学之位置》，《饮冰室合集》第十五册，《专集》之六十七，中华书局（上海），1936年。

有位[1]。道宣基本是沿用彦琮之例，亦有单译、重翻、别生、疑伪，阙本。

第三，"历代众经总撮入藏录"，卷八，这是在前一录的基础上说明如何入藏的。佛典目录设立"入藏目"，以《历代三宝记》为最早，唐代寺院多设经藏，对经藏目录十分重视，但有的附入目录，有的单行。《大唐内典录》中的入藏录，有学者推测，很可能是道宣所在的西明寺的经藏目录，或许有所改动。《西明寺录》本来是单行的，道宣依费长房之例，移在目录中。

第四，"历代众经举要转读录"，卷九，是从各种佛经中选择重要译本而编成的要目，目的是"举大部而摄小经，撮根本而舍枝叶，文虽约而义广，卷虽少而意多，使转读之士，览其轴而日见其功，行福清信，开藏岁增其业"。这部分的学术价值非常高，故而受到梁启超的推崇，称赞说："著书足以备学者顾问，实目录家最重之职务也。"

第五，"历代众经有目阙本录"，卷十，本意是记载阙本的，但并未列书目。

第六，"历代道俗述作注解录"，卷十，这是专门著录中土的佛教撰述的，除了抄录刘宋陆澄《法论》的名目外，还著录了东晋至唐的许多佛教著作。法经《大隋众经目录》已经在佛灭度后的著作中区分了"西域圣贤分"与"此方诸德分"，《大唐内典

---

[1] 道宣《续高僧传》云："仁寿二年，下敕更令撰《众经目录》，乃分为五例，谓单译、重翻、别生、疑伪、随卷有位。"道宣所述彦琮五例中，"随卷有位"当指阙本，即有名目而无书。然《众经目录》自序中云："总为五分：单本第一，重翻第二，别生第三，圣贤集传第四，疑伪第五。"二者有所不同。其实《众经目录》实有六类，在上述五类之外，恰有阙本录。一般来说，"圣贤集传"不关译经，佛录中多将之与大小乘译本分开，所以就译经言，则为五类，加"圣贤集传"则为六类。《道宣录》还列了道俗述作一类。

录》遂专有一录著录中土撰述。中国的佛教撰述，逐渐蔚为大观。道宣是著名高僧，对中土佛教影响很大。他对于中土佛教的文史非常熟悉，尝作《续高僧传》三十卷，《释迦方志》二卷，纂辑《广弘明集》三十卷，《集古今佛道论衡》四卷。

第七，"历代诸经支流陈化录"，卷十，意在记载别生经，但未列书目。

第八，"历代所出疑伪经论录"，卷十，记载疑伪经。

第九，"历代众经录目终始序"，卷十，记载经录。

第十，"历代众经应感兴敬录"，卷十，记载感应事迹，似为不必要的附录。

道宣的《大唐内典录》是对于此前经录的大综合，这种大综合亦为智升的《开元释教录》奠定了基础。智升曾经详细地研究过《道宣录》，并按其体例编撰了《续大唐内典录》一卷。不过，智升在创作自己的经录时没有照搬《道宣录》，而是规划了一套更为完备的佛录体系。

（五）《开元释教录》

在对智升《开元释教录》加以说明之前，我们先对此前的佛典目录做一简要分析。佛典目录以著录佛教的经典文献为宗旨，这一点是不言而喻的。既然是目录，就必须具有合理的分类体系。《开元释教录》之前的经录，其分类法主要有两大方面：

一是按照年代分类，即所谓"总录"、"代录"，它是纵向的，按历史纪年的次序记载佛教的兴衰和佛经的传译，在其下还可以次列高僧传和相关文献，这样的分类主要反映了译经史和佛教史[1]。

---

[1] 按《隋书·经籍志》佛经类小序之记述，唐代之前对于佛教史的认识主要是基于译经史，或者说以译经史为主干。

　　二是按照已译出的经本状况分类，即所谓"别录"，其下又可以分为两种，基于译经状况的分类和基于佛经内容的分类，它们都是横向的记载，可以反映佛经的原本与译本的关系以及文献上的各种变化，以及各类佛经在佛教中的地位和教义上的关联。

　　既按年代分类，又按经本分类，是中国佛典目录所特有的双核心结构。这样的双核心结构在智升录之前已经基本形成了，只是参差散落、尚未完备而已。早期的经录主要是按照经本分类，最有代表性的，一是道安的《综理众经目录》，它是按照佛经的翻译状况来分类的，如有译、失译、异经、疑经；二是佚名的《众经别录》，它主要是按照佛经的内容来分类的，分大乘经录、三教通教录、三乘中大乘录、小乘经录、大小乘不判教录、律录、数录、论录，也包含阙本录和疑经录。这部经录吸收了当时慧观的"判教"思想，暗含着华严、般若、维摩、法华、涅槃五部。后来的法经《大隋众经目录》是继承《众经别录》的，也是按佛经的内容分类，但"判教"的色彩不像前者明显，先分大、小乘，下分经、律、论，然后再按经本情况分—异分、异译分、失译分、别生分、疑惑分、伪妄分。至僧祐的《出三藏记集》，经录开始有了新变化，一方面，在经本分类上沿用了《道安录》，另一方面又新加了"总经序"和"述列传"，大量增补了历史和文献方面的材料，这些都是按照年代分类的。《历代三宝记》继承了《僧祐录》侧重译经史的特色，它把按年代分类的"代录"基本定型了。道宣《大唐内典录》对此前的目录做了全面的综合，它的"历代众经传译所从录"相当于《长房录》的"代录"，其余诸录则是沿着《道安录》的传统，据佛经的状况来分类。但是，《道宣录》中按照佛经内容进行分类的方面不是很突出，惟分大小乘、经、律、论，基本上还是延续道安、僧祐、费长房的传统。

智升的《开元释教录》把佛典目录的双核心结构非常明确地显示出来了。《开元释教录》分两大部分，第一部分为"总括群经录"：

> 从汉至唐所有翻述，具帝王年代并译人本事，所出教等以人代先后为伦，不依三藏之次，兼叙目录新旧同异。

总录的部分以译人为主，记录自汉至唐十九代的译经情况，每录先记朝代、都城、帝系、年号、译人（撰人）数、所译撰的典籍部数卷数以及阙本。然后再按译人（及撰人）详细记载所译（和所撰集）的典籍、名题、卷数、译时、译地、笔受、润文、单重译等，及各人小传，共计一百七十六人。总录末卷载历代佛经目录。智升基本上是照搬了《僧祐录》、《长房录》、《道宣录》，以及慧皎《高僧传》、道宣《续高僧传》的材料，换句话说，智升在"代录"方面继承的多、创新的少。

第二部分是"别分乘藏录"：

> 别录之中曲分为七：一有译有本，二有译无本，三支派别行，四删略繁重，五拾遗补阙，六疑惑再详，七伪邪乱正。就七门中二乘区别三藏殊科，具悉委由，兼明部偶。

在别录部分，智升的创见最多。智升研究过《道宣录》，深知《道宣录》的长处和短处。首先一层分类，就经本的情况分为七门："有译有本录"是最主要的；"有译无本录"是记录记载有译而不见传世的阙本；"支派别行录"是记录别生经，最能揭示小品与大品的关系；"删略繁重录"则把同本异名和杂出的经本剔取出来；"补阙拾遗录"是补充旧录未著录的各经；"疑惑再详录"收历来的疑经；"伪邪乱正录"收已经确认的伪造佛经。这部分的分类法要比《道宣录》更合理、更清晰，而超越《道宣录》的主要之处是七门之下又做了两层分类，第一层分类是在七门之下区分了大、小乘和经、律、论三藏。这是比较常见的，法经《大隋众经目录》之后，很多经录都采用这样的双重分类法[1]。第二层分类是在大乘经下区分了般若、宝积、大集、华严、涅槃五大部，小乘经下区分了根本四阿含、长阿含、中阿含、增一阿含、杂阿含。这样的分类运用于有译有本录、有译无本录、支派别行录和最后两卷入藏录中。需要指出的是，对大、小乘再做进一步的分类，则进入到了佛教教义的更深一层。从目录与教义结合的角度说，仅仅区分大、小乘和经、律、论，还是外部的、常识性的，进而再分五大部与诸阿含，就必定要涉及到中国佛教中的"判教"，也就是包含了对于佛教经典与义理的整体思考。以"有译有本录"这一门为例，智升录的分类如下图所示[2]：

日本学者常磐大定在《大藏经雕印考》中认为，自后汉末叶至元初的一千三百多年间，整理典籍，调撰目录，总计达六十次以上，今存之目录有二十多部，其中尤以《大隋众经目录》、《开元释教录》和《至元法宝勘同总录》三录最为可贵，而三录又当以《开元释教录》为中心。宋初开始雕印大藏，主要依据《开元释教录》，大藏经的格局由此奠定。在某种意义上说，自目录上研究大藏，至《开元释教录》已基本完成，宋代之后的新出诸目录，莫不仰范之[3]。

----

〔1〕《大隋众经目录》是先区分大、小乘和经、律、论，然后再按经本的情况分类，结构的次序相反。

〔2〕转引自姚名达《中国目录学史》，第238页。

〔3〕参见柳诒徵《中国文化史》引述常磐大定说，第485页，中国大百科全书出版社，1988年。

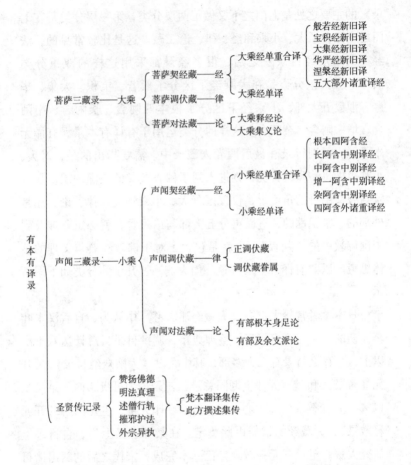

五、大乘经五大部

即如在导论中已经述及的，中国古代的目录学都是偏重内容的，这样的目录学体系一定要与所著录书籍相关的学术有机地统一在一起。而中国传统目录是与中国固有的学术统一在一起的，故而无法包容外来之佛教文献，尽管传统目录也著录了不少佛典，但是终究有方枘圆凿。所以说，佛教创制自己的目录学是势所必然。佛典目录的宗旨也是通过目录以揭示佛教的源流与格局，而要实现这一目标，前提是佛经翻译达到比较全面的水平。早期的译经是不全面的，还处在由小积大、补阙拾遗的过程中，很难在整体上考虑佛经的相互关联问题。到了唐代之后，佛经翻译臻于大成，特别是大乘经的新旧译十分齐备，这就为以目录的方式揭示其源流与格局提供了条件。

按照佛经内容分类的经录，在南北朝时期就有了，但除了《众经别录》体现了"判教"之外，很多经录都只是按大、小乘及经、律、论来分类，还是很初步的，并不关涉对于佛教教义的深入理解，比如《大隋众经目录》[1]，我们沿着它的分类，可以进入小乘、大乘，再进入经藏、律藏、论藏，正是到了升堂入室的关口，进一步的分类却没有了。就好比一座庭院，室外的道路指示很清楚，到了室内却是汗牛充栋、杂乱无章了。所以说，要使佛典目录和佛教的教义紧密地结合在一起，还有待《开元释教录》对大乘经再做进一步的分类。因为中国佛教的主体是大乘佛教，所以进一步的分类尤其重要[2]。

如前表所示，智升《开元释教录》对大乘经的分类是依据什么原则呢？或者说，将大乘经分为五大部以及余外的经，是按照佛经的大小、多寡，还是有某种"判教"思想在内呢？在回答这个问题之前，我们先看看大乘经五大部以及余外经的主要内容。

首先是般若部。大乘经的出现开始于公元一世纪，而最早流

〔1〕 彭斐章主编《目录学教程》认为《大隋众经目录》是第一部将佛经内容与形式有机结合起来进行分类的目录，第61页，高等教育出版社，2004年。
〔2〕 本节择其重点，只讨论《开元释教录》中有关大乘经论的著录，大乘律以及小乘之经律论也是很重要的，姑且不涉及。

行的大乘经就是般若类的经典。般若类的经典有个从小到大的累积过程，按玄奘的译法，又可分根本般若经和杂般若经两大类。般若类的佛经也是最早传译到中国的经。《开元释教录》之般若部共著录二十一部经，七百三十六卷。其中具有代表性的有较早的支娄迦谶所译《道行般若》、朱士行所得的《放光般若》、鸠摩罗什译《大品般若经》、《小品般若经》、玄奘译《大般若经》等等。般若部最流行的是两部小品，一是《金刚般若波罗蜜经》，简称《金刚经》，以鸠摩罗什所译最善；二是《般若波罗蜜多心经》，简称《心经》，以玄奘所译最善。这两部经虽然篇幅都很小，但几乎浓缩了般若的全部核心思想，在中国影响非常大，历代注释层出不穷。般若部还有一部非常重要的佛经，即《楞严经》，鸠摩罗什译，但此经的真伪历来有疑义。

其次是宝积部。在般若类的经典之外，其他的经典也像滚雪球一样，从小品逐渐充实为大品，著名的有宝积类的经典。宝积的意思是大乘的无量法门皆摄在此中。其实它是由小品《宝积经》逐渐扩充，成为一部大乘的汇集，有丛书性质。《开元释教录》之宝积部著录了八十二部经，一百六十九卷。原来宝积类的单品的翻译很多，但比较零散，唐菩提流志整理旧译，并作新译，汇译出《大宝积经》一百二十卷，四十九会。宝积类的经典是继般若而出的，既继承了般若思想，又有所改进，主要是从般若说空，进到兼说空有，归旨中道。《大宝积经》的第四十八会《胜鬘夫人会》，又称《胜鬘经》[1]，内容主要讲佛性，特别以"如来藏"为主题，在中国发挥过很大影响。其余如有关文殊菩

---

〔1〕 游侠认为，《胜鬘经》详于义理，属涅槃一类，当入涅槃部。参见《中国佛教》第三册"胜鬘经"条。

萨的《文殊师利普门会》、《文殊说般若会》、《善德天子会》，有
关弥勒菩萨的《弥勒菩萨所问会》，以及有关阿弥陀佛的《无量
寿如来会》等等，也都是影响广泛的佛经。

　　第三是大集部。主要是指《大方等大集经》。方等是大乘经
的通名，大集就是汇集，也是大乘的丛书性的经典。《开元释教
录》之大集部著录了二十四部经，一百四十二卷。汉译《大集
经》的，先后有支谶、鸠摩罗什、昙无谶等人，隋代在昙无谶三
十卷译本的基础上又补收了许多其他的经，从而足成了六十卷的
广本。大集部的经典非常杂，既有沿般若而来的大乘性空思想，
又有密宗的东西，还有很多魔王、阿修罗等诸天护法的内容，以
及印度与西域之医学、天文、地理、历法方面的各种知识。其中
比较有特色的有《大乘大集地藏十轮经》、《日藏经》、《月藏经》
等等。

　　第四是华严部。《华严经》是《大方广佛华严经》之略名，
它主要是讲佛成道后在菩提场等处，藉普贤、文殊诸大菩萨显示
佛陀华丽庄严、广大圆满的因行果德的。这部经比较完整的汉译
本有三种：东晋时佛陀跋陀罗所译的六十卷本，称《六十华严》；
武周时实叉难陀所译八十卷本，称《八十华严》；唐代三藏般若
所译的四十卷本，称《四十华严》。除了这些大本，历代还有一
些单行的译本，比较著名的有最早支娄迦谶所译的《兜沙经》及
《华严经》的小品，如《十地品》、《普贤行愿品》等等，都单独
流行，影响深远。《开元释教录》之华严部著录了二十六部经，
一百八十七卷。这部经在说法上有一个显著的特点，是讲十数的
法，如十信、十住、十行、十回向、十地等等，中心思想是讲
"法性本净"，以及诸法等同一味、一即一切、一切即一、三界唯
心等等观念。《华严经》在唐代之后广受重视，讲习日增，并在

中国佛教中发展出了华严宗。隶属于华严部的还有一部比较重要的疑伪经，即《大方广圆觉修多罗了义经》，简称《圆觉经》，唐罽宾沙门佛陀多罗译。这部经的影响也很大，唐代以后的各佛教宗派都奉持此经。

第五是涅槃部，《涅槃经》是在大乘佛教发展到高峰时期所结集的佛经，有小乘、大乘之分，在中国传播的是大乘的涅槃学。大乘《涅槃经》的译本，最重要的有北凉昙无谶所译的《大般涅槃经》四十卷，称作《北本涅槃经》，南朝宋慧严、慧观与谢灵运等根据当时诸译本编纂的《大般涅槃经》三十六卷，又称《南本涅槃经》。所谓涅槃，意译作灭、寂灭、灭度，即灭除烦恼、圆满成佛的意思。涅槃学是在般若思想基础上的进一步发展，其中最重要的义理是佛性论，提出一切众生皆有佛性，皆可成佛。《涅槃经》对中国佛教影响极大，在当时南北皆有传授《涅槃经》的涅槃师，使之广为流行。《开元释教录》之涅槃部著录了六部经，五十八卷。

另外，《开元释教录》在五大部之外，设立了五大部外重译及单译经部分，这部分也有不少在中国佛教中有重大影响的佛经，如《法华经》、《维摩诘经》、《金光明经》、《楞伽经》、《解深密经》、《大方等如来藏经》以及弥勒类的佛经等等[1]，这部分共计著录了四百零四部经，八百八十一卷。

上述五大部及五大部外，智升最重视般若部，以之为首，他在般若部下指明："《般若经》建初者，谓诸佛之母也。"中国之

---

〔1〕吕澂《新编汉文大藏经目录》将《法华经》、《金光明经》归在涅槃部，《维摩诘经》、《解深密经》、《入楞伽经》、《大方等如来藏经》归在宝积部，弥勒类的佛经，则大多归在华严部。此说亦可参考。

大乘佛教诸宗派，几乎无不以般若为根基，而后才专弘某一派或某一部经典。而《涅槃经》被看作佛最后的、最完善的说法，也是各宗派都尊奉的。般若部为始，涅槃部为终，是当时佛教的通识。柳宗元曾经说："法之至莫尚乎般若，经之大莫极于涅槃。"[1]在般若、涅槃之间的佛经，宝积和大集二部是从般若发展来的，又是丛书性的，比较博杂，华严部则比较接近涅槃，所以说，这些部的经基本上是在般若与涅槃之间过渡的。这可以看作是智升创立的大乘经分类的基本结构，也就是以般若为始，涅槃为终，宝积、大集、华严分布在始、终之间。

智升编制经录，的确有文献上的考虑，他是按"以大统小"的原则来做的，各部都有一个大品，然后统摄其下的小品。吕澂曾说，大乘经的分类是带着以大部经作为标准的意味，华严、大集等都是因为容量庞大而获得地位，而按照"判教"来说，这也代表了佛说法的阶段，合拢来看，能看出大乘学说的全盘体系如何[2]。不过，《法华经》虽然没有上百卷，但也是卷帙比较大的经，且在中国佛教中地位很高，智升没有为其单立一部，而是著录在五大部之外了。总的来说，智升的"判教"思想不是很明晰，或者说，他吸收了当时的"判教"思想，但并没有完全依从，而是自有主张。到了明代智旭撰《阅藏知津》，则完全采用了天台宗的"判教"思想，将大乘经分为华严、方等、般若、法华、涅槃等五大部，将《开元释教录》所立的宝积、大集二部摄属于方等，而别立法华一部，五大部外的重单译经亦多摄入到方

---

〔1〕参见柳宗元《送琛上人南游序》，《全唐文》，5853上，中华书局影印本。

〔2〕参见吕澂《新编汉文大藏经目录》，《吕澂佛学论著选集》卷三，第1624页，齐鲁书社，1991年。

等部中。

自日本《大正藏》创立了新的佛经分类方法之后[1]，似乎传统的大乘五大部分类法不再受人们重视了。不过也有例外，著名佛学家吕澂所撰的《新编汉文大藏经目录》，对于大乘经仍采用传统的分部法，他按照《摄大乘论》中的思想，把大乘经分为四大部，以宝积部收录大乘通论之经，以般若、华严、涅槃三部收录大乘别详道、果之经[2]。这种分类法包含着很深的佛教义理，也可以看作是沿《开元释教录》传统而下的最后一个变种。

将大乘经做恰当的分类之后，大乘论也可以有条理地著录了。论是在经的基础上延伸出来的，所以其分类与经的情况类似，有内容比较统一的论，也有包罗广泛的论。《开元释教录》将大乘诸论分为释经论与集义论两类，释经论是明确解释某种佛经的，与经结合得比较紧密，集义论往往是宗经义而又做发挥，在义理上有一定的独立性，可以与经并列。对于中国佛教来说，经与论的地位是平等的，都可以作为弘教的基础。关于论尤其要注意造论的论主，比如龙树、提婆、无著、世亲、弥勒、护法等等，他们都是印度佛教史不同时期的代表人物，对中国佛教发生过重大影响[3]。

龙树是中观学派（空宗）的创始者，释经论有解说《大品般

---

[1]《大正藏》之分类将经律论三藏译本总分为十六类：一、阿含，二、本缘，三、般若，四、法华，五、华严，六、宝积，七、涅槃，八、大集，九、经集，十、密教，十一、律部，十二、释经论，十三、毗昙，十四、中观，十五、瑜伽，十六、论集。

[2] 吕澂《新编汉文大藏经目录》总分为：一、经藏，二、律藏，三、论藏，四、密藏，五、撰述。经藏中分五部，宝积、般若、华严、涅槃之外，还有阿含部。

[3] 以下所述诸论，均为《开元释教录》所著录者，因异译不同，故多不标明卷数；还有一些重要的论未被著录，则从略。

若经》的《大智度论》一百卷，集义论则主要有《十二门论》、《中论》、《十住毗婆沙论》等等。与龙树同属中观学派的提婆则造《百论》。这些中观论都是由鸠摩罗什翻译的，中国佛教宗派中的三论宗即以鸠摩罗什所译诸论为根本经典。继承龙树的是佛护和清辩，他们也都造论传世。

无著、世亲兄弟则是瑜伽行派（有宗）的创始人。瑜伽行派自称其学出自弥勒，所以这一派中有托名弥勒的论，最著名的是《瑜伽师地论》和《辩中边论颂》。其后无著所造的释经论有般若部的《金刚般若论》，集义论主要有《显扬圣教论》、《显扬圣教论颂》、《大乘阿毗达磨集论》、《大乘庄严经论》、《顺中论》、《摄大乘论》等等。世亲所造的经论更多，有"千部论师"之称。世亲的译名又作天亲、婆薮槃豆，他的释经论有华严部的《十地经论》，宝积部的《宝髻菩萨四法经论》，般若部的《金刚般若波罗蜜经论》，法华部的《妙法莲华经论》，涅槃部的《涅槃论》，以及《无量寿经论》、《三具足经论》等。世亲的集义论有解说无著《摄大乘论》的《摄大乘释论》，还有《佛性论》、《中边分别论》、《唯识三十论》、《大乘成业论》、《大乘五蕴论》、《大乘百法明门论》、《止观门颂论》等等。由瑜伽行派发展出的唯识学，后继者还有陈那和护法。他们所造的论中，最著名的是护法的《成唯识论》。《成唯识论》是解释世亲《唯识三十论》的，除了护法之外，当时还有十家，玄奘在译此论时，既保留了护法的解释，又糅合进其他十家之说，故而是一部集注。玄奘所创立的唯识宗以此为经典。

在传译的印度佛教诸论中，马鸣菩萨的论很特殊。马鸣菩萨是纪元初时的人，被认为是佛教文学家、诗人，他对大乘佛教的产生可能发挥过重要作用。鸠摩罗什翻译了马鸣《大庄严经论》

十五卷，真谛则译有马鸣《大乘起信论》一卷。这两部论在中国佛教中影响非常大，特别是后者，被尊为中国佛教最核心的经典之一。但是《大乘起信论》一直受到怀疑，有人怀疑这部论完全是中国佛教徒伪造的；也有人认为，这部论虽然至今不见梵本，但其思想与印度佛教有相合处，故应有印度来源。

六、中土撰述

中国佛教的发展，首先是译经，然后才有中土撰述陆续出现。道安的《综理众经目录》有"注经录"，僧祐《出三藏记集》继承其例，也收录经注，并且广为收集经序与经记，以及历代传记。《僧祐录》是著录和保存汉晋中土撰述最好的经录。道宣《大唐内典录》有"历代道俗述作注解录"，也包含历代之传记，年代上延续到了唐代。从分类上说，法经等撰《大隋众经目录》，将佛灭度后的著作独立于大小乘之外，分撰集录、传记录和著述录，每录下都分"西域圣贤"与"此方诸德"两类，"此方诸德"的撰集、传记、著述，都属于中土撰述。智升的《开元释教录》设"圣贤传记录"，其中的"此方撰述集传"也是属于中土撰述。不过，相对于前代经录，智升更重视西方经典，大幅删减了中土撰述的分量，只录目录传记，不录章疏著作，这一点则受到后人的批评。

《开元释教录》以后的经录，很长一段时间都是只注意收集译典，而不注意收集著述，对中土撰述的著录都很零散，多不成系统。相比之下，倒是中国传统史志目录更重视中土撰述一些。直到明代寂晓作《大明释教汇目义门》，在每个大部下列出"此方释经疏本"、"此方释经疏论集本"、"此方释经疏记本"、"此方传法集本"等目，圣贤著述下也分出"此方天台教典本"、"此方诸家传记本"、"此方禅宗集录本"等目，中土撰述才得到了比较全面的反映。智旭《阅藏知津》继承了寂晓录的做法，他在大乘论藏中收录中土撰述，并在他特有的杂藏中，集中列出忏仪、净土、台宗、禅宗、贤首宗、慈恩宗、密宗、律宗、纂集、传记、护教、音义、目录、序赞诗歌、应收入藏中土撰述，共十五类[1]。

毋庸置疑，中国佛教中的自主著作是中国佛教史不可忽视的重要组成部分。仅仅靠翻译的佛经还不足以构成中国佛教的完整形态，必须结合中土撰述，使两个方面相互映衬，才能体现出中国佛教的源流与格局。著名佛学家周叔迦在《释氏艺文提要序》中，对中土撰述有很好的论述，他首先区分了佛经翻译与义解之不同，周氏说：

传译之功，重在精括训诂，随方俗之语，置正义之言，但使辞旨分明，经心显现，便可郁为称首，虽曰音有夷夏之殊，实惟理存梵竺之致。

至于义解则不然，借微言以津道，严四辩以传真，博极群经，独抒己见，调众彩以图晖烈，择异宝而为光饰。必使壅者得达，隐者得显，方可谓探玄畅滞，起废发曚，光融圣典，阐扬觉道也。[2]

佛经之翻译是以外国高僧为主，佛经之义解则主要是中国高僧所作，故而是中土撰述的主体。梁慧皎《高僧传》首先是译经高僧传，随后才是义解高僧传。如果说翻译是对佛经的第一重解

---

〔1〕　按吕澂《新编汉文大藏经目录》将中土撰述集中为撰述类，分章疏、论著、语录（拈古、颂古、评唱等附）、纂集、史传（地志等附）、音义（悉昙、法数等附）、目录（提要等附）、杂撰（护教、忏仪等附），共八部，分类最为明晰。

〔2〕　参见周叔迦《释氏艺文提要序》，《佛教与中国传统文化》，第 160 页，宗教文化出版社，1997 年。

释，这一重解释是有限的、被动的，义解则是主动地对佛经做第二重解释，既依据经文，又有疏通阐扬，尤其奠定了中国佛教的义理基础。所谓"微言"，指佛经翻译有五失本、三不易等不得已之困难，译本中难免会有意义的折损，故而需要在义解中加以疏解补说。所谓"四辩"，即法无碍辩、义无碍辩、辞无碍辩、辩无碍辩，要使佛经的意义通达无碍，也必须借助义解来实现。所以说，译经是离不开义解的。

中国佛教其实是在义解的基础上展开的，周叔迦叙述了历朝中土撰述的特点：

> 吴、晋诸作，存者盖寡，但唯注解句义，推检法数，戢大要以明证，撮总纲以诠次，未有所广述也。

> 梁、陈、魏、齐之间，慧解是尚，章钞为工，学无常师，习无通轨，各控胸臆而骋雄，逞词理以命氏。

> 降及隋代，天台以四教观心为理行之枢，嘉祥以二谛实相为悟证之果，于是乃有宗派之说。

> 下届有唐，玄奘立唯识之宗，贤首弘十玄之门，禅有南北，律有旧新，南山致天人之感，不空乃四帝之师，八宗之规模既备，而撰述日繁矣。

> 两宋之际，歧复有歧，派复分派，诤论既兴，奥旨渐失，文言虽广，义味日浇。

> 明清而后，有教而无有观，能解而不能行，所有言谈，颟顸益甚。然净土一宗，厥为一贯，精言奥义，时有发明。[1]

按周氏的看法，中土撰述最好的时期，一是南北朝，这时多是通达之论；二是隋唐，这时多是宗派之论。这个概括是十分准

---

[1] 参见周叔迦《释氏艺文提要序》，《佛教与中国传统文化》，第160页。

确的，研究中国佛教必须紧紧抓住这两个时期的中土撰述，才能把握中国佛教的精髓。中国佛教宗派都是在译经与义解的过程中建立起来的，这中间最关键的过渡环节是梁、陈、魏、齐之际，这段时期思想创造性最强。而后在隋、唐两代，诸大师提要钩玄，自立学说，于是形成诸宗派。隋唐宗派的创立，乃总结前代译经与义解之成果，标志着中国佛教已足以自立。另一方面，小、大二乘之三教、八宗在中土均已齐备[1]，故亦可视为中国佛教之基本完成。宋代之后，学者僧众皆不在经论与义解上下功夫，束经不观，自造语录，好争宗派之短长，故撰述虽多，有独到之明、灼然之见者少，在思想创造性上与上述两阶段相比，不能望其项背。宋代之后，诸宗派均呈衰落之象，惟有禅宗与净土宗继续发展，禅宗分派甚繁，净土宗则基本保持一贯。

---

　　[1]　唐窥基《说无垢称经疏》立三教八宗分判小、大二乘。三教者，一小乘有教，二大乘空教，三大乘空有教。八宗者，一我法俱有宗，二有法无我宗，三法无来去宗，四现通假实宗，五俗妄真实宗，六诸法但名宗，七胜义皆空宗，八应理圆实宗；前六宗为小乘，后二宗为大乘。

第八章

大藏经与佛藏提要目录

——大藏经刊印、提要目录及佛录的优长

一、入藏目录与大藏经的刊印

随着佛经翻译的积累，佛寺中开始设立专门的藏经设施。南北朝时期宫廷和寺院都有专门收藏佛经写本的地方，比如梁代《华林殿众经目录》即是宫廷的藏经目录，《定林寺经藏目录》则是定林寺的藏经目录。隋费长房《历代三宝记》开始设立了入藏录，收录确凿可信的大、小乘佛经，以备流通。后世的佛典目录多沿此例而设入藏录。唐显庆四年，有诏定的西明寺大藏经的《入藏录》，道宣将之移入《大唐内典录》。麟德年间，静泰奉诏编撰的《大唐东京大敬爱寺一切经论目录》，即是根据洛阳大敬爱寺之大藏经而作成的。智升《开元释教录》第十九、二十卷是入藏录，基本上是对有译有本录的删略，只有经名、卷数、纸数、译撰者姓名，同时编有千字文帙号。后来这部分入藏录又独立出来，成《开元释教录略出》四卷。后世编纂大藏经，主要依据智升《略出》，故学者称赞智升有左右大藏之力。

宋代以后，进入到大藏经雕版印刷的时代。宋、元、明、清各代刊刻大藏经凡有二十多部，兹简要介绍其中比较著名的十部：

【宋】《开宝藏》

北宋开宝四年，宋太祖敕命高品、张从信雕刻大藏经于益

州，至太宗太平兴国八年完成。此藏以《开元释教录》为入藏依据，此后曾有增补。这是中国第一部木刻版的大藏经，是官刻的，为中原系大藏经之肇始。此藏有零星残卷传世。

【辽】《契丹藏》

辽景福至清宁年间，雕刻于辽南京（今北京）。该藏在《开宝藏》的基础上增加了北方所见的部分经论，亦是官刻，是北方系大藏经的发端。房山石经中有部分辽代经碑，可能是复刻此藏的遗存。一九七四年山西应县佛宫寺内发现十二卷残卷。

【宋】《崇宁藏》

宋神宗元丰三年至徽宗崇宁三年，由福州东禅寺等觉禅院住持冲真等发起雕刻。南宋时曾重修补雕。此藏是最早的私刻本，是南方系大藏经的源头。今唯余残卷。

【金】《赵城藏》

金世宗大定十三年刻成，从版式看，当是《开宝藏》的复刻本，为私刻。一九三三年在山西省赵城县霍山广胜寺被发现，故亦名《赵城金藏》，存四千八百余卷。后入藏国家图书馆。一九三五年曾择其中罕见佛典四十九部影印，出版《宋藏遗珍》。中华书局《中华大藏经》是以《赵城藏》为主，补以其他大藏本而影印出版的。

【宋】《碛沙藏》

宋绍定四年至元至治二年，历时近百年，刻成于平江碛沙延圣禅院，为私刻。现收藏于陕西省图书馆。一九三五年，曾影印此藏在上海出版。

【明】《洪武南藏》

明太祖于洪武五年敕令在金陵蒋山寺开雕，至洪武三十一年刻完。又称《初刻南藏》。一九三四年在四川崇庆县上古寺发现此藏，略有残缺，现藏四川省图书馆。

【明】《永乐南藏》

明成祖朱棣敕命在金陵所刻，为《洪武南藏》重刻本，但做了一些改动。一般通称《南藏》，世有传本。

【明】《永乐北藏》

明成祖永乐十九年迁都北京，又敕命在北京雕刻大藏经，至英宗正统五年刻成，明万历十二年又做增补。通称《北藏》，世有传本。

【明】《径山藏》

此藏最早于万历十七年由紫柏真可等人发起，至清康熙十五年始告竣。为私刻大藏经。因经版存放在余杭的径山寺，故称《径山藏》；又因发行在嘉兴楞严寺，故又称《嘉兴藏》；又因是方册线装，也称《方册大藏》。全藏分为正藏、续藏、又续藏三部分。传世本以北京故宫所藏者为最全。

【清】《龙藏》

清雍正十一年，敕命在北京贤良寺设立藏经馆，以明《永乐北藏》为底本重新雕版，略作增减，乾隆三年刻完。又称《清藏》、《乾隆大藏经》。这部大藏传本较多，而且书版尚在，并有新出版的影印本。[1]

---

〔1〕 本书关于历代大藏经的介绍主要参见高振农《中国佛教》等书，详细研究可以参见其他相关专门著作。中国的汉文大藏经在民国之后还有《频伽藏》、《普慧藏》等，其他还有西夏文、藏文、蒙文、满文的大藏经。其中藏文大藏经最为重要，其始编于十四世纪，其后有多种版本。藏文大藏经也是以翻译印度佛教文献为主，全藏分甘珠尔（律、经和密咒）、丹珠尔（赞颂、经释和咒释）和松绷（藏、蒙佛教徒的有关著述）三大类，其中保存的佛教文献很多在印度已经失传，与中土大藏经也有很大的不同，是全面研究佛教的必要文献集成。因此书以介绍中土佛教之汉文大藏经为主，姑且从略。此外，在中国佛教传播系下，朝鲜、日本亦有多版大藏经刊刻。

二、佛藏提要目录

大藏经经刊刻之后，流通渐广，但是卷帙浩繁，翻阅不便。宋代之后，精通大藏者颇少，因此出于阅读大藏的需要，开始出现了大藏经的提要目录。大藏经的提要目录一般有两种功用：一是扼要说明该书的来源、译撰者、译本情况和主要内容；二是揭示与该书相关的宗派及其源流。

现存最早的大藏经提要目录是北宋惟白禅师所作的《大藏经纲目指要录》八卷。该书依据《开元释教录》的次序阅藏并做解题，所录之书有一千零四十九种，其解题皆能"挈要提纲，明会法旨"。姚名达非常推崇此书，赞其为"至高无上之解题杰作"，在所有的佛典解题目录中名列首位[1]。从佛教史来看，此时的佛教义学已渐衰，惟白以禅宗大师而深研大藏，的确是难能可贵的。北宋学术尚称严谨，故惟白此作，信实有据，参考前人之说也颇多。然惟白的著作目的似不在以大藏为佛教渊薮，只是便于诸方的利用而已。惟白自述此书可以供五种人利用：一是"宗师提倡者"，据之以博闻；二是"法师讲演者"，藉此而证说；三是"乐于注撰者"，可资引征；四是"有缘看藏者"，以此为津梁；五是"无因披教者"，读此可以略知藏义。《惟白录》之重点当在一、二方面，意在使禅宗不至流于空疏而已。

北宋还有一部大藏经提要目录，即王古所作的《大藏圣教法宝标目》十卷。王古的提要相较惟白略显简单，《佛祖统纪》说"其法于每经之下，录出因缘事迹，所说法门，使览题便能知旨"。这部书当时流行较广，陈振孙《直斋书录解题》曾著录此

---

〔1〕　参见姚名达《中国目录学史》，第 249 页。

书，明、清两朝的大藏经均将此书入藏。

明代的大藏经提要目录，有寂晓《大明释教汇目义门》四十一卷，智旭《阅藏知津》四十四卷。寂晓的《大明释教汇目义门》在目录分类上颇有独到之处，他不再遵循《开元释教录》的体制，而是按照天台宗的"五时判教"说，将所有的佛教经典重新分为八大类：华严部、阿含部、方等部、般若部、法华部、涅槃部、陀罗尼部、圣贤著述部，每部之下除了经论的单重译，还列出注疏传记。《寂晓录》的一个突出特点就是使中土撰述在大藏中获得应有的地位，在各部之中著录了此方著作，在圣贤著述部中还为中国佛教宗派，如天台宗、禅宗单立了类目。在提要方面，重点在以经为纲，统领诸论、疏，包括西土、中土，使源流彰显，故而曰"义门"。提要之文有寂晓撰写的，也有征引传世文献的。

明代智旭的《阅藏知津》是一部非常重要的大藏经提要目录〔1〕。《阅藏知津》与《大明释教汇目义门》有一定的继承关系，主要体现在大藏经的分类上。智旭也不再遵《开元释教录》，同样吸收了天台宗的"五时判教"的思想，但他的分类法晚出转精，较之《寂晓录》更为完整周密。

智旭的分类法有几个特点：一是将大乘经分为华严、方等、般若、法华、涅槃五大部。智旭在《凡例》中批评寂晓在援用天台"五时判教"的做法时有大、小乘混乱之处。天台五时，本来是华严、阿含、方等、般若、法华涅槃，也是《寂晓录》基本照搬的，而智旭认为，应当把小乘的阿含部移出来，使大、小乘分

---

〔1〕 智旭并有《法海观澜》五卷，其中对于三藏及中国各宗派有扼要之说明，并备举各宗之要书，最适合与《阅藏知津》之诸小序与解题相参证。

明；大多属于密教的陀罗尼，则应汇入方等部。二是将大乘论分为释经论、宗经论和诸经论，每类下均分西土、此土。三是设立了杂藏这一与大、小乘并列的大部，收录理兼大、小乘，既不能放在大乘论，又不能放在小乘论的两土撰述，分成十五类，内容非常丰富。对于中土撰述，智旭做了分别处理，释经论中收中土著作比较多，宗经论中只收录了僧肇和智颛的著作，以"肇公及南岳天台二师，醇乎其醇，真不愧马鸣、龙树、无著、天亲，故特收入大乘宗论。其余诸师，或未免大醇小疵，仅可入杂藏中"。中土撰述想要与佛经比肩固然是不可企及的，能够侧于印度诸论之后，已经是一个了不起的成就了。

　　智旭这样的调整，不仅出于目录上的考虑，也反映出他对于中国佛教源流与格局的整体理解。以我们前面在《开元释教录》部分重点讨论过大乘经五大部为例，智旭对于调整过的五大部都做了一个小序，这一做法颇类于中国传统目录。从这些小序中可以看出智旭对于整个大乘佛教的理解。按智旭的小序，佛之说法具有完整的结构，即以《华严》为始，以《涅槃》为终。而所有的大乘经都可以称为方等，但是因为有些经典别具特质，故而也可以独立出来。具体来说，"独被大机"者，名华严部；"融通空有"者，名般若部；"开权显实"者，名法华部；"垂灭谈常"者，名涅槃部；剩下的大乘诸经，则皆归于方等部。历代的经录都把般若部放在最前面，因为它是"诸佛之母"，以性空为本，全部大乘佛教均以之为基础。智旭对此则有自己的看法，从广义来说，固然一切佛法无非般若所流出，为般若所统摄，但从狭义来说，般若类的经也有自己的独到义理，不仅仅说性空，还要融通空有，故而可以独立出来，与华严、法华、涅槃并立。

　　智旭《阅藏知津》的方等部未免太庞大混杂了，里面还有一些自成一格的佛经没有被区分出来。晚清的杨文会作《佛学书目表》，对智旭的分类做了调整，他从方等部中分出了净土、法相二部，突破了五大部的窠臼。

智旭对于《大藏经》所做的提要，主要有几部分，常规性的是在经名之下，记其卷数、纸数以及在明南、北藏中的千字文帙号，再记著者、译者，异译情况，说明小品与大部的关系，等等。在重要的大部或者篇幅较大的经下，则详记其品目与说法因缘，有时多达数千言，多为钞撮提要，自己的看法很少。除了经、律、论和下属各类有小序外，每经之下，偶有智旭的评论，颇见卓识。

其中如华严部，在介绍实叉难陀《八十华严》并详述各品内容之后，则著录般若《四十华严》的《普贤行愿品》，提要说"此一译，文理俱优，不让实叉难陀。而知识开示中，更为详明。切于日用，切救末世流弊，最宜一总流通"。又评论佛陀跋陀罗的《六十华严》，谓其"文义未全，故虽先译，不复流通"。这是比较异译的优劣，并指明精华所在。如方等部，在《楞伽阿跋多罗宝经》下云："达摩大师指此可以印心，故独流通于世。"这是揭明《楞伽》与禅宗的关系。于鸠摩罗什所译《维摩诘所说经》下云："按智者大师，曾有《玄义》及《疏》，今皆流入高丽，此间仅存《四教义》六卷，乃《玄义》中一分耳。"于义净译《金光明最胜王经》下云："此经于三译中最在后，而文义周足，亦犹《华严》之有唐译也。最宜流通。"而于昙无谶译《金光明经》下云："按此经同前，而来未尽。但因智者依此译说《玄义》及《文句》，故举世流通。"都是说明一译之所以流通，与中土注疏有很大关系，经与疏往往并传。在般若部，智旭说玄奘译《般若波罗蜜多心经》"举世流通，文约义富"，可谓推崇备至。在法华部，于鸠摩罗什译《妙法莲花经》下云："此一部经，乃如来究竟极谈，具明施设一代时教所以然之线索，如家业之有总帐簿，如天子之有九鼎也，非精研智者大师《玄义》、《文句》，不尽此经之奥，仍须以荆溪尊者《释签》、《妙乐》辅之。"在涅槃部，智旭指出虽然北本《涅槃经》流行于世，但是南本也有优长，"文更精练，章安尊者依此作《疏》"，可惜世罕流通。还有一个有特色的地方，就是智旭在为小乘的诸阿含做提要时，常常指出其与大乘的相通处，如在《佛说生经》下云："杂有大乘法。"《治禅病祕要经》下云："此经虽云出阿含部，而多大乘法要。"[1]智旭又在大乘释经论中的世亲《遗教经论》下云："此经本是小机所见，属阿含部，而天亲以七分解释，建立菩萨所修行法，则是开小成大。"另如安世高所译之《八大人觉经》，隋费长房认为是小乘经，唐道宣认为是大乘经，智旭则将之著录在大乘杂藏中，取兼通大、小乘之义[2]。可见中国佛教对于大、小乘的分别并不是很严，且多主张小、大乘相贯通。智旭在大乘宗经论中的玄奘译《成唯识论》下云："护法等十菩萨各造论十卷，释世亲《三十颂》，奘师糅为十卷，乃瑜伽一宗之精要也。"又在玄奘译《广百论释论》下云："护法菩萨释前《广百论》本，与《成唯识论》破我法二执处，相为表里，最宜详玩。"以圣天之中

---

〔1〕 中国佛教经录通常将四阿含经看作是小乘经，而据现代佛教文献学研究，四阿含经的构成非常复杂，其中有些经典的确是属于大乘的，吕澂在《杂阿含经刊定记》中发现，玄奘所译《瑜伽师地论》的第85至98卷，全部出自《杂阿含经本母》。其他研究也发现了阿含经中大小乘的混杂情况，可参见《新疆发现的梵文佛典》一文，［苏］榜迦德·列文、沃罗巴耶娃·吉斯雅托夫斯卡雅著，王新青、杨富学译，《吐鲁番学研究》2008年第2期。

〔2〕 智旭尝作《八大人觉经略解》，在明末弘传此经，提倡通过全面的自我修行获得觉悟。

观论与护法之唯识论为表里，又反映了明代佛教试图将法性、法相二宗融通为一体的倾向。

智旭的《阅藏知津》是据明南、北藏所作，这时的大藏经和唐代的佛藏相比，一是自唐代不空至宋代所译的密教经典大量补入了，二是中土撰述亦大量入藏，从晋唐直到宋元，注疏、释论乃至语录、僧传、目录各类皆有。智旭对于中土撰述尤其重视，在最后的"应收入藏此土撰述"中，更补充了明代的一些著述，如云栖袾宏、紫柏真可、憨山德清等等[1]。不过这一时期的著述水平，较之晋唐已是不可同日而语了。

三、佛录与佛学之源流

关于中国佛教之源流与格局的研究可以从很多方面进行，从佛典目录切入亦是必要的方面之一。如智升所说："欲使正教纶理金言有绪，提纲举要历然可观也。"当然，仅靠佛典目录是不够的，它只是一个必要的侧面而已。僧传、教史、宗史、灯录以及相关的教内外文献，都要综合起来利用，才能梳理出中国佛教的发展源流，建构起中国佛教的整体格局。

所谓中国佛教，是指佛教传入到中国之后逐渐形成的完整形态，包括汉文的大藏经、相关的传教体系、僧团寺院、教理宗派、仪轨制度，以及其他衍生的宗教文化的方方面面。它既非忠实地维持着印度佛教的原貌，也没有变化到足以切断其与印度佛教之间关系的程度。一些佛教学者认为，在中国流行的佛教各宗派中，那些仍然保持着与印度佛教教义上的一致性的，还属于印度佛教的范畴；只有那些与印度佛教产生了本质差异的，如天台

---

〔1〕 云栖袾宏、紫柏真可、憨山德清与蕅益智旭并称明末佛教四大师。

宗、华严宗和禅宗，才能被称为中国佛教[1]。这样的看法则未免狭隘了。

　　无可否认的是，佛教从印度传到中国，其本土化的演变是个必然过程。除了文化与社会、政治等方面的因素之外，有两个值得重视的特殊性因素，一是佛经的梵汉翻译，二是佛经的传入形态。佛经翻译中的阙略、改易、舛谬，以及对译、格义中的意义偏离，诸如此类的翻译本身之困难，都是造成印度佛教向中国佛教变化的因素，这是比较好理解的。而另一方面，佛经在印度是按照历史发展的实际次序产生的，在不同时期产生的各派佛教之间可能存在着激烈的矛盾，也正因为如此，才导致不断有新的经论出现。但是，在传入中国的时候，这些本来隶属于不同教派、产生年代先后有别的经论，却是在相对集中的时期内混杂在一起传入的，这就给中国佛教造成了一个新的课题，必须重新梳理这些佛教经典的关系，使之成为一个统一的不能相互抵触的有机整体。这个有机整体一方面是结构性的，也就是不同时期产生的经典以及分别信守不同经典的宗派，不是被看作是在一个历时的线性历史中以新汰旧的过程，而是被看作在一个共时的平面上相互独立、相互补充的关系，就像有一个预设的结构，各种经典和宗派逐渐地补足了这一结构的各个缺环，最终达到整体的完备。在中国佛教看来，经典和宗派是按照佛教的内在逻辑层层递进的，由小乘到大乘，再以般若空宗为基础，进而到中观学说、瑜伽行派，到中国的天台、华严、禅宗，越来越深入，最终构成一种深

---

　　[1] 吕澂《中国佛教源流略讲》中说："所谓中国佛教，既不同于中国的传统思想，也不同于印度的思想，而是吸收了印度学说所构成的一种新说。"《吕澂佛学论著选集》第五册，第 2435 ~ 2436 页。

度的圆满。中国佛教对于佛法的理解，不是历史性的，而是一种统摄性的，是按照某种合理的教义框架，重新安排各种经论以及注疏、讲论著作的位置。中国佛教像是重新拼合了印度佛教的七巧板，重构了佛教的教义与经典体系。

一般来说，佛典目录的进展比佛教教义学总要滞后一步，但总体上还是能反映这样一种重构过程的。比如说，从道安《综理众经目录》到智升的《开元释教录》，佛经的翻译从少到多，从阙到全，经录的组织标准也从外部的译经状况转到内部的教义分判，这样的一个发展过程是合乎情理的。陈寅恪曾经说，中国佛教最鼎盛的时期应该是鸠摩罗什的时代，所有中国宗派皆导源于罗什，而反映这一时代佛教的通论性著作，是隋慧远的《大乘义章》[1]。同样也可以说，综合反映这一时代的佛教的目录学著作，是智升的《开元释教录》。智升所说的"般若经建初者，谓诸佛之母也"，不光是指在印度大乘佛教中般若类经典是最早出现的，更关键的是指般若学传入中国之后，为所有中国佛教宗派共同尊奉，是共同的基础。中国佛教首先通过鸠摩罗什奠定了一个般若学的根基，然后在这个根基上长出枝杈，发展成各个宗派，然后这些宗派又交织在一起，成了一棵完整繁茂的大树。宝积部、大集部、华严部的佛经，都是助长这些枝杈的，最后的收煞则是涅槃部。梁武帝《大般涅槃经义疏序》说："举要论经，不出两途，佛性开其本有之源，涅槃明其归极之宗。"在五大部中，涅槃部也确实是在中国佛教中最后完成传译的。

在中国佛教全面进入宗派阶段之后，各宗派的著作增多，它们是中土撰述，没有这些著作也就无法构成中国之宗派。与此相

---

[1] 参见陈寅恪《大乘义章书后》，《金明馆丛稿二编》，第 161 页。

应，佛典目录体系也随之调整。因为《开元释教录》的巨大影响，这种目录上的调整到明代寂晓和智旭的提要目录才基本完成，一方面他们按照天台宗的"判教"说重新调整了大乘经的分类，以华严部取代般若部大乘之首的地位，另一方面把中土撰述大量吸收进来。这时的目录所反映的主要是唐代以后的佛教格局，是中国佛教占主导地位之后的枝干交错、花叶繁茂的面貌。

就像传统学术中有汉学、宋学的分别一样，晋唐佛学与宋明佛学之间也有巨大的差别。晋唐佛学的基干仍是佛经翻译，在译经的同时又注经、讲经，翻译、注疏和阐义三者是一体的，或者说这个时期的佛学是在翻译与阐释中的创造。

南北朝之早期佛家，多深通一门经典，故而有专门讲习《成实论》的成实师，讲习《阿毗昙心论》的毗昙师，讲习《十地经论》的地论师，讲习《楞伽经》的楞伽师，讲习《摄大乘论》的摄论师，以及南北皆有的以专弘《涅槃经》为主的涅槃师。

到了隋唐宗派时期，也是围绕着主要经典开宗立说，依经而释论，故而能够既博且约。如中国最先成立的宗派天台宗，是以《法华经》为核心经典，再辅以智颉大师所作的《法华玄义》、《法华文句》、《摩诃止观》等，都是这一宗的释经之作。发源自鸠摩罗什和僧肇的三论宗，是以《大般若经》为核心经典，而辅以龙树的《中论》、《百论》、《十二门论》。开宗者吉藏所著的三论疏，以及《大乘玄义》、《三论玄义》等著作，则是此宗的开展。华严宗则以《华严经》为中心，开宗者法藏一生都在研究注释《华严经》，先后两次作注疏，最流行的著作有《五教章》、《金师子章》等。法藏的前辈杜顺、智俨也都有解说《华严经》的著作，如《华严一乘十玄门》。而在法藏之后，还有澄观、宗密传承，此宗的佛学渐渐博杂，广涉其他经典。玄奘创立的唯识宗，义学最深，尊奉六经、十一论，六经中以《解深密经》为根本，十一论中以《瑜伽师地论》为根本。尤其以玄奘糅译的《成唯识论》为立宗之作。玄奘弟子窥基所作的《大乘法苑义林章》，是对隋唐佛学的通论之作，精博无比。其他各宗派也都有自己的核心经典，如成实宗专弘《成实论》，俱舍宗专弘《俱舍论》，净土宗以《无量寿经》、《阿弥陀经》为根本，真言宗以《大日经》为根本，禅宗早期奉《楞伽经》，后来则改以《金刚经》为尊。

自唐代中期以后，有些佛教宗派渐衰而不流行了，还在流行的宗派相互之间有所融合，故而渐有不拘格套而能综贯群经者，如唐裴休评价圭峰宗密：

> 圭峰禅师得法于菏泽嫡孙南印上足道圆和尚，……既配南宗密印，受圆觉玄记，于是阅大藏经律，通《唯识》、《起信》等论，然后顿辔于《华严》法界，宴坐于《圆觉》妙场，究一雨之所沾，穷五教之殊致。[1]

在裴氏眼中，宗密俨然是融通各派佛学的大师。唐长庆年间，白居易等人在杭州、苏州雕刻石经，史称"石壁经"，白居易所作碑文云：

> 以正义度无边，以圆教垂无穷，莫尊于《妙法莲花经》，凡六万九千五百言；证无生忍，造不二门，住不可思议解脱，莫极于《维摩诘经》，凡二万七千九十二言；摄四生九类，入无余涅槃，实无得度者，莫先于《金刚般若波罗蜜经》，凡五千二百八十七言；坏罪集福，净一切恶者，莫急于《佛顶尊胜陀罗尼经》，凡三千二十言；应念顺愿，生极

---

[1] 参见裴休《大方广圆觉修多罗了义经略疏序》，《全唐文》，7686 下。

乐土，莫疾于《阿弥陀经》，凡一千八百言；用正见，观真相，莫出于《观音普贤菩萨行法经》，凡六千九百九十言；诠自性，认本觉，莫便于《实相法密经》，凡三千一百五十言；空法尘，依佛智，莫过于《般若波罗蜜多心经》，凡二百五十八言。是八种经，共十二部，合十一万六千八百五十七言。三乘之要旨，万佛之秘藏，尽矣！〔1〕

白氏等人所刻的"八经"，当是唐代最流行的佛经，可能当时认为这八部经足以概括"三乘之要旨，万佛之秘藏"，所以通此"八经"，即可以周知佛法，不必遍阅大藏。的确，当时肯下功夫遍阅大藏的学佛者越来越少了，受到普遍重视的主要是一些小品，或者篇幅不长的经论。这些经论是从大藏中精挑细选出来的，是每一个学佛者建立通识之必读经典，首先要凭借这些经论扎下根基，而后就靠自己的修证了。

不过，这之后的佛家，大多既不参与译经，也无力为经作注疏，于是义学逐渐荒疏。五代延寿作《宗镜录》的目的之一即是欲救当时宗门义学荒疏之弊。《宗镜录》一书虽成于佛教渐衰之际，但上承慧远《大乘义章》、窥基《大乘法苑义林章》的传统，通论全部佛教，斟酌大藏，撰集达百卷，也是非常难得的鸿篇巨制。《宗镜录》之后则进入到禅宗语录兴盛的时代。自六祖慧能说法而被冠以经名——《坛经》，则祖师之言侪乎佛、菩萨之后〔2〕。陈垣尝以为，语录隶属于记言体的著作〔3〕。而语录所记之言，

〔1〕　参见白居易《苏州重元寺法华院石壁经碑文》，《全唐文》，6926 上。

〔2〕　六祖《坛经》虽名曰经，实不足以比拟印度经论，若智旭《阅藏知津》视《坛经》低于僧肇、智颢之作，而列在杂藏。自禅宗而论，其核心经典亦当首推《金刚经》，而不是《坛经》。

〔3〕　参见陈垣《中国佛教史籍概论》卷四论"《景德传灯录》之体制及内容"，第 92 页。

主要是中国历代祖师之言，故而语录兴则标志着佛教中国化的历程到了尾声。

从唐代到明清时期，最流行的佛经主要有《法华经》、《华严经》、《金刚经》、《心经》、《维摩诘经》、《阿弥陀经》、《楞伽经》、《楞严经》、《圆觉经》、《大乘起信论》等等[1]。但是一个复杂的问题也随之出现了，在这些最基本的佛教经论中，有些竟然被指是疑伪经。所谓疑伪经，即是怀疑其为伪经。伪经是指并非译自印度或西域的梵本，而是在中国被仿造出来的佛经，或者是来路不明的佛经。疑伪经只是相对于印度佛教来说，相对于中国佛教是无所谓真伪的。智升撰《开元释教录》时所见的疑伪经居然有四百部一千余卷。疑伪经也分多种情况，一种情况是当时根据某些真佛经钞撮改纂而成的，故真伪混杂，另一种情况则基本是中土杜撰的。很多的疑伪经当时就被识别出来而不得入藏。问题是在中国佛教中备受推崇的《楞严经》、《圆觉经》、《大乘起信论》，也都被指是疑伪经。20世纪初中国佛教界曾有过一场关于《大乘起信论》真伪的大争论，这一争论涉及对于印度佛教与中国佛教之关系的根本理解。以欧阳竟无为首的支那内学院一派，坚称《大乘起信论》是伪经，且因为这部伪经的出现，改变了印度佛教原有的方向，使中国佛教走上了自己的道路，从而也在中印佛教之间划出了一道鸿沟。而以太虚法师为首的武昌佛学院一派，则坚持《大乘起信论》为真经，认为中印佛教在教义上

---

[1] 清人吴坤修编辑《释氏十三经》，选录了《圆觉经》、《首楞严经》、《楞伽经》、《维摩诘经》、《阿弥陀经》、《观无量寿经》、《金刚经》、《心经》、《妙法莲华经》、《四十二章经》、《佛遗教经》、《八大人觉经》等大、小乘十三部佛经。二十世纪三十年代上海佛学书局印行时易《阿弥陀经》为《梵纲经》。另，杨文会编有《释氏四书》：《大乘起信论》、《菩萨戒本经》、《六祖坛经》、《阿弥陀经》。由此亦可见佛典之精选。

基本是统一的，并没有不可调和的矛盾。另如·《楞严经》、《圆觉经》也是流传很广、影响极大，在历史上发挥过促进中国佛教走向自立的重要作用。

四、佛录的优长

　　总体来说，佛典目录在目前的佛教研究中受到的重视是很不充分的。因为历史上佛教的宗派性，以及佛教经典的浩繁与深奥，很多佛教研究者只就一种宗派或者一组相关的经典进行研究，往往缺乏对于中国佛教的整体性把握，不能将一种宗派及其经典恰当地与整个佛教文献系统相关联，从而由全局到部分，厘清某一宗派的源流正变，亦不能使佛教的各宗派在教义和文献的双重基础上相互贯通，重构起统一的佛教图景。另一方面，中国佛教的研究者，往往只关注此方撰述，似乎仅据此方撰述即可构成完整的思想体系，不能将之与作为其根源与基础的西土经论译本有机地联系在一起，因此在解释上不仅无源而单薄，而且很容易流为片面与轻断，处理不好继承与发展的关系。清人金榜尝就中国固有学术说："不读《汉书·艺文志》，不可以读天下书。"对于佛教研究来说，也可以套用这句话："不读《开元释教录》，不可以读天下佛典。"佛典目录的重要性，如何强调都不为过分。

　　梁启超有《佛教目录在中国目录学之位置》一文[1]，列举佛典目录优于中国传统目录的若干方面，颇值得参考：

　　　　一曰历史观念甚发达。凡一书之传译渊源、译人小传、译时、译地，靡不详叙。

　　　　二曰辨别真伪极严。凡可疑之书，皆详审考证，别存

────────────

〔1〕　见梁启超《饮冰室专集》之六十七。

其目。

三曰比较甚审。凡一书而同时或先后异译者，辄详为序列，勘其异同得失。在一丛书中抽译一二种，或在一书中抽译一二篇而别题书名者，皆一求其出处，分别注明，使学者毋惑。

四曰搜采遗逸甚勤。虽已佚之书，亦必存其目，以俟采访，令学者得按照某时代之录而知其书佚于何时。

五曰分类极复杂而周备。或以著译时代分；或以书之性质分。性质之中，或以书之函义内容分，如既分经律论，又分大小乘；或以书之形式分，如一译多译，一卷多卷等。同一录中，各种分类并用；一书而依其类别之不同，交错互见，动至十数，予学者以种种检查之便。

吾侪试一读僧祐、法经、费长房、道宣诸作，不能不叹刘《略》、班《志》、荀《簿》、阮《录》之太简单、太朴素，且痛惜于后此踵作者之无进步也。郑渔仲、章实斋治校雠之学，精思独辟，恨其于佛录未一涉览焉；否则其所发挥必更有进，可断言也。

大体言之，佛典目录有两个主要功能，一是藉记述、比较、辨伪等方式反映佛教历史，一是藉分类和提要等反映佛教的教义体系。来自中国传统学术的评论，也就是教外的评论，大多着眼于第一个方面，故而多将经录与僧传、纂辑、类书并列，视为史书之附庸，仅仅称许其有资考证的价值。上引梁启超之说也主要是在这个方面着眼的。从《四库全书总目提要》到陈垣所著《中国佛教史籍概论》，很多学者都是这么看的，其实这样的看法固然在表彰佛典目录，却仍不免偏狭，没有把握佛典目录的精髓。佛典目录的更高一级的价值是揭示中国佛教的经典、教义与教史，并把研读大藏者领入佛学之门。中国文化儒、道、释三大传统鼎足而三，每个传统都有自己的学术与文献系统，也都有自己的目录体系，比较三种目录体系的优劣，关键在于它们是否能全面、准确地反映本传统的源流与格局。

第九章

道藏之广纳百川
——道藏目录体系与道学源流

一、道教、道藏与目录

作为儒、道、释三足鼎立之一的道教，也有自己的庞大文献系统，即道藏。道藏的形成过程与道教的发展步调是一致的。结合道教史、道教经典和道经目录三方面的因素综合考虑，大致可以分为四个时期[1]。

首先是东汉至三国的早期道教时期。道教是在东汉后期产生的，但是它的历史来源既远且杂，依次为商周以降的鬼神信仰，战国时代流行的黄老之学，阴阳五行、星占、方技、神仙，以及汉代的灵图谶语之学。东汉最初产生的道教组织是太平道教团与五斗米道教团。太平道是在汉灵帝时由巨鹿人张角创立的；与此同时，在汉中和蜀地出现了由张陵所创立的五斗米道。

太平道所尊奉的经典为《太平经》，又名《太平清领书》。《后汉书·襄楷传》记载，琅琊人宫崇曾经把他的老师于吉所得的一部神书《太平清领书》献给汉顺帝，后来襄楷又将此书献于

---

〔1〕 参考牟钟鉴、张践《中国宗教通史》之道教史分期，社会科学文献出版社，2000 年。本书稍有修正者为将北宋与南宋分属为第三、四时期。

汉桓帝，遂为世人所知。这部道经分天道、地道、人道，既可以治国，又可以长生，多阴阳灾异之说。后来传授到了张角，为太平道所尊奉。

与五斗米道关系密切的经典是《老子想尔注》。五斗米道是以老子《道德经》为主要经典的，而张鲁作《老子想尔注》，从道教角度解说《道德经》，遂与《道德经》并受尊奉〔1〕。这部道书早在唐代就佚失了，故而没有被收入后世道藏。敦煌遗书中发现了六朝写本残卷，只保留了关于《道经》部分的注。

此外，著名的早期道经还有《周易参同契》和《黄庭经》。《周易参同契》为汉末魏伯阳所作。魏氏巧妙融合了汉代易学和方士炼丹之术，假借爻象以论作丹之意，并提炼出精、炁、神三个生命基元。这部书当是秦汉方士之学的集大成之作，被吸纳到道教之后，遂被尊为道教丹经之祖。《黄庭经》是关于养生的道经，出现稍晚。据传《黄庭内景经》是玉宸君所说的，《黄庭外景经》为老子所说的。《外景经》在西晋时已经开始流传，东晋葛洪、寇谦之都曾提及，王羲之还曾经书写过它；《内景经》则稍晚，始见于东晋之后〔2〕。

道教发展的第二个时期是魏晋南北朝。在这个时期，道教最主要的派别都形成了。早期的太平道和五斗米道在经历了一番风雨之后，衍生出了一些小教派，如出自五斗米道的李家道，出自太平道的帛家道、于君道等等。影响比较大的则有四个教派，南

---

〔1〕 陆德明《经典释文序录》著录此书，曰："不详何人，一云张鲁，或云刘表。"《弘明集》又作："张陵注《老子》。"盖出于五斗米道之三张也。

〔2〕 王明《黄庭经考》则认为先有《内景经》，出于西晋太康年间，后有《外景经》，出于东晋咸和年间。载《道家与道教思想研究》，中国社会科学出版社，1984年。

方有上清派和灵宝派，北方有沿天师道传统下来的正一系和经寇谦之改良而成的"新天师道"。

上清派是以信奉和传授《上清大洞真经》而得名的教派。据陶弘景《真诰》说，晋哀帝兴宁二年，南岳魏夫人下降，授杨羲《上清经》，杨羲以隶书写出，授许谧、许翙。这一经典或许就是东晋时杨羲、许谧、许翙等人所造。数传之后到陆修静，再传至陶弘景，陶弘景尚得见杨羲亲手写的《上清经》书卷。南朝宋时有《上清源统经目》，说明当时的上清类经典已经累积得很多了[1]。此外，《黄庭经》也是这一派尊奉的经典之一。

灵宝派也是以道经而得名。葛洪的从孙葛巢甫编造说，《灵宝经》最初是有徐来勤（或作勒）等三真人下降，授予葛洪，而后葛氏家传此经。但这个故事，葛洪自己从没有说过。葛洪《抱朴子》所提及的《灵宝经》，是东汉末出世的《灵宝五符真文》，或称《五符经》；葛巢甫所说的《灵宝经》是《灵宝无量度人上品妙经》，是在《灵宝五符真文》等道经的基础上繁衍增饰之后而成书的。灵宝派的道经后来又经过陆修静的整理。陆氏尝作《灵宝经目》，作成于宋元嘉十四年[2]。

与葛氏有关的另一个道经传说，是葛洪的岳丈鲍靓于嵩山石室中得到了《大有三皇文》，鲍靓传葛洪，后来传到陆修静，再传到陶弘景，陶弘景编订为十四卷行世。这样一来，迄东晋末，道教三洞经书的核心经典都已经陆续出世了，即洞真的《上清经》、洞玄的《灵宝经》和洞神的《三皇文》。而陆修静一人通

---

〔1〕《云笈七签》载《上清源统经目注序》，撰者未详，有学者推测亦为陆修静所作，聊备一说。

〔2〕《云笈七签》载有陆氏《灵宝经目序》。

传三类经典，这就为他创制三洞目录体系打下了必要的基础。

汉末张陵所创的五斗米道，又称"正一盟威之道"，流传到东晋南北朝时期，以传授祛邪治病的符箓法术为主，又称正一法。至于寇谦之的"新天师道"，严格地说不是新创的教派，而是整顿北方流行的五斗米道而成的。这一整顿运动，非常成功地提升了道教的地位，使道教在北魏道武、太武两帝时成了官方宗教。

道教经典的发展在魏晋南北朝时期发生了重要的转折。一方面，早期的道教是土生土长的，道教经典也基本上是沿着本土的学术以及阴阳五行、术数、方技的源流而产生的，还没有掺入佛教的东西。而在魏晋之后，道教开始参照着佛教的样子发展，二教之间既有争竞，又有吸取。另一方面，道教经典的传授体制也从师弟之间或者教团内部的秘密传授，转变到南北朝时期的公开传授，很多道经突然从隐藏状态被公布出来，颇有些神秘色彩，也自然会引人惊疑。

东晋以后，道教经典开始大量出现，有教外与教内两个来源。教外的来源，主要是援用了《汉书·艺文志》著录过的道家类著作，这些著作并不专属道教，且在道教产生之前就存在了。教内的来源，即是道教自造的经典，又分两方面，一方面是原有的秘密流传的经典公开了，另一方面是针对佛经或者模仿佛经而新创作的。

按照《广弘明集》载明槩《决对傅奕废佛法僧事》中的说法，汉明帝时，道书有三十七部七百四十四卷，其中由天尊所说，也就是道教内创作的，有五百零九卷，其余二百三十五卷都是道教外既有的黄老诸子书。依明槩之说，道教似乎在创立之初就把黄老诸子书收到道经中了。不过，葛洪《抱朴子·遐览篇》

著录道书六百七十卷，符五百数十卷，总一千二百卷，其中并不含黄老诸子书。甄鸾《笑道论》中说，宋明帝时陆修静所著录的道书、药方、符图，总计一千二百二十八卷，目录中也没有出现诸子之名。由此推断，黄老诸子书很可能是在陆修静之后才被收录入道经的。

到了北周武帝天和五年玄都观所编撰的《玄都经目》，道经增加到了二千零四十卷，这些新增加的道经，有些是取自诸子书，更多是仿照佛经而新造的，与佛教有关的痕迹十分明显。北周建德三年设立通道观，道士王延编有《珠囊经目》，所著录道经的数量突然增加到了八千零三十卷，这个数字令人难以置信。道经著录一个很特别的做法是有实有虚，实者为已经行世的，虚者为号称犹在天宫未降人间者。如《法琳别传》说，玄都观《一切经目录》，也就是《玄都经目》，号称有六千三百六十三卷，其中见有其本的是二千零四十卷，有其名而未见其本的有四千三百二十三卷。见有其本者为实，未见其本者为虚。按此例推测，《珠囊经目》的八千余卷，也当是总合实虚之数。其后唐代尹文操所撰的《玉纬经目》，著录了七千三百卷，也当是有实有虚。唐代最重要的道经目录《三洞琼纲》著录的道经数，有三千七百四十四卷、五千七百卷、七千三百卷等三种说法。这三种说法中，三千余卷当是实有其书，五千余、七千余卷之说，估计是虚实合计，或者是未删重复。宋代的道藏不再记虚名，故而道经数量比较信实。太宗时，得天下道书七千余卷，由徐铉、王禹偁删去重复，得三千七百三十七卷；真宗时，王钦若《宝文统录》收录四千三百五十九卷；后来张君房《大宋天宫宝藏》收录四千五百六十五卷；再后来徽宗时的《万寿道藏》收录了五千三百七十八卷。由此推测，自南北朝以降的实际的道经数，陆修静所见的一千二百二十八卷之后，当是《玄都经目》的二千零四十卷，再后是《三洞琼纲》的三千七百四十四卷，之后是历朝之宋藏，从三千余卷到四千余卷、五千余卷，呈逐次递增之势。

道教发展的第三个时期是自隋唐至北宋。隋唐时期的道教有个显著的特点，即道教前所未有地得到王朝的上层统治者的崇奉和大力扶持。在政治和宗教双重因素的推动下，道教逐渐走向全盛。道教教派出现了南北融合。南方的茅山宗和北方的楼观道结合，道教的上清派和天师道汇合在一起。唐贞观时所建的茅山太平观成为当时最重要的道教中心，有"茅山为天下道学所宗"的声誉，茅山上清派逐渐成为唐代道教的主流。另一个值得注意的方面是，唐代各朝皇帝崇道，基本上是围绕着老子这一核心的。唐高宗追号老子为"太上玄元皇帝"。玄宗时敕令各地修玄元皇帝庙，把他亲自注释的《道德经》颁行天下。玄宗还设立崇玄馆以及道举制度，道教被延入国家教育和考试当中。由此道教的全面建设逐步展开，在道教神仙谱系、道教经典、道教礼仪、道教宫观等等各个方面都有新的进展。

国家大规模地编纂道藏，大抵从唐代开始，北周、隋二代开其端，而唐成其业。开元期间所编纂的《三洞琼纲》是道教史上第一部道经总集，史称《开元道藏》。唐代的安史之乱和黄巢之乱，都使道藏蒙受了重大损失。宋代安定下来之后，又多次修纂道藏。可考的有宋太宗时徐铉、王禹偁所修的道藏，真宗时王钦若编纂的《宝文统录》，张君房编纂的《天宫宝藏》，徽宗时编纂的《万寿道藏》。《万寿道藏》是第一部雕版的道藏，以后的道藏刊印大多以此为文献基础。

道教发展的第四个时期是南宋至元、明、清。南宋以降，出现了诸多新的道教派别，形成唐代之后道教发展的又一高峰。因为南北割据，道教分为丹鼎清修的北派和符箓斋醮的南派。道教新的教派主要是在北方兴起的，先有萧抱珍于金天眷年间创立的太一教，刘德仁创立的真大道教，随后则有王重阳所创立的全真道。其中尤以全真道为北方的代表教派。在同一时期，南方的符箓各派逐渐融入天师道，汇合成了正一道，与全真道南北并峙。在正一道的范围内，又有元初创派的净明道，以融合道教、儒家为特色。这些新教派创作出一些新的道书，被陆续收入宋代之后新修的道藏之中。

北宋大规模修藏之后，南宋、金、元都补修过道藏。明代永乐时张宇初、正统时邵以正奉诏编纂的《正统道藏》和万历时张国祥修纂的《万历续道藏》，则是道教史上晚出且最有集大成意义的道藏。正、续道藏都采用了"三洞四辅十二类"的分类法，以千字文为函号，共计收录道书一千四百七十六种，五千四百八十五卷，五百一十二函。清代之后，道教开始走向衰落，故没有大规模的修道藏之举，只是在康熙时彭定求精选《正统道藏》中的二百余种道书，编成《道藏辑要》，旨在方便参学与流通而已。

从目录学的角度说，道藏目录体系的完整形态，就是通常所说的"三洞四辅十二类"的分类法。这一体系作为道教思想虽出现在唐代，但是为道藏编纂所实际运用则迟到宋代。自南北朝到唐代，道藏的目录可以分为两种，一是源自陆修静的三洞十二类"三十六部"体系，一种是源自孟法师的三洞四辅"七部经书"体系。

东晋葛洪作《抱朴子》时，尚没有三洞分类法，三洞分类法是由陆修静首先运用于《三洞经书目录》的。"三洞"一词，出现的时间要比陆修静以之总括道经稍早，它的一个比较特殊的用法是专指《三皇文》，北周释道安的《二教论》说："元康中，鲍靖造《三皇经》被诛，事在《晋史》，后人讳之，改为《三洞》，其名虽变，厥体尚存，犹明三皇以为宗极。"明确说"三洞"曾经是《三皇文》的别名。这个特殊的用法在当时很多的道书中亦有佐证，如《上清源统经目注序》中说"上清宝经，三洞妙文"，"三洞"与"上清"并列，这里"三洞"显然不是包含了上清、灵宝、三皇的道经总名。《隋书·经籍志》道经类小序中说"其受道之法，初受《五千文箓》，次受《三洞箓》，次受《洞玄箓》，次受《上清箓》"，其中《三洞箓》当指《三皇文》，故与洞玄、上清并列。后来"三洞"开始作为道经的总名使用，最常见的用法是指洞真、洞玄、洞神，洞真包含《上清经》系的道经，洞玄包含《灵宝经》系的道经，洞神包含《三皇文》系的道经。这个用法当出现在以洞神指称《三皇文》系的道经之后，而陆修静《三洞奉道科戒营始》已经有这样的用法，故而可以确定陆氏的《三洞经书目录》之所谓"三洞"，当分别指洞真、洞玄、洞神。

　　陆修静除了采用三洞分类法之外，还在每洞之下各分十二类，从而形成了"三十六部"的目录体系。所谓"三十六部"，在当时有两种，一种是三洞之下分十二类文体；另一种是三洞之下各举十二部尊经，称"三十六部尊经"。陆修静所采用的当是前者[1]。南北朝时的《仓元上录》云："法有三乘，有十二事，上中下三乘经戒，各十二焉，合为三十六部。"《仓元上录》三乘十二事之说与陆修静之三洞十二类，基本重合，孰先孰后，很难

---

　　〔1〕陆修静的三十六部经当是目录体系，而非三洞下各举十二部的"三十六部尊经"的类型，该类型可参看陈国符《道藏源流考》"三十六部异说"条。按此说多涉夸诞，"三十六部尊经"竟多至数十、数百万卷，与甄鸾所见陆目一千二百二十八卷实数不同。甄鸾所引道经，亦有不见《正统道藏》所载《太上三十六部尊经》者。

勘定。有学者认为，十二事之说源自《上清经》，可能在三洞分类之前就已经有了[1]。不过，陆修静《灵宝经目序》中提到《灵宝经》的"十部旧目"，似指《灵宝经》在经陆氏整理之前自有分目，且作十部，不是按十二类组织的，可见当时并无统一之制。无论十二类是不是陆氏之发明，将之与三洞配合，从而构成"三十六部"的目录体系，陆氏有肇始之功。北周甄鸾作《笑道论》时见过陆修静的《三洞经书目录》，而他所批评的《玄都经目》即是由陆目扩充而成的，其三洞三十六部，当是沿袭陆目，如果分类有变，甄鸾一定指其伪妄。据开元时所抄敦煌卷子，陆修静的十二类为本源、神符、玉诀、灵图、谱录、戒律、威仪、方法、众术、记传、玄章、表奏[2]。后来的《正统道藏》在名称上稍有调整，为本文、神符、玉诀、灵图、谱录、戒律、威仪、方法、众术、记传、赞颂、表奏。具体来说，本文类为三洞尊神所降之经，神符为神授之符箓，玉诀为对于道经之注疏，灵图为包括易图在内的灵异的图形，谱录为道教上圣的名位与事迹，戒律为告诫与律条，威仪为斋仪醮式，方法为设坛祭祀和修炼性命之法，众术为外丹和五行术数之类，记传为神仙传、名山传及各种碑铭，赞颂为步虚词、灵章等各种颂神之文，表奏为祷告时的愿望与上奏天庭之文。

除了陆修静的三洞十二类的"三十六部"体系之外，稍后还出现了孟法师《玉纬七部经书目》中的"七部经书"体系[3]。

---

〔1〕 参见王宗昱《道教义枢研究》，第172页，上海文化出版社，2001年。
〔2〕 转引自王宗昱《道教义枢研究》，第177~178页。
〔3〕 李养正、卢国龙认为，孟法师为梁武帝时的孟智周，《玉纬七部经书目》与当时的天师道正一系有关。参见《玉纬七部经书目作者考》，载《中国道教》，1985年3月，总第16期。

七部，即在洞真、洞玄、洞神三洞之外，加上太玄、太平、太
清、正一四辅。有学者指出，陆修静的三洞经书，主要是按照古
《灵宝经》判教，对江南上清系、灵宝系、三皇系都比较重视，
而自北方南下的天师道的经典则受到相当的排斥。南朝出现的
"七部经书"体系，则是基于后出的天师道的《正一经》重加判
教，摄道经为七部，几乎囊括了当时江南流传的所有道经。三洞
与新增的四辅之间是平列的，还没有主从关系〔1〕。孟法师的七
部虽包含了三洞，但是并没有像陆修静那样，每一洞再分十二
类，三洞和四辅一样仅为大类。这一点唐碑《南竺观记》所记道
藏可以为证。

　　大体来说，在隋唐之前，上述两个体系是同时流传的，还没
有被紧密地结合为一体。在隋唐之际，出现了一部通论道教的巨
制《玄门大义》二十卷，武周时的道士孟安排删略此书作成《道
教义枢》十卷，二者的内容基本一致。从《道教义枢》承《玄门
大义》而论述"三洞义"、"七部义"、"十二部义"诸文字看，
这时已经有了将"三洞四辅十二类"整合为一体且使之与道教教
义相一贯的观念。例如《道教义枢·七部义》引《正一经图科戒
品》云："《太清经》辅洞神部，金丹以下仙业；《太平经》辅洞
玄部，甲乙十部以下真业；《太玄经》辅洞真部，五千文以下圣
业；《正一法文》宗道德，崇三洞，遍陈三乘。"三洞与四辅之间
的主从关系至此基本奠定。不过，在隋唐的目录编纂上，占主流
的还是陆修静的"三十六部"分类法，孟法师的"七部经书"分
类法比较少见。

────────────

　　〔1〕　参见王承文《南朝天师道"七部经书"分类体制考释》，人大复印资
料《宗教》2008年第四期转载。

　　唐代开始由国家主持修纂道藏，从各种记载来看，官修的道藏采用的应是陆修静的"三十六部"分类法。敦煌遗书中有唐高宗时的御制《一切道经序》，其中述及"敕写《一切道经》三十六部"。唐玄宗时编纂《一切道经音义》，在史崇等撰的《一切道经音义妙门由起》中述及道教经法，谓三洞经分三乘，各有十二事，合为三十六部。由此推测，唐人说的"三十六部"，是把三乘十二事与三洞十二类合而为一。开元中所修纂的道藏《三洞琼纲》，包括玄宗御制之《琼纲经目》，其采用的分类法也当是沿用"三十六部"。也就是说，尽管唐代已有了整合"三洞四辅十二类"的观念，但是实际上官修道藏的分类法仍然延续陆修静的目录传统。

　　四川仁寿县唐碑《南竺观记》记载了一种按照孟法师"七部经书"传统下来的道藏，这部道藏由何人所修不可考，其中记载的道经有上清部二百卷，灵宝部四十卷，三皇部十四卷，太清部三十六卷，太平部一百七十卷，太玄部二百七十卷，正一部二百卷，符图七十卷，又有《升玄》、《本际》、《神咒》、《化胡》、《真诰》、《南华》、《登真》、《秘要》等经一千余卷，合二千一百三十卷。碑中记明年代为天宝八年。有学者以为，此碑所记道经即大唐盛世三洞众经之数[1]，此说颇可商榷。我觉得，碑文所记可能是地方道观中的一部藏经，不同于开元道藏。且不论其经数少于《三洞琼纲》很多，就其所记而言，《升玄》等诸多道经何以不入七部，也让人疑虑。估计这是南天竺观所藏的一部不太完整的道藏，其中的道经有一千多卷被分类入藏，同时还有零放

────────────

〔1〕参见《中华道藏叙例》，第2页，《中华道藏》第一册，华夏出版社，2004年。

着的一千多卷道经，这些道经没有按类入藏。如果有这种可能的话，入藏的道经和不入藏的道经二者很可能有重复，故而去除重复，道经总数还要减少，这样就不足以代表大唐盛世的道经规模了。另一点值得注意的是，《南竺观记》所记之道藏是按照"七部经书"分类的，只是将符图独立出来，共八类。碑记前云"三十六部经藏目，洞真十二部，洞玄十二部，洞神十二部"，并非三洞分十二类，只是概指"三十六部尊经"而已，故虚谓"三洞宝经合三十六万七千卷，二十四万四千卷在四方，十二万三千卷在中国"，与该道藏的实际数目与分类无关。该藏实际所有的三洞经书卷数甚少，不太可能再分十二类，由此推断，上述道藏是沿着孟法师"七部经书"下来的，故碑记中说"七部玄教"。自孟法师《玉纬七部经书目》之后，《南天竺记》所记之道藏当为可考见的最早按"七部经书"体系编纂道藏的实例了。

如果将"三洞四辅十二类"整合为目录体系，则所形成的分类法应该称为"四十部"，既不同于陆修静的"三十六部"，也不同于孟法师的"七部经书"。唐代没有四十部的道藏，确切可知最早采用"三洞四辅十二类"分类法的，是宋代王钦若奉诏所修的道藏，见于王氏之《宝文统录》[1]。据南宋道士谢守灏《混元圣纪》说，大中祥符中，命王钦若总领校定道藏经典，"钦若沿旧三洞四辅经目增补，凡四千三百五十九卷，撰成篇目上进，赐名《宝文统录》"。郑樵《通志·艺文略》著录《三洞四辅部经目录》七卷，王钦若等撰，陈国符推断此书即是《宝文统录》[2]。《宝文

---

〔1〕 李养正《道教基本知识》认为，唐藏并没有采用三洞四辅分类法，三洞四辅始见于宋藏。此说稍有差错，确切地说，唐藏有三洞十二类"三十六部"，也有三洞四辅"七部经书"，但是没有三洞四辅十二类共四十部的分类法。

〔2〕 参见陈国符《道藏源流考》，第133页，中华书局，1963年。

统录》采用了三洞四辅分类法，这一点可以确定。谢氏说"钦若沿旧三洞四辅经目"，这个旧目是什么目录呢？陈国符据《佛祖统纪》卷四十四的记载，推断是太宗朝徐铉、王禹偁所编的旧目[1]，如果确实，则徐铉等之道藏目录，已先按照三洞四辅进行分类了。按郑樵著录《三洞四辅部经目录》作七卷，显然是三洞四辅各为一卷，而十二类当已嵌入三洞中了。宋藏的三洞承唐藏而来，既然唐藏之三洞包含三洞下的十二类，宋藏之三洞必当沿其例。至于四辅，是取自孟法师的传统，其下不再分类。所以这时所说的三洞四辅，应该是"三洞四辅十二类"，也就是四十部，也就是说，宋代的三洞四辅是糅合了唐代两大目录体系而成的。

稍后于《宝文统录》的张君房《天宫宝藏》，亦按照三洞四辅分类。依张君房《云笈七签序》说，较早在真宗时从事修校道藏的冲素大师朱谦益、冯德之所编的目录，"条纲溃漫，部分参差，与《琼纲》、《玉纬》之目舛谬不同"，张氏从事校藏之后，始与诸道士"依三洞纲条，四部录略，品详科格，商校异同"。由此可知，当时张氏之三洞四辅分类，也是兼取《三洞琼纲》和《玉纬七部经书目》，把《三洞琼纲》所承续的陆修静"三十六部"和孟法师的"七部经书"两个体系糅合在一起，共四十部。这可谓最终完备的"三洞四辅十二部"的分类法了。

二、三洞、四辅、十二类

道藏采用的"三洞四辅十二类"分类法，有非常丰富的道教教义内涵。按照道教的说法，道教的经典都是从天宫下降到世间

---

[1] 参见陈国符《道藏源流考》，第 133 页。

的。道经都源自天地之先由元始天尊所造的天书，而后从天地初开算起，数十亿年之间，经历过几次开劫，有延康、赤明、龙汉、开皇诸年号，每次开劫，都要下降天书，先由天尊授予诸仙，如太上老君、太上丈人、天真皇人、五方天帝及诸仙官，再由诸仙带到世间，逐渐形成了三洞经典[1]。

三洞经典的来历颇为神奇。按张君房《云笈七签》的说法[2]，道教一气分三元，又从三元化生天宝、灵宝、神宝三位天君。《业报经》、《应化经》并云：

天尊曰："吾以龙汉元年，号无形天尊，亦名天宝君，化在玉清境，说《洞真经》十二部，以教天中九圣，大乘之道也。

吾以延康元年，号无始天尊，亦名灵宝君，化在上清境，说《洞玄经》十二部，以教天中九真，中乘之道也。

吾以赤明之年，号梵形天尊，亦名神宝君，化在太清境，说《洞神经》十二部，以教天中九仙，小乘之道也。"

这样由天尊化生的三位天君各说十二部经，即成了三洞三十六部尊经，分属大、中、小三乘。张君房又引《道门大论》等道经云：

三洞者，洞言通也。通玄达妙，其统有三，故云三洞。

《洞真》以不杂为义，《洞玄》以不滞为名，《洞神》以不测为用。

《洞真》者，灵秘不杂，故得名真；《洞玄》者，生天立

---

[1] 参见《隋书·经籍志》道经类小序。
[2] 三洞四辅十二类在《玄门大义》、《道教义枢》中已有分别解说，《云笈七签》则总其成，最为全面。本节对三洞四辅十二类及其主要经典的论述主要参考此书。

地，功用不滞，故得名玄；《洞神》者，召制鬼神，其功不
测，故得名神。

三洞即是三通，三通就是通达大道的三种途径。不过实际上
三洞经典并不能做如此清楚的区分，而是在复杂的历史上累积起
来的，并与教派发展有关。兹简略介绍一些三洞中的重要经典。

洞　真

洞真部以《上清经》为主要经典。《正统道藏》洞真部本文
类收录《上清大洞真经》六卷，又称《大洞真经》、《三十九章
经》，是上清派的根本经，有修炼精神之法及诵章念咒之法。此
经南北朝时有一卷本古经，即魏夫人授杨羲者，屡为后世道书征
引，今本则增益杂乱，不复古貌。后世冠以上清之名的经很多，
逐渐成为上清派经典之丛书。陆修静《三洞奉道科戒营始》、陶
弘景《真诰》引述者为古上清经[1]，其余均为后世新增。

《正统道藏》洞真部本文类收录的第一部经为《灵宝无量度
人上品妙经》六十一卷，又称《原始无量度人上品妙经》，简称
《度人经》。这部经在陆修静之前已经有部分出世，其第一卷为古
经文本，惟五千余字，其余的六十卷则为后人增益。道教以此第
一卷为万法之宗、群经之首。这部经经本是灵宝经，移在洞真部
的原因是为了凸显其在所有道经中居第一位。在唐代，《度人经》
与《道德经》、《黄庭经》三经同为道士必通之道经。后世注释此
经者甚多，《道藏》洞真部玉诀类中有陈景元《元始无量度人上
品妙经四注》，汇集了北宋之前的严东、薛幽栖、李少微、成玄

---

　　〔1〕参见［日］尾崎正治《道教经典》，《道教》第一册，第82～88页，
上海古籍出版社，1992年。

4

英四家之注。南宋之后，还有青元真人、萧应叟、陈观吾、薛季昭、张宇初等人的注疏，均收录在本部玉诀类。

另有《太上升玄消灾护命妙经》，惟三百余字，仿《般若波罗蜜多心经》而作，是南北朝至唐代很流行的一部道经。敦煌有古抄本。洞真部赞颂类有唐司马承祯所作《太上升玄消灾护命妙经颂》一卷，可与本经配合来读。

《黄帝阴符经》一卷，亦称《天机经》，收录在洞真部本文类。此经托为黄帝作，在道教中地位甚高，堪与《道德经》比肩。但此书的作者作时未定，谓其早者出于战国，谓其晚者出于唐代李筌，中间还有出于西晋或出于北朝寇谦之等说。可以确知的是此经唐代以后开始流行，其书当与史书所记载的《周书阴符》、《太公阴符》为同类，属于兵家之兵权谋，《汉志·兵书略》中有很多兵书托之黄帝，或即其来源。但道教中流传此经，则视其为修炼之书，不涉兵家原义。《阴符经》有很多注释之作，收录在本部玉诀类。《新唐书·艺文志》著录《集注阴符经》，集太公、范蠡、鬼谷子、张良、诸葛亮、李淳风、李筌、李洽、李鉴、李锐、杨晟等十一家注。道藏中的《黄帝阴符经集注》一卷，只有伊尹、太公、范蠡、鬼谷子、张良、诸葛亮、李筌七家注。宋代《崇文总目》、《玉海》等著录此书，则是太公、范蠡、鬼谷子、张良、诸葛亮、李筌六家注。可见当时传本不一。唐代李筌宣扬《阴符经》最力，《阴符经集注》当是李氏所为。据刘师培《读道藏记》，除李筌注外，唐以前的六家，均为伪托之作〔1〕。道藏中还有《黄帝阴符经疏》三卷，题为李筌作，刘师培亦谓之伪托。唐代的《阴符经》注，除了李筌外，还有张果《黄

---

〔1〕 参见刘师培《读道藏记》，收在《道藏精华录》中。

帝阴符经注》一卷，出李注后，且排斥李注，尤以义理见长。宋以后注释《阴符经》者颇多，在玉诀类中有几十家之多，重要的有《黄帝阴符经集解》三卷，施肩吾、崔明公、刘玄英等注，书成于南宋时。金元之时，唐淳、刘处玄、王道渊等注《阴符经》，主要从道教内丹学上解说。南宋朱熹化名邹䜣作《黄帝阴符经注解》一卷，又称《阴符经考异》，用理学的心性理气之说释经。胥元一《黄帝阴符经心法》三卷，则是继承朱子之学的著作。

洞真部的灵图类收录了一些关于《周易》的书，主要是易学中的象数派的著作。如《周易图》三卷，收录历代易图，辑有京房、关子明、郭京、陈抟、周敦颐、刘牧、邵雍、洪迈、郑东卿、郑合沙、陈氏、李氏等诸家易图一百一十四幅。书成于南宋前。《大易象数钩深图》三卷，刘师培《读道藏记》认为是宋人《六经图》之第一卷，为南宋绍兴中杨甲撰，后毛邦翰、叶仲堪有增补。此书也是辑录历代易图，有周敦颐、邵雍等人的易图一百三十九幅，并附有解说。上述两部易图著作，在易学史上有重要地位，乃是宋代象数派易学之集大成之作。道藏中还有《易象图说》（内外篇）六卷，元张理作，继承邵雍、朱子之象数易学，并援用道家之说。

洞真部玉诀类收录了北宋紫阳真人张伯端的《悟真篇》及其注疏。《悟真篇》是道教内丹学的经典著作，与《周易参同契》同为道教炼丹学正宗。张伯端并非道士，主张儒道释三教合一，其《悟真篇》开创了道教内丹学之南宗。道藏收录《紫阳真人参同契注疏》八卷，为张伯端再传弟子翁葆光注，元代戴起宗疏。此外有《紫阳真人悟真篇三注》五卷，题薛道光、陆墅、陈致虚注，当汇编于元代。又《紫阳真人悟真篇讲义》七卷，南宋夏元鼎作。

另一位元代著名全真教学者李道纯的著作，收录在洞真部的玉诀类和方法类。玉诀类有李道纯的《太上升玄消灾护命妙经注》、《太上大通经注》、《无上赤文洞古真经注》等，方法类则有《中和集》六卷、《三天易髓》一卷、《全真集玄秘要》一卷，等等。在洞神部之玉诀类，还有李氏《道德会元》、《太上老君说常清静经注》两部经注，道藏太玄部还有李氏弟子辑录之《清庵莹蟾子语录》六卷。元代全真教的内丹学，称为北宗，自王重阳以降，至李道纯传到江南，李氏融合三教，亦试图贯通南北宗法。

洞 玄

洞玄部以《灵宝经》为主要经典。最早由葛洪提及的《灵宝经》，是《灵宝五符真文》，或称《五符经》，其后葛巢甫所说的《灵宝经》，则是《灵宝无量度人上品妙经》，后者被移入上清洞真部。其后陆续出现的灵宝类道经被陆修静所整理，也就是学者所说的古灵宝经，在六朝时已经衍变为一套丛书了〔1〕。

《正统道藏》洞玄部本文类收录的灵宝类道经，以《洞玄灵宝自然九天生神章经》一卷为最要，此经亦称《九天生神经》、《三宝大有金书》，出于陆修静之前〔2〕。这部经书的核心是论道教三宝，后世道书多有征引，洞玄部玉诀类收录有宋元时董思靖、王希巢、华阳复三家所作的注释。另有《洞玄灵宝诸天世界造化经》一卷、《太上灵宝天地运度自然妙经》一卷，也属六朝

---

〔1〕 参见 ［日］尾崎正治《道教经典》，《道教》第一册，第88~90页，并列有"古灵宝经"诸经名。

〔2〕 参见任继愈主编《道藏提要》（第三次修订版）此经解题，中国社会科学出版社，1991年。

古灵宝经，主要讲天地日月运度、劫运灾祥之事。这一类的道经，既有汉代图谶的色彩，又明显受佛教影响，混入了轮回转世、因果报应之说。

洞玄部本文类的另一系重要道经是《黄庭经》。《黄庭经》出自魏晋间，是上清派的主要经典之一，唐宋以后的道教各派也都尊奉此经，据之修炼精神身体。"黄庭"是身心之中虚空的意思，炼精、炼神、炼气、炼丹，都在于此处。最初的神仙道教以之为"学仙之要妙，羽化之根本"[1]，后来的道教内丹学则视之为"丹家之要旨，玄门之总持"[2]。唐代之后的所有道士都要诵修《黄庭经》。玉诀类收录了注解《黄庭经》的著作，有唐梁丘子《黄庭内景玉经注》三卷（洞真部方法类《修真十书》中有梁丘子《黄庭外景玉经注》三卷），宋蒋慎修《黄庭内外玉景经解》残卷，金全真道士刘处玄《黄庭内景玉经注》一卷，等等。

洞玄部神符类有《太上灵宝五符序》，一名《灵宝五符经》、《洞玄五符经》，即葛洪所见的《灵宝五符真文》，在灵宝类道经中地位甚高，而今本较葛洪所见本已有变异[3]。道教非常重视符，道士作法时一定要用篆籀笔画写符，或者作星文、雷文的符，通过符能够通天神、遣地祇、镇妖驱邪。洞玄部的神符，还有能治病的"素灵符"，与五岳神鬼有关的"五岳神符"，与日月五星运行有关的"七元符"等等。洞玄部威仪类还有很多斋醮著作，斋醮就是设坛建醮做法事，属于道教威仪。威仪类收录了《灵宝领教济度金书》三百二十一卷，南宋宁全真授、元初林灵

---

〔1〕 参见《云笈七签》三洞经教部《上清皇清内景经·梁丘子注释叙》。
〔2〕 参见陈撄宁《黄庭经讲义》，第4页，中国道教协会编印。
〔3〕 参见《道藏提要》此经解题。

真编。这部书是灵宝派道法威仪之百科全书。此外还收录了六朝陆修静制订的《太上洞玄灵宝授度仪》，以及唐杜光庭等人传授的诸多道仪。南宋郑思肖的《太极祭炼内法》，是讲祭炼鬼神的道书，但是在义理上转而强调"炼心"，强调至诚、归仁、主静，颇有理学色彩。刘师培《读道藏记》认为此书表现出北宋以后道教逐渐转向内心的趋向。体现道教这种变化趋向的，南方有此书，北方则有七真诸语录。

洞玄部收有唐末著名道士杜光庭的多部著作，表奏类中收录《广成集》十七卷，是杜氏的代表作。这部书似乎缺佚严重，郑樵《通志·艺文略》别集类有《杜光庭集》三十卷，不知是否同一版本。杜光庭对《道德经》有精深研究，并整理自陆修静以来的道教仪式，有十余种，随教派收录在各部，如正一部所收录的《道门科范大全集》八十七卷，是一部大型的科仪丛书。唐僖宗曾经赏赐杜光庭以紫服象简，应制为道门领袖。

洞　神

洞神部以《三皇文》为主要经典，又分《大有三皇文》和《小有三皇文》，前者是帛家道所传，后者则是由鲍靓所传。《三皇文》主要是记载役神驱鬼的符图以及神仙修炼之术。古本《三皇文》已散佚。《正统道藏》洞神部文本类的《洞神八帝妙精经》一卷，属于《三皇文》的遗经。方法类的《三皇内文遗秘》一卷，则是葛洪之后、隋唐之前的一部道经[1]。估计在唐代尊崇老子之后，洞神部就换了主人公，由《三皇文》换成了《道德经》，以应合洞神部为太上老君所说的教义。元代之《道藏阙经

---

[1]　参见《道藏提要》此经解题。

目录》中记载了一些经名中含"三皇"的道经，可见宋藏中已经对洞神的三皇类道书加以删略，转以《道德经》为主。

洞神部本文类的第一部经是《太上老君说常清静妙经》，以清静为宗旨。此经并非老子所作，当出自唐代以后。不过后世道教非常重视它，自杜光庭以下，有七家注本，均收录在玉诀类。洞神部还有很多声称出自老子的道经，涉及的内容非常广泛，基本上都是宋元时期的伪托之作。

在收录了多部托名老子的道经之后，才著录到真正的老子《道德经》。本文类收录了两种《道德经》古本，一种是《道德真经》二卷，源出自河上公本系统；另一种是《道德经古本篇》二卷，是唐代傅奕参合当时的众本所作的校定本，又称《古本老子》。傅奕本《道德经》在郭店楚简、马王堆帛书《老子》发现之前，是最古之本，迄今仍有重要的版本价值。在洞神部玉诀类中，有几十种《道德经》注疏，以题名年代而论，汉唐时期的注疏有河上公《道德真经注》四卷、严遵《道德真经指归》十三卷、王弼《道德真经注》四卷、李隆基《唐玄宗御注道德真经》四卷、《唐玄宗御制道德真经疏》十卷、李荣《道德真经注》四卷、赵志坚《道德真经疏义》六卷、陆希声《道德真经传》四卷、李约《道德真经新注》四卷、杜光庭《道德真经广圣义》五十卷。宋代以后的注疏更多，著名的有宋徽宗、陈象古、司马光、苏辙、吕惠卿、吴澄、李道纯、林希逸等诸家的注，以及强思齐、董思靖、彭耜、危大有、刘惟永与刘易东等诸家的集释。

洞神部玉诀类还收录了其他道家诸子书，如文子《无上妙道文始真经》一卷，列子《冲虚至德真经》三卷，庚桑子《洞灵真经》一卷，庄子《南华真经》五卷，等等。玉诀类中也有这些道家诸子书的注疏。其中《南华真经》的注疏，宋代之前的重要注疏有《南华真经注疏》三十五卷，郭象注、成玄英疏，这是《庄子》注疏中的经典著作。宋代以后，玉诀类收录了林希逸、陈景元、贾善翔、王雱等人的注疏。褚伯秀作《南华真经义海纂微》一百零六卷，则辑录郭象、吕惠卿、林疑独、陈祥道、陈景元、王雱、刘概、吴俦、林希逸、李士表、王旦、范应元十三家注，并断以己意，是一部非常具有参考价值的集释之作。

道家诸子的著录向来有两大系统，一是著录在刘向、刘歆以降的传统目录学中，一是著录在道藏中，就体制而言，这两者是相互独立的，尽管有相当的重叠。唐代因为尊奉老子，也为老子的弟子们加了封号，比如封关尹子为文始真人、文子为通玄真人、列子为冲虚真人、庄子为南华真人等等，故而使这些道家诸子书得以堂而皇之地成为道教的经典。不过，这些道家诸子是不能和老子相比的，老子是三清之一，而他们仅是道教中的真人；老子的《道德经》作为经，先收录在文本类，而后在玉诀类收录《道德经》的注疏，而这些真人们的著作还达不到经的地位，不能收录于文本类，只能收录在玉诀类。

洞神部还有一些值得注意的道经，如威仪类有一些正一派的科仪著作，方法类收录了很多养生导引的著作，众术类则有很多丹经。方法类的经，著名的有《太清导引养生经》一卷，是出自北宋之前的道经，讲胎息养生；《太清导引养生经》一卷，也出自宋前，或是宋人辑录旧传赤松子、宁先生、彭祖、王子乔等仙家的导引术。此外还有托名彭祖、庄周、太无先生、延陵先生等等的养生书，有葛洪《抱朴子养生论》、陶弘景《养性延命录》、孙思邈《存神炼气铭》、《保生铭》、《摄生论》等等著作。众术类的道经中有很多丹经，如《黄帝九鼎神丹经》二十卷，是出自葛洪之前的古经；《太清金液神丹经》三卷，署名张道陵、阴长生、抱朴子，当是六朝道经；《太清石壁记》三卷，亦为六朝道经。

以上是三洞中的重要道经。三洞之外复有四辅：太清、太平、太玄、正一。《正一经图科戒品》云：

> 太清经辅洞神部，金丹以下仙业；太平经辅洞玄部，甲乙十部以下真业；太玄辅洞真部，《五千文》以下圣业；正一法文宗道德，崇三洞，遍陈三乘。

这应该是最早的关于四辅辅三洞的构想，但是和道藏收录的实际情况并不吻合，有必须注意的变化。

按照《云笈七签》引述孟法师等人的解说，太玄部是辅助洞真的。太玄部之得名，乃据传说中老子在仙界的居所太玄都，所以当收录老子《五千文》以下的道经，教义上也是发挥老子所说的"玄"、"玄之又玄"，故以"重玄"为宗。"重玄"是南北朝至唐代发展起来的一种道教学说，也应是太玄部的核心观念。但太玄部所收的道经，其实是以丹经为主的，而非与老子有关的。

太平部是辅助洞玄的。太平部之得名，"太言极，太平谓和平，明六合太通为一，平正之气斯行"，主要是讲气的。太平部以"三一"为宗。所谓"三一"，按孟法师的说法，乃是"神、气、精"、"希、微、夷"、"虚、无、空"均三位一体。在《太平经》中含有一种"三一"思维模式，即一分为三，按照阴、阳、中和构成相互关系，比如天地人、日月星、精气神、父母子、君臣民等等。"甲乙十部"即指《太平经》，这一部的道经以之为首。

太清部是辅助洞神的。太清部之得名，乃谓"大道气之所结，清虚体大，故曰太清"。太清部以"太一"为宗，"太一"者，即天地未分时的混沌元气，亦可谓之道体。这部分应该收关于金丹和纬候类的书，但是实际上收的多是老子以下的道家诸子。

正一部则不专辅某一洞，而是遍辅三洞。正一部之得名，"正以治邪，一以统万"，它以"真一"为宗。所谓"真一"，是说正一部以三天正法、正一科术等法术为基本，祛除邪恶，使万事万物趋于正，达于真，还归本性。

四辅著录道经，最初的设想和后来实际编纂的道藏并不完全一致，最突出的就是太清部与太玄部的道书似乎被对调了。这种情况尽管有些奇怪，但也有一定的道理。如太玄辅洞真，洞真以上清派的道经为主，后来又有很多丹经进入，辅助洞真的太玄部，因此也收录一些丹经，这样就可以和洞真的那些丹经配合起来了。同样，洞神如果仍以《三皇文》为主，用丹经和纬候之书与之配合倒是合适的，但是洞神后来转以《道德经》为主，太清部因此也就收录一些道家诸子书，二者就比较协调了。《正一经图科戒品》中的设想，可能是孟法师原有的，也就是说，在孟法师的目录体系中，太清部收金丹类的书，太平部收《天平经》类的书，太玄部收老子类的书，正一收正一派的书，而在唐代以后重新安排三洞四辅时，才出于某种考虑被搞乱了。

四辅在道教中的地位低于三洞，虽然四辅中的道经也都是降自天宫的，其实除了正一部的经典主要是道教内创造的经，与三洞经差不多同时产生且专属于某一道派之外，其他三部的经典，很多是早期道派的遗存，或援引教外的先秦诸子与术数书，再加以变化孳乳，总体上显得比较混杂，因此置于辅助的地位也是适宜的。兹简略介绍一些四辅中的重要道书。

太 玄

太玄部是辅洞真的，其中重要的经典有《周易参同契》，作者为东汉魏伯阳。该书主要是托易象而论炼丹，是道教丹经之祖。这部道经历代注家很多，著名的注本有后蜀彭晓《周易参同契分章通真义》三卷，南宋朱子《周易参同契考异》三卷、陈显微《周易参同契解》三卷，元俞琰《周参同契发挥》九卷等。

另一部重要的道经是《古文龙虎经》，有王道注疏三卷。这部道经原来都认为出现在《周易参同契》之前，但朱子认为是后人本魏伯阳《周易参同契》发挥而作。清人惠栋以为是宋初人作，今人王明断定此书是由《金丹金碧潜通诀》改易而成，而后书的作者是隋唐人羊参微，所以这部《龙虎经》当出现于唐或五代时。潘雨廷认为，《龙虎经》与《参同契》在义理上基本一致，其在宋代流行，含有发展魏伯阳《参同契》以与张伯端《悟真篇》分庭抗礼的意思[1]。

南北朝著名道士陶弘景编撰的《真诰》二十卷，亦在太玄部。书前有宋高似孙序，认为该书的主旨是把《周易》六十四卦与《老子》五千言相贯通，这也许是将其与《参同契》著录在一起的原因之一，二者同属援易入道。《真诰》的具体内容比较杂，大部分是关于历史的，比如记载了很多传道之事与修仙之地，其他部分主要是讲养生之道的。据陈国符《道藏源流考》考证，卷一至十八确为晋人撰述，其注为陶弘景所增，卷十九、二十为陶弘景所述[2]。这部道经是早期上清派道教的著作汇集，为研究早期上清派必须参考的文献。

《黄帝内经素问》在道教中属养生类的著作，在中医学中，则因其包含阴阳五行及脏腑经络学说而被奉为圭臬。《汉书·艺

---

〔1〕 参见潘雨廷《道藏书目提要》，第 27 页，上海古籍出版社，2003 年。
〔2〕 参见陈国符《道藏源流考》，第 234 页。

文志》方技略中著录《黄帝内经》十八篇。晋皇甫谧始言《黄帝内经》乃由《针经》九卷、《素问》九卷组成。到了唐代，《隋志》著录过一部《针经》九卷，唐有《黄帝九灵》十二卷，这两部经是否是同一种书，难以考定。按照文献记载，唐王冰始将《九灵》更名为《灵枢》[1]。《灵枢》、《素问》均有单行本。《四库全书简明目录》云："其书云出上古，固未必然，然必周、秦间人，传述旧闻著之竹帛。"今通行看法，《黄帝内经》最迟编纂于西汉，是战国至西汉期间阴阳五行、黄老、方技等诸多学术之汇合，本属丛书性质，来源古老而成书较晚。其来源究竟在何时、属何学派，尚待考核，而其中汇集的诸说是否能通贯，也有待辨证。太玄部中有唐王冰注、宋林亿等奉旨校正的《黄帝内经素问补注释文》五十卷，南宋史崧校释的《黄帝素问灵枢集注》二十三卷。

太玄部中有部分传世的诸子和历代的著作，其中比较重要的有晋郭璞注《山海经》十八卷，这是著名的古代地理和神话书。六朝时的著作，有明代傅霄编纂的《华阳陶隐居集》二卷，还有刘昼的《刘子》十卷，是一部很有深度的诸子书，敦煌遗书中有写本残卷。五代谭峭的《化书》六卷，也是内容丰富而系统的道家诸子书。还有一组很有哲学价值的文献，包括《道体论》一卷（原题通玄先生述），司马承祯《坐忘论》一卷，周固朴《大道论》一卷，吴筠《心目论》，佚名《三论元旨》等，这些文献虽然都篇幅简短，但内涵十分丰富。在太玄部还有吴筠之《宗玄先生文集》三卷、《宗玄先生玄纲论》、《南统大君内丹九章经》等，吴筠不仅是高道，在文学史上也享盛名，在唐代思想史上占

---

〔1〕 参见《四库全书总目》子部医家类之"《灵枢经》十二卷"解题。

有重要地位。

其他著名的文集尚有唐吕岩《纯阳真人浑成集》二卷，收诗凡二百余首。宋邵雍《伊川击壤集》二十卷，收诗一千四百余首。邵雍的重要哲学著作《皇极经世》十二卷，也在太玄部。邵雍是北宋道学"五子"之一，与周敦颐、张载、程颢、程颐比肩，其象数学影响深远，在中国哲学史上占有重要地位。

太玄部还大量保存了金、元二代全真教的文献。《晋真人语录》一卷，晋真人，不知其何许人，王嚞有读《晋真人语录》诗，而此语录收录《重阳祖师修仙了性秘诀》、《答马师父十四问》、《玄门杂宝十八问答》及一些诗词等，主要是王嚞及早期全真派的史料。马钰《丹阳真人语录》一卷、王颐中编，刘处玄《至真语录》一卷、王志谨《盘山栖云王真人语录》一卷、论志焕编，王志坦《道禅集》一卷、李道纯《清庵莹蟾子语录》、柴元皋等编集，这部语录与洞真部方法类的《中和集》，同是李氏最重要的著作，长筌子《洞渊集》五卷、牧常晁《玄宗直指万法同归》七卷、黄本仁编，元代的陈致虚自叙为全真派，然其金丹道法多取自张伯端的南宗，太玄部有其《上阳子金丹大要》十六卷、《上阳子金丹大要图》一卷、《上阳子金丹大要列仙志》一卷、《上阳子金丹大要仙派》一卷，元末明初王道渊《还真集》三卷、《道玄篇》一卷。这些著作大多侧重金丹学。另有元彭致中《鸣鹤余音》九卷，收录道士诗词文赋四百余首，其中多数是全真派的作品。

太玄部也著录了一些南宗的著作。如张伯端《金丹四百字》、黄自如注，陈楠《翠虚篇》一卷、石泰《还源篇》一卷，元代俞琰《席上腐谈》怀疑上述两篇都是白玉蟾所作，林自然《长生指要篇》一卷，周无所注《金丹直指》一卷，余洞真《悟玄篇》一卷，等等。还有唐、五代、两宋、金、元的其他高道文集，主要内容均是关于金丹之学的。南宋曾慥编纂《道枢》四十二卷，内容颇为丰富，是南宋前道教修炼之百科全书。

太玄部有一部重要的大书，即《云笈七签》。《云笈七签》是张君房择录《大宋天宫宝藏》的精华而编成的道教类书。全书一百二十二卷，共一百七十余万言，征引道经七百余种。这部书可以视为一部北宋以前的道教概论，它根据道教的主要内容，摘录经典，以类相从，所以没有受三洞四辅十二类的束缚。张君房按照道教的内容分了三十六部：

一、道德部（卷一）

二、混元混洞开辟劫运部（卷二）

三、道教本始部（卷三）

四、道教经法传授部（卷四）

五、经教相承部（卷五）

六、三洞经教部：（本文、经释、经；卷七～二十）

七、天地部（卷二十一～二十二）

八、日月星辰部（卷二十三～二十五）

九、十洲三岛部（卷二十六）

十、洞天福地部（卷二十七）

十一、二十八治部（卷二十八）

十二、禀生受命部（卷二十九～三十一）

十三、杂修摄部（卷三十二～三十六）

十四、斋戒部（卷三十七）

十五、说戒部（卷三十八～四十）

十六、杂法部（卷四十一）

十七、存思部（卷四十二～四十四）

十八、秘要诀法部（卷四十五～五十一）

十九、杂要图诀法部（卷五十二）

廿、杂秘要诀法部（卷五十三）

廿一、魂神部（卷五十四～五十五）

廿二、诸家气法部（卷五十六～五十九）

廿三、金丹部（卷六十三～七十三）

廿四、方药部（卷七十四～七十八）

廿五、符图部（卷七十九～八十）

廿六、庚申部（卷八十一～八十三）

廿七、尸解部（卷八十四～八十六）

廿八、诸真要略部（卷八十七）

廿九、仙籍旨诀部（卷八十八）

卅、诸真语论部（卷八十九）

卅一、七部语要部（卷九十）

卅二、七部名数要记部（卷九十一）

卅三、仙籍语论要记部（卷九十二～九十五）

卅四、赞颂部（赞颂歌、歌诗、诗赞辞、赞诗词；卷九十六～九十九）

卅五、纪传部（纪、传；卷一百～一百一十六）

卅六、灵验部（卷一百一十七～一百二十二）

《四库全书总目提要》评云："类例既明，指归略备，纲条科格，无不兼该。道藏菁华，亦大略具于是矣。"需要说明的是，所谓"道藏菁华"，还当有所限定，主要是指北宋之前的道教文献，其中尤其重视上清派的著作。

太 平

太平部是辅洞玄的，其中重要的经典有《太平经》。《后汉书·襄楷传》记载宫崇献神书，李贤注云："神书即今道家《太平经》也。其经以甲乙丙丁戊己庚辛壬癸为部，每部一十七卷也。"故而《太平经》又称"甲乙十部"，当有一百七十卷。《正统道藏》所收《太平经》仅五十七卷，甲乙辛壬癸五部全佚，其余亦有残缺。今人王明据唐末闾丘方远《太平经钞》十卷、敦煌本《太平经目录》以及其他道书中的征引，纂成《太平经合校》，是迄今最好的版本。《太平经》是最早的道教经典之一，突出特点是提倡奉天法道，顺阴阳五行，以及治世兴国之术，也就是说，这部经中含有丰富的宗教与政治思想，试图将道教神学与国家政教结合在一起。也正是这部分内容，使其为汉末黄巾起义所利用，而后世道教则尽量避讳这一类的教义。《太平经》中还有善恶报应，以及长寿、成仙、通神、治病、辟邪、占验等通常的道教法术，这部分内容通俗实用，能满足下层民众的需要，所以在汉末道教的传播中发挥了非常大的作用。

太平部有不少古灵宝经，以及陆修静著作，如《太上洞玄灵宝本行宿缘经》、《太上洞玄灵宝本行因缘经》等，为六朝古灵宝经，还有一些出自六朝至隋唐期间的其他灵宝系的道经。陆修静有《陆先生道门科略》一卷，与此内容相近的《洞玄灵宝道学科仪》二卷、《洞玄灵宝三洞奉道科戒营始》六卷，是六朝至唐的著作，均是讲道教威仪和戒律的[1]。

净明道的主要经典收录在太平部。净明道是宋元时期从灵宝派分出的新教派，尊奉西晋许逊为祖师。因为净明道是从灵宝系演变出来的，所以该派的经典与前述之灵宝系道经录在一起。这些灵宝经之所以不在洞玄部，而下落到太平部，也许原因即在

---

〔1〕 参见《道藏提要》关于上述诸经之解题。

它们是净明道所传的。《太上灵宝净明洞神上品经》二卷，又称《净明秘法》或《净明真经》，是南宋净明道奉持的主要经典，该经概述了净明道的教义，提倡忠孝、炼形与救度并重，继承与发扬了自《太平经》肇始的道教之善恶忠孝观念，并述及各种修炼法门。其他净明系诸经有《净明玉枢真经》、《净明道元正印经》、《净明四规明鉴经》、《净明中黄八柱经》等等。净明道最重要的文献是《净明忠孝全书》六卷，黄元吉等编纂于元代，其中有净明道各代祖师传记、净明道的兴教宗师初祖刘玉的语录、二祖黄元吉的语录。净明道和儒家合流，因此受到儒家士大夫的称赞。此外，洞玄部方法类收录了净明道的著作十余种，如《高上月宫太阴元君孝道仙王灵宝净明黄素书》十卷，简称《黄素书》，为净明道之要典。

太平部还有几部隋唐前后的道教通论性著作，从年代上来说，最早的是《无上秘要》，北周武帝时由道通观学士编纂，是现存最早的道教类书，敦煌遗书有抄本残卷。此书辑录了三百多种道书，原书一百卷，二百八十八品，唐以后逐渐散失，宋代尚著录有九十五卷本和七十二卷本，至明代此本则仅余六十八卷，一百三十五品。《无上秘要》堪称南北朝之前的道教百科全书，展示了道教的相对完整的面貌。《洞玄灵宝玄门大义》一卷，原书出于隋代，未署撰人。主要诠释三乘十二部经，在道教目录学上具有非常重要的价值。唐高宗时道士孟安排著《道教义枢》十卷，是在《玄门大义》的基础上编成的，为道教教义之汇释，举道教名数三十七目，先以骈文提要钩玄，其次详加解释，广引经籍及六朝各家之说。

此外，唐玄宗时史崇等编的《一切道经音义妙门由起》一卷，虽然篇幅较小，但概括性很强，主要说道教、道经之源流。

唐王悬河编纂的《三洞珠囊》十卷,《宋史·艺文志》著录为三十卷,较此本篇幅大很多。此书也是著名的道教类书,分三十五品,辑录了二百多种道书,内容丰富。王悬河还编有《上清道类事相》四卷,辑录道书中有关神仙道士所居楼观室宅等建筑园林之文,分仙观、楼阁、仙房、宝台、琼室、宅宇灵庙,共六品,非常有特色,是少见的道教建筑类著作。

唐代孙思邈是大医学家,太平部有《孙真人备急千金要方》九十三卷,附目录两卷。孙思邈原书本三十卷,北宋时曾御敕林亿等人校修此书,宋代诸目录均著录作三十卷,亦有三十卷之宋元明本传世,而此本分作九十三卷,未详原因。此书乃中国医学史之巨著,其重要价值自不待言,由此可见道教与医学之密切关系。

太玄部比较集中地收录了一组全真教道士所作诗词文章的别集,有王嚞的《重阳全真集》十三卷、《重阳教化集》三卷、《重阳分梨十化集》二卷,马钰《渐悟集》二卷、《洞玄金玉集》十卷、《丹阳神光灿》一卷,谭处端《水云集》三卷,刘处玄《仙乐集》五卷,丘处机《磻溪集》六卷,王处一《云光集》四卷,郝大通《太古集》四卷,尹志平《葆光集》三卷,姬志真《云山集》十卷,等等。这些别集既有道教史料价值,又有独特的文学价值。

太 清

太清部是辅洞神的,在四辅中收书最少,其中重要的经典有《太上感应篇》,该篇托为太上老君所言,主旨讲善恶报应、感应灵验。《太上感应篇》与《抱朴子》似有渊源关系,其定本大概出自北宋,南宋即有李昌龄注。李注博引三教经典,使其思想契合儒道释三教，故而助其广为流传，其影响不限于道教，儒家和佛教中人也都奉持此书。后世经过明世宗、清世祖的提倡，更成为人人诵读的善书，注本亦层出不穷，清儒惠栋之注尤其精博。

洞神部以太上老君《道德经》等道家诸子为主，太清部也同样收录了很多诸子书，有《鹖子》二卷、逄行珪注，《公孙龙子》三卷，《尹文子》二卷，《子华子》十卷，《鹖冠子》三卷、陆佃注，《墨子》十五卷，《韩非子》二十卷，《黄石公素书》一卷、魏鲁注与张商英注，《孙子注解》十三卷、吉天保集注，《太玄经集注》六卷、司马光注，《淮南鸿烈解》二十八卷，《抱朴子内篇》二十卷、《外篇》五十卷、《别旨》一篇，等等。这些诸子书在《汉书·艺文志》等传统目录中均有著录，有些是先秦古书，有些是汉至魏晋的古书，有些则是伪托之作[1]。道藏本因为自有传承，所以具有独特的版本价值。

正 一

正一部号称是遍辅洞真、洞玄、洞神三洞的，其实是以正一派的著作为主，其他道经则非常博杂。首先，如其他三部一样，正一部也保存了一些六朝旧经。据记载，正一派经典《正一法文》原有一百卷，后来在流传中被打散了，比如《太上正一法文经》一卷、《正一法文经章官品》四卷、《正一法文经护日醮海品》一卷、《正一法文十箓召仪》一卷、《正一法文法箓部仪》一卷、《正一法文太上外箓仪》一卷，等等，都可能是《正一法文》的散帙。后世正一派的著作，比较侧重教理的有宋代张继先

---

〔1〕 关于上述诸书的辨伪可参考张心澂《伪书通考》，商务印书馆（上海），1954 年。

《三十代天师虚静真君语录》七卷，张宇初编次；明张宇初《岘泉集》十二卷，则是一部内容非常丰富的诗文集。

南宋以后，讲符箓斋醮的各道派汇合成了正一道，这一道派不以义理见长，而是擅长法术，所以形成了很多汇总法术的大书，比如记载灵宝法术的，有南宋王契真编《上清灵宝大法》六十六卷，南宋金允中编《上清灵宝大法》四十五卷；记载道教斋醮仪范的，有南宋吕元素编《道门定制》十卷，吕太古、马道逸编《道门通教必用集》九卷，后书是对前书的补充；《道法会元》二百六十八卷，则是宋元时期各派道法的大汇集，涉及道教源流、戒律和科仪等许多方面。至于唐代马总《意林》五卷、宋代《太平御览》三卷，均为著名之类书，但并不属道书范畴，亦被收录。

除了正一派的著作之外，还有其他教派的一些著作，著名的如有关宋金丹南派宗师白玉蟾的书，有彭耜编《海琼白真人语录》四卷、留元长编《海琼问道集》一卷、洪知常编《海琼传道集》一卷、《静余玄问》一卷。正一部有关道教教规的文献亦值得重视，如宋刘若拙《三洞修道仪》一卷，全真教王嚞《重阳立教十五论》一卷，陆道和《全真清规》一卷，以及明代张宇初所作《道门十规》一卷，等等。

正一部的一个特别之处是收录了大量上清类的道经，在这些上清经中，有些是六朝古经，有些是后来所造的。比较重要的有《太上三天正法经》一卷、《太上大道玉清经》十卷，以及与《大洞真经三十九章》合称"三宝奇文"之《洞真高上玉帝打洞雌一玉检五老宝经》、《洞真太上素灵洞元大有妙经》，还有《金根众经》、《八素真经》、《九真中经》、《太素玉箓》、《仓元上录》、《太霄琅书》、《玉清隐书》等等，都是六朝至隋唐时期的上清类的道经。至于为什么要把这些本该著录在洞真部的上清经堆放在正一部，则令人费解。

在上述三洞四辅中，都有一些记传类的道教史著作，这些神仙高道之传记，宜从张君房《云笈七签》之例，从各部中抽取出来归总来看。其中最重要的有以下几种：

《列仙传》二卷，洞真部记传类，题汉刘向撰，但后人怀疑是伪托，《四库全书总目》认为此书出自魏晋方士。这部书是道教传记中最早的，其所述的神仙从神农时的赤松子到汉代的玄俗，共七十一传，多是神话传说中的人物。

《元始上真众仙记》，洞真部谱录类，又名《枕中记》、《枕中书》，题晋葛洪撰，后人怀疑其为伪托，当出自陶弘景时，是上清派的著作。葛洪有《神仙传》十卷，该书是葛洪不满意刘向《列仙传》之简略，据道书与史书而作。葛洪此书是道教仙传的真正奠基，以史事为根基，复夸之以虚诞，使其所述之人物与史迹具有世俗与宗教双重品格。但此书《正统道藏》未收，传世有两本，一为《四库全书》所收《神仙传》，有传记八十四人，称古本；一为《汉魏丛书》本，有传记九十二人，但《四库全书总目提要》斥此本为不足据。民国时丁福保编辑《道藏精华录》仍用《汉魏丛书》本。

《续仙传》二卷，洞真部记传类，南唐沈汾撰，记录三十六人，多唐代仙真与道士，如张志和、孙思邈、司马承祯、谭峭等等，上接葛洪之《神仙传》。

张君房《云笈七签》纪传部，是通过辑录流传到北宋的道教史书而成的，主要有刘向《列仙传》、葛洪《神仙传》、见素子《洞仙传》、杜光庭《神仙感遇传》、《墉城集仙录》、沈汾《续仙传》等，换句话说，他把各书中的材料综合在一起，可谓迄北宋为止最好的道教史书了。不过，早期的道教史书在客观真实性上很有疑问，多将虚构的神仙和真实的道教人物混杂在一起，年代与事迹都真伪难辨。到了元代赵道一编修的道教史书，则大有改观，且年代越晚，可靠性越高。

《历代真仙体道通鉴》五十三卷、《历代真仙体道通鉴续篇》五卷、《历代真仙体道通鉴后集》六卷，均为赵道一编修，在洞真部记传类。《通鉴》收录自轩辕黄帝至宋代林灵素、王文卿，共七百余人；《续篇》则收金元人物，尤其以全真教为主；《后集》则主要收女仙真，从无上元君、九天玄女至宋代凡一百二十人。这三部道教史书在道教史上占有重要地位，它秉承刘向、葛洪以来的既有实录又有神话的传统，相较过去的几部神仙传，在历史记述上更严谨而翔实，对宋金元晚近道教人物，还引用了很多碑铭史料。

此外，还有一些重要的教派史著作，如茅山上清派《茅山志》三十三卷，全真教的《甘水仙源录》十卷、《七真年谱》一卷、《金莲正宗记》五卷，天师道的《汉天师世家》四卷，以及《终南山说经台历代真仙碑记》、《天坛王屋山圣迹记》、《太华希夷志》、《西岳华山志》等等。另有若干重要的个人传记。

三、道书目录举要

如佛教目录一样，道教教内编纂的独立目录晚于教外的传统目录有关道书的著录，特别是内外目录在诸子百家与术数、方技等很多方面是重叠的，所以教外之传统目录的价值尤其不可忽视。《汉书·艺文志》著录的道家书，后来被纳入道教，故而这部分的著录可谓道教内外目录之滥觞，王俭《七志》、阮孝绪《七录》都为道家与道教专设门类，创立了传统目录著录道书之体例，《隋书·经籍志》则为传统目录著录道书树立了一个典范。

《隋书·经籍志》的观念比较传统，它把道家和道教分别著录，子部中有道家类，收录传统的以老庄为主的道家著作，又在四部之后，别设道经、佛经两类，只是记载了道经三百三十七部，一千二百一十六卷，只有经数，没有列出书名。《隋志》道经类的小序，堪称一篇道经、道教的简史。首先按照道教所说，谓道经与天地共存，天地不坏，则蕴而莫传；劫运一开，其文自见。天上的道经，也就是天书，只有八个字，开劫授人时由天仙加以辨析、阐释，由此形成了无数部道经。道经授人之后，受法之人先要宝而秘之，要过若干年之后才能公开传授。受经的次序是先受《五千文箓》，次受《三洞箓》，次受《洞玄箓》，次受《上清箓》。受经的仪式，"受者必先洁斋，然后赍金环一，并诸赞币，以见于师；师受其赞，以箓授之，仍剖金环，各持其半，云以为约。弟子得箓，缄而佩之"。随后《隋志》简要说明了道教的洁斋受箓之法，以及消灾度厄之法，服饵、辟谷、金丹、玉浆、云英、蠲除滓秽之法，唐朝之前道教的修炼法事基本包括在内。再后《隋志》则推寻道教事迹，揭明汉时诸子三十七家还是延续黄老传统，没有上天官符箓之事。南北朝则是道教发展的关键时期，南朝有陶弘景，北朝有寇谦之，经他们的大力弘扬，以及统治者的支持，道教兴盛于大江南北，各种道经也大量出现并流传。到了隋代，道教虽然不太受重视，但是已经蔚然大宗，当时讲授的道经以《老子》、《庄子》及灵宝经、升玄经为主。《隋志》的记述没有夸大之辞与神异色彩，平实可信。

作成于宋代的《旧唐书·经籍志》与《新唐书·艺文志》都把道教经典混录在子部道家类中了，著录的道书也不是很周详。宋代著录道教经典最好的目录首推《崇文总目》。《崇文总目》延续了《隋志》的做法，分设道家和道书两类，前者著录老、庄与道家诸子，后者则著录以《黄庭经》为首的道教文献。

南宋郑樵在《通志·艺文略》中对于道书的著录有新的发展，首先是把道家和道书混在一起，其次做了详细的分类：老子、庄子、诸子、阴符经、黄庭经、参同契、目录、传、记、论、书、经、科仪、符箓、吐纳、胎息、内视、导引、辟谷、内丹、外丹、金石药、服饵、房中、修养，共二十五小类，著录道经一千三百余部，三千七百余卷。依我拙见，除了道教内的“三洞四辅十二类”之外，最好的道书分类就是郑樵所做的了。三洞、四辅牵扯教派与教义的东西太多，每类之内部颇为混乱，这也是公认的；郑樵的分类完全从文献出发，分类非常清楚，虽然不如教内的一些目录能反映出教派与教义，但在道教外来说，已经是很完善了。其实，在某种意义上说，张君房的《云笈七签》也可以看作是目录分类，从前引的三十六部分类可以看出，它既反映了教义体系，又摆脱三洞、四辅的局限，是非常出色的，可惜并没有通行。《通志·艺文略》著录的道书和《正统道藏》、《续道藏》有相当的出入，它所反映的是宋代道书流通的一般情况，颇有参考价值。

元代马端临《文献通考·经籍考》对道经的著录，亦有重要的参考价值，其重点不在分类上，而是小序与提要。每类前对历朝目录著录道经的情况有简要概述，每书下有考评提要。作为一部辑录体的提要目录，《经籍考》辑录了自汉至宋多部公私目录以及学者之说，内容相当丰富，特别是对于道教文献来说，虽然不是很完全，但却是道教之外的最具学术性的提要目录，对于了解道教的发展源流非常有助益，应是道教外的必读之书。

就道教内的目录而言，南北朝时期的首先是葛洪《抱朴子·

遐览篇》，初步具有目录之功能，该篇分类记述道书书名，分经、图、记、法、符、录等类，开道教目录之先河。其次是陆修静的《灵宝经目》，是道教内的第一部全面目录，并创立了三洞十二类的分类法，为道教目录的奠基之作。隋唐时期的目录颇多，隋时有隋炀帝命玄都观道士所撰的《玄都观一切经目录》，唐时有唐明皇御制的《三洞琼纲目》与尹文操的《玉纬经目》。郑樵《通志·艺文略》著录了十一部道经目录，有《隋朝道书总目》四卷、《唐朝道藏音义目录》一百十三卷、《宋朝明道宫道藏目录》六卷、《洞元部道经目录》一卷、《太真部道经目录》二卷、《洞神部道经目录》一卷、王钦若等撰《三洞四辅部经目录》七卷、陆修静撰《灵宝经目序》一卷、《道藏经目》七卷、司马道隐撰《修真秘旨事目历》一卷、《开元道经目》一卷。可知隋朝之后的道藏目录主要是以隋、唐、宋三朝官修道藏为基础，私藏或私撰目录比较少。在《正统道藏》正一部中收录了一部《道藏阙经目录》，元代道藏曾经多次遭厄，钱大昕为此目所作的跋中认为，此目为元人所作，所谓阙经当是元藏遭数厄之后相较于宋藏的阙佚道书。而陈垣则认为，此目是明人修《正统道藏》时，对比元《玄都宝藏》目录勘出的阙经[1]。按前说此目所载的道经宋有元无，按后说则是元有明无。

明代《正统道藏》、《万历续道藏》之外，清代并没有编纂大型道藏，只是在康熙时彭定求精选正、续道藏中的道书，并补充明藏未收的道书一百种，编成《道藏辑要》二十八集刊行，后经嘉庆、光绪间两次增补，所收道书达二百八十七种，颇方便流通。到了民国之后，丁福保编纂了《道藏精华录》，此书虽仅收

---

〔1〕 参见陈垣《南宋初河北新道教考》，第28页，中华书局，1962年。

录一百种，但均为精挑细选的必读道书，以重要经典与内外丹法
为主，兼及传记。卷首有丁氏作《道藏精华录绪言》，概述道教
之源流，并有《道藏精华录提要》，以方便初学，还收录了刘师
培《读道藏记》，考辨道经真伪与年代。当代的道藏编纂成就很
大，远迈清代，大型的道书集成有《藏外道书》、《敦煌道藏》、
《中华道藏》等等。《藏外道书》是相对于明正、续道藏而言的，
荟粹了明藏未收的古道书，以及明藏之后的新出道书，分为古佚
道书类、经典类、教理教义类、摄养类、戒律善书类、仪范类、
传记神仙类、宫观地志类、文艺类、目录类、其他等十一类，共
三十六册[1]。《敦煌道藏》则是收录敦煌遗书中的道书，共五百
余件，涉及道书一百余种，其抄写时期在南北朝后期至唐朝中
期，尤其以唐高宗至玄宗时代的抄本最多，半数以上的抄本是明
藏未收入的早期道教典籍，史料价值甚高。由李德范整理编纂，
共五册[2]。《中华道藏》则以明正、续道藏为底本，同时增补了
数十种明藏未收的古道书。分类基本按三洞四辅的体系，三洞四
辅七部之外，又增道德真经、四子真经、易学著作、太清金丹
经、诸子文集、全真文集、道教类书、道门科戒、灵宝诸斋仪、
斋仪章表、神仙高道传记、仙境宫观山志等十二类。对道书做了校
勘整理，并加新式标点，后附目录索引。全藏分为四十九册[3]。

---

〔1〕《藏外道书》由胡道静、陈耀庭、段文桂、林万清等主编，巴蜀书社于
1992、1994 年出版。

〔2〕日本学者大渊忍尔1978 年出版《敦煌道经目录》，1979 年出版《敦煌
道经图录篇》，刊载所收集之敦煌道经的影印图版。李编则于1999 年由中华全国
图书馆文献缩微复制中心出版。

〔3〕《中华道藏》由中国道教协会、中国社会科学院道家与道教文化研究中
心、华夏出版社共同筹划，中国道教协会副会长张继禹道长主持，联合全国百名
专家学者共同修纂，华夏出版社2004 年出版。

　　阅读《正统道藏》以及后续的各种道书集成，都必须借助提要目录。道藏的分类法看似十分严密，但实际上各种道书在入藏时混乱不堪，加之道经的作者与作时、所属派别大多难以考定，如果不做详尽的考证解题，很难达到据目录而窥源流的目的。而古代的道藏提要目录非常少见，仅有明代白云霁撰《道藏目录详注》四卷[1]，虽云"详注"，其实甚为简略。《四库全书总目》云："云霁所注，不能甚详，而亦颇具崖略，考道家之源委，兹编亦其宗汇也。"当代任继愈主编，钟肇鹏、王卡、羊化荣、李永晟、朱越利、吴受璩、陈兵、戴景素执笔撰写的《道藏提要》是迄今为止最好的中文提要目录，该书按照《正统道藏》、《万历续道藏》的原有分类与著录次序，逐一撰写提要，尽可能考证每部书的作者和作时，或大体判断其年代，撮要介绍每部书的内容，以及相关的道教发展源流[2]。钟肇鹏又独立编纂了《新编道藏目录》，将道藏中千余种书籍进行了重新分类，并使该目录与目前流行的涵芬楼本、台湾缩印本、上海书店本三种《道藏》相对应，附人名、书名索引[3]。钟氏的重新分类不再按三洞四辅，而是做了大幅度的调整，共六大类二十二小类：一、总类（目录、丛辑）；二、经论（道经、道论、戒律、易数）；三、史地（传记、谱录、诏疏、地记、灵异图记）；四、诸子（子书、医药、炼养、天文历象、艺术）；五、道术（道法、符诀、威仪、

---

　　[1] 翁独健《道藏引得序》云，尝见北平图书馆藏明刻《道藏目录详注》，题辽左李杰若之详注，胞弟桢藩士、楠敬可参阅。亦有学者认为，白云霁与李杰之书，虽同名而实为两种。李书收在《道藏精华录》。
　　[2] 除了任、钟等中国学者的著作之外，法国汉学家施舟人（Kristofer Schipper）主持编纂的《道藏通考》是迄今为止最好的西文的道藏提要目录，目前尚无汉译本。
　　[3] 钟肇鹏《新编道藏目录》，北京图书馆出版社，1999 年。

斋醮、占卜数术、堪舆）；六、杂著。这样的分类显然不再是道教内分类与教义相结合的传统，而是沿革了郑樵《通志·艺文略》重视专门之学的传统。

四、道学之源流

与中国传统目录和佛教的大藏经目录相类似，道藏的目录也是以内容为中心的目录，从中可以约略看出道教的教义，以及道教发展的源流与格局。

道教的前身是上古以来的巫术传统。在道教建立之初，还有着浓郁的巫术色彩，尚未进步到宗教阶段。我们知道，在原始宗教意识中，人是处在一个复杂的存在境遇之中，这个包裹着人的存在境遇有四维——天、地、神、鬼。如何协调人与天地神鬼的关系，是古人面对的一个重大问题，而巫术就是协调这一关系的主要手段之一。早期的儒家也面临这一问题，儒家提倡的礼乐，亦具有协调人与天地神鬼的关系的功能，所谓"乐率神而从天，礼率鬼而从地"，有了礼乐，人与天地神鬼的关系就合理、和谐了。礼乐文化也是从原始巫术中发源的，但自周公制礼作乐，向前迈出了一大步，超越了原始巫术，进入到国家政教的阶段。与此同时，原始巫术并没有消亡，而是进一步延续，演化成种种方术，如《汉书·艺文志》方技略中的医经、经方、房中、神仙等等，后来它们都汇入了道教。

蒙文通认为，晚周以来的神仙家分为三派，南方的神仙家讲行气，秦讲房中，燕、齐讲服食，三派鼎立于秦汉之际[1]。行

---

[1]　参见蒙文通《晚周仙道分三派考》一文，载《古学甄微》，巴蜀书社，1987年。

气、房中和服食三者可分可合，分则各为一种方术，合则同属神仙家之学。就历史而言，这一传统当是道教的主体。神仙家在汉代因为与两个历史机遇结合而化生出道教，一是张陵在蜀创立的五斗米道，集成了蜀地的鬼神巫术；二是三张在北方创立的太平道，吸收了汉代的黄老思想。这两方面的结合，又都导致道教发生了有本质意义的变化，即提升了早期道教的宗教性，比如在五斗米道中出现了因信而得救的救赎观念，在太平道中出现了预言与彼岸的观念。这些观念虽然还是初步的、隐晦的，但却是具有标志性的，它们标志着早期道教开始从原始巫术的阶段进步到了宗教的阶段。

《魏书·释老志》对于道教的描述是很朴素的：

> 道家之原出于老子。……其为教也，咸蠲去邪累，澡雪心神，积行树功，累德增善，乃至白日升天，长生世上。……至于化金销玉，行符敕水，奇方妙术，万等千条，上云羽化飞天，次称消灾灭祸，故好异者往往而尊事之。

由此可见，道教是在修养和法术两个层面被看待的，修养为本，法术为末。最早曹植作《辩道论》就涉及到道教的这种两面性，曹植清楚地表达出当时的统治者们对于早期道教的矛盾心态，一方面畏惧它利用法术在社会底层产生的巨大影响力，以及可能与世俗统治发生对抗，希望把它限制圈禁起来；另一方面又希望道教的修养真能让他们长生不死，或者把他们带入神仙世界。曹植非常懊恼自己不能专心学道，在著名的《洛神赋》中表达了他渴望遇到神仙时的复杂心情。

道教的全面建设是在南北朝时期，南朝有葛洪、陆修静、陶弘景，北朝则有寇谦之，这些著名的道教学者重新塑造了道教。比如说，早期道教虽然自称源自老子，但基本上是以比较原始的鬼神崇拜为主的，南北朝道教则创造出了新的神谱，最高的神是元始天尊，其次是太上道君，再次是太上老君，合称"三清"。三清神的设立很有特点，它看上去降低了老子的地位，实际上是一套以老子提出的"道"为中心的自然神的崇拜体系。我们不妨和佛教对比来看，老子和释迦牟尼一样，都是世间的觉悟者，并不是创世的神；而作为宇宙的主宰，在印度为"梵"，在中国为"道"。道教要崇拜的是"道"，而"道"的人格化就是三清神。道教的神谱尽管受佛教影响很大，但三清神是道教崇拜的根本，是有自己的根源的。以三清神为中心，道教还有四御神，以及诸多日月星辰之神、山川之神，这些神都是"道"的化身，他们星罗棋布地散布在天地自然之中，使整个宇宙都受"道"的统御。另一方面，历代的道教中人也会成为神仙，这样又构成另一个神仙系列，如九天玄女、八仙，还有道教之历代祖师，如张天师、三茅真君、魏夫人、许真君、葛仙翁等等。上古神话传说中半人半神的人物，以及民间信仰中的各类神灵，大多数被道教收编过去了。这些神仙们居住的地方，则为洞天福地，有些是虚构出来的仙境，如三清所居的三清境，有些则是中国各地的名山大川、风景胜地。

再比如说，与"道"成为道教的核心信仰相应，"道性"问题也出现了。葛洪首先揭示了道性问题，后继的发展中又吸收了佛教有关佛性的观念。在更新的道教观念中，一个修道者要成为神仙，不再希冀通过方术导致种种不可思议的变化，比如羽化、尸解、拔地而起，而是通过内外修炼，使自己先天具有的信道之性与道相契合，这种契合也即是信仰者之位格的实现。可以说，这时的道教具有了与佛教同等级的真正的宗教超越性。在修炼方面，要成仙或长生必须通过修炼，但修炼不能光靠离奇古怪的方术。对于这些方术，曹植已经将信将疑，前引《魏书·释老志》所描述的两个方面中，个人修养的一面越来越突出。在修养上，道教保持了自身一贯的特点，陶弘景曾指明修仙者的修炼应包括"以药石炼其形，以精灵莹其神，以和气濯其质，以善德解其缠"[1]，也就是说，合理的修养是内外两方面兼重的。

东晋南北朝时期亦是道教经典建设的高峰期，道经目录的三洞四辅体系也在此时奠定。三洞四辅体系是否能全面反映道教之教义呢？如果把这个问题限制在东晋南北朝至隋唐时期，则可以做出肯定的回答，也就是说，三洞四辅体系反映了东晋南北朝到隋唐的道教教义、教派和经典情况。以之绳墨此前的道教与此后的道教，则都会有方枘圆凿的问题，时代拉开得越远，问题可能越严重。

我们就以东晋南北朝道教为例，说明三洞四辅体系与道教教义的关系。道教学者潘雨廷曾说："欲理解道教教义，必须由三洞四辅入门，此为南朝道教至重要成就。"潘氏认为，尽管各教派分别发展，各有特色，但是在陆修静、孟法师的三洞四辅体系中被基本协调为一个整体的格局。洞神三皇的来源是汉初的黄老之道以及葛洪之说，洞真的来源是五斗米道以及魏夫人所重视的《黄庭经》，洞玄灵宝则是以葛巢甫创作的《度人经》为代表。四辅进一步加强了这样的三足鼎立体系。太清辅洞神，本来是指继承汉初黄老和葛洪的金丹之术，所以称"金丹以下仙业"；太平辅洞玄，是以早出的《太平经》辅助晚出的《度人经》，其实是为洞玄重新找到根源，故称"甲乙十部以下真业"；太玄辅洞真，

---

[1] 参见陶弘景《答朝士访仙佛两法体相书》，载《全上古三代秦汉三国六朝文》，3216上，中华书局影印本。

是加强了道教中的老、庄诸子之学以及魏晋玄学，故称"《五千文》以下圣业"。正一部总辅三洞和三太，则有把三者统一起来的意思。如果放在儒道释三教的大背景下来看，洞神、太清继承黄老之道和老庄之学的内容多些，洞玄、太平应世度人，社会性强，通乎儒家的多些，洞真、太玄讲感应、玄机，哲理性强，与佛教相通的多些，遍辅上述三洞、三太的正一部则是蕴涵了三教合一〔1〕。潘氏的上述看法很有启发性，尽管有些地方略嫌牵强。陆修静、孟法师所创造的三洞四辅体系一定有其在教派与教义上的考虑，尽管我们还不能做出比较周详、确凿的解释。

到了唐代以后，虽然三洞四辅体系被应用到道藏编纂之中，但是道教的新发展却在某种意义上突破了这一体系的限制。刘勰《灭惑论》云："道家立法，厥品有三，上标老子，次述神仙，下袭张陵。"对于这三品，刘勰推崇老子，质疑神仙，而非议张陵以下的鬼神之术。刘勰固然有站在佛教立场轻视道教的意思，但这种评价的次第，应该说是当时士大夫很普遍的看法，其源可以追溯到不信佛教的曹植，到了唐代更是如此，白居易《海漫漫》尝云："玄元圣祖五千言，不言药，不言仙，不言白日升青天。"可见唐代尊老子，不仅仅是李唐在政治上的图谋，也符合道教自身发展的要求。

唐代道教的一个突出之处，即在出现了以道教、老子、《道德经》为三位一体的新的信仰体系〔2〕。唐代道教把老子从三清神中突出出来，将之与孔子、释迦并列为三教大圣人。在道教义学方面的进展，则是出现了基于老子《道德经》的"重玄"论，

---

〔1〕　参见潘雨廷《道藏书目提要》"自序"，第 1～20 页。
〔2〕　参见［日］砂山稔《道教与老子》，《道教》第二册，第 29 页。

据杜光庭记述："梁道士孟智周、臧玄静，陈朝道士诸柔，隋朝道士刘进喜，唐朝道士成玄英、蔡子晃、黄玄颐、李荣、车玄弼、张惠超、黎元兴，皆明重玄之旨。"这一传承后人称之为"重玄派"，在道教史上占有重要地位。此外，司马承祯所提倡的"坐忘"论，也是唐代的重要道论。有了"重玄"、"坐忘"等道教的义理，乃使道教可以和当时主流的佛教各宗派分庭抗礼。蒙文通《道教史琐谈》云：

> 言佛教史者，论东土大乘之盛，首为中观宗（三论宗），继之者为天台宗（法华宗），后则为禅宗。余观道教之发展亦与此有关。上已述重玄一宗，殆撷取般若之精，而唐世坐忘之说，昔人显谓其出于天台，而金、元之全真则禅宗也。

从道教自身的传统看，成玄英等人提倡的"重玄"论出于老子，司马承祯提倡的"坐忘"论则出自庄子，二者都是南北朝以后老庄之学在道教中渐占主流，并与佛教观念相融通之后出现的。至于宋代以后的新道教，则既不能完全归结为老庄之学的进一步发展，也不宜简单地归结为追摹佛教。宋代以后的新道教，其学术核心是内丹学。内丹学是从外丹学转化来的，内、外丹学都可以追溯到早期的神仙家和方士的传统上，这是道教自有渊源且历代皆有继承与创造的非常独特的一个传统，是道教的真命脉，与老庄之学也不尽相同，佛教中更是没有这样的传统，尽管宋元内丹学的南北分宗很容易让人联想到禅宗的类似历史。在哲学的意义上说，南北宗之内丹学虽然看起来近乎禅宗，但与禅宗集中在心性有所不同，内丹之性命双修是兼顾心性与身体，其身心一如的观念在三教中是最为突出的。

从目录的角度说，唐代新作的道书大多可以纳入到三洞四辅体系中，我们从有"小道藏"之称的张君房《云笈七签》中还能看到严整的形态，但宋代之后新作的道书再塞到这个体系中，就有点难以消化了，故而明代《正统道藏》难免会显得混乱不堪。

马端临《文献通考》道书序备引晁公武、苏轼、胡寅、朱熹诸家说法，而后按之曰：

> 道家之术，杂而多端，先儒之论备矣。盖清净一说也，炼养一说也，服食又一说也，符箓又一说也，经典科教又一说也。黄帝、老子、列御寇、庄周之书所言者，清净无为而已，而略及炼养之事，服食以下，所不道也。至赤松子、魏伯阳之徒，则言炼养而不言清静。卢生、李少君、栾大之徒，则言服食而不言炼养。张道陵、寇谦之之徒，则言符箓而俱不言炼养、服食。至杜光庭而下，以及近世黄冠师之徒，则专言经典科教；所谓符箓者，特其教中一事。于是不惟清净无为之说略不能知其旨趣，虽所谓炼养、服食之书，亦未尝过而问焉矣。然俱欲冒以老氏为之宗主，而行其教。盖尝即是数说者而详其是非。如清净无为之言，曹相国、李文靖师其意而不扰，则足以致治，何晏、王衍乐其诞而自肆，则足以致乱，盖得失相半者也。炼养之说，欧阳文忠公尝删正《黄庭》，朱文公尝称《参同契》，二公大儒，攘斥异端不遗余力，独不以其说为非，山林独善之士以此养生全年，固未尝得罪于名教也。至于经典科教之说，尽鄙浅之言，庸黄冠以此逐食，常欲与释子抗衡，而其说较释氏不能三之一，为世患盖未为甚钜也。独服食、符箓二家，其说本邪僻谬悠，而惑之者罹祸不浅，栾大、李少君、于吉、张津之徒以此杀其身，柳泌、赵归真之徒以此祸人而卒自婴其戮，张角、孙恩、吕用之之徒遂以此败人天下国家。然则柱史五千言，曷尝有是乎？盖愈远而愈失其真矣。

马端临的这段话，非常典型地反映了宋元士大夫对于道教的看法。在他们看来，道教基本上是一种混杂体，清静、炼养、服食、符箓、经典科教，诸多来源不一、讲究不一的东西皆冒老子之名，混入道教。其中本出于老子的清静之说当然是好的，但也有利有弊；炼养之说也基本是好的，欧阳修、朱熹都不排斥；至于经典科仪，非常粗鄙浅陋，不足以与佛教相抗衡，服食、符箓就属于邪辟谬悠的了，常常会招致祸害，小则害人害己，大则祸国殃民。这里尤其可注意的是道教外之士大夫的态度，欧阳修删正《黄庭经》，朱熹注释《周易参同契》，表明宋代士大夫除了肯定道教中的老庄清静之学，对于内丹一脉的炼养之学也基本是赞同的，而这一点正是宋元道教的核心。自宋元至明清，道教经典科教与服食、符箓诸家，虽然广泛流行于道教与民间，甚至颇有几朝的皇帝沉迷其中不能自拔，但是占主流地位的士大夫阶层对其是持否定态度的，这一点非常明确。

五、道藏之广纳百川

道教就其本质而言，并不是超越性很强的宗教，其所构建的神仙世界，基本上是现世生活的理想化延伸，或谓之投影。道教在此岸与彼岸之间不存在难以逾越的鸿沟，而且从此岸到彼岸不是凭借精神性的飞跃，而是通过各种法术、术数和修炼法门，架起了可施行的、实用性的桥梁。就下层而言，道教与上古以来的自然崇拜与巫术传统一直没有明确区分，也与自古以来的民间信仰与风俗传统没有明确界限。就上层而言，道教与儒家、佛教之间有广泛的融通，并且侵入到高层政治以及士大夫的信仰与文化生活中。这些因素促使道教成为一个中国历史上各种文化混杂的大本营，就像鲁迅所言："中国之根柢全在道教。"

　　道教从一开始就是一种包容性极强的宗教，谓其广纳百川有两层意思，一是说在儒道释三教中，道教最具有兼容并包的精神，吸纳其他二教很多营养，与其他二教共同构成了三教并立的格局；二是说历代道藏的内容庞杂，既是一个宗教经典的集合，又是一个多元文化的渊薮。

　　陈寅恪尝说，从晋代之后，中国文化以儒释道三教为主要代表。这三教中儒家对两千年来中国文化影响最深最巨者，实在制度法律公私生活方面，而关于学说思想方面，或转不如佛道二教者。佛教是印度传来的，其原本的教义与中国本有文化有严重的抵忤，如不能吸纳中国本有文化而对自身加以改造，必不能长久。佛教之吸纳中国本有文化，一方面是向儒家学习，另一方面也借鉴了道教，陈氏谓天台宗是佛教宗派中道教意义最富之一宗〔1〕。这一点尤其鲜为人道，一般都简单地认定道教很多地方袭用佛教，很少能阐明佛教也有借鉴道教的地方。佛教和道教都是宗教，在宗教的层面上它们之间更容易融通，相比之下，儒家虽亦称一教，其实并不是真正的宗教。佛教、道教以及宋代的新儒学，都是先沉浸于三教之中，吸足了三教的营养后，创立一家之说，而后严苛者反过来排斥其他二教，宽容者则主张三教合一。这是三教相类似的思想建构模式，道教中的全真教尤其典型，创教者王嚞要求教徒们诵读儒家的《孝经》、佛教的《金刚经》、道家的《道德经》，也就是说，全真教有个三教合一的基础。元代刘谧在《三教平心论》中主张儒教治世、道教治身、佛教治心，亦是很流行的三教合一之论。

────────────

　　〔1〕　参见陈寅恪《冯友兰中国哲学史下册审查报告》，《金明馆丛稿二编》，第250页。

在历代道藏包容多元文化方面，仅仅就"三洞四辅十二类"的目录来看是显示不出来的。反倒是教外的学者对于道藏的研究，突破了"三洞四辅十二类"的束缚，同时也开掘了道藏中埋藏的宝矿。按照现代的学科来看，道教在医学、矿物学、植物学、化学以及神话学、民俗学、艺术史等诸多领域，都有独特的贡献。首先，道教因为追求长生与成仙，故与古代医学的关系最为密切。道教的内丹学，涉及导引、气功、辟谷、房中术，这些既是道教的修炼，也是中医的保健锻练。道教的外丹术，需要使用丹砂、芒硝、雄黄、白矾等等特殊的矿物质，经过复杂的反应过程炼出金丹，这涉及到矿物学和化学。各种矿物与植物的配合炼制，还形成了具有特殊药效的合剂或膏药，这是医药方面的一大进步。著名学者陈国符有《中国外丹黄白术考论略稿》[1]，详尽论述了道教外丹术在化学与医药方面的贡献。其次，研究中国的神话学离不开道教，道教的神仙谱系与道教之前的上古神话有着继承与发展的关系，这方面可以做专门的研究。研究中国的民俗学，也离不开道教，土生土长的道教在儒、道、释三教中是民间性最强的，其于民间的风俗影响甚大，不仅体现在一些神仙与鬼神崇拜方面，也包括对节气、饮食、养生等方面的影响，以及对婚丧嫁娶等各类生活礼仪的影响。道藏中保留的大量艺术史方面的史料，是研究道教艺术必不可少的。通常说传统文化儒道释鼎足而三，在艺术史方面，中国固有的以礼乐与士大夫艺术为主体的艺术传统与佛教艺术传统、道教艺术传统之间，也应保持同样的格局。相比之下，三大艺术传统中关于道教艺术的研究最为薄弱，道藏中的宝贵资源尚未得到充分挖掘与利用。

---

〔1〕 此文收载在氏著《道藏源流考》中。

当代道教学者朱越利所作的《道藏分类解题》，完全抛开了传统道藏的目录体制，按照现代知识体系重新分类，共分哲学、法律、军事、文化、体育、语言文字、文学、艺术、历史、地理、化学、天文学、医药卫生、工业技术、综合性图书十五部。这样的分类固然背离了道藏目录反映道教教派与教义的传统，但是它对于凸显《道藏》作为中国古代文化之百科全书，有比较积极的意义。对于从非道教的、从人文与社会科学的跨学科层面研究《道藏》的人来说，尤其便利。道教学者柳存仁在序中说："《道藏》是一部丛脞繁杂的大书，它的线装本放在书架上可以摆满一边墙壁，因为它有一千二百册书，分装在一百二十八函里。它自己有传统的分类，那些细目，从宗教的观点说仍是有道理的，并且一部书跟一部书之间的连续也有相当的承接性。但是，对于对道教的历史和统系没有什么兴趣和知识的人，要想应用它，真有大海捞针，不知道从何处下手之苦。这个困难，近年各国的学者们特别是研究历史、宗教、人类学、社会学、民俗学各方面的人对它的特别爱好和注意，大家都感觉到明末清初前人所纂的两种《道藏目录详注》和民国元年耶稣会士魏哲（Dr Léon wieger, S. L.）根据它们编成的《Taoisme Bibliographie Générale》不仅错误多，并且都太不够用了！……朱先生这部《解题》用的却是新的图书馆目录的分类法，仍稍微加以变通。这对于读道籍仍苦于未曾入门的人，是有很大便利的。"[1]

---

〔1〕　参见朱越利《道藏分类解题》柳序，第2页，华夏出版社，1996年。

第十章

从《崇文总目》到两解题

——宋代的目录与宋学流变

一、传统目录学的沿革

从中华文明史的大背景说，唐代是一个高峰，其特点在于多元一体，在统一的国家内，各民族文化之间，南北文化之间，中外文化之间，儒、释、道三教之间，都发生了广泛的交融与整合，从而构成各种文化和谐共生、繁荣昌盛的大格局。在唐代，作为文化的核心，儒、释、道三教的经典建设占了很突出的地位。释、道二教在大藏经、道藏的建设上均声名显赫，此无须赘言，而自刘向、刘歆以来规划出的中国固有的传统文献，亦有很大发展，在搜集整理和目录编制方面都取得了无愧于前代的成就。

据《新唐书·艺文志》记载，唐开元时期国家藏书最盛，"其著录者，五万三千九百一十五卷，而唐之学者自为之书，又二万八千四百六十九卷"。犹如佛藏、道藏一样，这些中国的传统文献，首次被按照经、史、子、集的分类入库上架收藏，并编有在库书目，由此"四部"藏书亦称"四库"。唐代的国家收藏以及基于国家收藏的官修目录，都是以这部分传统文献为基础的。

　　唐代的官修目录主要有开元《群书四部录》、毋煚《古今书录》两部。开元五年，诏马怀素、褚无量负责整理内库藏书，开始是打算续修王俭的《七志》，后来马怀素去世后，由元行冲接续领导这项工作，则按照四部全面展开，先后有二十余位学者参与，最终于开元九年完成了《群书四部录》二百卷，《序例》一卷，共著录图书二千六百五十五部，四万八千一百六十九卷。余嘉锡推断"观其卷帙之富，疑用刘向、王俭之例，每书皆有叙录"[1]。毋煚曾参与编纂《群书四部录》，但是对于这部大目录并不满意，嫌其过于浩繁，在分类与收书等方面也有自己的想法，故而在它的基础上又编纂成《古今书录》四十卷，分四部四十五类，著录图书三千零六十四部，五万一千八百五十二卷，每类均有小序，每书皆注撰人名氏，有释，有论。王重民认为，《古今书录》是对《群书四部录》的修正、补充和简化的新本，若把《群书四部录》比作《别录》，《古今书录》比作《七略》[2]。

　　上述两部目录对于宋代初期的目录学有很大影响，特别是后者。五代刘昫等修撰的《旧唐书·经籍志》，完全抄录《古今书录》，惟略掉了小序与论、释。宋初欧阳修等修撰的《新唐书·艺文志》，基本沿用了旧志，新补入了唐代著作二万八千四百六十九卷[3]。可以说，新、旧《唐志》都是以毋煚《古今书录》为基础的。

　　宋代的主要目录成就有公私两方面，官修目录当然首推《崇文总目》。北宋初年，文献逐渐恢复，国家有多处馆阁收藏图书，

---

[1] 参见余嘉锡《目录学发微》，第117页。
[2] 参见王重民《中国目录学史论丛》，第99~100页。
[3] 参见王重民《中国目录学史论丛》，第107页。

并分别有登记的书目，比如《史馆书新定书目》四卷、《太清楼书目》四卷、《皇朝秘书目》一卷等等。宋仁宗恢复崇文院，先命张观、李淑、宋祁等学者把昭文馆、史馆、集贤院及秘阁的藏书统一进行整理，而后诏王尧臣、欧阳修等学者仿照唐开元《群书四部录》修纂国家书目，于庆历元年完成《崇文总目》六十六卷，著录藏书三千四百四十五部，三万零六百六十九卷。至徽宗朝，又对《崇文总目》做了增补，增书二万五千二百五十四卷，总数达五万五千九百二十三卷，更名为《秘书总目》。南宋以后，亦有接续《崇文总目》传统的国家书目，淳熙五年，陈骙等编成《中兴馆阁书目》七十卷，收书四万四千四百八十六卷；嘉定十三年，张攀等编成《中兴馆阁续书目》三十卷，收书一万四千九百四十三卷。宋代先后七次修国史，每次修史都包含艺文志，这些史志目录一般不是直接整理藏书的结果，而是汇合各时代、各馆阁已有的藏书目录而成的。宋代有四部国史艺文志比较重要，仁宗时，有吕夷简等编的《三朝国史艺文志》，记录太祖、太宗、真宗三朝藏书；神宗时，王珪等编《两朝国史艺文志》，记录仁宗、英宗两朝藏书；此后南宋李焘等编《四朝国史艺文志》和《中兴四朝国史艺文志》，前者是记录神宗、哲宗、徽宗、钦宗四朝的藏书，后者是记录高宗、孝宗、光宗、宁宗四朝的藏书。上述七种官修目录，除了《崇文总目》有残本传世之外，其他六种都已经散佚了。

按照王重民先生的看法，宋代早期的目录，《崇文总目》等官修目录占主导地位，至南宋以后的目录，私人目录呈后来居上之势。南宋初年晁公武《郡斋读书志》著录的书籍已可比肩《崇文总目》，南宋末陈振孙《直斋书录解题》不仅超过了《崇文总目》，甚至超过《中兴馆阁书目》五千多卷〔1〕。唐宋时期，特别是从唐代抄写书籍的时代发展到宋代雕版印刷书籍的时代，书籍流通量逐渐加大，私人藏书家越来越多，著名之私藏可达几万卷之巨。富有藏书的学者一方面可以亲自披阅群书，校雠同异，另一方面参考既有的官私目录，去伪存真，去粗取精，考论前人得失，从而编撰包含自己学术理念与独到见解的私家目录。据宋人记述或者流传下来的著名私家目录除晁、陈之外，还有沈立《沈谏议书目》、吴良嗣《籝书堂书目》、江正《江氏书目》、王钦臣《南都王钦臣书目》、李淑《邯郸图书志》、田镐《荆州田氏书总目》、董逌《广川藏书志》、吴与《吴氏书目》、郑寅《郑氏书目》、郑樵《夹漈书目》、叶梦得《石林书目》、袁燮《藏书录》、蔡瑞《石庵书目》、吴泌《家藏书目》、尤袤《遂初堂书目》等〔2〕。

宋代私家目录的学术性很强，往往可以据目录而知治学之门径。前述未提的，还有高似孙的两部目录书，一是《子略》四卷，略说古今子书，或述其内容，或引其语句，或论其真伪，或略加评说，对于研究诸子学很有参考价值；二是《史略》六卷，通论各种体裁之史书，广涉自《史记》以降之历代诸史，其为书介于目录与史学史之间。

自《崇文总目》以降，宋代目录学形成了重视解题的传统，除了《崇文总目》，最著名的就是《郡斋读书志》和《直斋书录解题》。作为一种派生的形式，辑录体的目录也产生了，代表性

---

〔1〕参见王重民《中国目录学史论丛》，第113页。
〔2〕参见杨渭生等著《两宋文化史》，第451页，浙江大学出版社，2008年。

的可以举出宋王应麟《玉海·艺文志》、元马端临《文献通考·经籍考》。《玉海》是一部大型类书，分二十一门，凡二百卷，其中有艺文一门，收录古今著作，分类切于实用，在各类和各书下辑录相关史料。《文献通考》则是通典类的书，分二十四考，凡七十六卷，其中有经籍考，著录自古迄宋现存图书约五千余种，各部类均有大、小序，书下有提要，汇集了汉代以来目录书及学者之评论。辑录体虽非原创，但是其汇总诸家之说以备考覈研究，也是有功于学术的。

总体来看，宋代的目录学成就达到了非常高的水平，且在学术史上有十分重要的意义。元代除了马端临《文献通考·经籍考》之外，没有大型目录。明代编纂的目录虽然相当可观，但最好的目录都是私人目录，官修目录十分潦草。正统时，杨士奇奉诏修撰的《文渊阁书目》，是一本藏书簿账，不分四部，分三十九小类，按千字文编号，不注撰人。万历时，张萱等人重新整理内阁藏书，编成《内阁藏书目录》，在分类上有所改进，标注了撰者姓名，偶有简略解题。万历中，诏修国史，但只有焦竑编纂的《国史经籍志》完成，这部书共五卷，分制书、经、史、子、集五部，部下再分若干小类，小类后有序。这部目录在明代大型目录中首屈一指，清代修《明史·艺文志》以之为主要参考。

据学者考证，明代私人藏书盛行，藏书万卷以上者多达二百三十一家[1]。很多藏书家为自己的藏书编制目录，据《千顷堂书目》与其他文献记载，明代至清初的私人藏书目录有数十种之

---

[1] 参见范凤书《中国私家藏书史》，第137页，大象出版社，2001年。

多，流传下来的著名的私藏书目有叶盛《菉竹堂书目》六卷[1]、周弘祖《古今书刻》二卷[2]、高儒《百川书志》二十卷、李廷相《濮阳李先生家藏目录》、朱勤美《万卷堂书目》四卷、晁瑮《宝文堂书目》三卷、赵用贤《赵定宇书目》、赵琦美《脉望馆书目》、徐𤊹《红雨楼书目》四卷、陈第《世善堂藏书目录》二卷、祁承㸁《澹生堂藏书目》十四卷、毛扆《汲古阁珍藏秘本书目》一卷、季振宜《季苍苇藏书目录》、范钦《天一阁藏书目录》[3]、钱谦益《绛云楼书目》四卷、黄虞稷《千顷堂书目》三十二卷[4]，等等。

大体而论，明人目录在分类上比较随意，不尽遵循四部旧例，往往据藏书的情况自行分类，从几类到几十类的都有，短处在于不是很契合汉魏唐宋以来的严格的目录传统，长处则在于比较宽松地容纳了一些随着时代而出现的新书，比如戏曲、小说，以及其他按照旧例难以归类的书。在分类上最严谨的当属明清之际黄虞稷的《千顷堂书目》，其分四部，经部十二类、史部十八类、子部十二类、集部八类。因为其著作大旨是要编纂有明一代之艺文志，故而对于文献有全局性的考虑，也更多地承续了史志

---

〔1〕日本学者长泽规矩也怀疑此书非叶盛手定，或为叶氏后人所编，参见《中国版本目录学书籍解题》，书目文献出版社，1990年。

〔2〕周氏此书不是藏书目录，而是版刻专科目录，上编记述明代中央各府、部、院、监、寺及地方十五行省一百五十八府州官署、坊间、私家所刻之书；下编录各地所存石刻碑文。

〔3〕天一阁藏书目录屡有修订，据前揭长泽规矩也之书，清嘉庆时阮元命范氏重编《天一阁书目》四卷，光绪时薛福成编有《天一阁见存书目》四卷，民国时杨铁夫编《天一阁图书目录》，陈登原作《天一阁藏书考》等等。

〔4〕汪辟疆《目录学研究》中有《汉唐以来目录统表（汉魏—明末）》，分"官家目录表"、"私家目录表"、"史家目录表"等，可供参考。又黄虞稷《千顷堂书目》编纂于清初，但非藏书目录，而是通记有明一代的著述，并附宋、辽、金、元四朝作品，汪氏则以此书为明代目录学之代表作。

目录传统。汪辟疆评价说:"有明一代,私家目录虽多,其最有典则可以取法者,《千顷堂书目》其巨擘也。"[1]

明人目录绝大多数没有解题,有些只做简略注释。因为明人目录多是基于私人藏书编纂的,故而多重书籍之年代与版本,对于其中的义理与学术则不是很在意。这些目录对于考证书籍之存佚与版本来说,或具有不可或缺的价值,要据之了解一代学术之源流与格局,则帮助不是很大。明代的解题目录可举高儒《百川书志》为代表。该书分四部九十三门,收书两千多种,书名卷数之下有简单解说,主要是介绍撰人,少数扼要地述及内容大旨。作为提要目录,《百川书志》实在过于简陋。此书曾为王士祯、黄虞稷等人称引,但在当时流传不广。

二、《崇文总目》

在北宋《崇文总目》出现之前,唐代开元《群书四部录》和《古今书录》的影响是无可比拟的。而《崇文总目》的编纂,既继承了它们的传统,又有宋人的新精神,堪称历代官修目录中最出类拔萃的著作。

《崇文总目》对文献的分类十分严谨,共分四部四十五类:

经部:易、书、诗、礼、乐、春秋、孝经、论语、小学。

史部:正史、编年、实录、杂史、伪史、职官、仪注、刑法、地理、氏族、岁时、传记、目录。

子部:儒家、道家、法家、名家、墨家、纵横家、杂家、农家、小说家、兵家、类书、算术、艺术、医书、卜

---

[1] 参见汪辟疆《目录学研究》,第43页。

签、天文占书、历数、五行、道书、释书。

集部：总集、别集、文史。

从分类的情况看，与据毋煚《古今书录》而成的《旧唐书·经籍志》相比，有一定的调整。《旧唐志》经部共十二类，诸经之外有谶纬、经解、诂训、小学四类，《崇文总目》则做了简化，惟余小学，减为九类。《旧唐志》史部十三类，其中起居注、故事、谱牒三类是《崇文总目》没有的，而《崇文总目》亦十三类，其中起居注易为实录，去谱牒，增氏族，去故事，另加岁时一类。《旧唐志》子部分十七类，《崇文总目》则为二十类，儒、道、法、名、墨、纵横、杂、农、小说诸家皆沿用，兵书作兵家，类事作类书，改天文为天文占书，杂艺术为艺术，分历算为算术、历数二类，于五行外增卜筮一类，合经脉、医术为医书一类，另外，将附属于道家的释、道之书独立出来，立释书、道书二类。《旧唐志》集部分楚辞、别集、总集三类，《崇文总目》则改为总集、别集、文史三类。

从类序与提要的情况看，因为今见《崇文总目》残缺的情况非常严重，所以不能充分考覈其内容及其所反映的学术之源流与格局。即便如此，从《四库全书》本与钱侗辑本所保留的类序与提要来看，学术性颇高，既继承了前代之成果，又有宋人之独到之处，绝不可以因残佚而轻视之。《崇文总目》的部分小序出自欧阳修，在《欧阳修集》中保存了三十条，这些小序与此前的《汉志》、《隋志》及此后的《四库提要》相比，具有自己的特色。至于各书名下之提要，其内容也颇为丰富，主要著录书名、篇卷，说明作者、要旨及著书经过，梳理学术源流，指示书之真伪与存亡、残缺等等。《崇文总目》的小序和提要都有很高的学术价值，例如在关于五经的提要中详细介绍了唐代孔颖达主持编纂的《五经正义》。《五经正义》在经学史上无疑是占有重要地位的，堪称里程碑式的巨著。《崇文总目》在五种正义之下的提要内容基本一致，其中《春秋正义》三十六卷下叙述最详：

> 唐国子祭酒孔颖达撰。按汉张苍、贾谊、尹咸、郑众、贾逵皆为诂训，然参用公、穀二家。至晋杜预专治左氏，其后有沈文阿、苏宽、刘炫皆据杜说。贞观中，颖达据刘学而损益之，长孙无忌等又复损益，其书乃定。皇朝孔维等奉诏是正。

由此可以清楚地知道《五经正义》中《春秋左传正义》的学术源流与编纂过程。再如在《春秋》类中还著录了陆淳《集传春秋辨疑》七卷，提要云：

> 初，淳以三家之传不同，故采获善者，参以啖助、赵匡之说，为《集传春秋》；又本褒贬之意，更为微旨，条别三家，以朱墨记其胜否，又摭三家得失，与经戾者，以啖、赵之说订正之，为《辨疑》。

蒙文通尝谓唐天宝、大历以还，为学术之变革期，改变了孔颖达以来保守的经学传统，而下开北宋初之新经学与义理之学，而啖助、赵匡、陆淳的《春秋》学正是这一学术转折的代表，对于北宋初年的学术有重大影响[1]。《崇文总目》之提要已揭明这种变化。再如在史部著录《三史刊误》四十五卷，提要云：

> 皇朝张观等校定。初，秘书丞余靖上言，国子监所收《史记》、《汉书》误，请行校正。诏翰林学士张观、知制诰

---

[1] 蒙文通《评〈学史散篇〉》云："中国学术，建安、正始而还，天宝、大历而还，正德、嘉靖而还，并晚周为四大变局，皆力摧旧说，别启新途。"见《经史抉原》，第402页。

李淑、宋祁与靖、洎直讲王洙，于崇文院雠对，靖等悉取三馆诸本，及先儒注解、训传、六经、小说、《字林》、《说文》之类数百家之书，以相参校，凡所是正增损数千言，尤为精备。逾年而上之。又靖等自录雠校之说，别为《刊误》四十五卷。

由此可知宋代学者非常推崇《史记》、《汉书》、《后汉书》"三史"，国家下诏校勘。对三史的重视始于唐代，但唐初以《史记》、《汉书》、《东观汉纪》为三史，开元后以《后汉书》取代了《东观汉纪》，并在科举中立三史科，故而唐人的三史学颇为兴盛。宋代继承了唐人的传统，且以治史为儒者之业，史学最为发达，当与继承与光大唐代以来的三史学有密切关系。三史是儒家经典的必要组成部分，通常说五经、四书，其实更全面的说法应该是五经、三史、四书，均为儒家必读之经典。唐代通常将五经、三史并称，刘知几《史通》尝曰："世之学者，皆先曰五经，次曰三史，经史之目，于此分焉。"而北宋初四书尚未定型，五经、三史则是学者共治之经典。宋代也有许多关于三史的著作，其合治三史者，据郑樵《通志·艺文略》著录，除余靖此书外，还有《三史要略》、《三史菁英》等数种。

此外，自《崇文总目》开始至后续的晁公武、陈振孙、郑樵等人的目录中，都详尽著录了释书与道书，从而构成了佛、道二教的教外目录系统，研究佛教、道教者可以将教内目录与教外目录比勘，从而更好地了解二教文献的历史状况。

总体来说，《崇文总目》之小序与解题充分体现了北宋时期的学者既博学多闻、又客观求真、史事与义理并重的学术精神，而对于《崇文总目》的全面深入的研究，也是宋代学术史与思想史亟须给予重要地位的一个课题。

不过，南宋郑樵对于《崇文总目》的类序与提要颇有微词，以之文繁无用，读之令人生倦。《四库全书总目》则为《崇文总目》伸张云：

> 考原本于每条之下具有论说，逮南宋时，郑樵作《通志》，始谓其文繁无用，绍兴中，遂从而去其序释。故晁公武《读书志》、陈振孙《书录解题》皆云一卷，是刊除序释之后，全本已不甚行。南宋诸家不见原书，故所记卷数各异也。考《汉书·艺文志》本刘歆《七略》而作，班固已有自注。《隋书·经籍志》参考《七录》，互注存佚，亦沿其例。《唐书》于作者姓名不见纪传者，尚间有注文，以资考核。后来得略见古书之崖略，实缘于此，不可谓之繁文。郑樵作《通志》二十略，务欲凌跨前人，而《艺文》一略，非目睹其书，则不能详究原委，自揣海滨寒畯，不能窥中秘之全，无以驾乎其上，遂恶其害已而去之。此宋人忌刻之故，非出公心。

上述论说中，有一点比较中肯，就是要撰写好的提要，必须直接在文献校雠的基础上进行，非目睹其书，逐一披阅，是写不出好的提要的。而《崇文总目》之类序与提要、恰有此优点。撰写提要的学者，许多都参加过北宋初的大规模校书，亲为校雠，有沉浸数十年之功，故撰写的提要有根有据，切中肯綮。这与郑樵作《艺文略》主要是在自藏及各种既有目录的基础上加以汇纂的做法是很不同的。不过，郑樵之反对类序与提要，并不是出于忌刻，而是有自己独到的目录学思想，亦足以自立一家。《四库全书总目》是《崇文总目》的继承者，故对其有极高之评价："今观其书，载籍浩繁，抵牾诚所难保，然数千年著作之目，总汇于斯，百世而下，藉以验存佚，辨真赝，核同异，不失为册府之骊渊、艺林之玉圃也。"

据清人钱侗考证，《崇文总目》在南宋时分化成繁简两本，繁本即北宋六十六卷原本，简本是删除类序与提要、唯余书目的一卷本。所谓简本并非因郑樵非议而删减，而是当时为了使用方便而为之[1]。陈振孙《直斋书录解题》曾提及此本，称为"绍兴改定本"，传世有天一阁明钞宋版《崇文总目》一卷。繁本南宋后仍有流传，但逐渐残缺不整。今可见的有两种清人辑本，一是《四库全书》自明《永乐大典》中辑出的十二卷本；另为嘉庆时钱侗等人从《欧阳文忠公集》、《玉海》、《文献通考·经籍考》等书中辑录逸文并参校《四库全书》本，又作了若干论释，故称"辑释本"，共五卷，《补》一卷、《附》一卷。钱本优于《四库全书》本，为今之通行本。

三、《郡斋读书志》与《直斋书录解题》

南宋晁公武《郡斋读书志》和陈振孙《直斋书录解题》是中国目录学史上最杰出的私撰提要目录，它们不仅在目录学史上占有重要地位，在中国学术史上也具至为关键的引领风气与表彰学术的作用。

晁公武有非常深厚的家学渊源，澶州晁氏是宋代著名的文化世家，其祖晁迥为北宋初年博通儒、道、释三教的大学者，为世所重，其后人亦名流辈出。晁公武之撰《郡斋读书志》，肇始于一段特别的因缘。据其自序说，他在四川转运司供职时，其上司转运副使井度，"天资好书"，"常以俸之半传录"，蜀中的图书搜罗殆尽。井度临终前，将自己的五十箧藏书都赠给了晁公武。晁氏于是以井度赠书为主，加上自己所藏，开始撰写解题，"日夕

---

[1]　参见钱侗《崇文总目》辑释小引，《丛书集成初编》本。

躬以朱黄校舛误，每篇终，辄撮其大指论之"。至绍兴二十一年，
《郡斋读书志》撰成初稿，晁氏乃撰自序，但未刊行。至乾道中，
晁公武重理旧业，对初稿做了修订与补充，其门人杜鹏举为之刊
刻行世，此是蜀刻四卷本。稍后，晁氏的另一位门人姚应绩对
《郡斋读书志》重加编辑和修补，刊刻行世，此则为蜀刻二十卷
本。上述两个蜀刻本都已佚失了。宋理宗淳祐九年，游钧在衢州
重刊蜀刻二十卷本，是为"衢本"。同一年，黎安朝在袁州重刊
蜀刻四卷本，同时补充了另一位学者兼藏书家赵希弁据自家藏书
所撰的《读书附志》以及赵氏据衢本摘编而成的《读书后志》二
卷。先刻的晁公武原本被称作《前志》，后刻的赵氏补作被称为
《附志》、《后志》，合为七卷，是为"袁本"。从此以后，《郡斋
读书志》就形成了衢本与袁本两个版本系统[1]。因为这两个版
本系统有比较大的差异，研究《郡斋读书志》，必须兼备参考，
故加以说明。至于衢本与袁本的优劣，是版本学上的一大公案，
在此不作赘言。

　　晁公武《郡斋读书志》著录书籍一千四百九十六部，除去重
见者，为一千四百九十二部[2]，基本上包括了南宋以前的各类

----

　　〔1〕　清康熙六十一年陈师曾重刻袁本，嘉庆二十四年汪士钟重刻衢本。光
绪十一年王先谦校刊衢本二十卷，以袁本校衢本，并附赵希弁《附志》一卷、王
先谦《考证》一卷、《校补》一卷，成为《郡斋读书志》之通行本。1930年，收
藏在故宫博物院的淳祐原刻袁本影印出版。上述关于《郡斋读书志》之版本源
流，均据孙猛《郡斋读书志校证·前言》，上海古籍出版社，1990年。又陈乐素
《袁本与衢本郡斋读书志》认为，二十卷本是晁氏初稿，始写于绍兴二十一年，
陆续写至晚年成书。晚年又从二十卷本中抽出所著录的并度赠书，别成四卷，其
中还增入了晁氏先人的著作。四卷本对于二十卷本做了一些增删修正。

　　〔2〕　以孙猛《郡斋读书志校证·前言》的统计为据。若以汪士钟重刻衢本
统计，共收书一千四百七十二部，除去重见，为一千四百六十八部；若以淳祐袁
本统计，《前志》收书一千零三十五部，《后志》收书四百三十五部，共一千四百
七十部，除去重见，为一千四百五十九部。

重要著作，尤以搜罗唐代与两宋的书籍比较完备。而其价值不仅在著录图书之多寡，还在其学术性极高的提要。晁氏以一人之力撰写的提要，系统反映了他的学术思想，也系统揭示了他所理解的学术史的源流与格局。

《郡斋读书志》的分类很有特点，自六朝以来就有官修目录重四部、学者私撰目录重七略的风气，晁氏也似乎不是很在意四部，而是在四部之下，精心划分出了四十五类[1]：

经部：易、书、诗、礼、乐、春秋、孝经、论语、经解、小学；

史部：正史、编年、实录、杂史、伪史、史评、职官、仪注、刑法、地理、传记、谱牒、书目；

子部：儒家、道家、法家、名家、墨家、纵横家、杂家、农家、小说、天文、星历（袁本合并为天文历算）、五行、兵家、类书、艺术、医书、神仙、释书；

集部：楚辞、别集、总集、文说（袁本无此类）。

与《崇文总目》比较，经部增经解；史部减岁时，增史评，改氏族为谱牒；子部减算术，卜筮并入星历、五行内；集部增楚辞，改文史为文说。《郡斋读书志》书前有总序，每部之前有大序，小序则不全，只有二十五个类目前有小序[2]。每类之书，大体按时代先后排列，书名卷数之下，皆有解题。晁氏所作解题，首先介绍作者生平；其次是书籍的情况，著作之缘由与大旨，版本与全佚；再次是考证与论释，或说明学说渊源，或评价

〔1〕　此按衢本。袁本未分四部，径分四十三类。

〔2〕　此按衢本。袁本只有九类有序。

真伪得失。很多提要都堪称精到的学术小品。

举例来看，北宋学术与政治的关系密切，而政治斗争的焦点则在初期以王安石为核心的党争。晁氏提要中对于与王安石有关的著作多特别说明。熙宁间，王安石于国子监设立经义局，与其子王雱共同编撰了诸经的新经义，其中王雱所撰《新经尚书义》十三卷、王安石与王雱合撰《新经毛诗义》二十卷、王安石所撰《新经周礼义》二十二卷，合称"三经义"，颁于学官，用于取士。王安石还作《王介甫易义》二十卷，自己未能满意，故没有用来取士，而在绍圣后始与《龚原注易》二十卷、《郑耿南仲注易》二十卷偕行于场屋。王安石还有《王介甫论语解》十卷，也在绍圣后与《王元泽论语口义》十卷、《陈用之论语》十卷共行于场屋。《王安石解孟子》十四卷，与《王雱解孟子》十四卷、《许允成解孟子》十四卷，于崇宁、大观间为场屋举子所宗。

王安石父子如此多的经学著作在当时影响很大，本来足以形成一派学术，然而，因为是借手中权力强行推广，故此遭到了当时很多学者的反对，而一旦权力支撑撤除，其学其书很快被弃置了。晁公武说王氏《新经尚书义》"独行于世者六十年，而天下学者喜攻其短。自开党禁，世人鲜称焉"。晁氏在杨时、苏轼、孙谔等人的著作下，都说明他们专攻王氏之失。此外，晁氏还详细揭明王安石的《新经周礼义》与王安石变法有密切关系：

> 按秦火之后，《周礼》比他经最后出，论者不一。独刘歆称为周公致太平之迹；郑氏则曰周公复辟后，以此授成王，使居洛邑，治天下；林孝存谓之黩乱不验之书；何休亦云六国阴谋之说。昔北宫锜问孟子周室班爵禄之制，孟子以为诸侯恶其害己，灭去其籍，则自孟子时已无《周礼》矣，况经秦火乎？孝存、休非之，良有以也。不知刘、郑何所据

而言，然又自违异不同。王莽尝取而行之，敛财聚货，渎祀烦民，冗碎诡异，离去人情远甚，施于文则可观，措于事则难行，凡莽之驯致大乱者，皆以此。厥后唯苏绰、王通善之，诸儒未尝有者。至于介甫，以其书理财者居半，受之，如行青苗之类，皆稽焉，所以自释其义者，盖以其所创新法尽傅著之，务塞异议者之口。后其党蔡卞、蔡京绍述介甫，期尽行之，圆土方田皆是也。……久之，祸难兼起，与莽无异，殆《书》所谓与乱同事者欤？

再比如，宋代儒家非常重视"四书"，"四书"中《论语》、《大学》、《中庸》原本都在经书内，尊崇之固无争议，惟《孟子》原本是子书，其升格为经，自唐至宋有一个逐渐提升地位的过程，北宋初的学者并不都认可其地位。晁氏在冯休《删孟》提要中说：

> 休观孟轲书时有叛违经者，疑轲没后，门人妄有附益，因删去之，著书十七篇，以明其意。前乎休而非轲者荀卿，刺轲者王充，后乎休而疑轲者温公，与轲辨者苏东坡，然皆不及休之详也。

司马光曾作《疑孟》一卷，晁氏云："光疑《孟子》书有非轲之言者，著论是正之，凡十一篇。光论性不以轲道性善为然。"由此可知北宋时关于《孟子》争议尚多，故而所谓"四书"还没有得到普遍认可，其定型当在南宋。《四库全书总目提要》云："《论语》、《孟子》，旧各为帙。《大学》、《中庸》，旧《礼记》之二篇。其编为四书，自宋淳熙始。其悬为令甲，则自元延祐复科举始。"其说是也。

与晁公武《郡斋读书志》并尊为提要目录双璧的是陈振孙《直斋书录解题》。《直斋书录解题》作成于南宋理宗淳祐年间，周密《癸辛杂识》云："近年惟直斋陈氏书最多，盖尝仕于莆，传录夹漈郑氏、方氏、林氏、吴氏旧书，至五万一千一百八十余卷，且仿《读书志》作解题，极其精详。"可知陈氏此书，是基于家藏及传录郑樵等诸家藏书而作，在体例上则效法晁公武的《郡斋读书志》。《直斋书录解题》著录图书三千零九十六种，五万一千一百八十卷，远超《崇文总目》和《郡斋读书志》，其收书之富在唐宋时期可谓首屈一指。陈氏原书五十六卷，可惜失传，今传本为清代编纂《四库全书》时从《永乐大典》辑出，编为二十二卷。今传本《直斋书录解题》未标四部，径分五十三类，其实亦是按四部次序排列的。与晁公武《郡斋读书志》相比，经部减去了乐类，增加了语孟类；史部减史评，增别史、诏令、典故、时令四类；子部减墨家、五行，增阴阳家、卜筮、形法、音乐；集部增诗集、歌词、章奏三类，将文说恢复为文史。《直斋书录解题》只有七篇小序，重点在各书之解题。

陈氏《直斋书录解题》之各书解题内容丰富，或述撰人事迹，或论学术源流，或考真伪得失，而且注重书之版本，对许多书的刊刻时间和地点都有记述，且说明款式，如记京本、监本等刻本，也记录了抄本、拓本，故而其兼有解题目录与版本目录双重功用。对于考证宋代以来的文献情况，此书的地位无可比拟，《四库全书总目提要》称赞说："古书之不传于今者，得藉是以求其崖略；其传于今者，得藉是以辨其真伪，核其异同。亦考证之所必资，不可废也。"

与此同时，我们还应注意到陈氏解题中所包含的学术史信息，在这一点上说，《郡斋读书志》与《直斋书录解题》是一脉相承的，其学术史的价值亦不限于四库馆臣所说的"考证之所必资"，还在于它们对于宋代义理之学的发展脉络进行比较全面的梳理。

在经部设立"语孟类"，为陈振孙《直斋书录解题》之首创，同时也是宋代学术发展的时代性的体现。自《汉书·艺文志》以来，历代目录都把《孟子》列入子部儒家类。唐开成石经有十二种，其中尚无《孟子》，北宋后始增补，构成了十三经系统。宋代理学兴起后，复推崇《论语》、《中庸》、《大学》、《孟子》为"四书"；至元祐中，国家以《论语》、《孟子》取士。《孟子》的地位在两宋时期不断被抬高，陈氏在目录中新设语孟类，也是顺应大势。语孟类小序云：

> 前志《孟子》本列于儒家，然赵岐固尝以为则象《论语》矣。自韩文公称孔子传之孟轲，轲死，不得其传。天下学者咸曰孔、孟。孟子之书，固非荀、扬以降所可同日语也。今国家设科取士，《语》、《孟》并列为经，而程氏诸儒训解二书常相表里，故今合为一类。

恰如王重民先生曾指出的，陈振孙就其家学渊源而论，当受永嘉之学的影响，但其解题中表现的思想倾向，却明显侧重于程朱理学，不仅像晁公武一样排斥王安石一派，对于自身所出的永嘉学派也有微词[1]。

举例来说，《直斋书录解题》撰写于南宋末，其实程朱理学已成正统，陈振孙本人也从永嘉学派转到程朱一脉，刘克庄《故通判大夫宝章阁待制致仕陈振孙赠光禄大夫制》谓其"早号醇儒，得渊源于伊洛；晚称名从，欲辈行于乾淳"。伊洛即二程之学，乾淳则指乾道、淳熙间盛行的朱子学。对于二程、朱熹的著作，陈氏推崇备至，朱子《论语集注》十卷、《孟子集注》十四

---

[1]　参见王重民《中国目录学史论丛》，第123页。

卷下云：

> 大略本程氏学，通取注疏古今诸儒之说，间复断以己
> 见。晦翁生平讲解，此为第一，所谓毫发无遗憾者矣。

陈氏对于与朱子相前后的学者的评论，也多以朱子为权舆。
其在儒家类之杨简《慈湖遗书》下云：

> 慈湖之学，专主乎心之精神，是谓圣一，语其诲人惟欲
> 发明本心而有所觉。然其称学者之觉，亦颇轻于印可。盖其
> 用功偏于上达，受人之欺而不疑。窃尝谓诚明一理，焉有诚
> 而不明者乎？当淳熙中，象山陆九渊之学盛行于江西，朱侍
> 讲不然之。朱公于前辈不肯张无垢，于同流不肯陆象山，为
> 其本原未纯故也。象山之后，一传而慈湖，遂如此。甚矣！
> 道之不明，贤知者过之也。

杨简属于陆九渊学派的甬上四先生之一，影响甚大，然为学
不纯粹。后儒对于朱陆异同或有调和，而对于杨简则多微辞，全
祖望《宋元学案》亦认为象山之门坏于慈湖。

尽管说合理的分类同时也是划分出学术的门类，但毕竟简
略，而简明扼要的提要更能将一门学术中的源流与格局关系揭示
清楚。陈氏对于宋代学术的源流与格局非常熟悉，故而能准确说
明学术之传承脉络。比如说，宋代的义理之学多以《周易》为根
柢，各家均以注释《周易》为发端，而程颐之《易传》是影响非
常大的一派。《直斋书录解题》中对于这一脉学术的发展有所揭
示，在胡瑗《周易口义》下云：

> 新安王炎晦叔尝问南轩曰："伊川令学者先看王辅嗣、
> 胡翼之、王介甫三家，何也？"南轩曰："三家不论互体，故
> 云尔。然杂物撰德，具于中爻，互体未可废也。"南轩之说
> 虽如此，要之，程氏专治文义，不论象数。三家者，文义皆

坦明，象数殆于扫除略尽，非特互体也。

在欧阳修《易童子问》下云：

> 其上、下卷专言《系辞》、《文言》、《说卦》而下皆非圣人所作。

又在程颐《伊川易解》下云：

> 止解六十四卦，不解《大传》，而以《序卦》分置诸卦之首。盖唐李鼎祚《集解》亦然。伊川平生著述惟《易传》为深，而亦不解《大传》。

陈氏揭示了以程颐为代表的宋代义理派《易》学的两大特点，一是不言象数，专据文义而言义理；二是怀疑《易传》不全是孔子作，特别是《彖》、《象》以外，《系辞》以下各篇，亦即《大传》，故而不做甚解。南宋吕祖谦尝集程氏诸家《易》说，因程《传》不及《系辞》，故吕氏特作《系辞精义》以补全。

在其他方面，如介绍苏轼的《东坡书传》下云：

> 其于《胤征》，以为羲和贰于羿，而忠于夏；于《康王之诰》，以释衰服冕为非礼。曰予于《书》，见圣人之所不取而犹存者有二。可谓卓然独见于千载之后者。又言昭王南征不复，穆王初无愤耻之意、哀痛恻怛之语；平王当倾覆祸败之极，其书与平康之世无异，有以知周德之衰，而东周之不复兴也。呜呼！其论伟矣。

在苏辙《老子新解》下因东坡跋文云：

> 使战国有此书，则无商鞅、韩非；使汉初有此书，则孔老为一；使晋、宋间有此书，则佛老不为二。

举此两例可以见苏氏擅长史论，并能融会儒道释三家的独特学风。

三苏的著作除了文集之外，还有苏轼《东坡易传》十卷、

《东坡书传》十三卷、《东坡论语传》十卷，苏辙《诗解集传》二十卷、《春秋集传》十二卷、《颖滨论语拾遗》一卷、《颖滨孟子解》一卷等等。通常我们都以三苏为宋代文人之代表，其实三苏是当时影响相当大的蜀学的领袖人物，蜀学在北宋前期与王安石的新学、二程的洛学成鼎足而三之势。

《直斋书录解题》在子部儒家类对于宋代理学家著作的著录很有价值，其中著名的有周敦颐《周子通书》一卷、《太极图说》一卷，张载《正蒙书》十卷，朱熹集《程氏遗书》二十五卷、《附录》一卷、《外书》十三卷，邵雍《皇极经世书》十二卷，杨时《龟山语录》五卷、《龟山别录》二卷，尹焞《尹和靖语录》四卷，张九成《无垢语录》十四卷、《言行编》《遗文》共一卷，张栻《南轩语录》十二卷，朱熹《晦庵语录》四十六卷、《晦庵续录》四十六卷，吕本中《师友杂志》一卷、《杂说》一卷，吕祖谦《吕氏读书记》七卷，胡宏《胡子知言》一卷，杨简《慈湖遗书》三卷，以及朱熹、吕祖谦编辑《近思录》十四卷，不知何人所辑《诸儒鸣道集》七十二卷，等等。此外史部各类著录了很多唐宋史学著作，特别是很多宋人之当代史，如诏修之《三朝国史》一百五十卷、《两朝国史》一百二十卷、《四朝国史》三百五十卷等等，李心传编纂的编年体史书《建炎以来系年要录》二百卷，也是十分重要的著作。与史部类似，集部著录唐宋文集非常多，不一一列举。

四、尤袤《遂初堂书目》

尤袤的《遂初堂书目》，是现存最早的版本目录，大约作于南宋孝宗、光宗之间。尤袤收书甚富，多达三千余种，三万余卷，遂初堂是其藏书楼名，亦名万卷楼。《遂初堂书目》即是著录尤氏家藏之书。《遂初堂书目》有自己的分类法，共四十四类，经部九类，史部十八类，子部十二类，集部五类。其分类法也有一些独到之处，比如子部立谱录类，就为《四库全书总目》所推崇，认为其"别立谱录一门，以收香谱、石谱、蟹录之无类可附者，为例最善"。

尤氏《遂初堂书目》最让人称道的是其对于版本的著录，或一书一版本，或一书数版本。叶德辉《书林清话》云："自镂版兴，于是兼言版本，其例创于宋尤袤《遂初堂书目》。目中所录，一书多至数本，有成都石经本、秘阁本、旧监本、京本、江西本、吉州本、杭本、旧杭本、严州本、越州本、湖北本、川本、川大字本、川小字本、高丽本。此类书以正经、正史为多，大约皆州郡公使库本也。"其实《遂初堂书目》著录版本者只有五十二种书，其贡献主要在发凡起例、开目录标注版本之先河。

有一点须注意，尤袤标注某一版本，并不一定意味着他一定收藏有这一版本之刻本，也可能是尤氏所有之本是抄自这一版本之抄本。尤氏素以抄书闻名，《遂初堂书目》杨万里序引尤氏自述云："吾所抄书，今若干卷，将汇而目之，饥读之以当肉，寒读之以当裘，孤寂而读之以当友朋，幽忧而读之以当金石琴瑟也。"毛千干序云："晋陵尤延之始自青衿，迨夫白首，嗜好既笃，网罗斯备，日增月益，昼诵夕思，重之不以借人，新若未曾触手。"这些"新若未曾触手"的书可能大多数是抄本。遂初堂藏书在尤袤身后三十年不幸毁于大火，其所存的版本，无论是抄本还是刻本，均没有流传下来。

书籍的版本问题并不只是涉及文献的外部考证问题，还涉及一个国家对于经典的正定问题。自汉代学术分家，诸家所用经本有所不同，故而需要由国家主持对于经典加以校雠。校雠的目的在于确立一个或数个标准版本，供天下学者利用。其最早是刊刻石经。最著名的石经莫过于东汉熹平石经、唐开成石经和五代蜀广政石经。据王国维《魏石经考》考证，汉熹平石经计有《周易》、《尚书》、《鲁诗》、《仪礼》、《春秋》五经，《公羊》、《论语》二传，均为立为学官之经、博士之所讲授者[1]。唐开成石经计有《周易》、《尚书》、《毛诗》、《周礼》、《仪礼》、《礼记》、《春秋左氏传》、《公羊传》、《穀梁传》、《孝经》、《论语》、《尔雅》，共十二部。五代之蜀广政石经计有《周易》、《尚书》、《毛诗》、《周礼》、《仪礼》、《礼记》、《春秋左氏传》、《论语》、《孝经》、《尔雅》，共十部，宋代田况补刻《春秋公羊传》、《穀梁传》，席贡补刻《孟子》，从而足成十三经。

蜀石经之后，还有北宋石经、清石经等，但是，随着印刷术的普及，由国家主持的经典校雠改由国子监雕版印行。据王国维《五代两宋监本考》，经书之官方雕版始于五代后唐长兴三年，至后周广顺三年完成，计有十一经（一说九经）及《尔雅》、《五经文字》、《九经字样》十四种。五代所雕经书，为经注本，但不是以当时传世的经注本上版，而是用唐石经之经文，复增补传世经注本的注，遂成为了新的经注本，又称五代监本。北宋初，长兴版仍然通行，端拱元年至淳化五年，雕刻了孔颖达之《五经正义》，为单疏本，与长兴单注本相配合，是为北宋监本。至南宋时，北宋旧版为金人所掠，南宋只能在征集北宋监本的基础上重新雕版，是为南宋监本[2]。

---

[1] 参见王国维《魏石经考》，《观堂集林》卷二十，《王国维遗书》第四册，商务印书馆（上海），1940 年。

[2] 参见王国维《五代两宋监本考》，《王国维遗书》第十一册。

宋代以后书籍的刊印有官刻、私刻、坊刻三大系统。官刻如北宋国子监刻本，南宋公使库、盐茶司刻本；私刻最有名的是南宋岳珂相台家塾刻本；坊刻则是民间书坊所刻，几乎遍布全国，著名的如建安余氏勤有堂、临安陈宅书籍铺。就地域而言，四川、浙江和福建是三大刻书中心，四川成都、眉山所刻书，称蜀本，浙江杭州等地的刻书，称浙本、杭本，福建建阳等地的刻书，称闽本或建本，等等。这些不同系统、不同地域的刻书，极大地促进了书籍的流通、思想的传播和知识的普及。

雕版印刷术的兴旺发展，极大促进了学术和文化上的种种新变化。首先是儒、道、释三教的重要经典与其他各类书籍的流通性都大大增强了，一方面打破了国家学术机构对藏书的主导，私人藏书家越来越多，藏书量甚至超过官藏，另一方面书籍的增多与易得，更方便学者们学习与研究，也易于学者们发表自己的著作，过去那种少数上层贵胄控制学术的局面也被打破了。学术转向民间的发展，不仅有书籍广泛流通为支持，另一个显著的标志是书院作为一种独立的教育体系在民间逐渐兴起，与国家的太学、国子监以及州郡的各级学校系统并行发展。大体来说，学术的繁荣有赖于书籍的普及，故而蜀、浙、赣、闽等地的刻书与书籍流通中心，往往也都发展成为学术文化中心。宋代的学术文化不再只集中在京城，而是随着印书、藏书、书院的兴旺，开始呈现地域性的多元分布。唐宋各家诗文集刊印的多了，士大夫文人之道德精神、审美理想以及生活趣味，逐渐成为社会生活之标竿，诗文书画，雅集唱和，都会随着书籍之刊刻流通不胫而走，在社会上蔚然而成风气。宋代开始出现的新兴的市民社会，也要求印制戏曲、小说、图谱以及其他实用性的、休闲性的书籍，故而下层的文化也由此呈现多样化的发展态势，越来越丰富多彩。

这些都是印刷术以及书籍的刊刻流通带来的重大的学术与文化变化，在某种意义上说，其关乎中国学术文化的基本走向。这样的一些新变化又在无形中扩大了图书种类，传统的分类往往不能包容。从宋到明，四部的分法几成约定俗成，不再受特别的重视，小类的划分才是藏书家和目录家们所究心的，因为正如郑樵所主张的，每个小类都代表了一门专门的学问，所以四部之下的类别划分更清楚地体现出作者对于当时学术的整体理解。

五、宋学的产生与流变

我们强调中国古代的目录学亦是学术之史，并不是说只要通过考察历代之目录书，就可以全面深入地了解学术史的源流与格局，只是说，目录学是学术史的一个必要的组成部分，它所做出的独特的历史反映，可能是其他学术史记述不完全具有的。目录学和其他学术史记述之间有相互补充、互相参证的关系。唐代之前的目录学所承担的学术史比重相对大些，像《汉书·艺文志》、《隋书·经籍志》，都是学者必读的学术史要典，清人金榜言"不读《汉书·艺文志》，不可以读天下书"，就唐代之前而言，是很有道理的。唐代之后，目录学之外的史传和别集之中有关学术史的记述多了起来，到了晚明，黄宗羲作《宋元学案》、《明儒学案》，更出现了专门的学术史著作，目录学承担的学术史比重似乎逐渐减小了。尽管如此，我们还是不能忽视目录学著作的独特作用。就以宋代为例，从黄宗羲、全祖望《宋元学案》中看到的宋学，与我们从《崇文总目》、《郡斋读书志》、《直斋书录解题》中所看到的宋学，未必是完全一样的。

首先，我们要简要说明一下"宋学"这个概念。宋学当然主要是指两宋的学术，但是两宋的学术中间变化很大，致使宋学这

个概念很难具有统一的性质。有关宋学的最传统的看法是以道学
——或称理学——作为主体，基本的发展脉络则是以北宋胡瑗、
孙复、石介为前驱，以北宋周敦颐（濂学）、程颢、程颐（洛
学）、张载（关学）为主要创立者，再至南宋之朱熹（闽学）则
集其大成。《宋史·道学传》云：

> 道学之名，古无是也。三代盛时，天子以是道为政教，
> 大臣百官有司以是道为职业，党庠术序师弟子以是道为讲
> 习，四方百姓日用是道而不知。是故盈覆载之间，无一民一
> 物不被是道之泽，以遂其性。于斯时也，道学之名，何自而
> 立哉。文王、周公既没，孔子有德无位，既不能使是道之用
> 渐被斯世，退而与其徒定礼乐，明宪章，删《诗》，修《春
> 秋》，赞《易象》，讨论《坟》、《典》，期使五三圣人之道昭
> 明于无穷。故曰："夫子贤于尧、舜远矣。"孔子没，曾子独
> 得其传，传之子思，以及孟子，孟子没而无传。两汉而下，
> 儒者之论大道，察焉而弗精，语焉而弗详，异端邪说起而乘
> 之，几至大坏。千有余载，至宋中叶，周敦颐出于舂陵，乃
> 得圣贤不传之学，作《太极图说》、《通书》，推明阴阳五行
> 之理，命于天而性于人者，了若指掌。张载作《西铭》，又
> 极言理一分殊之旨，然后道之大原出于天者，灼然而无疑
> 焉。仁宗明道初年，程颢及弟颐寔生，及长，受业周氏，已
> 乃扩大其所闻，表章《大学》、《中庸》二篇，与《语》、
> 《孟》并行，于是上自帝王传心之奥，下至初学入德之门，
> 融会贯通，无复余蕴。迄宋南渡，新安朱熹得程氏正传，其
> 学加亲切焉。大抵以格物致知为先，明善诚身为要，凡
> 《诗》、《书》、六艺之文，与夫孔、孟之遗言，颠错于秦火，
> 支离于汉儒，幽沉于魏、晋六朝者，至是皆焕然而大明，秩

然而各得其所。此宋儒之学所以度越诸子而上接孟氏者欤。其于世代之污隆、气化之荣悴，有所关系也甚大。

这段话很清楚地叙述了唐宋以来的道统说，也梳理了宋代儒学的主干脉络。收录在《道学传》中的学者，除了周敦颐、张载、程颢、程颐、朱熹之外，尤其突出自二程至朱子之间的传承，如出自程氏之门的谢良佐、游酢、杨时、尹焞、张栻、罗从彦、李侗，一直传到朱熹，脉络非常清楚，朱子门下的弟子如黄干等人，也得随朱子侧身《道学传》。《道学传》收录北宋象数派的邵雍，是个很特别的例外，而其他著名学者，如北宋初校注经典的邢昺、孙奭，被尊为"三先生"的孙复、石介、胡瑗，同样与程朱有一定渊源关系而学术思想相对独立的朱震、胡安国、叶适、陈亮、真德秀，独传家学的吕祖谦，精于文献典章之学的郑樵，特别是创立心学派的陆九韶、陆九龄、陆九渊三兄弟等等，都被混录在《儒林传》中。《文苑传》中也不乏精通学术、义理之学的学者，如影响颇大的以苏轼为领袖的蜀学人物，多被收录在其中。程朱理学在元代经朱子一系的赵复、许衡等人的弘传，被推崇为国家意识形态，修纂《宋史》的脱脱等人专门设立《道学传》，惟重程朱，倒也在情理之中。不过，这种道统论色彩浓郁、对于两宋学术任意取舍的做法，格局不免显得狭窄，且遮蔽了同时代的其他重要的学者与思想，故而在后世一再引起争议。后出的道学传，乃至黄宗羲、全祖望的《宋元学案》，虽然都做了很大的调整，但是以程朱为正统而兼及陆王，以理学、心学为宋学主体，这一基本看法没有改变。当代的宋史学家邓广铭、漆侠等人对于这种传统观念颇为不满，试图揭示出另一种宋学的源流与格局。

邓广铭认为，宋学的基本特点一是与汉学相对应，改汉学的章句之学为义理之学；二是受佛道二教的影响，把佛道之理援入儒家。这样的宋学不能完全等同于理学。邓氏认为，是在南宋前期，亦即十二世纪中叶，才形成理学这一学术流派的，尽管北宋后期二程、张载已经收徒讲学，却还远远没有形成一个学术流派，更不能说它对整个北宋一代产生过什么支配作用。除了理学家之外，还有很多不属于理学却应属于宋学的学者[1]。漆侠则进一步将邓氏之说展开论述，他在《宋学的发展与演变》一书中将宋学分为三阶段：首先是形成阶段，主要讲三教思想的会通、经学上的变革，以及庆历新政与宋学的关系，论及释智圆、晁迥、欧阳修、三先生、李觏、范仲淹；其次是发展阶段，首论荆公学派，王安石、王雱父子，次论司马光、张载，再及苏氏蜀学和二程洛学，作为理学主流的洛学被放置在这一阶段的后期；第三是演变阶段，论述程朱学派突然兴发并形成道统、朱陆之争，以及浙东学派的陈亮、叶适[2]。

　　道统论的形成，直接与乾道九年朱子撰《伊洛渊源录》以及淳熙二年朱子与吕祖谦合编《近思录》有关，此二书的出现可以视为道统论形成的标志。尤其是前者，《四库全书总目》云："盖宋人谈道学宗派，自此书始；而宋人分道学门户，亦自此书始。"通过这两部书，周敦颐、程颢、程颐与张载"四先生"，始被置于理学的核心地位[3]。

---

　　[1] 参见邓广铭《略谈宋学》，《邓广铭治史丛稿》，第 163～164 页，首都师范大学出版社，1994 年。
　　[2] 参见漆侠《宋学的发展与演变》目录及正文中的论述。漆著为未完稿，其第四编没有写完。河北人民出版社，2002 年。
　　[3] 朱子草创之《伊洛渊源录》，本无邵雍一卷，乃后世刊印者增入。《近思录》亦未收录邵雍语录。朱子尝称许邵康节，视为辅翼，故合称"北宋五先生"。朱子并有"六先生像赞"，五先生之外，又增司马光。

粗略地看，关于宋学的传统的道统论的理解与邓、漆二氏的新理解，可以构成互为补充的新格局。但是，无可否认的是二者之间的确存在着难以弥缝的裂痕。在《郡斋读书志》和《直斋书录解题》中，均已有了很明显的道统论色彩，对荆公之学成见已深。就此而言，将二者看作是对峙并行的关系似乎更妥当一些。

如果我们摆脱道统论及其对立者的门户纠葛，从一个兼容并包的角度来看宋学，可以说宋代是中国传统文化最繁荣、最全面的时期，而宋学正是这种繁荣与全面的体现。有一种看法认为，宋代是中国传统文化由盛转衰的时期。这种看法认识到宋代文化达到了前所未有的高度，这是可取的，但又视其为衰落的开始，则是不可取的。衡量一种文明的发育程度，要看这个时代的人在理性与情感上以及创造性与知识上是不是得到比较全面的发展，要看这个时代创造的文明成果，不能仅以外在的国势盛衰为标准。虽然宋代的国势自盛渐衰，但是其内含的文明成就却是蓬勃向上的，人性与智慧的发展非常突出，富有创造性的思想与知识进步全方位地成就了传统文化各领域的诸多典范，为后世所效法。所以说，宋代文化是开创新局面的，不是逐渐没落的。基于这样的考虑，我更赞成把宋代视为中国的"文艺复兴"时期的看法。

宋学的发展有独特的历史背景，其最突出的特征即是北宋初年实现了从武治到文治的转变，而"庆历新政"则是文治之肇端。自此而后，科举与学校、书院讲学的大发展，雕版印刷术的普及，各类书籍的广泛流通，市镇与市民社会的出现等等，种种新因素都有利于宋代文化的发展，而学术思想方面，也就是宋学，亦有不逊于前代乃至凌越前代的突出贡献。宋学的特点可以概括为源流深、格局大。

经隋唐之后，佛教与道教都达到了相当完善的程度，儒、道、释三教鼎立之势已不可动摇，宋代以降的中国学术思想，都是在这个大形势下发展的，这一点是毋庸置疑的。即便儒家中主张排斥佛老的道统论者，也都受到二教的内在影响。不过，就一个时代学术思想的整体特征而言，则宋学又是在唐代儒、道两教取得优势的情况下，对于传统儒学的大规模的复兴。陈寅恪尝说："中国自秦以后，讫于今日，其思想之演变历程，至繁至久。要之，只为一大事因缘，既新儒学之产生，及其传衍而已。"[1]陈氏所说的"新儒学"，是指宋代所复兴的传统儒学，这样的儒学不局限于道统之内，而是兼容了经学、道学、史学、事功之学与文献典章之学的广义的儒学。

宋初学术的主要倡导者是范仲淹、欧阳修和周敦颐。陈良傅《温州学田记》云：

> 宋兴，士大夫之学无虑三变。起建龙至天圣、明道间，一洗五季之陋，而守旧蹈常之习未化。范文正公始与其徒抗之以名节，天下靡然从之，人人耻无以自见也。欧阳子出，而议论文章粹然尔雅，轶乎晋魏之上。久而周子出，又落其华，一本于六艺，学者经术，庶几于三代，何其盛哉！本朝人物之所由者甚多也。[2]

此后宋学的发展各方面齐头并进，都取得了很高的成就。比如，在经学方面，宋代经学的成就首先是北宋初定型的《十三经注疏》系统。唐孔颖达主持修纂的《五经正义》包括了《周易正义》，王弼、韩康伯注，孔颖达疏；《尚书正义》，孔安国传，孔

---

〔1〕 参见陈寅恪《冯友兰中国哲学史下册审查报告》，《金明馆丛稿二编》。
〔2〕 参见陈良傅《止斋先生文集》卷三十九。

颖达疏；《毛诗正义》，毛亨传，郑玄笺，孔颖达疏；《礼记正义》，郑玄注，孔颖达疏；《春秋左传正义》，杜预注，孔颖达疏。宋代又补充了《周礼注疏》，郑玄注，贾公彦疏；《孝经正义》，《仪礼注疏》，郑玄注，贾公彦疏；《春秋公羊传注疏》，何休注，徐彦疏；《春秋穀梁传注疏》，范宁注，徐彦疏；《孝经正义》，唐玄宗注，邢昺疏；《论语正义》，何晏注，邢昺疏；《孟子正义》，赵岐注，孙奭疏；《尔雅注疏》，郭璞注，邢昺疏。其次是程朱一派的经学，又称义理派经学，主要包括程颐《易传》、朱熹《周易本义》、蔡沈《书集传》、朱子《诗集传》、胡安国《春秋传》、朱子《四书章句集注》等。元代之后，程朱派的传注被当作科举考试的教本。《十三经注疏》与程朱的五经四书传注在后世同被尊称为"正经正注"，为学者所必读。除此而外，不可忽视的还有在这一主流之外的其他经学成果，如刘敞的《七经小传》，庆历之后开风气之先，王安石的"新经义"多取其说；李光《读易详说》、杨万里《诚斋易传》，以史事说《易》，《四库全书总目》奉为两派六宗之一；金履祥《尚书表注》，与蔡沈《书集传》颇有异同；王应麟《诗考》辑录汉三家诗遗说，《诗地理考》广考《诗经》中地名；卫湜的《礼记集说》保存汉唐以来的旧说甚富，后儒谓其可与李鼎祚《周易集解》比肩。上述诸家皆能在程朱学派之外自成一家之学。尽管自庆历之后的经学风气大变，不信注疏，驯至疑经，疑经不已，遂至改经、删经、移易经文以就己说，但也不能以偏概全，仍有比较严谨朴实之经学。

在宋代经学中，王安石父子的新经学是顺应时代需要而产生的独特成果。王安石主张变法，为了给自己的变法主张寻找合法根据，于是重新注释了《诗经》、《尚书》、《周礼》，称为"新经义"，并以之为科举考试的教材。王安石认为，学者治经，不应泥于注疏，而要探求其义理，挖掘其中有用的东西，使之为现实政治服务。就经学而言，将汉唐的注疏之学扭转为义理之学，是宋学的大势，其中王安石也做出了一份重要贡献。而后世有意忽视王氏的"新经义"，提到宋代重视义理的经学，即举传世的程朱学派的五经四书传注，其实是略带偏见的。

王安石与弟子蔡京在发展宋代的学校教育方面是有贡献的。神宗朝立"三舍法"，把太学生按照成绩由低到高，分别编入外舍、内舍、上舍，成绩优秀的上舍生可以不经科考直接授官，学校与科举成了读书人的两条并立的仕进之途。由此学校教育大兴。但是，因为过于政治化、功利化，当时的学校教育也衍生了严重弊病，朱子《学校贡举私议》云："熙宁以来，所谓太学者，但为声利之场，而掌其教学者，不过取其善为科举之文。师生相视，漠然如行路之人。月书季考，只以促其嗜利苟得、冒昧无耻之心，殊非立学教人之本义。"作为学校教育的补充，且能矫正学校功利化之弊的，则是书院教育。宋初有白鹿洞、岳麓、应天、嵩阳四大书院，属于官办；还有很多私人创办的书院，如宋初石介所创办的泰山书院、南宋吕祖谦创办的丽泽书院、陆九渊创办的象山书院，等等。其长久者沿续数代，其短暂者只有数年。宋代的著名学者大多在书院中聚徒讲学，如朱子在白鹿洞、岳麓书院讲学多年，一方面传播学术思想，另一方面起到正人心而维风化的作用。这一传统为元、明两朝继承与光大。

宋代的史学是延续司马迁以来的正史传统，在史学精神上，亦可以说是延续《春秋》的传统。在史学方面，代表性的成果有欧阳修主持修纂的《五代史》、司马光主持修纂的《资治通鉴》，这两部史书在中国史学史上均占据重要地位。据蒙文通说，欧阳修之重修《五代史》乃上承《春秋》义法，下接大历以来的新学术、新观念，为开创宋代新史学之作[1]。王鸣盛《十七史商榷》说："十七史至宋已备，而编年未有全书。英宗治平二年，命司马光编《资治通鉴》，神宗元丰七年，历十九年书成。上起战国，下终五代，为二百九十四卷。公名德笃学，所引以自助，若刘攽贡父、刘恕道原、范祖禹淳父，又极天下之选，故能成此。专取关国家盛衰、系生民休戚、善可为法、恶可为戒者，洵不愧资治之称。此天地间必不可无之书，亦学者必不可不读之书也。"[2]

典章制度之学亦可以附属于史学，同为儒学之重要组成部分。赵翼《廿二史劄记》尝称赞宋初制诰之臣已多博雅，精通古代典章制度[3]。按照蒙文通所梳理的传统，宋代的典章制度之学兴起于王安石变法，至南宋永嘉学派乃集大成[4]。永嘉之学源出程门，但在南宋时与朱子对立，为朱子门徒诋为功利之学，其实是以典章制度之学为主，并及事功之学，代表人物有薛季宣、陈良傅、唐仲友、叶适、陈亮等。与永嘉之学同出浙中的还有以吕祖谦为代表的婺学，吕祖谦之学以中原文献为基础，兼取朱、陆，与朱、陆鼎足而三，全祖望云："宋乾淳以后，学派分而为三，朱学也，吕学也，陆学也。三家同时，皆不甚合，朱学以格物致知，陆学以明心，吕学则兼取其长，而复以中原文献之统润色之，门庭径路虽别，要其归宿于圣人则一也。"[5]

---

[1] 参见蒙文通《中国史学史》"《五代史》《唐书》之重修与新旧史学"，《经史抉原》，第 309~310 页。

[2] 参见王鸣盛《十七史商榷》"《资治通鉴》上续《左传》"条，第 1141 页。

[3] 参见赵翼《廿二史劄记》"宋初考古之学"条，第 325~326 页。

[4] 参见蒙文通《中国史学史》"南渡女婺史学源流与三派"，《经史抉原》，第 320 页。

[5] 参见全祖望《同谷三先生书院记》，《鲒埼亭集·外编》卷十六。

在北宋时期，与王安石的新学处于明确对立位置的，首先是三苏的蜀学。蜀学以苏洵与苏轼、苏辙父子为主脑，其他重要人物有张耒、秦观、黄庭坚、晁补之等等。全祖望《宋元学案》云苏氏出于纵横之学而杂于禅。全氏虽是批评口吻，但说出了苏氏之学的两个特点，一者谓其出于纵横之学，指苏氏善为史学，评论古今政治[1]；一者谓其出于禅，指苏氏能融通三教，有匠心独运的哲学思想，不拘泥于古，亦不拘泥于道统。东坡晚年于政治纷争中抽身而退，于是有文人高士雅集唱和，被尊为文苑领袖，其在文学上的声望逐渐掩盖了他在哲学、史学和政论上的成就。秦观尝云："苏氏之道，最深于性命自得之际；其次则器足以任重，识足以致远；至于议论文章，乃其与世周旋，至粗者也。阁下论苏氏而其说止于文章，意欲尊苏氏，适卑之耳！"[2]概括地说，以三苏为代表的蜀学开始于对现实政治的评论，其后融通三教而发展为性命自得之学，再后则广泛影响于文学艺术领域，在宋学中独树一帜。

道学或谓理学，当然是自宋代下至明代最杰出的思想成果，也是整个中国思想史上的一座高峰。北宋二程的理学发展到南宋朱子，遂合称为"程朱理学"；同时也出现了陆九渊兄弟的心学，心学传统到了明代，被陈白沙、王阳明发扬光大，故又称"陆王心学"。张载的学问可以笼统地属于北宋道学，也可以分立出来，单开"气学"一脉，为明末王夫之继承光大。自朱子作《四书章句集注》，北宋形成的十三经体系又有分裂，理学家在五经之外

---

〔1〕 陈寅恪对于苏氏的史论评价甚高，谓"苏（轼）子瞻之史论，北宋之政论也；胡（寅）致堂之史论，南宋之政论也；王（夫之）船山之史论，明末之政论也"。参见《冯友兰中国哲学史下册审查报告》。

〔2〕 秦观《答傅彬老简》，《淮海集》卷三。

标立"四书"名目，且以之为主要经典，凌驾于五经之上。至于北宋邵雍之学，虽然也讨论道的问题，亦称道学，但是在来源与思想上都自成一体。后世一般称周敦颐、二程以及张载之学为义理学，而称邵雍之学为象数学。邵雍的象数学一方面有来自先秦、两汉象数易学的传统，另一方面又有来自道教的影响，十分复杂，颇难比类，朱子《伊洛渊源录》原本即未收邵雍[1]。

另有一个方面也值得重视，就是以沈括《梦溪笔谈》为代表的博物之学。据史载，沈括博学善文，于天文、方志、律历、音乐、医药、卜算无所不通。晚年在润州梦溪园撰写了笔记体的百科全书《梦溪笔谈》，该书共二十六卷，分为十七门，依次为故事、辩证、乐律、象数、人事、官政、机智、艺文、书画、技艺、器用、神奇、异事、谬误、讥谑、杂志、药议。另有《补笔谈》三卷、《续笔谈》一卷。按今天的学科分类来看，《梦溪笔谈》的内容涉及天文、历法、气象、地质、地理、数学、物理、化学、生物、医药、冶金、机械、营造、造纸技术，以及历史、文学、艺术等非常广泛的领域。其中科学知识的部分最可贵，既有关于古代的科技的记述，又有包括沈括在内的宋代科学家的发现与发明。沈括与《梦溪笔谈》被中国科技史学家李约瑟称为"中国科技史上的里程碑"、"中国科学史的坐标"。由此可见，《梦溪笔谈》最突出的特点是包含了大量科学知识。但是，以往对于这部独特的著作，只是看作是古代科学史的史料汇集，至多把沈括亦看作是杰出的、富有创造性的古代科学家，而没有上升到哲学层面来评价。宋代最重视人的理智作用，尤其体现在对于

---

[1]　关于自宋明理学最权威的记述与评论当属黄宗羲《明儒学案》，黄宗羲、全祖望之《宋元学案》，二者皆为学者必读之书。

"格物致知"——简称"格致"——的提倡。北宋道学家提倡格致，虽然是在形上学层面的哲学观念，但其影响广泛，对于宋代科学知识的发展无疑是有促进作用的。这种促进作用只能笼统地看待，与其说道学家的格致说直接起作用，毋宁说它促成了一股潮流，在这股潮流中，道学家讲的天理与道德心性的格致，与科学家对于自然规律和生产生活的格致，都得到了发展。但是，二者并不是一回事，他们走的是不同的路向。尽管他们都声言格物求理，而此理非彼理也。沈括在这两个路向中，更接近科学知识这一边。

总的来说，宋学的进步呈多元共进、百家争鸣之态势，学术之各方面、文化之各地域都有蓬勃发展，其后则逐渐收敛，归于道统之论。《崇文总目》之提要还是从文献论文献，从学术论学术，尚没有党派的痕迹。《郡斋读书志》、《直斋书录解题》则作于朱子确立宋学道统之后，故均染上了门户习气。《郡斋》因本有家学之故，其见解相对比较独立；《直斋》则服膺程朱之学，倾向性十分明显。从《崇文总目》到《郡斋读书志》、《直斋书录解题》，虽然著录的书籍越来越多了，但就提要的思想内涵而论，眼界似乎越来越窄了，这也恰好反映了从北宋到南宋学术由宽到窄的历史趋势。

第十一章

会通与辨章

——郑樵与章学诚的校雠学

一、《通志·艺文略》与《校雠略》

在中国目录学史上，郑樵是继刘向、刘歆之后的又一座高峰，他在目录学的实践与理论两方面都取得了很高成就，前者体现于《通志·艺文略》，后者体现在《校雠略》。

郑樵，字渔仲，南宋兴化军莆田人，读书、讲学于夹漈山，尽五十载之精力，著成《通志》二百卷。全书分帝纪十八卷，后妃传二卷，年谱四卷，二十略五十二卷，世家三卷，宗室八卷，列传一百三十卷，载记八卷。从著作体裁上说，郑樵《通志》大体可分为纪传与二十略两大部分，这两大部分在体裁上是不一样的，各有学术渊源，就像把两本不同的书拼合在一起。纪传的部分当属别史类，远承梁武帝主纂之《通史》。通史是相对于断代史而言，这种体裁的史书是将各种断代史的内容总辑在一起，但不用编年体，仍用纪传体。梁武帝《通史》已佚，所以与《通志》的纪传在体例上无从比较。就内容而言，郑樵主要是钞撮旧史文字，新撰的不多，后来的学者对《通志》的纪传部分评价不高。至于二十略的部分，则是上承唐代杜佑之《通典》，在体裁上属典志类，但在体例和内容上有很大的变化。

典志类史书发端自杜佑。唐开元末，刘知几之子刘秩采经史百家之言及《周礼》六官所职，分门别类，撰成《政典》三十五卷。杜佑得其书，在其基础上做了大量补充，增其条目，广其所阙，并参以《开元礼》，成《通典》二百卷。《通典》分九门：食货典十二卷、选举典六卷、职官典二十二卷、礼典一百卷、乐典七卷、兵典十五卷、刑法典八卷、州郡典十四卷、边防典十六卷，每门下再分子目。杜佑之《通典》为典志类史书的典型代表，重视政治经济制度，尤其是礼制。《四库全书简明目录》称赞说："上溯黄、虞，下暨唐之天宝，包括宏富，义例严整，繁不至冗，简不至漏，为数典之渊海。《通志》、《通考》皆以是书为蓝本，精博则终不逮也。"元代马端临作《文献通考》，基本上是继承了杜佑体例，他把《通典》的九门析为二十四门[1]，所述事迹，上承《通典》，下迄南宋宁宗。与《通典》相比，《通考》体例更详细，内容更丰富。郑樵《通志》二十略在体裁上虽亦属典志，但与《通典》有很大差异，首先在基本宗旨上有所不同，杜书的重点在记述政治、经济等方面的典章制度，而郑书的重点在于会通天下学术；其次在分门别类上也有不同，杜书九门，基本都是典章制度方面的，而郑书之二十略，除了典章制度还有汇总古今学术的门类，则是杜书没有的。

郑樵对于自己所作之二十略颇为自负，其云："臣今总天下之大学术而条其纲目，名之曰略，凡二十略。百代之宪章，学者之能事，尽于此矣。其五略汉唐诸儒所得而闻，其十五略汉唐诸

---

〔1〕 元代马端临《文献通考》三百四十八卷，凡二十四考：田赋、钱币、户口、职役、征榷、市籴、土贡、国用、选举、学校、职官、郊社、宗庙、王礼、乐、兵、刑、舆地、四裔十九考，是马氏离析杜佑《通典》而成；经籍、帝系、封建、象纬、物异五考，则是马氏新增。

儒所不得而闻也。"汉唐诸儒所得而闻的五略是《礼略》、《职官略》、《选举略》、《刑法略》、《食货略》；汉唐诸儒所不得而闻的十五略是《氏族略》、《六书略》、《七音略》、《天文略》、《地理略》、《都邑略》、《谥略》、《器服略》、《乐略》、《艺文略》、《校雠略》、《图谱略》、《金石略》、《灾祥略》、《昆虫草木略》。其实知识总会有一个继承与累积的过程，郑樵自许独创的十五略中，也有大量沿袭旧典的内容，如有关礼、乐、天文、地理、职官、器服之类，难免要取诸旧史。在这些基础上，郑樵的确又有很多的创新之处，其氏族、六书、七音、都邑、昆虫草木诸略，是旧史所没有的，艺文、校雠、图谱、金石四略，则与目录学有关。郑樵之《艺文略》与《校雠略》内外一体，既有目录学理论，又有目录实践，在中国古典目录学史上占有十分重要的地位。

郑樵于《通志总序》云：

> 学术之苟且，由源流之不分，书籍之散亡，由编次之无纪。《易》虽一书，而有十六种学，有传学，有注学，有章句学，有图学，有数学，有谶纬学，安得总言《易》类乎？《诗》虽一书，而有十二种学，有训诂学，有传学，有注学，有图学，有谱学，有名物学，安得总谓之《诗》类乎？道家则有道书，有道经，有科仪，有符箓，有吐纳内丹，有炉火外丹，凡二十五种，皆道家，而浑为一家可乎？医方则有脉经，有灸经，有本草，有方书，有炮炙，有病源，有妇人，有小儿，凡二十六种，皆医家，而浑为一家可乎？故作《艺文略》。册府之藏，不患无书，校雠之司，未闻其法。欲三馆无素餐之人，四库无蠹鱼之简，千章万卷，日见流通，故作《校雠略》。

郑樵之《艺文略》与《通志》的通史性质相应，通记古今之图书，而非仅记一代之藏。而郑氏最大的贡献就是革新了传统的分类法，他试图将古今遗存的图书分为卜二类、百家、四百二十二种：

经类第一

易：古易、石经、章句、传、注、集注、义疏、论说、类例、谱、考正、数、图、音、谶纬、拟易，凡十六种；

书：古文经、石经、章句、传、注、集注、义疏、问难、义训、小学、逸篇、图、音、续书、谶纬、逸书，凡十六种；

诗：石经、故训、传、注、义疏、问辨、统说、谱、名物、图、音、纬学，凡十二种；

春秋：经、五家传注、三传义疏、传论、序、条例、图、文辞、地理、世谱、卦爻、音、谶纬，凡十三种；

春秋外传国语：注解、章句、非驳、音，凡四种；

孝经：古文、注解、义疏、音、广义、谶纬，凡六种；

论语：古论语、正经、注解、章句、义疏、论难、辨正、名氏、音释、谶纬、续语，凡十一种；

尔雅：注解、图、义、音、广雅、杂尔雅、释言、释名、方言，凡九种；

经解：经解、谥法，凡二种。

礼类第二

周官：传注、义疏、论难、义类、音、图，凡六种；

仪礼：石经、注、疏、音，凡四种；

丧服：传注、集注、义疏、记要、问难、仪注、谱、图、五服图仪，凡九种；

礼记：大戴、小戴、义疏、书钞、评论、名数、音义、中庸、谶纬，凡九种；

月令：古月令、续月令、时令、岁时，凡四种；

会礼：论钞、问难、三礼、礼图，凡四种；

仪注：礼义、吉礼、宾礼、军礼、嘉礼、封禅、汾阴、诸礼仪注、陵庙制、家礼祭仪、东宫仪注、后仪、王国州县仪注、会朝仪、耕籍仪、车服、书仪、国玺，凡十八种。

乐类第三

乐：乐书、歌辞、题解、曲簿、声调、钟磬、管弦、舞、鼓吹、琴、谶纬，凡十一种。

小学类第四

小学：小学、文字、音韵、音释、古文、法书、蕃书、神书，凡八种。

史类第五

正史：史记、汉书、后汉、三国志、晋书、宋书、齐书、梁书、陈书、魏书、北齐书、后周书、隋书、唐书、通史，凡十五种；

编年：古魏史、两汉、魏吴、晋、宋、齐、梁、陈、后魏、北齐（周附）、隋、唐、五代、运历、纪录，凡十五种；

霸史：霸史上、霸史下，凡二种；

杂史：古杂史、两汉、魏晋、南北朝、隋、唐、五代、宋朝，凡八种；

起居注：起居注、实录、会要，凡三种；

故事：故事，凡一种；

职官：职官上、职官下，凡二种；

刑法：律、令、格、式、敕、总类、古制、专条、贡举、断狱、法守，凡十一种；

传记：耆旧、高隐、孝友、忠烈、名士、交游、列传、家传、列女、科第、名号、冥异、祥异，凡十三种；

地理：地理、都城宫苑、郡邑、图经、方物、川渎、名山洞府、朝聘、行役、蛮夷，凡十种；

谱系：帝系、皇族、总谱、韵谱、郡谱、家谱，凡六种；

食货：货宝、器用、豢养、种艺、茶、酒，凡六种；

目录：总目、家藏总目、文章目、经史目，凡四种。

诸子类第六

儒术：儒术，凡一种；

道家一：老子、庄子、诸子、阴符经、黄庭经、参同契、目录；

道家二：传、记、论、书、经；

道家三：科仪、符箓、吐纳、胎息、内视、导引、辟谷、内丹；

道家四：外丹、金石药、服饵、房中、修养。道家凡二十五种；

释家：传记、塔寺、论议、诠述、章钞、仪律、目录、音义、颂赞、语录，凡十种；

法家：法家，凡一种；

名家：名家，凡一种；

墨家：墨家，凡一种；

纵横家：纵横家，凡一种；

杂家：杂家，凡一种；

农家：农家，凡一种；

小说：小说，凡一种；

兵家：兵书、军律、营阵、兵阴阳、边策，凡五种。

天文类第七

天文：天象、天文总占、竺国天文、五星占、杂星占、日月占、风云气候占、宝气，凡八种；

历数：正历、历术、七曜历、杂星历、刻漏，凡五种；

算术：算术、竺国算法，凡二种。

五行类第八

五行一：易占、轨革、筮占、龟卜、射覆、占梦、风角、鸟情、逆刺、遁甲、太一；

五行二：九宫、六壬、式经、阴阳、元辰；

五行三：三命、行年、相法、相笏、相印、相字、堪余；

五行四：易图、婚嫁、产乳、登坛、宅经、葬书。五行类凡三十种。

艺术类第九

艺术：艺术、射、骑、画录、图画、投壶、弈棋、博塞、象经、樗蒲、弹棋、打马、双陆、打毬、彩选、叶子格、杂戏格，凡十七种。

医方类第十

医方上：脉经、明堂针灸、本草、本草音、本草图、本草用药、采药、炮炙、方书、单方、胡方、寒食散；

医方下：病源、五脏、伤寒、脚气、岭南方、杂病、疮肿、眼药、口齿、妇人、小儿、食经、香薰、粉泽，凡二十六种。

类书类第十一

类书：类书上、类书下，凡二种。

文类第十二

楚辞：楚辞，凡一种；

别集一：楚、汉、后汉、魏、蜀、吴；

别集二：晋；

别集三：宋、齐、梁；

别集四：后魏、北齐、后周、陈、隋、唐；

别集五：五代、伪朝、宋朝，别集类凡二十种；

总集：总集，凡一种；

诗总集：诗总集，凡一种；

赋、赞颂、箴铭、碑碣、制诰、表章、启事、四六、军书、案判、刀笔、俳谐、奏议、论、策、书、文史、诗评：上述诸类，各一种。

《艺文略》分类的实际情况是十二大类，八十二小类（家），四百四十二种，与郑樵自述有出入。在上述分类法之下，共计著录图书一万零九百一十二部，十一万零九百七十二卷，另有七百四十八篇，十二章，三十七图[1]。

之所以不厌其烦地引录《艺文略》之分类，乃为藉此揭示传统学术发展到南宋所呈现之全貌与条理，虽然出自郑樵一家之规划，毕竟是以古今学术之累积为基础，可以使我们获得一个关于古今学术的宏观印象，尤其重要的是这样的印象是在文献基础上呈现的知识全体，而非当时学校或书院中流传的、带有意识形态色彩的或有宗派倾向的片面的学术或思想。郑樵采用的是三级分类法，这在目录学上是个很大的进步，王重民对此颇为赞赏[2]。郑樵的三级分类法不仅是从著录图书的便利着眼，也体现了他对于学术体制的考虑。比照今天的学术体制来说，第一级十二大类是最大门类的学术，就像是文史哲一类的一级学科，比如历史学；第二级每个大类下的小类，则是大学科中的相对独立的专业，或者称二级学科，比如中国史、欧洲史、古代史、现代史；第三级各小类中的若干种，是最重要的，它是在每个专业内最具体、最落实的各项专门研究，是学术的第一线，是学术触角伸展探赜之所在。这样的一个分类体系，或者说学术体制，就像是一支井井有条的军队，郑樵说："善为学者，如持军治狱，若无部伍之法，何以得书之纪？若无核实之法，何以得书之情？""部伍之法"即是图书与学术的分类法；"核实之法"则是对每一本书都加以考覈，知道其虚实真伪。郑樵的想法包含了两个方面，一是要做合理的目录分类，一是要做切实的书籍考证。

这些有关目录与学术的想法无疑是非常有价值的，但是郑樵欲以一己之力实现这些想法，的确不是很成功。汪辟疆云："观

---

[1] 参考王重民《中国目录学史论丛》中的统计，第149页。
[2] 参见王重民《中国目录学史论丛》，第165页。

其所区部类，颇有近于繁琐，分划无当。然其究专门之学，矜世守之业，则于七略、四部之后，真所谓绅绎寸心，别具手眼，而从事门部录之改革者也。惜郑氏恃其睥睨一世之才，高视阔步，不能详检其类目，商榷其分隶，往往不能精密，致后人多所讥弹，则渔仲之失也。"[1]

郑樵的贡献更多在于示人以体例，而不在于具体的考证，故而《艺文略》虽以最复杂的分类法著录了数万卷图书，但在目录学史上反不如《校雠略》影响深远，更受人们的重视。郑樵在《校雠略》开篇辨析了历史上秦始皇焚书坑儒之成说，认为秦人虽坑儒而儒学不绝，虽焚书而书籍仍存。郑氏此说，并非要替秦人辩诬，而是以此为前提，提出"自汉以来，书籍至于今日，百不存一二，非秦人亡之也，学者自亡之耳"的见解。何以"学者自亡之"？郑氏曰：

> 学之不专者，为书之不明也。书之不明者，为类例之不分也。有专门之书，有专门之学，则有世守之能。人守其学，学守其书，书守其类。人有存没而学不息，世有变故而书不亡。以今之书校古之书，百无一存，其故何哉？士卒之亡者，由部伍之法不明也；书籍之亡，由类例之法不明也。类例分，则百家九流各有条理，虽亡而不能亡也。

郑氏的意思是说，如果书籍不加分类，堆放在那儿不用，不用焚也会亡的，书必须加以分类，并为相应的学术所利用，才能不亡。所谓类例，就是按照学术与书籍配合的规律而设计的分类条例，一套完善的类例，既是图书的分类法，又是学术的分类法，二者相结合，就会因为书籍而传承学术，因为学术而传承书

---

[1]　参见汪辟疆《目录学研究》，第48～49页。

籍，相依而存，相并而传。反之，书亡则学必亡，学亡则书亦必亡。重视类例是郑樵《校雠略》的核心思想。

《校雠略》所说的校雠，是广义的校雠，可以包括与书籍有关的全部学术工作，从征集、校勘到分类著录。在《校雠略》中，郑樵说明了书籍的征集之法，即"求书八法"：一曰"即类以求"，如星历之书求之灵台郎，乐律之书求之太常乐工，也就是向传其学者求其书。二曰"旁类以求"，如《周易》、《洪范》一类书，不一定都在六艺类，也可以在五行家中寻求。三曰"因地以求"，如《孟少主实录》蜀中必有，《零陵先贤传》零陵必有。四曰"因家以求"，如《钱氏庆系图》可求于忠懿王之家，《潘佑文集》可求于长乐，以其后人居长乐。五曰"求之公"，如礼仪、祠祀、官制、断狱之书，当求之官府。六曰"求之私"，私家藏书多有富于秘府所藏者，如漳州吴氏。七曰"因人以求"，为官地方者，或得当地名人书籍，辗转流布，可以迹其官守，知所由来。八曰"因代以求"，年代久远之书难得，近代之作易得，当排列年代之序以求之。此外，求书的时候还应注意，书有名亡而实不亡者，亡佚之书可以在他书之中辑出；亡书也可能重出于后世，或者出现于民间；即便不见版本的阙书亦当著录以备考，等等，这些均为郑氏的经验之谈。

征集上来的书籍必须经过有效的整理。整理图书不光在校勘图书的版本、篇章、字句，关键在于根据图书的内容将之归类，归诸根据全体图书与古今学术相契合之类例体系。郑樵指明，图书归类的第一条原则即是当以图书的内容为主，第二条原则是同类或同一之书必归入一类，第三条原则是归类时当详看本文，不得只凭书名或仅阅前帙，第四条原则是类目性质差异的，虽无子目之分，仍不得相滥为一[1]。

如果类例分明，图书各归其类，如同军阵之部伍整齐，则无论是书籍还是学术，都了了分明，那就不一定需要总序、小序与提要之类的附加解释了。郑樵在《校雠略》中有"泛释无义论"、"书有不应释论"、"书有应释论"等数篇，专门批评历代类序与提要中有"强为之说"、"泛释无当"、"见名知义加释未免失之于繁"的诸多弊病。而其批评的锋芒多指向当时最完备的提要目录《崇文总目》。郑氏并非完全反对在著录图书时对于一类书或者一部书做适当的解释，《艺文略》中也有很多地方附加了简要的说明，但是他更主张通过类例分明，使学术自明，只在必要处略加注释。

古典目录学之彰显学术史的功能，既体现在分类体系方面，又体现在类序与提要方面，二者各有优长，相须为用。郑樵执一而废一，难免招致后世学者的批评。后世学者如朱彝尊、四库馆臣等更将《崇文总目》提要部分散失之责归咎于南宋绍兴时郑氏之说，幸得杭世骏、钱大昕等学者以确凿之考证为之辩诬[2]。《四库全书总目》在批评郑氏时谓其之所以取消类序与提要，是因为"《艺文》一略，非亲睹其书，则不能评究原委，自揣海滨寒酸，不能窥中秘之全，无以凌驾其上，遂恶其害己而去之"。其实这种风言冷语，亦可以平心去听，郑樵的确有可能是因为不能亲睹每一种书，不能施行核实之法，所以去掉了类序与提要，这也无可厚非。后世书籍越来越多，书籍中所含学术越来越复

---

　　[1]　参见钱亚新《郑樵校雠略研究》中的说明，第37~41页，商务印书馆（上海），1948年。

　　[2]　参见钱亚新《郑樵校雠略研究》，第54~58页。

杂，以一人之力固然不能一一验核、尽究原委，即便如《四库全书》集合当世众多一流学者撰写提要，仍然舛误百出，至今纠谬之考证不息。且类序与提要不可避免地会体现撰写者之学术观点与倾向，容易误导读者陷入旧窠，而难以展开独立的研究与思考。所以说，尽管说目录中有类序与提要是中国古典目录学的优良传统之一，但终究是有利有弊，好的提要有益于治学，坏的提要破坏学术，做适当的限制与批评还是适宜的。另外，郑樵《艺文略》采用的是完全著录法，对于所知所见的图书无论优劣均予著录，这其中有些书很有价值，值得为其撰写提要，有些书没有什么价值，不值得为其撰写提要。而《四库全书总目》收书，并不是完全著录，它已经对传世的图书做了层层良莠筛选，最终入选正编的都是比较有价值、治学者必读之书，为这些书撰写提要当然是值得的，也是有益于学术的。

二、郑樵的学术与目录学思想

郑樵《艺文略》虽然在目录学上的参考价值不是很高[1]，但它所反映的中国传统学术的大全景则是非常可贵的。郑樵的格局很大，他的理想目标是将古往今来的天下学术都整合到一个大体系中，这样的观念即是"会通"。郑氏《通志总序》云：

> 百川异趋必会于海，然后九州无浸淫之患；万国殊途必通诸夏，然后八荒无壅滞之忧，会通之义大矣哉！自书契以来，立言者虽多，惟仲尼以天纵之圣，故总《诗》、《书》、《礼》、《乐》而会于一手，然后能同天下之文，贯二帝三王而通为一家，然后能极古今之变，是以其道光明，百世之上

---

[1] 参见王重民《中国目录学史论丛》，第151页。

百世之下不能及。仲尼既没，百家诸子兴焉，各效《论语》以空言著书。至于历代实迹，无所纪系。迨汉建元、元封之后，司马父子出焉。司马氏世司典籍，工于制作，故能上稽仲尼之意，会《诗》、《书》、《左传》、《国语》、《世本》、《战国策》、《楚汉春秋》之言，通黄帝、尧、舜至于秦汉之世，勒成一书，分为五体：本纪纪年，世家传代，表以正历，书以类事，传以著人，使百代而下，史官不能易其法，学者不能舍其书，六经之后，惟有此作。故谓周公五百岁而有孔子，孔子五百岁而在斯乎？

在郑樵看来，"会通"是一个由孔子修定六经所开辟、经司马迁作《史记》而发扬光大的重要学术传统，这个传统显然不同于宋代道学家所提倡的孔子、孟子以降的义理之学的传统，也就是道统。更确切地说，会通天下学术的传统乃是区别于道统之学统。郑樵自认为是孔子、司马迁以来的会通传统，也就是学统的继承者。

郑樵自视其学术，既不同于理学家的义理之学，又不同于文学家的辞章之学，而是实学。《通志·图谱略·原学》云：

何为三代之前学术如彼，三代之后学术如此？汉微有遗风，魏晋以降，日以陵夷。非后人之用心不及前人之用心，实后人之学术不如前人之学术也。后人学术难及，大概有二：一者义理之学，一者辞章之学。义理之学尚攻击辞章之学务雕搜，耽义理者则以辞章之士为不达渊源，玩辞章者则以义理之士为无文采。要之，辞章虽富如朝霞晚照，徒焜耀人耳目，义理虽深如空谷，寻声靡所底止。二者殊途同归，是皆从事于语言文字之末，而非为实学也。所以学术不及三代，又不及汉者，抑有由也。以图谱之学不传，则实学尽化为虚文矣。

义理之学与辞章之学在当时占主流，而郑樵不赞赏此二学，而提倡实学。所谓实学，就是通过研究，从历史和经验中获得的实际知识。关键的一点，实学不可即己意来求，而必及于客观对象，也就是说，实学必须通过向外的学习，从对象那边获得知识，而不是仅从主体这边，通过空洞的理性思考或内心体悟以形成观念与心得。郑氏尝云：

> 凡书所言者，人情事理，可即己意而求，董遇所谓"读书百遍理自现"也。乃若天文、地理、车舆、器服、草木、虫鱼、鸟兽之名，不学问，虽读千回万复，亦无由识也。[1]

郑氏看出了两种学问的分别，用今天的话说，一种是基于普遍的理或普遍的心而构成的形上学、道德与审美的学问，这种学问抽象性很强，它是思考与体悟的产物，是演绎性的；另一种学问是在历史与经验中提炼社会与自然知识，这些知识是在实践中产生的，必须经过学习与验证，不学习就得不到它，不验证就不知其对错，就思维方式而言，它是归纳出来的。做出这样的区分是很了不起的，基本上把哲学与科学两类知识区分开了，尽管郑氏这一贡献迄今没有受到足够的重视。比如说，朱子的博学不在郑樵之下，但是朱子之博学，是穷理尽性之准备，进一步则是由博返约，达至性理，也可以说是最终收煞于哲学。郑樵之博学，伸展在历史和经验的范围内，往往知识本身就是目的，不一定非要再抽象为哲学观念，其所博学，介于博雅与博物之间。

综考《通志》诸略，郑樵所谓的实学，有几个主要方面，首先是小学与音韵学，也就是《六书略》与《七音略》所讲的。这

---

[1] 参见郑樵《寄方礼部书》，《夹漈遗稿》卷二。

部分主要是相对于经典文本而言。要解释经典，首先要通小学和音韵，郑樵《六书序》云：

> 经术不明由小学之不振，小学之不振由六书之无传。圣人之道惟藉六经，六经之作惟务文言，文言之本在于六书，六书不分，何以见义？

这些话都是先于重视文字、音韵、训诂的清儒而说的，不过，郑樵在六书、七音的研究上比较粗疏，与清儒在文字音韵方面的卓见精识相比有很大的差距，但观念的提倡亦是不可磨灭之功绩。

郑樵认为，要想学习与传承实学，离不开图谱，书与图是相须而备的。重视图谱之学是郑氏学术与目录思想的一个优点。《图谱略·索象》云：

> 河出图，天地有自然之象；洛出书，天地有自然之理。天地出此二物以示圣人，使百代宪章必有本于此，而不可偏废者也。

图谱学一旦不传，学问不可避免地要从实转虚。离开图谱，有很多学问就难以自立了，郑樵总结了图谱的十六种用，《图谱略·明用》云：

> 图谱之用者十有六：一曰天文，二曰地理，三曰官室，四曰器用，五曰车旆，六曰衣裳，七曰坛兆，八曰都邑，九曰城筑，十曰田里，十一曰会计，十二曰法制，十三曰班爵，十四曰古今，十五曰名物，十六曰书。凡此十六类，有书无图，不可用也。

这十六种用涉及到天文、地理、礼乐、典制以及社会生活的诸多方面。如天文、地理、礼乐、典制等方面，二十略中都有专述，其他方面也有涉及。这些都属实学范围，都需要把文献书籍之记载与图谱配合起来加以研究，才能彻底通晓，没有图谱，书籍记载的东西往往得不到指示，或者难以形成感性的形象，这些都是不可能自己感悟出来的。

《通志》还有很特殊的《昆虫草木略》，这一略亦属于实学。郑樵作此略的核心目标是为了读《诗经》，但是其实际的范围已超过《诗经》所及，甚至可以看作是一部"自然志"。郑氏在《昆虫草木略序》中感慨："学者操穷理尽性之说，以虚无为宗，实学置而不问。……不识草木之精神，则安知诗人敦然、沃若之兴乎？"又说："大抵儒生家多不识田野之物，农圃之人又不识《诗》、《书》之旨，二者无由参合，遂使鸟兽草木之学不传。"而郑樵自己之所以通晓鸟兽草木之学，除了从书本学习之外，还得力于他在夹漈山"与田夫野老往来，与夜鹤晓猿杂处，不问飞潜动植，皆欲究其性情"，做了第一手的观察与研究。

郑樵总旧史五行传而作《灾祥略》，特别讲到要破除自古以来的妖、妄之学，郑氏云：

> 仲尼既没，先儒驾以妖妄之说而欺后世，后世相承罔敢失坠者，有两种学，一种妄学，务以欺人，一种妖学，务以欺天。凡说《春秋》者，皆谓孔子寓褒贬于一字之间以阴中时人，使人不可晓解，三《传》唱之于前，诸儒从之于后，尽推集意而诬以圣人之意，此之谓欺人之学。《洪范》者，皆谓箕子本《河图》、《洛书》以明五行之旨，刘向创释其传于前，诸史因之而为志于后，析天下灾祥之变而推之于金木水火土之域，乃以时事之吉凶而曲为之配，此谓之欺天之学。夫《春秋》者，成周之典也；《洪范》者，皇极之书也。臣旧作《春秋传》，专以明王道，削去三家褒贬之说，所以杜其妄；今作《灾祥略》，专以记实迹，削去五行相应之说，

所以杜其妖。

郑氏指出的妖、妄之学，的确是古代经学中的糟粕，郑氏作《春秋传》以攻妄学，此《灾祥略》则用以攻妖学，虽然仍未能对古今灾祥现象做出科学之解释，但以"明王道"、"记实迹"为宗旨，颇见宋代学者实事求是的精神。

郑樵为学提倡博雅，其云："大著述者，必深于博雅而尽见天下之书，然后无遗恨。"[1]郑氏学问在南宋一朝最为博雅，其自述平生治学，"欲通古人之书，欲通百家之学，欲合六艺之文而为羽翼"，他以十年为经旨之学，三年为礼乐之学，三年为文字之学，五六年为天文地理之学，为虫鱼草木之学，八九年为讨论之学，为图谱之学，为亡书之学，每个阶段都有著述。郑氏治学的大略是以传统经学为根本，扩展到语言文字，以及社会与自然诸学术，再到图书目录之学。这样的治学路子与宋学末流束书不观、奢谈义理、静坐省心，当然不可同日而语。当然，郑樵之学术远未臻十全十美，《宋史》本传中已经批评他"博学而寡要"，明清两代之批评指摘者更多，惟明末方以智能传其学[2]，清代章学诚能通其志，可见郑氏的影响还是十分深远的。

三、《文史通义》与《校雠通义》

章学诚是清代浙东学派的代表学者，著有《文史通义》与

---

〔1〕　参见郑樵《通志总序》。
〔2〕　明末学者方以智继承了郑樵的博雅之学，著有《通雅》五十二卷，内容涉及疑始、释诂、天文、地舆、身体、称谓、姓名、官制、事制、礼仪、乐曲、乐舞、乐器、器用、衣服、宫室、饮食、算数、植物、动物、金石、谚原、切韵声原、脉考、古方解等，尤其是其中含有大量自然科学的知识。方氏区分了"通几之学"与"质测之学"，在郑樵的基础上更明确地把哲学与科学两类知识分开了。

《校雠通义》。章氏《文史通义》的主要内容包括论述史家的著作义例，论史家所应具备的史才、史学、史识、史德，辨史书的"著述"与"纂辑"之别，评通史与其他各种史体之优劣，揭示不同思想与学术派别之特点与源流，等等，尤其是提出著名的"六经皆史"说。《校雠通义》的主要内容是论述学术与文献的关系，校雠、目录的原则，以及如何"辨章学术，考镜源流"。前者重在探究文史义例，后者重在辨章著作源流。如章氏自述："《文史》之争义例，《校雠》之辨源流。"总的来说，两部《通义》都是讲古今学术的源流与格局以及相应的文献情况的，二书中有关校雠目录学方面的论述是相通、互补的，可以合起来研究。

就校雠目录学而言，章学诚的最高理想是通过校雠目录宣明大道。大道在历史进程中由统一渐至分散，故而需要通过"辨章学术，考镜源流"，既完整又有条理地把握由大道分殊而成的古今学术。关于先秦学术，章氏有两个重要观点，首先是古者官师合一，六艺为周官旧典；其次是古无私门著作，私门著述始于战国，战国诸子皆衍生自六艺。这两个观点是顺次衔接的，构成一种完整的先秦学术史观。这中间最关键的关节是谓先秦学术出自官守，因此学术及相关文献的初始格局与官守的分职基本是一致的，《校雠通义·原道》云：

> 有官斯有法，故法具于官；有法斯有书，故官守其书；有书斯有学，故师传其学；有学斯有业，故弟子习其业；官守学业皆出于一。而天下以同文为治，故私门无著述文字，无私门著述文字，则官守之分职即是群书之部次，不复别有著录之法也。

章氏著名的"六经皆史"说也是基于此。六经最初也是官守之学，皆是周官旧典，不是私门著述；而后的诸子百家，则多为私门著述，但是先有周官旧典，后有私门著述，究其源流，诸子百家其实都是从六经衍生出来的。《文史通义·诗教》云：

> 战国之文，其源皆出于六艺。……老子说本阴阳，庄、列寓言假象，《易》教也；邹衍侈言天地，关尹推演五行，《书》教也；管商法制，义存政典，《礼》教也；申、韩刑名，旨归赏罚，《春秋》教也。其他杨、墨、尹文之言，苏、张、孙、吴之术，辨其原委，把其旨趣，九流之所分部，《七录》之所叙论，皆于物曲人官得其一致，而不自知为六典之遗也。

章氏的说法与《汉书·艺文志》亦即《七略》相比，《七略》认为六艺和诸子都出自官守，并为六艺和诸子各家分别找出官守来源，且六艺之来源与诸子之来源两造并行，并不混同；而章氏认为六艺出自官守，诸子各家则分别出于六艺，主要是私门著述，他似乎是依照《庄子·天下篇》将六艺视为道之全体，将诸子视为道散而各执一端，从而认定诸子为六艺之流裔，六艺散而后出诸子。其说固言之成理，且颇新奇，但稽诸经史缺少佐证，与《七略》理近而事异，恐不及刘向、刘歆父子远甚。

章学诚宗师刘向、刘歆，继承与发扬了刘氏父子的目录学传统，旗帜鲜明地以"辨章学术，考镜源流"为校雠目录学之基本宗旨。《校雠通义》开篇叙曰：

> 校雠之义，盖自刘向父子部次条别，将以辨章学术，考镜源流，非深明于道术精微、群言得失之故者，不足与此。后世部次甲乙，纪录经史者，代有其人，而求能推阐大义，条别学术异同，使人由委溯源，以想见于坟籍之初者，千百之中，不十一也。

在《校雠通义》中专有《宗刘》篇，章氏明确将刘向、刘歆之学作为"辨章学术，考镜源流"之起始点。刘氏父子深明乎古人官师合一之道，其《七略》体系，最好地反映了古代官师之学到私门著述的发展过程。章氏也认为，由刘氏父子的《七略》发展到四部，是历史的大趋势所致，虽然四部不如《七略》，但已经不可能由四部返回《七略》了。不过，尽管不能由四部返《七略》，章氏还是主张，要想究明古今学术的发展，不能仅仅就四部论学术，必须溯源到《七略》，回到官师合一之源头，然后由源到流，逐次梳理出学术家法与著作部次。章氏云："《七略》之古法终不可复，而四部之体质又不可改，则四部之中附以辨章流别之义，以见文字之必有原委，亦治书之要法。"也就是说，在以四部分类法明著作部次的同时，还要参考《七略》，以适当的叙录与提要来辨章学术源流，把两者结合起来。这是"宗刘"之大义所在。

在刘向、刘歆父子至章学诚的传统中还有一个中间环节，即郑樵。《文史通义》中有《申郑》篇，专门论述郑樵的学术价值。郑樵在清代，饱受戴震等学者的批评，章学诚则为之申诉陈情，认为自司马迁、班固而后，专门之史学衰落，或偏于辞章，或偏于考据，而郑樵是真正能发凡起例、光大史学者。《文史通义·申郑》云：

> 郑樵生千载而后，慨然有见于古人著述之源，而知作者之旨，不徒以词采为文、考据为学也。于是遂欲匡正史迁，益以博雅，贬损班固，讥其因袭，而独取三千年来遗文故册，运以别识心裁，盖承通史家风，而自为经纬，成一家言者也。学者少见多怪，不究其发凡起例，绝识旷论，所以斟酌群言，为史学要删；而徒摘其援据之疏略、裁剪之未定

者，纷纷攻击，势若不共戴天。古人复起，奚足当吹剑之一
唉乎？

章氏之尊郑樵，一者赞其阐明会通之大义，《通志》以纪传
和二十略的形式总括古今之学术，承续了孔子、司马迁以来的传
统；一者赞其创设史志章程，自成家法。章氏非常重视史学的家
法，认为有家法的著作才是史学上的著述之作，才算是专门之
学，否则只能算是纂辑之作。《文史通义·释通》云：

> 何谓立家法？陈编具在，何贵重事编摩？专门之业，自
> 具体要。若郑氏《通志》，卓识名理，独见别裁，古人不能
> 任其先声，后代不能出其规范，虽事实无殊旧录，而辨名正
> 物，诸子之意，寓于史裁，终为不朽之业矣。

对于郑樵的校雠目录学，章氏也是大加赞赏，认为自刘向、
刘歆之后唯此一人而已。《校雠通义》叙曰：

> 郑樵生千载而后，慨然有会于向、歆讨论之旨，因取历
> 朝著录，略其鱼鲁豕亥之细，而特以部次条别，疏通伦类，
> 考其得失之故，而为之校雠，盖自石渠、天禄以还，学者所
> 未尝窥见者也。

章氏对于郑樵并非一味赞誉，也指出了很多具体的问题，比
如他反对郑樵删除类序与提要的主张，《史籍考·释例》云："考
订与著录，事虽相贯，而用力不同，著录贵明类例，求之于书之
面目者也；考订贵详端委，求之于书之精要者也。"在《补郑》
篇中也补正了很多郑樵的疏误之处，比如提出互著、别裁之类新
体例。章氏是从大处着眼肯定郑樵，特别是针对当时对于郑樵的
种种攻击做出了打抱不平的反驳。

章学诚在目录学上也有实践，他曾经编纂过《史籍考》，试
图与朱彝尊《经义考》并立，通录古今史学著作，可惜书未成而

亡佚。就《史籍考》的体例看，颇为完备，共分制书、纪传、编年、史学、稗史、星历、谱牒、地理、故事、目录、传记、小说十二部，每部下再分若干类，类例周密。在《史籍考·要略》中，章氏提出著录之例："一曰古逸宜存，二曰家法宜辨，三曰剪裁宜法，四曰逸篇宜采，五曰嫌名宜辨，六曰经部宜通，七曰子部宜择，八曰集部宜裁，九曰方志宜选，十曰谱牒宜略，十一曰考异宜精，十二曰板刻宜详，十三曰制书宜尊，十四曰禁例宜明，十五曰宜详。"[1]这些条例大多数都可资借鉴，不仅是校雠目录学可以借鉴，也可以转用于治学，作为研究古代文献的治学原则。

四、博雅与专门

自明清之际，学术的大趋势发生了从"尊德性"到"道问学"的转变，故清初诸儒皆以博学著称，凡经史百家、礼乐典制、六书九数、象纬天官、山川地理、医药农桑、经济武备等等，均有全面且精深之研究。如开创清学之黄宗羲、顾炎武、张尔岐、颜元诸儒，反对空谈，博学以经世致用；传承理学如孙奇逢、李颙、张履祥、陆世仪诸儒，亦不再守门户之见，博学以穷理尽心。其后之清学则逐渐开始了汉宋之分，汉学以考据之学为主，宋学以义理之学为主。刘师培《近儒学术统系论》概述清代考据之学的源流，始于清初顾炎武、张尔岐、阎若璩，广大于乾嘉时期。乾嘉之学又分以惠栋为代表之吴学，以戴震为代表之皖学，而钱大昕之学，在惠、戴之间。戴震之皖学影响最大，段玉裁、王念孙、王引之、焦循、凌廷堪等人将皖学发展为扬州之

---

〔1〕 转引自金毓黻《中国史学史》，第 241 页。

学，扬学在乾嘉之学中学术成就最高。此外还有常州之学，代表人物有张惠言、庄存与。浙中之士多崇尚史学，以黄宗羲、万斯大、万斯同为宗，成就杰出者有全祖望、邵晋涵、章学诚等人。其他各地如江北、淮南、燕京、赣省、粤中、闽中、湘中也都有杰出的学者，但就学术旨趣而言，则基本上是从吴、皖、扬、常诸学中变化出来的[1]。需要说明的是，清学虽然有这样一些学派名目，但多数学者并不固执于地方与门户，而是转益多师，择善而从，故而学术统系颇为错综交汇。

章学诚之学出自浙中，刘师培述浙中学术云：

> 惟余姚、四明之间，则士宗黄、万之学，于典章文献探讨尤勤。鄞县全祖望，熟于乡邦佚史，继游李绂之门，又从词科诸公游，故所闻尤博。余姚邵晋涵初治宋明史乘，所学与祖望近，继游朱珪、钱大昕门，故兼治小学。会稽章学诚，亦熟于文献，既乃杂治史例，上追刘子玄、郑樵之传，区别古籍，因流溯渊，以穷其派别，虽游朱珪之门，然所学则与戴震立异。[2]

章学诚与戴震之间的学术矛盾是清代学术史上的著名公案。戴、章之间的分别基本是章氏单方面揭明的，后世的论述也主要据章氏之说。戴、章之别有三方面，一是浙西与浙东学术传统之分别，二是经学与史学之同异，三是尚博雅与尚专门之异趣。

章学诚在《文史通义·浙东学术》中，区分了浙东学术与浙西学术：浙东学术远以陆、王为宗，近以黄宗羲为宗，擅长史

---

〔1〕　参见刘师培《近儒学术统系论》，《刘师培辛亥前文选》，第155~163页，三联书店，1998年。

〔2〕　参见刘师培《近儒学术统系论》，《刘师培辛亥前文选》，第161页。

学，学贵专家；浙西学术远宗朱子，近宗顾炎武，擅长经学，学贵博雅。章氏之区分浙东、浙西，大略看来，似乎有一点地域上的根据，然而细究之又不能一一落实。章氏自诩属浙东，是可以接受的，但以戴震属浙西，就不是很确切了。所以用今天的话说，浙东、浙西之分更像是一种学术理念上的区分。章氏将这种区分上溯到朱陆异同，恐有未安。戴震对于朱子有严厉之批评，这是不容否认的事实，强说戴氏之学出于朱子，是难以令人信服的[1]。而章氏谓浙东学术先出南宋婺源，后转宗陆、王，这也于史不完全吻合，叶瑛在《文史通义校注》中指出，南宋的浙东学派乃以吕祖谦、陈傅良、叶适、陈亮为代表，与朱、陆均有不同[2]。

如果说明清之际浙西顾炎武与浙东黄宗羲分别开辟了经学与史学两个潮流，则基本是确实的，可以作为讨论戴、章之间学术矛盾的基础。余英时在《论戴震与章学诚》中指出，戴、章二氏都反对宋明理学之空谈，自顾炎武提出"经学即理学"后，戴震继承其说，而章学诚则将之变化为"史学即理学"[3]。这样说来，戴、章似乎都以通过探赜经、史最终弘明义理为旨归，但戴沿经学之途径，章沿史学之途径。通常经史是并称的，其实经学与史学之间有着重要之异同，此一异同由于戴、章二氏之争执，尤其凸显出来。

---

[1] 参见钱穆《近三百年学术史》中关于戴震之学出于朱子的论述，商务印书馆，1997年。

[2] 叶瑛《文史通义校注》云："浙东学术，一般以金华吕祖谦有中原文献之传，讲明治体，永嘉陈傅良讨论经制治法，叶适以经世济世自负，永康陈亮究立国之本末方略，皆浙东人，不同于朱熹、陆九渊之讲性理，称浙东学派。"

[3] 参见余英时《论戴震与章学诚》关于"经学即理学"与"六经皆史"说的论述，第49~61页，三联书店，2000年。

　　清代经学与史学之间的区别至少体现在两个方面。一方面，六经均是三代旧典，无论是训诂还是考据，都以三代语言与历史为基础，故而治经学必以三代为依据。戴震于经学所通甚博，文字、音韵、天算、名物、制度无不通晓，但其博学范围大致限于三代文献以及两汉各家经说。此可谓乾嘉之学的典型学风。乾嘉时的吴学、皖学、扬学，分别以专、精、通著称[1]，但其专、精、通基本是就三代文献与两汉经说而言的。至于汉代之后的解经著作，或轻诋其浅陋，或干脆束而不观，因此学术视域不免偏狭。这一点在汉学内部也有所反省，江藩《汉学师承记》比较戴震与钱大昕之学术特点云："东原之学，以肆经为宗，不读汉以后书；若先生（晓徵）学究天人，博宗群籍，自开国以来，蔚然一代儒宗也。"[2]平心而论，在清学的传统中，清初之顾炎武与乾嘉之钱大昕是最博学的，顾氏的《日知录》以考古之学经世致用，所蕴之政治理想希望有后来之王者能据之成治平之大业；钱氏的《十驾斋养心录》，阮元称其有"九难"，谓"国初以来，诸儒或言道德，或言经术，或言史学，或言天学，或言地理，或言文字音韵，或言金石诗文，专精者固多，兼擅者尚少，惟嘉定钱辛楣先生能兼其成"。顾炎武、钱大昕的博学不仅限于三代两汉，而且下贯有唐宋元明，经史兼通，古今兼通，精赅无比。总的来说，顾、钱均主张古今一贯、经史一体。而章学诚则更极端一些，明确反对拘守经学，并将史学转置经学之上。特别是章氏以刘向、刘歆和郑樵为宗，刘氏父子之学，不限于六艺经学，而

---

　　〔1〕参见张舜徽《清代扬州学记》叙论，第6页，华中师范大学出版社，2005年。

　　〔2〕参见江藩《汉学师承记》"钱大昕"，漆永祥《汉学师承记笺释》（上），第321页，上海古籍出版社，2006年。

是兼通史学与诸子百家、诗赋、数术、方技、兵书，横向上是贯通的；郑樵主张会通古今学术，提倡作通史，在纵向上也是贯通的。从刘氏父子到郑樵，再到章学诚，构成了一条明晰的学术传统。

另一方面，以戴震为代表的乾嘉经学，在尊经奉道上，以五经文本为研究对象，以孔子之道为义理追求，以小学——文字、音韵、训诂——为解释手段，尤其重要的是认为经文、义理与训诂三者是一体的。五经是载道之具，道就在五经文本之内，不能从经文之外求道，故而重要的是训诂经文，训诂明则经文明，经文明则古代圣贤之义理自明。而章学诚主张"六经皆史"，以为道自在天地，道是变化的。从三代迄后世，经历了由官师合一到分散为六艺百家的演变过程，而道实现在整个历史、古今学术之中。道不仅仅在五经中，五经只是道的历史体现者之一，唯凭借诠释五经尚不足以把握道的全体大用。章氏认为，六经皆器，六经载道，只是负载上古三代之道，而不是全部历史之道，《文史通义·原道》云："义蕴之匿于前者，章句训诂足以明之；事变之出于后者，六经不能言，固贵约六经之旨而随时撰述，以究大道也。"余英时亦指出，戴震的议论背后有一假设：道或圣贤之理义，皆毕具于六经；而章学诚"六经皆史"意味着，随着历史的进展，六经已经不足以尽道[1]。概而言之，戴震、章学诚都已不赞成宋儒自本心见道的见解，而戴震认为道在经内，只要诠明经典，道自然彰显；而章学诚认为道溢出经外，虽然不能孤守本心，拘持一理，但也不能局限于五经，必由古今学术之大全见道。

---

[1] 参见余英时《论戴震与章学诚》，第 50~53 页。

除了经与史的分别之外，章学诚还指出浙西与浙东的一个区别，浙西贵博雅，浙东贵专门。博雅与专门如何区分呢？章氏用这两个概念，赋予了很独特的涵义，并不是当时的通行意思。依我的看法，这两个概念的分别可以追溯到汉代。

儒家自古崇尚博学，先秦儒家以通晓礼乐祭祀和文献典章为博学，其学或出自学校，或出自官守，或用于治世，或用于修身。汉代的博学逐渐转为以六艺为核心。两汉之间又有不同，西汉面宽，东汉面窄。西汉主要是围绕着五经博士之学，而兼及诸子百家。特别是家法与师法的提倡，使西汉各家经学淳正不杂，故而至刘向、刘歆校雠群书时，尚能清楚地知道诸家经学的源流与分际。刘向、刘歆等校书中秘的学者，在当时都是博学之士，其所成《别录》、《七略》可称为自先秦迄西汉的著作渊薮，谓其与《史记》并列为最博学之作，亦名副其实。东汉以后，经学中出现了今古文纷争，家法、师法日渐混淆，于是以兼通今古文者为博学，杜林、许慎、郑玄、何休均以博学名世。这时的博学有一个重要的特点，就是能以训诂通达古今。《尔雅》、《方言》、《说文》、《释名》等几部重要的文字训诂，都大行于东汉。与经学关系密切的《尔雅》托言出自周公，或托言为孔子门人所以释六艺之文言，其实此书之编纂不早于西汉，而东汉始流行。尔，近也；雅，正也。阮元《与郝兰皋户部论尔雅书》云："尔雅者，近正也。正者，虞夏商周建都之地之正言也；近正者，各国近于王都之正言也。《尔雅》一书皆引古今天下之异言，以近于正言。"[1] "尔雅"的意思就是把古今诸多含义相通或相近的不同词语，训释为当时的正言。《尔雅》等文字训诂之书的通行，表

---

〔1〕 参见阮元《与郝兰皋户部论尔雅书》，《揅经室集》（一）卷五。

明东汉以后经学不再像西汉那样，五经之学基本上可以直接运用于国家政教，按之制定礼乐典章、治历明时、断事治狱，而是进入了经典解释的时代，要对五经加以解释之后才能获得意义，因此需要把古语释为今语，把方言释为正言。因此可以说，东汉的博学主要是基于经典解释，基于语言的，故而贵雅正。或许称这种博学为"博雅"更为贴切。

章学诚所谓浙西贵博雅，这个博雅就是与东汉学术相类似的博雅。它以能复原古代语言之经本与礼制、典章、文物为尚。如戴震等人精研文字、音韵、名物、制度，但其核心目的在于解经，并不是要建构文字学、音韵学，或者其他的专科学术，一切都是为解经服务的，故而其学术趣向总是朝着三代，不逾经学的大范围。

章学诚所谓浙东贵专门，其实是上溯刘向、刘歆的辨章学术、考镜源流的传统，而后又吸取了史学中的博学传统。史书在《汉志》隶属《春秋》，故通经与通史不相别。后世史书独立为部，则通晓古今之史亦为博学。唐以后所修诸史中均有《经籍志》、《艺文志》，包括六朝以来其他公私目录，凡编纂目录者，都是博学多闻之士。赵翼《廿二史劄记》云北宋初制诰之臣已多博雅，均能稽典故，援经史[1]。北宋初年，博学之风本来很兴盛，邢昺、孙奭、司马光、欧阳修诸人，均以博学闻名。《崇文总目》之编纂，更是博学之风的代表性成果。及南宋郑樵，复上接北宋之传统，以博雅闻名于世。郑樵之博学范围极广，是读尽天下之书的博学，故而经史子集无不涉及。如前所述，通经之博雅、通史之博学，乃至通草木虫鱼之博物，无不在其范围之内。

---

[1] 参见赵翼《廿二史劄记》"宋初考古之学"条，第 325～326 页。

尤其重要的是，郑樵的校雠学非常重视目录之类例，类例与专门之学相一，凡属一类例之书即成一种专门之学。章学诚所说的专门，所指正是这样的专门。一种专门之学要能溯源到刘向、刘歆的学术统系上，在后世的发展中要形成有书有师的传承，有相应的一类文献，且符合目录之类例。不过需要申明，无论是郑樵还是章学诚，其所谓专门之学主要是以目录分类为基础的，尚未达到近代学术基于研究对象与研究方法的差异所进行的学科分类的水平。另外一点则是专门之学虽云专门，其实也是非常博学的，它不是仅仅围绕五经或者仅限于三代两汉的，而是贯通古今、出入四部的大学问。浙东学术，无论是宋代的浙东学派，还是黄宗羲以降的清代浙东学派，一向以博学见长，称其专门是说其能发凡起例、具有独特的学科意识而已。

另一个由章学诚挑起的争议，是对南宋郑樵与王应麟的评价。郑、王均以博学考古著称，但清儒对待二人的态度很不同，王应麟被尊为考据学的前驱，《四库全书简明目录》评论其《玉海》："应麟博极群书，谙练掌故，征引奥博，条例通贯。唐宋诸大类书中，杜佑《通典》可以抗行，马端临以下，皆非其敌也。"而郑樵则以粗疏被轻视，《四库全书简明目录》评价《通志》云："纪传与史，皆剿袭旧史，略为删润，殊无可观。迹其精华，惟二十略，而穿凿挂漏，均所未免。在《通典》、《通考》之间，实未能鼎立。"显然，在四库馆臣眼中，《玉海》的水平高于《通志》，尤其是戴震指郑樵为陋儒，王鸣盛斥郑樵为妄人。章学诚对此相当反感，他做了针锋相对的翻案，不仅赞扬了郑樵，还批评了当时对于王应麟的推崇，《文史通义·博约》云：

> 王氏诸书，谓之纂辑可也，谓之著述则不可也；谓之学者求知之功力可也，谓之成家之学术则未可也。今之博雅君

子，疲精劳神于经传子史，而终身无得于学者，正坐宗仰王氏，而误执求知之功力，以为学即在是尔。学与功力，实相似而不同，学不可以骤几，人当致功乎功力则可耳。指功力以为学，是犹指秫黍以谓酒也。

章氏将王应麟的著作视为纂辑而非著述，有一定道理，但不能把这种纂辑与著述的区分绝对化，一方面，王应麟的著作的确大多是这种勾稽散佚、排比旧说的纂辑著作，后来的清儒也有很多这样的著作，甚至一度蔚然成风；另一方面，要看到清儒较之王应麟已有很大进步，以正、续《清经解》为例，清儒所作的经典注疏，有些注疏以钞撮旧注为主，可以归属于纂辑，多数注疏均能辨别古今，含有独创的思想与知识，这样的注疏肯定属于著述。即便如惠栋的《周易述》只是单纯收集汉代易学遗说，没有章氏提倡的学者自己的主见与发挥，但因为其书藉此开辟汉学，是扭转风气之作，影响一代学术甚深，故也不宜谓之纂辑，而当视为著述。要知道中国自古以来有一个源远流长的借助经典解释发展学术与思想的优良传统，如果把这个传统中的著作都看作纂辑，不以著述视之，那么，中国的学术史与思想史将折损大半以上。在今天的学术体制下，为经典做注疏，通常被视为古籍整理，是类似于章学诚所说的带有工具性的纂辑工作，这样的体制显然背离了中国通过经典解释发展学术思想的传统，也在无形中妨碍了学术思想的发展。

第十二章

《四库全书总目》（一）

——传统文献与学术的集大成工程

一、《四库全书》

清代学术的国家意识形态性比较突出，康熙、乾隆二帝尤喜修纂大型的图书，以此显示国家稽古右文，自己虽然是非汉族的统治者，却能继承与弘扬中华文化的大传统。其最能凸显这种文化集大成观念且成就最高的即是《四库全书》。

乾隆三十八年，诏开设四库馆，任皇室郡王及大学士、六部尚书及侍郎为总裁、副总裁，实际任事者分属翰林院与武英殿。翰林院负责勘阅《四库全书》：总纂官为纪昀、陆锡熊、孙士毅，下设校勘《永乐大典》纂修官、校办各省送到遗书纂修官、天文算法纂修官及协勘总目官等，共六十余名。武英殿负责缮写校正《四库全书》，分阅、校两职：总阅官十六名；总校官为陆费墀，下设覆校官、分校官、篆隶分校官、绘图分校官、编次黄签考证官等，共二百余名。此外，各部门之提调官及辅助官员还有数十人，参与缮写者更达数千人。而在整个编修过程中，乾隆帝一直亲自指导与裁定,先后下过几十道上谕〔1〕。

《四库全书》之书籍来源有六:一为敕撰本,即自清初至乾隆时依敕旨所纂的书籍;二为内府本,即康熙以来宫廷收藏的书籍;三为《永乐大典》本,即从明《永乐大典》中辑出的各种书籍;四为各省采进本,即各省总督巡抚奉旨从各地方收集的书籍;五为私人进献本,系当时著名藏书家所进献的书籍;六为通行本,即当时坊间流行的书籍。

这些书籍汇集到四库馆,按照严格的程序加以处理。首先对于到馆的一万多种书籍做初步的甄别,剔除初选不合格之书,报总裁审定后,分送给各分纂官做仔细校阅。这是学术性最高的一步,纂修官要审定书籍的版本,再对书籍之作者、年代、传承、写刻一一加以考证,有些书籍要辨其真伪,有些书籍要写出考证,最重要的工作是为每书撰写提要,纂修官还要注明"应刊刻"、"应钞录"、"酌存目"、"毋庸存目"等处理意见。分纂官做好上述工作之后,则上交总纂官,总纂官纪昀、陆锡熊在总目协勘官的帮助下,对全部提要稿做修改、补充、润色,并将众多单篇的提要稿按照《四库全书》的分类体系重新编排,加上总序、各类序以及按语,最终形成了完备的《四库全书总目》一书,其间并精简出《四库全书简明目录》一书。分纂官的考证文稿则由考证官王太岳辑成《四库全书考证》一书单行。翰林院勘阅之后,则交武英殿缮写校正,以统一的格式抄写成书。

《四库全书》纂成于乾隆四十六年,数年间先后缮录七部,

---

〔1〕 此据文渊阁藏武英殿本《四库全书总目》,前列二十一道圣谕、进表、职名、凡例、门目,浙本、粤本职名排列次序及官名与此本稍有不同。《总目》职名所列人员已不尽完备,经考未被列入者有多人,详可参见黄爱平《四库全书纂修研究》,第 107 页,中国人民大学出版社,1989 年。

分藏于紫禁城之文渊阁、圆明园之文源阁、奉天之文溯阁、承德之文津阁,称"内廷四阁",非特别之资格与得许可者不准阅览,此所谓"石渠美备";复藏于扬州大观堂之文汇阁、镇江金山寺之文宗阁、杭州圣因寺之文岚阁,称"江浙三阁",准许学者阅览抄录,此所谓"嘉惠艺林"[1]。

乾隆编纂《四库全书》的基本宗旨为"彰千古同文之盛",也就是国家对于自古以来的文化的全面清理与控制。后世论及《四库全书》的功过时,多在肯定其传承文化、保存文献的巨大功绩的同时,谴责其大量毁禁书籍、制造文字狱,是像秦始皇焚书坑儒一样对文化的破坏。这样的看法固然是有道理的,但是不宜走极端,似乎凡是《四库全书》未收之书都被毁禁了。必须认识到《四库全书》并不是以收录全部书籍为目的的,虽然云全书,其实是不全的。据中华书局 1965 年影印浙本《四库全书总目提要》统计,收入四库的书籍有三千四百六十一种,七万九千三百零九卷,存目书籍有六千七百九十三种,九万三千五百五十卷,总计一万零二百五十四种,十七万二千八百五十九卷[2]。这些书是否是至乾隆时留存的中国古代书籍之全部呢?当然不是。据杨家骆《四库全书通论》考核,遗在《四库全书》之外的书籍至少还有这样几类:清政府官修的书未全收,政府藏书亦未

---

[1] 《乾隆三十八年五月十七日奉上谕》云:"前经降旨,博采遗编,汇为《四库全书》,用昭石渠美备,并以嘉惠艺林。"按七部《四库全书》,文渊阁本现存台北故宫博物院,并已有影印本出版;文源阁本毁于英法联军之劫火;文溯阁本移存至甘肃省图书馆;文津阁本以原架原函移存至国家图书馆,最为完整;文汇阁本、文宗阁本均因太平天国战乱全部被焚毁;文澜阁本也毁烧大半,后做了几次抄补,已基本恢复原貌,现藏浙江省图书馆。

[2] 七阁《四库全书》存书数不完全一致,今人计点文津阁《四库全书》收书三千五百零三种,文渊阁本收书三千四百六十一种。

全数送交四库馆,《永乐大典》中还有未被辑出的书,地方官采进的书远未穷尽,有些藏书家没有进献,通行的很多小说、戏曲因受轻视而未录,明末至乾隆时新著的书未收全,日本、朝鲜所藏中国书未收全,西洋传教士的译书与著作、少数民族的著作均没有收全〔1〕。至于佛、道二藏中的书按体例而没有尽收,只收了若干有资考证的历史类的著作。在编纂《四库全书》期间被清政府禁毁的书,更多达三千一百多种。即便收入《四库全书》中的书,被删削挖改的数量也很可观,这方面后世有很多考证。康、雍、乾三朝的文字狱不断发生,对于《四库全书》的编纂也有很大影响。所以通常所说的《四库全书》囊括了清中叶以前所有重要的文献典籍,只是相对而言的。

编纂《四库全书》不是一个单纯的古籍整理工作,它首先是一项大规模的清理文化的政治工程。《四库全书》有强烈的政治性,这一点毋庸置疑。中国历史上历代王朝建立之初,都有一个大规模的清理文化的行动,大多包括征集天下图籍、清点国家藏书以及编制目录这些方面的工作。这是一个政治宣示,一方面意味着国家从战争时期转入和平时期,崇武功转为尚文治;另一方面则意味着新政权是植根在传统文化上的,意识形态、价值观念和政治制度均皈依于三代以来的以儒家为核心的文化传统。对于以异族入主中原的清朝来说,后一点尤其重要,康熙、乾隆之所以举全国之力致力于修纂《古今图书集成》、《康熙字典》、《四

────────

〔1〕 参见杨家骆《四库全书通论》,《四库全书大辞典》卷首,第 31~32 页,警官教育出版社,1994 年影印版。按杨氏统计,《四库》所收录与存目书中,有外国及中国境内之其他民族著作四十余种,其中有明末以来西洋传教士利玛窦、龙华民、高一志、龙三拔、艾儒略、毕方济、罗雅谷、利类思、阳玛诺、安文思、傅泛济、庞迪我、金尼阁、邓玉函、汤若望、南怀仁、穆尼阁等人的著作,以及朝鲜、日本、越南等国的著作。同上书,第 7~8 页。

库全书》等大型书籍，以及续"三通"为"九通"〔1〕，就是要借文化传统之力，在文化层面上再行统一天下，并使清朝能够顺理成章地居于王朝正统位置。

《四库全书》是一项对自古以来的文化典籍进行总清理的大工程，系统性是其主要特点之一。系统性是指《四库全书》的编纂是按照中国传统文化的内在法则进行的。《四库全书》对于传统文化的总结，体现了完整性，但这种完整性是指在整体格局上是完全的，而不是每一本书都不遗漏，在数量上是完全的。格局上的完整性是指在中国传统目录学的框架下，保存了每一种重要的学术及足以反映这一学术的著作，且以完备的分类法和类序、提要来揭示传统文化之整体与部分之间的关系。杨家骆曾经指出："《四库全书》意在保存以往原著的全文，而以其所认知识体系的分类法来部勒那些原著，使有秩序，以构成其所认为的知识整体，并以新作说明各原著内容及其相关事项的'提要'，来贯穿各不相联属的原著，而使其在各个著作独立间发生联系关系。"〔2〕可以说，《四库全书》包括了中国固有之学术的方方面面，并且通过目录与提要将源流与格局疏理得原原本本，秩序井然。

尽管《四库全书》只誊录了七部，且只有"江南三阁"可以任士人阅读抄写，但是它所发挥的学术影响是非常大的。从开馆到纂成后的很多年，《四库全书》一直是清代学术的一个中心，且是引导学术的风向标，学者争相从事文献考证、辨伪、辑佚、训诂之学，蔚为一时风气。以纪昀为首的很多著名学者倾注大量

---

〔1〕 唐杜佑《通典》、宋郑樵《通志》、元马端临《文献通考》，时称"三通"，加上清乾隆时官修之《续通典》、《清通典》、《续通志》、《清通志》、《续文献通考》、《清文献通考》，合称"九通"。
〔2〕 参见杨家骆《四库全书通论》，第2页。

精力于此，所取得的成就，无论是从目录学还是从学术史来看，都堪称历代之冠。后世关于《四库全书》的补遗、考证以及目录、版本、收藏等方面的研究，也逐渐累积成了系统，形成了四库学这样的一个专门的学问。

二、《四库全书总目》

《四库全书总目》是《四库全书》的一个有机组成部分，在开馆修《四库全书》的同时即诏修这部总目。修书伊始，乾隆帝不满《永乐大典》以洪武正韵为编排次序，要求按照四部重新编目，且编辑带有提要的总目。四库馆臣在勘阅《永乐大典》所辑出的书以及内府和各省进献的书时，已经为每书撰写了提要，汇成《总目》。按照王重民先生考证，辑录《永乐大典》中书籍的分纂官和校阅各省所进书籍的分纂官，先撰写了单篇的提要初稿，这些初稿汇集到总纂官那儿，由纪昀和陆锡熊做统一处理，做了大量的综合、笔削和补充工作，在乾隆四十六年形成了《总目》的初稿。其后纪昀又按照乾隆的旨意，以及《四库》的变动情况，花费数年的时间，对《总目》初稿做全面的调整与修改工作，在乾隆五十四年始由武英殿刻版，共二百卷〔1〕，是为殿本。乾隆六十年浙江官府根据杭州文澜阁所藏殿本重刻，是为浙本。同治七年广东以浙本为底本并参校殿本重刻，是为粤本。三本中以殿本最佳，浙本流传最广〔2〕。

---

〔1〕 参见王重民《中国目录学史论丛》，第 228 ~ 232 页。
〔2〕 三本《总目》的刊刻时间依据中华书局整理本《钦定四库全书总目》整理凡例的意见。黄爱平《四库全书纂修研究》认为殿本刊刻于乾隆六十年，是本现藏国家图书馆；又司马朝军《四库全书总目研究》引崔富章说，认为浙本不是据殿本翻刻，是据文澜阁《四库全书》所附的《总目》抄本刊刻的。

在修纂《四库全书总目》的同时，还奉诏编辑了一部《四库全书简明目录》，共二十卷。《简目》是《总目》的缩略版，只有收入《四库》的书目，删掉了存目，一一著录书名、卷数与作者，删减了提要的原文，只是扼要地叙录著作大意。这部《简目》在乾隆四十七年编成时，《总目》还没有最后完成，所以无论是书籍的著录还是提要的内容，都略有出入。当时有馆臣赵怀玉录出副本，于乾隆四十九年刊版于杭州。

《四库全书总目》的编纂，最基础的校阅整理与撰写提要的工作是由分纂官们进行的。当时的工作情况如何已经不能完全确知，故而有很多争议。因为当时的一些分纂官都是第一流学者，所以有人把功劳归诸少数名家，如谓戴震主经部，邵晋涵主史部，周永年主子部，等等。而据研究者考证，各位分纂官基本上是按照自己的分工撰写提要。如翁方纲是负责校勘各省进呈的书籍的，经手办理经史子集各类书籍一千余种，撰写提要稿九百余篇。姚鼐擅古文，宗宋学，也入四库馆校勘各省进呈的书，撰写了各部提要近百种。戴震和周永年都是《永乐大典》的校勘官，他们有各自的职责，不可能主持整部《四库全书》的经部或子部。戴震的主要工作是整理自《永乐大典》中辑出的书，包括多种礼书、算书，以及扬雄《方言》、郦道元《水经注》。戴氏所辑录出的多种算经，如《周髀算经》、《九章算术》、《海岛算经》、《孙子算经》、《五曹算经》、《夏侯阳算经》、《五经算经》，因考订详明精审，颇受当时学者推崇。以史学名世的邵晋涵也是《永乐大典》校勘官，除了校勘辑出的史部诸书外，还经常协助总纂官的工作，以博闻强识为"总裁倚为左右手"[1]。专司协助总纂

〔1〕　参见钱大昕《邵君墓志铭》，《潜研堂文集》卷四三。

官修订提要的，则是总目协勘官程晋芳、任大椿。程晋芳"综览百家，出入贯串于汉宋诸儒之说"[1]，故而非常适合做总目协调工作。任大椿则出戴震门下，精于三礼以及名物、制度、文字、音韵，于三礼部分出力最多[2]。推想其他学者也当如此，一方面有自己的专职工作，另一方面也有相互间的切磋与协调。

另一个争议的问题，就是纪昀在编纂《四库全书总目》中的地位。通常人们把整部《总目》的著作权都归之纪昀，这显然是不合适的。不要说《四库全书》的单篇提要稿出自众多分纂官之手，在最后的总成与修订工作中，同列总纂官的陆锡熊也做了很多工作，这一点不应抹杀。不过，从各种史料来看，纪昀的功绩比陆锡熊要大，这一点是可以肯定的。纪昀主持的工作有以下几个方面：一是主持《总目》分类；二是主纂总序、类序；三是主纂案语；四是安排顺序；五是修改提要稿；六是主持《总目》校勘工作[3]。就目录学言之，这些工作都是纲领、骨架性的，没有这些是不能构成系统之著作的，其价值不比单篇的提要差，且纪昀对于单篇提要都一一审定，修改幅度很大，单篇提要中也多含其心血。据此言之，《总目》之成书，虽然是四库馆臣集体智慧之产物，而纪昀在其中仍可称功劳第一。李元度《纪文达公事略》云："公贯彻儒籍，旁通百家，凡六经传注得失，诸史异同，子集支分派别，以及词曲医卜之类，罔不抉奥提纲，溯源竟委。每一书进，仿刘向、曾巩例，作提要冠诸简首，上辄览而善之。又奉诏撰《简明目录》，存书存目多至万种，皆公一手所订，评

---

〔1〕 参见翁方纲《蕺园程先生墓志铭》，《复初斋文集》卷十四。

〔2〕 详见黄爱平《四库全书纂修研究》第四章第一节"突出贡献的办理人员"。

〔3〕 详可参见司马朝军《四库全书总目研究》，第28~34页。

骘精审，识力在王仲宝（王俭）、阮奇绪（阮孝绪）之上，藏诸七阁，褒然巨观，真本朝大手笔也。"[1]

　　作为中国目录学史的集大成之作，《四库全书总目》是自刘向、刘歆以来最有学术史内涵的目录学著作，后世学者对之评价甚高。清周中孚《郑堂读书记》云："自汉以后，簿录之书，无论官撰私著，凡卷第之繁富，门类之允当，考证之精审，议论之公平，莫过于是编。"近人余嘉锡则比较客观地评论其功过："闲尝论之，乾嘉诸儒于《四库总目》不敢置一词，间有不满，微文讥刺而已。道、咸以来，信之者奉为三尺法，毁之者又颇过当。愚则以为《提要》诚不能无误，然就其大体言之，可谓自刘向《别录》以来，才有此书也。"[2]

　　按照余嘉锡先生所说的目录书体制来说，《四库全书总目》是最完善的。在著录部分，每一种书均注明书名、卷数、采入来源，如云"《古文尚书疏证》八卷，内府藏本"，惟其未能进一步注明内府所藏或采入的版本，殊为可惜。在提要部分，说明作者朝代、爵里与生平、著书之缘由与内容大致，进而辨别真伪，梳理源流，做出适当评论。在类序方面，先有全书之总凡例二十则，然后"四部之前，各冠以总序，撮述其源流正变，以絜纲领。四十三类之首亦冠以小序，详述其分并改隶，以析条目。如其义有未尽，例有未该，则或于子目之末，或于本条之下附注案语，以明通变之由"[3]。其中后附之案语是目录书不常见的，为《四库全书总目》特有之例。

_____

〔1〕参见李元度《国朝先正事略》，《湖湘文库》本。
〔2〕参见余嘉锡《四库提要辨证》，第48页，中华书局，1980年。
〔3〕参见《四库全书总目·凡例》第十则。按《总目》实分四部四十四类，故小序亦为四十四篇。

作为整个目录体系的基础的分类法，《四库全书总目》共分四部四十四类，每类下切分若干卷，有些类下复分若干子目，应抄部分的子目与存目的子目基本相同：

经部

易类（应抄六卷，存目四卷）

书类（应抄二卷，存目二卷）

诗类（应抄二卷，存目二卷）

礼类（周礼、仪礼、礼记、三礼通义、通礼、杂礼书应抄四卷，存目三卷）

春秋类（应抄四卷，存目二卷）

孝经类（应抄、存目共一卷）

五经总义类（应抄一卷，存目一卷）

四书类（应抄二卷，存目一卷）

乐类（应抄一卷，存目一卷）

小学类（训诂、字书、韵书应抄三卷，存目两卷）

史部

正史类（应抄二卷，存目附载二卷）

编年类（应抄一卷，存目一卷）

纪事本末类（应抄、存目共一卷）

别史类（应抄、存目共一卷）

杂史类（应抄一卷，存目三卷）

诏令奏议类（诏令、奏议应抄一卷，存目一卷）

传记类（圣贤、名人、总录、杂录应抄二卷，存目六

卷）〔1〕

　　史抄类（应抄、存目共一卷）

　　载记类（应抄、存目共一卷）

　　时令类（应抄、存目共一卷）

　　地理类（总志、都会郡县、河渠、边防、山川、古迹、杂记、游记、外记应抄四卷，存目七卷）

　　职官类（应抄一卷，存目一卷）〔2〕

　　政书类（通制、典礼、邦计、军政、法令、营建应抄二卷，存目二卷）〔3〕

　　目录类（经籍、金石应抄二卷，存目二卷）

　　史评类（应抄一卷，存目两卷）

子部

　　儒家类（应抄四卷，存目四卷）

　　兵家类（应抄一卷，存目一卷）

　　法家类（应抄、存目共一卷）

　　农家类（应抄、存目共一卷）

　　医家类（应抄二卷，存目一卷）

　　天文算法类（推步、算书应抄二卷，存目附载二卷）

　　术数类（数学、占候、相宅相墓、占卜、命书相书、阴阳五行应抄二卷，存目二卷［增杂技一目］）

　　艺术类（书画、琴谱、篆刻、杂技应抄二卷，存目一

〔1〕 此据武英殿本，浙本"杂录"之后还有"别录"一目。
〔2〕 浙本职官类分"官制"、"官箴"二目。
〔3〕 "营建"，浙本作"考工"。

卷）

谱录类（器用、食谱、草木虫鱼、杂物应抄一卷，存目
一卷）[1]

杂家类（杂学、杂考、杂说、杂品、杂纂、杂编应抄七
卷，存目十一卷）

类书类（应抄二卷，存目三卷）

小说家类（杂事、异闻、琐语应抄三卷，存目二卷）

释家类（应抄、存目共一卷）

道家类（应抄一卷，存目一卷）

集部

楚辞类（应抄、存目共一卷）

别集类（应抄二十六卷，存目十二卷）[2]

总集类（应抄五卷，存目四卷）

诗文评类（应抄二卷，存目一卷）

词曲类（词集二卷，存目一卷）[3]

从上述分类表来看，是对《隋书·经籍志》以来四部分类法
的调整与完善。经部分类变化不大，一是酌改过去的"经解类"
为"五经总义"类，二是借鉴了陈振孙设"语孟类"、《明史·
艺文志》设"四书门"的做法，在经部设立了"四书类"。史部
分类的变化也不是很大，增设"纪事本末类"、"诏令奏议类"都

---

[1] "器用"，浙本作"器物"。

[2] 别集类—混在楚辞类中，与楚辞类应抄、存目共一卷；别集类二至二
十六，各为一卷。

[3] 词曲类浙本分"词集"、"词选"、"词话"、"词谱词韵"、"南北曲"
五目。

是独创，"史评类"专门收载史学与历史评论的书籍，也有进步。此外，地理、政书类的书明显增多，分类也较细致。而子部的分类变化比较大，是最惹争议的，比照《汉志》而论，原来九流十家的传统格局被打破了，名、墨、纵横诸家被归并入杂家，兵书、术数、方技类的书籍均进入了诸子行列。余嘉锡云："其分类变更成法，亦有得有失。其最误者莫如合名、墨、纵横于杂家，使《汉志》诸子九流十家顿亡其三，不独不能辨章学术，且举古人家法而淆之矣。"〔1〕《总目》凡例解释为什么并名、墨、纵横于杂家，理由是历代著录不过一二种，难以成帙，故从黄虞稷《千顷堂书目》例并入杂家一门。可见是出于书籍多寡的现实考虑，亦是无奈之举。同样，道家在《汉志》中地位显赫，源流清楚，后世则因为与道教的复杂纠葛，也难以按照单纯的诸子来对待。《总目》在子部末设道家类，是与新增的释家平列，不再像《汉志》那样与儒家同列诸子之首，无形中也破坏了诸子百家中儒道并尊的格局。兵家、医家、天算、术数、艺术等类的书籍列入子部，《总目》不是始作俑者，《隋志》以降的目录亦屡见不鲜，不过从《总目》来看，兵家、农家、医家、天算、术数、艺术、谱录、类书等类，加上杂家中的好多小类，已在子部蔚为大观，不免会让人产生这样的印象，即子部所包含的更多是实用性的学术与知识，与通常理解的子部以儒、道、名、墨、法、阴阳为主，为义理之学的渊薮，似乎不太相侔。这是七略变四部之后子部分类历来存在的一个矛盾，只是越到后来越明显而已。至于集部，则沿袭了楚辞、别集、总集的基本分类，创新之处在于设立了"词曲类"，以包容词曲兴起之后的诸多作品，还设了"诗

---

〔1〕 参见余嘉锡《目录学发微》，第73页。

文评类"，与词曲类中的"词话"一目，主要收载与诗文词曲有关的评论类的书籍。这些新类目的设立都是适应后世文学发展的需要的。

《四库全书总目》之总序、类序、提要与案语是最有学术内涵的部分，其中包含辨章学术源流、考据、辨伪、辑佚等多方面的学术内容。龚自珍总结清代学术，有训诂之学、校勘之学、目录之学、典章制度之学、史学、金石之学、九数之学、文章之学、性道之学、掌故之学[1]。这些学术门类在《总目》中几乎都有体现。余嘉锡称赞云："今《四库提要》叙作者之爵里，详典籍之源流，别白是非，旁通曲证，使瑕瑜不掩，淄渑以别，持比向、歆，殆无多让，至于剖析条流，斠酌古今，辨章学术，高挹群言，尤非王尧臣、晁公武所能望其项背，故曰自《别录》以来，才有此书，非过论也。故衣被天下，沾溉靡穷，嘉、道以后，通儒辈出，莫不资其津逮，奉作指南，功既钜矣，用亦弘矣。"[2]余氏在称赞之余，也指出《总目》的诸多舛误，如迫于时限，畏于政治压力，往往仓卒成篇，撰稿时或疏于检阅，或未竟全书，或误执版本，故而造成很多错误；提要原稿出于众手，水平不齐，纪昀修改时不能复检原书，往往自恃博洽，奋笔直书，谬误乃益多。尽管如此，"汉唐目录书尽亡，《提要》之作，前所未有，足为读书之门径，学者舍此，莫由问津"[3]。

关于《四库全书总目》有一些总体的评价，与清代学术关系密切，值得深入辨析。如近代学者多谓《总目》崇尚汉学，贬低

〔1〕 参见龚自珍《阮尚书年谱第一叙》，《定盦续集》卷三。
〔2〕 参见余嘉锡《四库提要辨证》第一册"序录"，第48~49页，中华书局，1980年。
〔3〕 参见余嘉锡《四库提要辨证》第一册"序录"，第51页。

宋学，在汉宋之间有失公允。汉学与宋学之分正起于修纂《四库全书》时期，曾国藩《圣哲画像记》云：

> 自朱子表章周子、二程、张子，以为上接孔孟之传，后世君相师儒，笃守其说，莫之或易。乾隆中，闳儒辈起，训诂博变，度越昔贤，别立徽志，号曰汉学，摈有宋五子之术，以为不得独尊。而笃信五子者，亦屏弃汉学，以为破碎害道，断断焉而未有已。

朝鲜学者柳得恭出使中国拜见纪昀时，纪昀告知柳氏清朝学术的新动向是从宋学转变为汉学，柳氏亦看出纪昀正是这一转变的领袖[1]。毫无疑问，纪昀等学者在汉宋之间的好恶，在《总目》的笔墨辞气之间有所反映，这是显见的事实，但如果说《总目》的总体学术倾向完全是汉学的，如梁启超所说"四库馆就是汉学家的大本营，《四库提要》就是汉学思想的结晶体"[2]，又未免稍有武断之嫌。如前所述，《四库全书》的编纂乃是出于"彰千古同文之盛"的大目标、对自古以来的文化典籍进行总清理的大工程，有很强的政治性，而这种政治性的定调者是乾隆皇帝，而非纪昀。在乾隆三十七年正月的上谕中，详细说明了各类书籍的轻重次序：

> 其历代流传旧书，内有阐明性学治法，关系世道人心者，自当首先购觅。至若发挥传注，考核典章，旁暨九流百家者，有裨实用者，亦应备为甄择。又如历代名人泊本朝士林宿望，向有诗文专集，及近时沉潜经史，原本风雅，如顾

〔1〕参见柳得恭《燕台再游录》，《辽海丛书》第一集。
〔2〕参见梁启超《中国近三百年学术史》，第22页，北京市中国书店，1985年。

栋高、陈祖范、任启运、沈德潜辈，亦各著成编，并非剿说厄言可比，均应概行查明。

由此可见，在乾隆心目中，性理之学还是排在首位的，传注考据之学排在次位，再次是历代诗文辞章。自康熙、雍正至乾隆，清帝均以程朱理学为国家之意识形态，故而很难设想纪昀和四库馆臣们在编纂《总目》时会违背这一重要圣意，极力抬高汉学，视宋学为敝屣。且《四库全书》说到底是大型图书集成，主体是书籍，所收宋学著作，从北宋五子到朱子、陆象山、王阳明，明清两朝御制的性理大全，以及理学、经学、史学各类都比较齐全，即使四库馆臣们出于自己的学术取向对宋学偶尔语带讥讽，也是很有分寸的，敢讥其空疏，不敢议其是非，更不敢对程朱诸儒有所不敬。所以准确地说，《四库全书》兼容宋学、汉学著作的大格局，并没有因《总目》中的某些评论有所改变。后来阮元说得比较允洽，其在《拟国史儒林传序》中云："我朝列圣，道德纯备，包涵前古，崇宋学之性道，而以汉儒经义实之。圣学所指，海内向风，御纂诸经，兼收历代之说，四库馆开，风气益精博矣！"[1]《四库全书》以及《总目》毕竟是御制官书，故而要贯彻国家之意识形态，努力寻求一种汉、宋间的平衡。不像民间之学术有相对自由的发展空间，崇尚汉学的学者和崇尚宋学的学者结成不同阵营，乃至相互攻讦、势同水火。

从学术史的全局来说，一代有一代之代表学术，清代学术尽管汉学、宋学并行，但真正代表有清一代学术的，毕竟还是汉学，或称实学、朴学。江藩《汉学师承记》梳理了清代汉学的传统，而具体反映汉学成就的，则是清初的经史之学，以及乾嘉时

---

〔1〕 参见阮元《拟国史儒林传序》，《揅经室集》一集卷二。

期的吴、皖、扬、常各派学者们的扎实谨密的经史及小学著作。阮元所辑《皇清经解》及王先谦所辑《续皇清经解》，正是汇集了这样的著作，才称得上是汉学的"大本营"、汉学的"结晶体"。

三、《四库全书》相关目录

在编纂《四库全书》期间，以及这一大工程结束之后，形成了很多与之相关的目录。在编纂期间，除了有《四库全书总目》、《四库全书简明目录》之外，还有数种目录，一是在办理《四库全书》的同时，先编成了《摛藻堂钦定四库全书荟要》，故有《四库全书荟要总目》一卷，收书四百六十三种。在编纂《简明目录》时，因为去除了存目，所以另编了一部存目的目录《四库全书附存书目》二十卷。另外，考证官王太岳所辑《四库全书考证》一百卷，汇集了纂修官们校阅群书时的考证稿，也是一项重要的学术成果。

因为《四库全书》是重新抄写的，只记载了书籍的来源，没有记载版本，故此学者邵懿辰将所见之书的版本标注于《四库全书简明目录》上，形成了《四库全书简明目录标注》二十卷、《附录》一卷。虽然邵氏标注的版本不完全与《四库全书》的抄录原本相同，但据此寻书，亦颇便学者。后来缪荃孙编有《批校四库全书简明目录标注稿》，又对邵书有所订正补充。

在编纂《四库全书》的过程中，不断进行文化清洗，故而产生了各种禁书目录。《销毁抽毁书目》，戴衢亭等编，是四库馆上奏的禁书目录。《抽毁书目》、《全毁书目》是军机处上奏的禁书目录。此外还有浙江、江西等诸省上奏的若干种禁书目录。清光绪八年，姚觐元编成《清代禁书书目四种》。光绪三十三年，邓氏又对姚目做了补充，编成《禁书目合刻》。民国之后，有陈乃乾编《禁书总录》二卷、《附》一卷。关于编纂《四库全书》的基本史料，陈垣编有《编纂四库全书始末》，王重民等编有《办理四库全书档案》，中国第一历史档案馆编有《纂修四库全书档案》，这些书对于当时的相关文献搜罗甚全，都是研究《四库全书》必须参考的重要著作。

除了《四库全书》有意抽毁的书籍外，不违禁的书也没有收全，因此阮元在任职浙江时，购求《四库全书》未收之书，编成《四库未收书目提要》五卷，收书一百七十三种。后来胡玉缙编有《四库未收书目续编》，约二十卷，亦是专门补充《四库全书》的。民国后燕京大学哈佛燕京学社编有《四库全书总目及未收书目引得》，包括《总目》包含之抄目和存目，以及《总目》外之未收书、毁禁书，是颇为全面、便利之工具书。此外，清廷禁书尤以晚明诸书为甚，郡邑史乘、文集奏疏、野史稗书、小说戏曲，都有所禁毁，致使晚明文献散失得非常严重。近人谢国桢作《晚明史籍考》对于晚明历史文献搜罗甚勤，并一一写出提要，颇补《四库全书》之损失。

有关《四库全书总目》的书，首先是金毓黻编《文溯阁本四库全书提要》一百二十卷，辽海书社铅印本。这部书是将文溯阁《四库全书》书前所载诸提要辑录出来，与《总目》有很多差异，这部据文溯阁本抄录出的提要目录有独立于《总目》殿本、浙本和粤本的价值。关于《四库全书总目》的考证著作，清有胡玉缙著《四库全书提要补正》五十卷。近人的考证著作首推余嘉锡《四库全书提要辨证》二十四卷，中华书局版共四册。余氏积五十年之功力，参阅大量文献资料，精审比勘，从书籍的著录、内容、版本到作者生平事迹，纠正《总目》错误数百条，深知《总目》利病，堪称百余年后四库馆臣之诤友。今人亦有继踵余氏考证《总目》的著作，如崔富章《四库提要补正》、李裕民《四库提要订误》、杨武泉《四库全书辨误》等等，都是比较新的研究成果，很值得参考〔1〕。

---

〔1〕 崔富章《四库提要补正》，杭州大学出版社，1990 年；李裕民《四库提要订误》，书目文献出版社，1990 年；杨武泉《四库全书辨误》，上海古籍出版社，2001 年。

第十三章

《四库全书总目》（二）

——儒藏与固有学术的格局与源流

一、《四库全书》是儒藏吗？

试问《四库全书》可以视为"儒藏"吗？

我的回答是肯定的，姑且论之。

在本书关于刘向、刘歆的章节中已经讨论论过，先秦学术的自然分野，特别是在孔子所处的春秋之前，可以概括为"一体多元"，上古时代各地区多元起源的各个文明，经过长时间的交流与融合，最终形成了以夏商周"三代"为标志的文化正统，这是一个多元会于一体的格局。然而，自战国之后，关于三代以后的文化发展，不仅是一个历史问题，也是一个观念问题。在基于理想的观念上，多元会于一体的上古文化发展过程被倒置过来，认为三代的文化是统一的，其后的文化则是分裂的，故而又演变成了一个由一体分为多元的格局。而刘向、刘歆父子是这个"一体多元"格局的奠定者。

在《庄子·天下篇》中已经萌生了"一体多元"的观念。《天下篇》的作者认为，道由一到多的分裂过程有三个阶段，第一个阶段是古之道术"皆原于一"，道术与古代政教是一体的；第二个阶段是"明而在数度者，旧法世传之史尚多有之，其在

《诗》、《书》、《礼》、《乐》者，邹鲁之士、搢绅先生多能明之"；第三个阶段是"其数散于天下而设于中国者，百家之学时或称而道之"，到了诸子百家，道术已经完全分裂了，"天下多得一察焉以自好"，"后世之学者，不幸不见天地之纯，古人之大体，道术将为天下裂"。在这样一个由一体分为多元的过程中，有两点值得注意，一是史官和邹鲁之士、搢绅先生所占据的特殊地位，他们处在统一之道与诸子百家得一察焉的分裂之道之间，也就是说，虽然他们已不再与道为一了，但就把握道之全体性而言，还是优于诸子百家的；二是无论史官之学，诗、书、礼、乐之学，还是再次一级的诸子百家之学，都隶属于一个道，就像一只圆盘掉在地上摔碎了，每个碎片都还是隶属于这个盘子的。

这样的观念被广泛接受，后世儒家对之加以改造，转变为一种正统的看法，即以孔子为首的传承六艺的儒家是能够得道术之全的，而其后的儒家各家各派以及诸子百家都是仅得道之一隅。这一点在《汉书·艺文志》的序中表述得很清楚：

> 昔仲尼没而微言绝，七十子丧而大义乖。故《春秋》分为五，《诗》分为四，《易》有数家之传。战国纵横，真伪分争，诸子之言，纷然殽乱。

与道家认为有一个超越所有学术的自在的道的看法不同，儒家认为这个道就包含在孔子传述的六经之中，孔子以及亲聆孔子之教的七十子，都是通过六经而得道者。在孔子和七十子之后，首先是六艺之学开始分裂为数家，同时诸子百家也纷然殽乱。在刘向、刘歆看来，就像以一石击水面，中心的一点就是孔子所定的六经，扩展开的波纹的第一圈是六经各家，第二圈是诸子，第三圈是诗赋，第四圈是兵书，第五圈是术数，第六圈是方技，由中心向边缘，一圈一圈地扩展开，构成了一个"中心—边缘"的格局。汉代是"罢黜百家，独尊儒术"的时代，在汉代的学术格局中处在中心地位的六经无疑是儒家的，且是最为核心的儒家，外围的几圈，离中心越近，儒家的性质越强，离中心越远，儒家的性质越弱。尽管如此，它们毕竟都是"六经之支与流裔"，均受六经统辖。故而"若能修六艺之术，而观此九家之言，舍短取长，则可以通万方之略矣"[1]。

自孔子至汉代，学术的基本格局就是如此。这时佛教尚未传入，道教亦未兴起，所以可以说这就是中国固有学术的基本格局。在七略转变为四部之后，有两个比较大的改变，一是史部单出，一是集部扩张。关于史部，《七略》中本无史部，史部的确立源自经部的春秋类，地位高于诸子，所以排位亦在子部之前。自班彪、班固之后，史家与儒家基本合一，历代修史均被视为儒家的本业，特别是正史，关系王朝之正统，必按儒家的观念论其正变。史部中有大量关于礼乐典章和政治制度的书，这些书也大多是按照儒家观念编纂的。儒家向以经学、史学与典章制度之学为三大支柱，史部虽然单出，但并没有改变儒家的主导地位，反而进一步加强了。关于集部，从《汉书·艺文志》到《隋书·经籍志》，可以清晰地看出诸子的渐衰，汉魏六朝诸子不及先秦诸子远甚。除了儒道两家，后续的创造性著作屈指可数，如名、墨诸家更是成了绝学。但这并不意味着后世没有创造性的思想，有创见的学者采用新兴的诸文体表达其思想，而这些都汇入到别集之中，别集中不再只是诗赋文学，也包含有宗教、哲学、政治和历史等多方面的内容。在某种意义上说，别集取代了过去子书的部分功能，并且更加丰富多彩。所以说，上述史、集两部的变

---

[1] 参见《汉书·艺文志》。

化，并没有根本改变原来的中国固有学术的大格局，只是形态有所更新。

宋代之后，随着道统论的出现，硬生生地从中国固有学术的大格局中分割出了一个标志性很强的儒家系统。宋儒虽然仍然尊崇五经，但是四书被抬高到五经之上，而溯其源，四书其实是孔子、曾子、子思、孟子的先秦儒家诸子传统，以四书统摄五经，与先秦至两汉的以五经统摄诸子——包括儒家诸子——的观念相去甚远。钱穆曾经将道统论区分为两种：狭义的道统本自韩愈，后世或以程朱为正统，或以陆王为正统，总之是一线单传的道统论；广义的道统则是由整个中国文化所体现的，文化的各个方面都对这个大道统有所贡献，有的贡献大，有的贡献小，但都是不可忽视的[1]。由此来说，如果按照狭义的道统论来判教儒家，则必须对中国固有学术格局做一个大手术，切出符合儒家道统的部分，另集为一藏，也就是"儒藏"；如果按照广义的道统论来判教儒家，则整个中国固有学术是一个有机整体，因为其以儒家为核心，诸子百家为边缘，故而亦可以笼统地视为"儒藏"，毋需做主观的学术与文献切割。且不论主观的切割会任意毁坏在历史中既已形成的客观存在的学术格局，试想如果经部选一部分，史部选一部分，子部儒家选一部分，集部再选一部分，这样切分出一个"儒藏"来，那么剩余的那些四部文献又该算什么呢？

回到《四库全书》是否是"儒藏"的问题上来。"儒藏"之说，始倡于明末学者曹学佺，曹氏有感于佛、道二教各有大藏，独儒阙如，故而以一己之力选择四部精华，试图编纂"儒藏"，

---

[1] 参见余英时《钱穆与新儒家》中的相关论述，《钱穆与中国文化》，第53页，上海远东出版社，1994年。

惜未能完成，故其情况不得而知。清乾隆时，周永年作《儒藏说》，重提编纂"儒藏"的话题，在当时得到很多人的响应，学者以之为《四库全书》之先声[1]。按照周永年的《儒藏说》，他心目中的"儒藏"是怎样的呢？首先，既云"儒藏"，一定是与佛藏、道藏相区别，与二者鼎足而三的。但是，周氏所提的"儒藏"的范围是"历代艺文"所载和各朝"官私所藏"，基本上是把中国固有学术，也就是把经史子集全包括在内，并不是要按照某个儒学的标准，在"历代艺文"、"官私所藏"或者经史子集中切割出一个"儒藏"来。且周氏主张编纂"儒藏"的初衷，一是使古代流传下来的典籍能够得到妥善的整理与保存，二是通过公布这些典籍促进学术发展，使天下士人可以共读之。周氏上承郑樵之说，提倡专门之学，主张实学，反对虚谈，认为"儒藏既立，则专门之学亦必多于往日"，"果取古人之书，条分眉列，天文地理、水利农田，任人所求而咸在。苟有千古自命之志，孰肯舍其实者，取其虚者乎？故儒藏之成，可以变天下无用之学为有用之学"。可知周氏心目中的"儒藏"，并不局限于儒家经史诸子，还包括天文地理、水利农田等各类经世致用的学术及其文献。从另一个角度说，即便专治最典型的儒家经典——六经，也需要保留相关的百家之学作为辅助。戴震尝云：

> 至若经之难明，尚有若干事，诵《尧典》数行，至"乃命羲和"，不知恒星七政所以运行，则掩卷不能卒业；诵《周南》、《召南》，自《关雎》而往，不知古音，徒强以协韵，则龃龉失读；诵古《礼经》，先士冠礼，不知古者宫室

---

[1] 周永年《儒藏说》，王绍曾、沙嘉孙著《山东藏书家史略》附载，山东大学出版社，1992年。

衣服等制，则迷于其方，莫辨其用；不知古今地名沿革，则《禹贡》、《职方》失其处所；不知少广旁要，则《考工》之器不能因文而推其制；不知鸟兽虫鱼草木之状类名号，则比兴之意乖。[1]

清代学者最尊尚醇儒，甚至有些保守的学者从不看佛、道二教之书，但是从没有人企图以主观的儒家标准分割四部，搞出一个纯粹的"儒藏"来。尝司职四库馆的金榜云："不读《汉书·艺文志》，不可以读天下书。"即因为《汉书·艺文志》奠定了中国固有学术的大格局，把握了中国固有学术的大格局，才有可能做成大学问。从《汉书·艺文志》到《隋书·经籍志》，再到《崇文总目》和《四库全书总目》，这些史志目录和官修目录都是以中国固有学术为基本范围，这个范围内的文献，固然不都是儒家的，但确实都被纳入到围绕着儒家、为儒家所领御的格局中，故而在某种意义上说，这就是"儒藏"。这样理解"儒藏"并不是要在儒家与其他各派间入主出奴，在汉唐之后，中国固有学术与文献具备了超越诸流派的会通性质，它是与国家政教为一体的，国家政教的核心是儒家，则其表达出来的学术与文献自然也是以儒家为核心。这是历史造成的客观事实，对此可以分析批判，但不能抹杀。

二、类序中的学术史

由纪昀主纂的《四库全书总目》的诸类序，学术史内涵非常丰富，后世经常有学者将之辑出，用作讲授目录学与学术史之教本。兹选取数例，以见《总目》对于古今学术，特别是接续《隋

---

[1]　参见戴震《与是正明论学书》，《戴东原集》卷九。

书·经籍志》对于唐宋以降学术史的独到理解。

《总目》的经部总序，围绕经典解释全面论述了各代学术的特点，简明扼要，对于学术史有画龙点睛之妙用，其云：

> 自汉京以后，垂二千年，儒者沿波，学凡六变：其初专门授受，递禀师承，非惟诂训相传，莫敢同异，即篇章字句，亦恪守所闻，其学笃实谨严，及其弊也"拘"。王弼、王肃稍持异议，流风所扇，或信或疑，越孔、贾、啖、赵以及北宋孙复、刘敞等，各自论说，不相统摄，及其弊也"杂"。洛、闽继起，道学大昌，摆落汉唐，独研义理，凡经师旧说，俱排斥以为不足信，其学务别是非，及其弊也"悍"。如王柏、吴澄攻驳经文，动辄删改之类。学脉旁分，攀缘日众，驱除异己，务定一尊，自宋末以逮明初，其学见异不迁，及其弊也"党"。如《论语集注》误引包咸"夏瑚商琏"之说，张存中《四书通证》即阙此一条以讳其误。又如王柏删《国风》三十二篇，许谦疑之，吴师道反以为非之类。主持太过，势有所偏，材辨聪明，激而横决，自明正德、嘉靖以后，其学各抒心得，及其弊也"肆"。如王守仁之末派皆以狂禅解经之类。空谈臆断，考证必疏，于是博雅之儒引古义以抵其隙，国初诸家，其学征实不诬，及其弊也"琐"。如一字音训动辨数百言之类。要其归宿，则不过汉学、宋学两家互为胜负。夫汉学具有根柢，讲学者以浅陋轻之，不足服汉儒也。宋学具有精微，读书者以空疏薄之，亦不足服宋儒也。消融门户之见而各取所长，则私心祛而公理出，公理出而经义明矣。盖经者非他，即天下之公理而已。

这篇小序足以胜过后世洋洋巨制之经学史，"拘"、"杂"、"悍"、"党"、"肆"、"琐"六字，实在是画龙点睛之笔，生动地说明了历代经学的弊端，未尝不可以说是对整个经学史所下的针砭。其最后归于汉、宋两家，则是对于各代经学的进一步提炼与概括。

经部易类小序，则以寥寥数语提纲挈领，将最为复杂的易学史说得一清二楚，其云：

> 《易》之为书，推天道以明人事者也。《左传》所记诸占，盖犹太卜之遗法。汉儒言象数，去古未远也；一变而为京、焦，入于禨祥，再变而为陈、邵，务穷造化，《易》遂不切于民用。王弼尽黜象数，说以老庄；一变而胡瑗、程子，始阐明儒理；再变而李光、杨万里，又参证史事，《易》遂日启其论端。此两派六宗，已互相攻驳。又《易》道广大，无所不包，旁及天文、地理、乐律、兵法、韵学、算术以逮方外之炉火，皆可援《易》以为说，而好异者又援以入《易》，故《易》说愈繁。

迄今为止，凡治《周易》者，无不据此篇小序以判别学术正变，在此"两派六宗"传统下者，即为《易》学正统；出此"两派六宗"者，即是旁门左道。

春秋类小序，重点评论唐宋以来的《春秋》学，其云：

> 说经家之有门户，自《春秋》三传始，然迄能并立于世。其间诸儒之论，中唐以前，则《左氏》胜；啖助、赵匡以逮北宋，则《公羊》、《穀梁》胜。孙复、刘敞之流，名为弃传从经，所弃者特《左氏》事迹，《公羊》、《穀梁》月日例耳。其推阐讥贬，少可多否，实阴本《公羊》、《穀梁》法，犹诛邓析用竹刑也。夫删除事迹，何由知其是非？无案而断，是《春秋》为射覆矣。

按蒙文通说，中唐大历、天宝时期，乃是中国学术史一大变局，啖、赵之《春秋》学正是这一时期新学术之肇始[1]。宋初孙、刘则为承啖、赵而开宋代新经学者。中唐至宋初的《春秋》学与宋学的兴起关系密切，《总目》显然意识到这一点，故以说明这一时期的三传兴废，揭示其学术史意义。大体言之，三传中《左传》长于史事，《公羊》、《穀梁》则蕴含的义理比较多，其月日例则主要是汉儒的发挥。宋初诸儒弃《左传》事迹与《公》、《穀》月日例，据《公》、《穀》之法而论是非，其实就是向义理之学转化的先声。

子部儒家类的小序，重点说明宋代儒学的利弊，其云：

> 古之儒者立身行己，诵法先王，务以通经适用而已，无敢自命圣贤者。王通教授河汾，始摹拟尼山，递相标榜，此亦世变之渐矣。迨托克托等修《宋史》，以道学、儒林分为两传。而当时所谓道学者，又自分二派，笔舌交攻。自时厥后天下惟朱、陆是争，门户别而朋党起，恩仇报复，蔓延者垂数百年。明之末叶，其祸遂及于宗社。惟好名好胜之私心不能自克，故相激而至是也。圣门设教之意，其果若是乎？

如综合这篇小序与儒家类各书提要、案语，可以见出一个清楚的宋学流变史。如儒家类一之案语云："以上诸儒，皆在濂、洛未出以前。其学在于修己治人，无所谓理气心性之微妙也。其说不过诵法圣人，未尝别尊一先生，号召天下也。"濂、洛之后的诸子，无论是北宋五子，还是朱、陆，其义理之学亦是有功于圣学的，初衷并非搞门户之争。如《近思录》提要云："朱子之学，大旨主于格物穷理，由博反约，根株六经，而参观百氏，原未暖暖姝姝守一先生之言。"对于朱子之后的学者热衷于门户之

---

[1] 参见蒙文通《评〈学史散篇〉》，《经史抉原》，第402页。

争，无论宗朱、宗陆，《总目》都加以痛斥。《总目》并指出，到了元、明，程朱理学乃因为纳入科举考试而趋于僵化虚浮，四书类案语云：

> 《四书》定于朱子《章句集注》，积平生之力为之，至垂没之日，犹改定《大学》"诚意"章句，凡以明圣学也。至元延祐中用以取士，而阐明理道之书遂渐为弋取功名之路。……至明永乐中，《大全》出而捷径开，八比盛而俗学炽。科举之文，名为发挥经义，实则发挥注意，不问经义何如也。且所谓注意者，又不甚究其理，而惟揣测其虚字语气，以备临文之摹拟，并不问注意何如也。盖自高头讲章一行，非惟孔、曾、思、孟之本旨亡，并朱子之《四书》亦亡矣。

《总目》对于晚明的阳明后学尤其深恶痛绝，不仅屡屡斥其杂禅，更斥其殃及社稷，故而独表彰能在姚江末学中持守大节的刘宗周，在刘氏《圣学宗要》的提要中云：

> 宗周生于山阴，守其乡先生之传，故讲学大旨，多渊源于王守仁。盖目染耳濡，其来有渐。然明以来讲姚江之学者，如王畿、周汝登、陶望龄、陶奭龄诸人，大抵高明之过，纯涉禅机。奭龄讲学白马山，至全以佛氏因果为说，去守仁本旨益远。宗周独深鉴狂禅之弊，筑证人书院，集同志讲肄，务以诚意为主，而归功于慎独。其临没时，犹语门人曰"为学之要，一'诚'尽之，而主敬其功也"云云，盖为良知末流深砭痼疾。故其平生造诣，能尽得王学所长，而去其所短。卒之大节炳然，始终无玷，为一代人伦之表。虽祖紫阳而攻金谿者，亦断不能以门户之殊，并诋宗周也。知儒者立身之本末，惟其人，不惟其言矣。

在对刘宗周以及明末其他学者的评论中，《总目》不仅论其学术，评价其义理、考据与辞章如何，同时很明确地坚持了一个道德维度，或论其个人品德操守，或论其于世道人心之影响，且极端时每致因人废言。这种做法虽嫌偏颇，但无疑是中国学术史的一个重要特点。顾炎武论学，首重"行己有耻，博以学文"，这一条成为清儒学术与道德并重的基本原则。

子部天文算法类的小序，则说明了明清之际西洋传教士传入的数学知识与中国固有算学之交流与融合，其云：

> 代上之制作，类非后世所及，惟天文算法则愈阐愈精。容成造术，颛顼立制，而测星纪闰，多述帝尧。在古初已修改渐密矣。洛下闳以后，利玛窦以前，变法不一。泰西晚出，颇异前规，门户构争，亦如讲学。然分曹测验，具有实征，终不能指北为南，移昏作晓，故攻新法者至国初而渐解焉。圣祖仁皇帝《御制数理精蕴》诸书，妙契天元，精研化本，于中西两法权衡归一，垂范亿年。海宇承流，递相推衍，一时如梅文鼎等，测量撰述，亦具有成书。故言天者至于本朝，更无疑义。

中国古代的数学在经历先秦、两汉、魏晋、宋元几个比较突出的发展时期后，在明末进入一个新时代。此前的中国数学虽然曾经吸纳过印度、波斯的数学知识，但总的数学体系还是中国的。明末利玛窦等西洋传教士带来的西方数学，给中国数学带来了真正的冲击。于是在明清之际，围绕天文历法的问题发生了中西数学门户之争。顺治及康熙初年，传教士汤若望以准确预测日食而得到信任，受命掌管钦天监。保守派学者杨光先上书指责汤若望违背中华古法，邪说惑众，致使汤若望等获罪。但是，康熙非常实事求是，认为历法无论古今中外，谁制定的历法能合天

象，谁就是好的。这样一来，传教士南怀仁等人在科学的比赛中
胜出，得到康熙的信任，将钦天监重新交由南怀仁、闵明我、徐
日升等传教士掌管。康熙还虚心向南怀仁、安多、张诚、白晋等
传教士学习西方天文学、数学和几何学，其主持编纂的《御制数
理精蕴》就是"中西两法权衡归一"的成果。清初学者大多崇尚
西法，精通历算之学者辈出，甚至形成了清学中的一个独具特色
的传统。清初大数学家梅文鼎更被尊为清学的鼻祖之一，其斟酌
中西两法，有关于历法与数学方面的著作八十余种，还编纂了一
部有关历算的专科目录《勿庵历算书目》。乾嘉时精于历算的学
者如江永、戴震、钱大昕等，都以梅氏的历算之学为权舆。但到
了乾嘉时期，西洋的最新学说传入减少，学术风气又转为复古，
故而此时历算之学的主要发展方向不在科学本身，而在以之为工
具考证经史。如钱大昕精于宣城梅氏及明季利玛窦、徐光启诸家
之学，兼通中西之法，"由是用以观史，则自太初、三统、四分
中至大衍，下迄授时，尽能得其测算之法，于各史朔闰、剥蚀、
凌犯、进退、强弱之殊，咸为抉择而考定之"[1]。再如戴震，为
乾嘉古算学复兴之首要功臣，其学出江永，江永出梅文鼎，所以
也是从西学来的，但他在整理过中国古算著作之后，所著算书往
往阳用古名而阴用西法，"皆以经义润色，缜密简要，准古作者。
……自有戴氏，天下学者乃不敢轻言算数而道始尊"[2]。戴震在
纯粹的历法与数学上并没有多少贡献，其贡献主要在于以历算之
学解释六经，使六经中种种不可解的天文、历法与算数问题焕然
冰释，一时学者无不服其高古。

---

〔1〕 参见《清代七百名人传》钱大昕传，北京中国书店，1984年。
〔2〕 参见阮元《畴人传》之戴震传，《皇清经解》本。

集部之总序，首先说明了集部之总集、别集与诗文评等类的演变历史，大略言之，也就是文学演变的历史。自唐末雕版印刷流行以来，文集数量激增，集部也由只收录诗文渐变为某一作者的文字总汇，故而集部总序有"四部之书，别集最杂"之叹。不过，总序仍然延续了以文学标准衡量集部的传统，认为《唐志》所著录，《宋志》十不存一，《宋志》所著录，今又十不存一，这种减少，其实是历史大浪淘沙，"文章公论，历久乃明，天地英华所聚，卓然不可磨灭者，一代不过数十人。其余可传不可传，则系乎有幸有不幸，存佚靡恒，不足异也"〔1〕。除了文学标准，集部总序用了一大段文字说明文学与道德、政治的关系，特别批评了宋明时期讲学家之分门户与文士之党争，其云：

> 大抵门户构争之见，莫甚于讲学，而论文次之。讲学者聚党分朋，往往祸延宗社。操觚之士笔舌相攻，则未有乱及国事者。盖讲学者必辨是非，辨是非必及时政，其事与权势相连，故其患大。文人词翰，所争者名誉而已，与朝廷无预，故其患小也。然如艾南英以排斥王、李之故，至以严嵩为察相，而以杀杨继盛为稍过当。岂其扪心清夜，果自谓然？亦朋党既分，势不两立，故决裂名教而不辞耳。至钱谦益《列朝诗集》，更颠倒贤奸，彝良泯绝。其贻害人心风俗者，又岂鲜哉！

尽管用现代的观点来看，《总目》以道德、政治标准批评文学未必允当，其防范讲学与诗文，尤其是与清初统治者之意志沆瀣一气，但需要指出的是，集部一向被视为文学之渊薮，但不可否认，传统的集部内容相当庞杂，无论从文体还是思想内涵说，

---

〔1〕 参见《四库全书总目》别集类小序。

都不能仅以文学的眼光看待，且诗文词曲当中的确含有很多关乎政治与世道人心的内容。一部别集可谓一个作者的生活史与精神史，而历代众多的别集和总集，也可谓古代中国的生活史与精神史。这是古代集部，也是中国文学的一个重要特点。《总目》除了强调道德与政治的标准之外，并非不重视文学自身的标准，恰恰相反，《总目》对于文学的评论是历代目录中最内行的。清人通常分考据、义理、辞章为三学，辞章之学自成一传统，可以溯源至屈原、宋玉，自屈、宋以降每个朝代都有标志性的成就，如楚辞、汉赋、唐诗、宋词、元曲，这些都是不可磨灭、岿然而独存的。综合集部诸序与提要来看，其中包含了系统的文学史思想，无论是通史还是断代，以及各种体裁之文学，皆一一疏通源流，尽力使前后承继正变的情况得以彰显。其中还包含了系统的美学与文艺理论思想，集部提要在评论历代文集时，不仅有详尽的目录学之版本考订，还广泛涉及作者本事、作品品鉴与历代诗文风尚之嬗变，论述之中充分吸收了历代文论、诗论、词论的成果，并明确表达自己的看法，术语与观念都是中国美学史与文艺理论史上的关键。整部《总目》胜义纷霍，如能细做辑录，善加排比，可以构成一部历代以来最为全面、最具学术性和总结性的诗文评著作。有清一代学术崇尚"道问学"的特点，不仅针对学术与道德方面，在审美方面也有体现。

三、辨伪与辑佚

《四库全书总目》的类序与提要中，也有很多精彩的学术史论述，涉及目录学、版本学、校勘学、考据学、辑佚学、辨伪学，诸多成果不胜枚举。人们通常认为，《总目》开有清一代风气的、最重要的学术成就是对于历代流传典籍的辨伪与辑佚。

书籍辨伪为目录学的题内之义。自刘向、刘歆校书中秘，辨伪即是主要工作之一，《汉书·艺文志》中有很多辨伪的小注，由此开目录学辨伪之先河。按照通行的史料学程序，凡得一史料，须先对其做外部考证与内部考证，然后此一史料才由"生"史料变为"熟"史料，可以为学术研究所利用。外部考证包括对于史料的作者、作时、作地、真伪、流传、版本、校勘等情况的考证；内部考证则是在确定了史料的可靠文本之后，考证其记载内容的真实性与客观性，判定其记载是出自亲历或传闻、来源与出处，以及历史叙述的虚实等等。经过这两重考证之后，书籍之真伪，篇章之真伪，乃至史事与版本之真伪，均可昭然若揭。

宋代学者治学颇为大胆，连传世的十三经都敢怀疑，如欧阳修之疑《易传》非孔子作，吴棫之疑《古文尚书》，其他诸史与诸子百家更是不在话下。晁公武《郡斋读书志》、陈振孙《直斋书录解题》、马端临《文献通考》中都记录了唐宋以来的辨伪之说。王应麟《困学纪闻》更是宋人考证辨伪的集大成之作，对经、史、子、集四部以及书中所记言论事迹都有辨疑，因为博洽多闻，本本原原，具有根柢，颇受清儒推崇，影响甚大。明代学者也有几部辨伪之作，起初有宋濂之《诸子辨》，后有胡应麟的《四部正讹》。胡氏之辨伪虽不如王应麟确凿可靠，但他提出了一些有关辨伪的宏观看法，比如他总结出四部之中子部伪书最多，史部其次，经部又次，集部最少；还提出伪书有二十一种类型，考证伪书有八种方法[1]。梁启超因此称赞说："专著一书去辨别一切伪书，有原理、有方法的，胡应麟著《四部正讹》是第一

---

[1] 详见杨绪敏《中国辨伪学史》，第 133～138 页，于此二十一种伪书与考辨伪书八法有详细解说，天津人民出版社，1999 年。

次。"〔1〕

《四库全书总目》之辨伪可以说是集此前辨伪成果之大成，数量庞大，考证细致。司马朝军将《总目》中的辨伪内容一一罗列出来，总计达五百七十五例。虽然也有一些误断，但是总的来说，功大于过，堪称辨伪学史上的一座高峰〔2〕。

不过，通观清代的辨伪之学，有单纯的就书论事的疑伪与出于某种学术目的的疑伪两种。比如清代辨伪学成就最大的学者，如阎若璩、姚际恒、崔述、康有为等人，其辨伪都属于后者，动机不完全一样。

清初的辨伪学者多有反宋学的动机，例如胡渭之辨伪"太极图"，考定被视为理学根基的"太极图"本出道教，不是周敦颐所创。再如阎若璩作《古文尚书疏证》。传世的《尚书》是东晋梅赜所上，共有五十八篇，其中今文三十三篇，古文二十五篇，孔安国作传。阎氏举出一百二十八证，证明《尚书》中的古文部分为东晋时的伪书。对《古文尚书》的怀疑，宋吴棫、明梅鷟都已发先声，惟不及阎若璩之考证铁案如山。当初朱子敢疑孔传而不敢疑古文经，因为古文经《大禹谟》中有"人心惟危，道心惟微，惟精惟一，允执厥中"，宋儒称为"十六字心法"，为理学的核心思想之一。阎若璩推翻了《古文尚书》，则"十六字心法"也就失去了圣源，不足凭信了。阎若璩这一考证直接促进了宋学向汉学的转变。

姚际恒是当时的通儒，既贯通九经，又博览百家，家藏古籍

---

〔1〕 参见梁启超《古书真伪及其年代》总论第三章"辨伪学的发达"，《饮冰室专集》之一零四。
〔2〕 参见司马朝军《四库全书总目研究》附录一"《四库全书总目》辨伪书目"。

善本及金石书画书甚富，时人以为渊博过于作《何氏藏书记》的何焯。其《古今伪书考》二卷，分经、史、子三类，考辨伪书九十一种。姚氏序云："造伪书者，古今代出其人，故伪书滋多于世。学者于此，真伪莫辨，而尚可谓之读书乎？是必取而明辨之，此读书第一义也。"姚氏辨伪与历代辨伪一脉相承，惟读书广博，又勇于疑古，故其书颇有名声。但姚书考证方面多有疏漏，故近人顾实、黄云眉皆有补正之作，在姚书的基础上又有所进展[1]。

崔述之辨伪主要不是辨书籍之伪，而是辨书中之伪，也就是经传中所含的伪事、伪说。崔述著有《考信录》三十六卷，包括《考信录提要》二卷、《补上古考信论》二卷、《唐虞考信录》四卷、《夏考信录》二卷、《商考信录》二卷、《丰镐考信录》八卷、《洙泗考信录》四卷、《丰镐别录》三卷、《洙泗余录》三卷、《孟子事实录》二卷、《续说》二卷、《附录》二卷[2]。崔述有一个重要的学术观念，姑且称之为"还原的考信论"。崔氏在《考信录释例》中有非常系统的论述，"圣人之道在六经而已"，这是无可置疑的，六经以下则皆可疑；战国诸子百家好借物喻意，托言古史，因此"战国邪说寓言不可征信"；汉代经学中，有传闻异词而致误，有记忆失真而致误，故而"汉人之解诂有误"；即便儒家经传当中也混入了不少驳杂的篇章语句，以致

〔1〕 顾实《重考古今伪书考》，上海大东书局，1928 年再版；黄云眉《古今伪书考补证》，山东人民出版社，1964 年重印版。又张心澂作《伪书通考》汇集历代辨伪成果，辨伪四部及道藏、佛藏中伪书一千一百零四部，乃关于辨伪的最全面的工具书，商务印书馆（上海），1954 年再版；郑良树作《续伪书通考》，台北学生书局，1984 年。
〔2〕 崔述著作初由门人陈履和汇刻为《东壁遗书》，顾颉刚重加整理为《崔东壁遗书》，1936 年由上海亚东图书馆印行。

舛谬不合于经旨者，故此说"经传记注亦有不可尽信之语"。无论是战国诸子，还是儒家经传、汉代章句，都可能包含伪事、伪说，必须一一考辨，才能复见六经之真。这中间有一个显著的还原过程，从唐宋还原到秦汉，从秦汉还原到战国，再还原到六经本身。也可以反过来，从六经到战国，再到两汉、唐宋，随着时间的推延，伪事、伪说必然会越来越多[1]。清代之汉学首先是从唐宋恢复到东汉郑玄的时代，其后又指责郑玄混合今、古文，希望恢复到西汉今、古文分立的局面。崔述则更进一步，他要从西汉恢复到先秦，甚至跨越战国，直接落实到六经上。

胡适称赞崔述是"科学的古史家"，有些言过其实了。从抽象的意义上说，并不一定年代越古就越真实，即便当世的第一手史料，也未必不含虚假的成分，后出的史料完全有可能胜过先出的史料，故而不能仅凭年代之先后定真赝。其次，崔氏论述经传之伪事、伪说时，多是以理推之，在一书中内证其伪，往往并没有确凿的外证。要做到推翻汉儒之说，甚至六经传记之说，必须有汉儒与六经传记之外的独立史料作为支持，这就有待后世甲骨文与金文研究，以及大量的考古发现了。至王国维以"双重证据法"考辨古史，才真正解决了这一难题，也使古史研究真正进入科学的时代。

至于晚清康有为作《新学伪经考》，不是从单纯的文献学来辨伪，而是从两汉之际今古文之争的学术史着眼。康氏认为，西汉经学都是今文学，古文经传都是由刘歆为了配合王莽篡汉而伪造的，特别是《左传》、《周礼》等书，这些经传虽然号称"古

---

〔1〕　后来顾颉刚据此发展出"层累的古史观"，成为20世纪初"古史辨"派的学术纲领之一。

经"、"古说"、"古文"，其实既不是先秦之学，也不是汉学，而是新学，"新"是王莽的朝号。东汉时，郑玄遍注群经，混同今古文，把刘歆伪造的这些古文经传与原本的今文经传混在一起了，从而使伪经流布天下。康氏云："始作伪，乱圣制者，自刘歆；布行伪经，篡孔统者，成于郑玄。"[1]清代嘉道以后，今文学兴起，庄存与、刘逢禄、龚自珍、魏源等都是讲今文学的著名学者，但是，武断地指责刘歆作伪、把古文经传一概抹杀的，则是晚清的廖平和康有为。廖平作《今古学考》，有与康有为类似的辨伪看法，且其说早于康氏。

至于《四库全书总目》在辑佚方面的成就比较明显。编纂《四库全书》时，自《永乐大典》中辑出经部书七十三种，史部书四十三种，子部书一百零二种，集部书一百七十五种，共计三百九十二种，其中收入《四库》二百六十四种，存目一百二十八种[2]。

如果单就辑出散佚之古书而言，南宋至明已经有了很多辑佚书出现，这些书的范围很广，经史子集乃至小说、野史皆有，并不是出于某种明确的学术目的，有些甚至是出于书肆的需求。明人辑佚，大多不注明出处，故而受人诟病。清代汉学兴起后，人们对于辑录已经失传的汉代各家章句经说的兴趣大增，这使得辑佚被作为实现某种学术目的的必要手段。比如在《易》学方面，惠栋不满意王弼到宋儒的义理派《易》学，于是自唐李鼎祚《周易集解》中将汉代孟、京、郑、荀、虞诸家的遗说全部钩稽出

---

〔1〕 钱穆尝作《刘向歆父子年谱》，举二十八证证明刘歆没有伪造古文经传，推翻了康有为之说。

〔2〕 参见司马朝军《四库全书总目研究》，第385页。

来，作成《易汉学》、《周易述》等书，于是汉易之学大兴。惠栋弟子余萧客辑成《古经解钩沉》三十卷，也是志在复兴汉学。在《诗》学方面，汉代有鲁、齐、韩、毛四家，《毛诗》为古文，鲁、齐、韩三家为今文，郑玄为《毛诗》作笺之后，《毛诗》独行于世，而三家散失。清嘉道以后，三家《诗》的辑佚著作有冯登府《三家诗异文疏证》，陈寿祺、陈乔枞《三家诗遗说考》等，这些都促进了清代今文学的发展，至晚清，今文学遂成显学。清人的这些辑佚，都不是为了辑佚而辑佚，而是反映着汉宋之争、今古文之争的学术嬗变。

清人丛书型的辑佚著作很多，如任大椿《小学钩沉》、洪颐煊《经典集林》、王谟《汉魏遗书钞》、张澍《二酉堂丛书》、黄奭《汉学堂丛书》、马国瀚《玉函山房辑佚书》、王仁俊《玉函山房辑佚书续编》、《玉函山房辑佚书补编》、《经籍佚文》等等。其中马国瀚堪称清代辑佚第一人。马氏家藏既富，又十分勤奋，"广征博引，自群经著述、音义，旁及史传类书，片辞只字，罔弗搜辑"，据《山东通志》记载，道光刊本《玉函山房辑佚书》"分经史子三编，为类三十有三，经编十六类，凡四百五十二种；史编三类，凡八种；子编十四类，凡一百七十二种；共六百三十二种"[1]。就自古书中辑佚而言，清人做得非常彻底，此后不再有大型的辑佚丛书。

梁启超认为，清代辑佚之风起于惠栋等汉学家之治经，这一类的辑佚事关学术风尚之转移，故而有重要学术价值。至于一般性的辑佚，大多是资料性、工具性的，固有裨于学术，然毕竟只是抄书匠的作为。梁氏云："末流以此相矜尚，治经者现成的

---

〔1〕　转引自王重民《中国目录学史论丛》，第 309 页。

《三礼》郑注不读，而专讲些什么《尚书》、《论语》郑注，治史者现成之《后汉书》、《三国志》不读，而专讲些什么谢承、华峤、臧荣绪、何法盛，治诸子者现成几部子书不读，而专讲些什么伪妄的《鬻子》、《燕丹子》。若此之徒，真可谓本末倒置，大惑不解。善夫章实斋之言曰：'……今之俗儒，逐于时趋，误以掔续补苴足以尽天地之能事，幸而生后世也，如生秦火未毁以前，典籍具在，无事补辑，彼将无所用其学矣。'"〔1〕梁氏此一教诲，亦可供今日得楚汉残简数枚即高唱改写古代学术史者深思。

　　此外，一般讲到清代辑佚书，多会提及严可均辑《全上古三代秦汉三国六朝文》，该书罗列唐以前作家三千四百九十人的作品，可谓宏富惊人。笔者以为，尽管严氏此书中有很多辑佚的内容，但从体例来说，绝大多数文本并未残逸，只是散在各书中，故而不完全是辑佚书。严氏此书是踵武乾隆御纂之《全唐文》、《全唐诗》，严氏的动机是补全《全唐文》之前的所有文。经严氏之后，纂辑一代全文、全诗逐渐构成了一个历史系列，最早为严氏《全上古三代秦汉三国六朝文》，民国丁福保辑成《全上古三代秦汉三国六朝诗》与之相配；此后是清御纂之《全唐文》、《全唐诗》；当代学者已辑成《全宋文》、《全宋诗》，进一步延续了此前的传统。就目录学而论，或当在集部总集类别立全文、全诗二目以彰显之。

---

〔1〕　参见梁启超《中国近三百年学术史》，第270页。

第十四章

学中第一紧要事

——清人治学目录举要

一、明清目录学概观

自宋代雕版印刷术流行之后，书籍刊印的数量较之前代骤然增多，公私藏书两方面都有很大拓展。明代的各类目录书很多，比较著名的官修目录有杨士奇等奉敕编纂的《文渊阁书目》四卷，张萱等奉敕编纂的《内阁藏书目录》八卷；史志目录有焦竑撰《国史经籍志》六卷；著名的私家目录有叶盛《菉竹堂书目》六卷，高儒《百川书志》二十卷，范钦《天一阁藏书目录》，晁瑮《宝文堂书目》三卷，陈第《世善堂书目》二卷，赵琦美《脉望馆书目》，李如一《得月楼书目摘录》，祁承煠《澹生堂藏书目》十四卷，徐𤊻《红雨楼题跋》二卷，毛晋《汲古阁刻书目》，周弘祖《古今书刻》等等[1]。总体来看，明代的目录以基于私藏的私家目录为主，目录的编制往往因个人的需要或喜好而各具特色。目录中著录了许多明人著作，还著录了一些地方志、谱牒、野史、笔记、小说、戏曲、金石、艺术。明代目录尤其重视版本，涉及一些著名藏书家与藏书楼，对于考覈书籍之版

---

〔1〕 以上明代目录主要据长泽规矩也《中国版本目录学书籍解题》。

本源流，提供了十分重要的依据。但这些目录编制的质量大多不是很高，涉及学术史的提要目录更是稀见，所以本书不拟详述。

清初目录与明代目录有衔接关系，著名的藏书目录如毛扆《汲古阁珍藏秘本书目》一卷，钱谦益《绛云楼书目》四卷，钱曾《述古堂藏书目》四卷、《也是园藏书目》十卷，徐乾学《传是楼书目》四卷、《传是楼宋元本书目》，季振宜《季沧苇书目》等等，它们都是继承明录的，不过在质量上有很大提高。至清代中期之后，清录与明录已不可同日而语，不仅新编纂之目录数量上大增，且能考述版本，校勘同异，辨析源流，使其发展为一门学术。清代目录最有代表性、成就最高的是题跋目录。题跋目录可以说是过去解题目录的一个变种，清人每得一书，必详加考核，从版本源流、刻版年代、版式字数、刻工姓名、卷帙是否完全、传世异本情况，到著作大意与学术源流，都要做精细的研究，而研究的成果则以题跋、题识或读书记的形式记录下来，或汇成专书，或散在诸家文集当中，很多著名学者都喜欢写题跋，如钱大昕、陈鳣、孙星衍、江藩等等。这些题跋以手披目验为限，非亲眼所见不下断语，故而言之有据、内容征实，鲜明地反映出清人的治学特色。

清代的官修目录除了《四库全书总目》之外，还有于敏中、彭元瑞奉敕编纂的《天禄琳琅书目》十卷、《后编》二十卷。史志目录有黄虞稷《千顷堂书目》三十二卷，这部目录著录了有明一代及宋、辽、金、元四朝之书籍，后来之《明史·艺文志》据此而成[1]。著

---

〔1〕 据王重民先生考证，黄虞稷先成此书，后据此书撰成《明史艺文志稿》，此稿复经王鸿绪修改，最终成为《明史·艺文志》。参见《中国目录学史论丛》中的《千顷堂书目考》一文。

名的私家目录有孙星衍《孙氏祠堂书目》内编四卷外编三卷，黄丕烈《百宋一廛书目》、《士礼居藏书题跋记》六卷、《士礼居藏书题跋记续》二卷、《士礼居藏书题跋再记续》二卷、《荛园藏书题识》十卷，阮元《文选楼藏书记》六卷，张金吾《爱日精庐藏书志》三十六卷、《续志》四卷，汪士钟《艺芸书舍宋元本书目》，瞿镛《铁琴铜剑楼藏书目录》二十四卷，陆心源《皕宋楼藏书志》一百二十卷、《续志》四卷、《仪顾堂题跋》十六卷、《仪顾堂续跋》十六卷，丁丙《善本书室藏书志》四十卷，缪荃孙《艺风藏书记》八卷、《续记》八卷、《艺风藏书再续记》七卷，叶德辉《郋园读书志》十六卷，等等[1]。这些目录有的比较重学术，有的专记版本，有的则学术与版本兼论，为学者提供了进一步研究的指引。

　　除了上述官修目录与私家藏书目录之外，清代目录学还有几个重要特点值得注意。一是重视史志目录。自《汉书·艺文志》开创史志目录之后，正史一般都设有《艺文志》或《经籍志》以纪一代学术，但也有一些史书阙如，或者简陋不全，而清人则多方利用历代目录书、类书及史传材料为之一一补全，使诸史均有此志[2]。二是专科目录日渐增多，除了经史类有多种专科目录外，其他各类专科目录也出现了，比如戏曲目录，元钟嗣成《录鬼簿》是肇始，明代徐渭《南词叙录》、吕天成《曲品》、祁彪佳《远山堂曲品》、《远山堂剧品》相继而作，清黄文旸《曲海》则是收录自元至清戏曲的集大成目录，收录一千零一十三种。再比如清代梅文鼎作《勿庵历算书记》，是天文数学的专科目录；

---

〔1〕　以上清代目录亦据长泽规矩也《中国版本目录学书籍解题》。
〔2〕　参见本书第五章正史原有及补传艺文志表。

顾祖禹《方舆书目》、顾栋高《古今方舆书目》是地理学的专科目录；孙星衍《寰宇访碑录》是金石学的专科目录。三是产生了西书目录，明清之际，韩霖、张赓撰写的《道学家传》于各传教士下列其著译之书名，后来单行为《西士书目》，清末王韬重刊为《泰西著述考》。梁启超编《西学书目表》三卷、《附》一卷，著录明清之际西洋传教士和中国学者著译的西学书籍，以及近代通商以后翻译的西学书籍[1]。另外，唐宋以降，中国书籍流布朝鲜、日本的很多，晚清有识之士访书东瀛，杨守敬作《日本访书志》十六卷，开著录日本所藏汉籍目录书之先河[2]。

王鸣盛《十七史商榷》卷首云："目录之学，学中第一紧要事，必从此问途，方能得其门而入。"[3]目录之学是清人学问的根柢之一，是学者必须具备的入门基本功，未有不通版本目录而能在学术上有所成就者。洪亮吉尝云：

> 藏书家有数等：得一书必推求本原，是正缺失，是谓"考订家"，如钱少詹事大昕、戴吉士震诸人是也。次则辨其版片，注其错讹，是谓"校雠家"，如卢学士文弨、翁阁学方纲诸人是也。次则搜采异本，上则补石室金匮之遗亡，下可备通人博士之浏览，是谓"收藏家"，如鄞县范氏天一阁、钱塘吴氏之瓶花斋、昆山徐氏之传是楼诸家是也。次则弟求精本，独嗜宋椠，作者之旨意纵未尽窥，而刻书之年月最为

---

〔1〕 关于明清之际传教士著译书目，梁启超《中国近三百学术史》中有《明清之际耶稣会教士在中国者及其著述》一表；陈垣作《明末清初教士译著现存目录》；徐宗泽作《明清间耶稣会士译著提要》。另清末法国人费赖之作《在华耶稣会士列传及书目》，由冯承钧1938年译成中文。

〔2〕 明治时日本学者亦有目录学著作著录日本公私所藏汉籍，如森立之《经籍访古志》、岛田翰《古文旧书考》等。

〔3〕 王鸣盛《十七史商榷》卷一引。

深悉，是谓"鉴赏家"，如吴门黄主事丕烈、乌镇鲍处士廷
博诸人。又次则于旧家中落者，贱售其所藏，富室嗜书者，
要求其善价，眼别真赝，心知古今，闽本、蜀本一不得欺，
宋椠、元椠见而即识，是谓"掠贩家"，如吴门之钱景开、
陶五柳、湖州之施汉英诸书估是也。[1]

由洪氏之说可以概括出清人版本目录学的四个要件：一为有
搜求善本以窥其精（鉴赏），二为广聚群籍以资其博（收藏），三
为校勘同异以正其讹（校雠），四为推求本原以定其学（考订）。
这四个要件可以说是清人治学的共同基础，凡治学者，无不能访
求善本、校雠同异、博览群书、辨章学术，舍此不足以言学术。
至于识版本、别真赝的书贾之流，其目录也有一定参考价值，但
有裨于学术者不多。

基于本书目录学与学术史相结合的宗旨，我们对于那些以记
载藏书、访书及版本为主的目录不做过多措意，重点放在具有较
高学术史价值的提要目录、劝学目录和读书记上。清代最有学术
史价值的治学目录，当推朱彝尊《经义考》，其他如谢启昆《小
学考》、章学诚《史籍考》、钱曾《读书敏求记》、周中孚《郑堂
读书记》、李慈铭《越缦堂读书记》、龙启瑞《经籍举要》、张之
洞《书目答问》等等，也都非常重要，或记述版本，或评论群
籍，或指示治学门径，堪称学术津梁。

二、朱彝尊《经义考》

张之洞《书目答问》称朱彝尊《经义考》为目录书中的
"极要之书"，并把它从史部目录类升格到经部诸经目录文字音义

---

[1] 参见洪亮吉《北江诗话》卷三。

之属，可以说《经义考》在清初即为清代经学奠定了目录学基础，不由读此书入手，经学是无从谈起的。

《四库全书总目》著录朱彝尊《经义考》三百卷，提要云：

> 彝尊字锡鬯，号竹垞，秀水人。康熙己未荐举博学鸿词，召试授检讨，入直内廷。彝尊文章淹雅，初在布衣之内，已与王士禛声价相齐；博识多闻，学有根柢，复与顾炎武、阎若璩颉颃上下，凡所撰述，具有本原。是编统考历朝经义之目，初名《经义存亡考》，惟列存、亡二例。后分例曰存、曰阙、曰佚、曰未见，因改今名。凡御注敕撰一卷，易七十卷，书二十六卷，诗二十二卷，周礼十卷，仪礼八卷，礼记二十五卷，通礼四卷，乐一卷，春秋四十三卷，论语十一卷，孝经九卷，孟子六卷，尔雅二卷，群经十三卷，四书八卷，逸经三卷，毖纬五卷，拟经十三卷，承师五卷，宣讲、立学共一卷，刊石五卷，书壁、镂版、著录各一卷，通说四卷，家学、自述各一卷。其宣讲、立学、家学、自述三卷，皆有录无书，盖撰辑未竟也。每一书前，列撰人姓氏、书名卷数，其卷数有异同者，则注某书作几卷；次列存、佚、阙、未见字；次列原书序跋、诸儒论说及其人之爵里。彝尊有所考正者，即附列案语于末。……上下二千年间，元元本本，使传经源委，一一可稽，亦可以云详赡矣。

朱彝尊《经义考》的著作之意，大要有三。其一，清初学术从宋明义理之学渐转到复兴经学上，顾炎武"经学即理学"的主张风行于世，朱氏与亭林同出浙西，当预闻其说。朱氏在上明史馆总裁书中建议新修之《明史》当推翻《宋史》分设"道学传"与"儒林传"的做法，重新以一个"儒林传"统摄经术与性理，朱氏云：

六经者，治世之大法，致君尧舜之术不外是焉。学者从而修明之，传心之要，会极之理，范围曲成之道，未尝不备。故"儒林"足以包"道学"，"道学"不可以统"儒林"。夫多文之谓儒，特立之谓儒，以道得民之谓儒，区别古今之谓儒，通天地人之谓儒，儒之为义大矣！非有逊让于道学也。〔1〕

由此可见朱彝尊是清初复兴经学运动的主要推动者之一。

其二，朱彝尊尝自述著书之动机云：

见近日谭经者，局守一家之言，先儒遗编，失传者十九，因仿鄱阳马氏《经籍考》而推广之，自周讫今，各疏其大略，微言虽绝，大义间存。著《经义考》三百卷，分存、佚、阙、未见四门，于十四经外，附以逸经、毖纬、拟经、家学、承师、宣讲、立学、刊石、书壁、镂版、著录，而以通说终焉。〔2〕

所谓"近日谭经者，局守一家之言"，当指当世学者拘守程朱学派的五经传注，而不知汉唐以上的经学著作。朱彝尊、顾炎武都曾经批评过明初诏修的《五经大全》、《四书大全》，清初有识之士已弃之如敝屣，故由此类应科举、博利禄之书，恢复至宋元之经学，为第一步；而宋元经学又以程朱学派的传注为核心，其实是以注经的方式言义理，难称实学，故而要再进一步，恢复汉唐之经学。第一步已是公论，第二步才是清学之真正肇始。朱桂孙、朱稻孙谓朱氏"以经学宜本汉唐诸儒笺疏，以穷其源，乃集

〔1〕 参见朱彝尊《史馆上总裁第五书》，《曝书亭集》卷三十二。
〔2〕 参见朱彝尊《寄礼部韩尚书书》，《曝书亭集》卷三十三。

古今说经之书，掇其大义，稽其存佚，为《经义考》"〔1〕，可知朱氏不会仅因反感诸大全而作此书，应有更深一层用意。不过，如果说朱氏此书就是提倡汉学，也言之稍过。王国维说"国初之学大"，柳诒徵亦说"诸儒之学，其功夫皆在博学"，清初之儒无不以博学相尚，且均重视经学。清初经学尚无汉、宋之分，往往笼统言汉唐，其中虽有超越程朱之意，但还没有达到非议程朱的地步。

其三，朱彝尊虽作《经义考》，但并不专治经学，既不能像顾炎武那样为清代经学发凡起例，也没有比较专门的经学著作。张之洞《书目答问·姓名略》将朱氏互著在经学家、史学家、金石学家、古文家、诗家、词家，其学术之博通可想而知。但是，《经义考》对于清代经学乃至整个清代学术的影响非常之大。这个影响即是为清代经学奠定了坚实而广泛的目录学基础。很难设想如果没有朱氏此书，清代经学会如此蔚然成风。

《经义考》成书于康熙三十八年，至乾隆时颇受赏识，乾隆四十二年，清高宗亲制诗篇，题识卷首，命浙江巡抚三宝刊行，世以为荣。朱彝尊受乾隆赏识的原因之一，是其胸襟宽厚，不存门户之见，这是朱氏学问非常突出的一个特点。朱氏在经学上是不存汉、宋门户之见的，在史学、文学上亦然。朱氏入明史馆后，尝有七上总裁书，其中提到"东林多君子而不皆君子，异乎东林者亦不皆小人。作史者不可先存门户之见，而以同异分正、邪、贤、不肖"，世皆以为有识〔2〕。这种观点有利于平抑晚明以

〔1〕 朱桂孙、朱稻孙《皇清钦授征士郎日讲官起居注翰林院检讨祖考竹垞府君行述》，《广清碑传集》卷五。
〔2〕 参见《清代七百名人传》朱彝尊传，第1747页。

来的门户之争，故而受到清朝统治者的赞赏。朱氏编纂的《明诗综》，辑录有明一代诗人与诗作，也是不存门户之见，《四库全书总目》将之与钱谦益《列朝诗集》相比，认为钱谦益党同伐异，逞其恩怨，颠倒是非，无复公论；而朱彝尊所论持平，于旧人私憎私爱之谈多所匡正，故此钱书渐灭，而朱书大行。

余嘉锡曾经指出，《四库全书总目》最精善的经部提要钞撮与参考《经义考》者颇多[1]，故在某种意义上说，《经义考》除了自身流通之外，又经由《四库全书总目》扩展了影响的范围。后世订正《经义考》或受其影响而续作的著作很多，最著名的订正之作是翁方纲《经义考补证》十二卷，受其影响而作类似目录的，则是谢启昆《小学考》与章学诚《史籍考》。

谢启昆《小学考》五十卷，由谢启昆主纂，胡虔、陈鳣参与其事。朱彝尊的《经义考》仅录《尔雅》而不涉及其他小学书，而清儒向以小学为经学之根基，故翁方纲等学者均以《经义考》有缺憾，谢氏此作，正是要补足这个缺憾。《小学考》是《经义考》的续作，在体例上也完全遵循朱书的体例。《小学考》也按存、阙、佚、未见四类著录，分敕撰二卷、训诂六卷、文字二十卷、声韵十六卷、音义六卷，共收书一千一百八十种。朱书成于康熙三十八年，谢书成于嘉庆初[2]，中间的一百年正是清代小学最兴盛的时代，而谢书拘泥于不著录现存之人的体例，致使很多重要著作失载。

由章学诚主纂的《史籍考》不是补《经义考》，而是受《经

---

[1]　参见余嘉锡《四库提要辨证》序录，第49页，中华书局，1980年。

[2]　嘉庆二十一年树经堂刊本，有嘉庆三年钱大昕序，谢氏殁于嘉庆七年，故书成当在嘉庆初。

义考》的影响，仿照《经义考》体例而试图全面整理历代史学著作的大型专科目录。这部目录的编写颇费周章，最初是由毕沅主事，章学诚做了发凡起例的工作，确定了体例与分类，著名学者如洪亮吉、武亿、凌廷堪、胡虔等参与修纂，完成初稿十之七八；其后转由谢启昆主事，章、胡及钱大昭、陈鳣、袁钧、张彦曾等参与修纂，粗成书稿五百余卷；再后来由潘锡恩主事，许翰、刘毓崧、包慎言、吕贤基等参与修纂，写成定稿三百卷[1]。可惜这部包含了章学诚及其他十几位学者之数十年心血、本可以与《经义考》比肩的巨作，后来罹太平天国之难，书稿毁于大火，最终未能问世刊行。

三、钱曾《读书敏求记》

钱曾，字遵王，自号也是翁，述古堂主人。清初得父亲钱裔肃家传藏书，并在钱谦益绛云楼罹火之后，尽得绛云楼残存的图书，钱氏自己也大肆购求抄录书籍，所藏多宋、元以来的珍贵善本。钱曾根据自己的家藏，先后编写了《述古堂书目》、《也是园书目》两部书目，前者著录图书二千二百余种，后者著录图书三千八百余种，其私人收藏之富可想而知。钱曾又在自己家藏中精选了善本图书六百三十四种，一一撰写提要，乃成《读书敏求记》四卷，开以读书记著录善本之先例。《四库全书总目》云：

> 此书皆载其最佳之本，手所题识，仿佛欧阳修《集古录》之意。凡分经、史、子、集四目。经之支有六：曰礼乐，曰字学，曰韵书，曰书，曰数书，曰小学。史之支有十：曰时令，曰器用，曰食经，曰种艺，曰豢养，曰传记，

---

[1] 参见张宗友《〈经义考〉研究》，第249~250页，中华书局，2009年。

日谱牒，日科第，日地理舆图，日别志。子之支有二十：日杂家，日农家，日兵家，日天文，日五行，日六壬，日奇门，日历法，日卜筮，日星命，日相法，日宅经，日葬书，日医家，日针灸，日本草方书，日伤寒，日摄生，日艺术，日类家。集之支有四：日诗集，日总集，日诗文评，日词。

《读书敏求记》在分类上受所选善本的局限，很难照顾全面，为六百余部书分出了四十类，亦难免琐碎之讥。从体例上说，《读书敏求记》是提要目录，其提要涉及两个方面，既有关于书籍版本方面的记述，也有对于作者、内容的评论。而其之所以在有清一代影响巨大，主要是其在版本学上的贡献。其关于书籍的纸张、版式、行款、字体、刀法、墨色、刻时、刻地、刻工、印记等等的记述，准确地描述了书籍的外部形态，而识别祖本、子本、原版、翻刻、修补等等，则层次分明地辨析了版本源流，钱氏所使用的术语，亦成为行业的通行用语。可以说，《读书敏求记》为清代版本学确立了学术典范，后世的版本学无不从中获益。钱氏既开风气，后世学者多重视书籍版本之研究，善本书目与题跋记随之大量出现。

钱曾自谓"生平所嗜，以宋椠本为最"，对宋本的偏好是清代藏书家的共同趣味，其意义不仅在于好古赏鉴，亦大有裨于学术研究。宋代是雕版印刷之滥觞时期，纸印书籍往往以宋本为最早，且质量最佳，流传少而弥足珍贵，而后的元、明刻本，往往以宋本为版本源头，是据宋本而来的，故而无论收藏还是校勘古籍，必先问其有无宋本，若以宋本为校勘底本，则版本源流完整才有可能成为精校之本。

至于《读书敏求记》关于书籍的内部考证，如作者与内容等方面的评论，以及书籍之分类，则相对粗疏一些。《四库全书总目》评论云：

> 其分别门目，多不甚可解……编列失次者，尤不一而
> 足。其中解题，大略多论缮写刊刻之工拙，于考证不甚留
> 意。……然其述授受之源流，究缮刻之同异，见闻既博，辨
> 别尤精。但以版本而论，亦可谓之赏鉴家矣。

不过，从另一个角度说，钱氏的版本成果其实也是有资于考证的，《读书敏求记》是《四库全书总目》引述最多的目录书之一，提要作者每每引用钱氏的版本成果佐成其考证。清人治学总是要先讲求版本，治学不讲版本，被指斥为自欺欺人。由版本而言校勘，由校勘而言考证，版本、校勘与考证交互为用，三者是很难截然分开的。就此而言，钱曾的影响不限于目录版本之学，而是广及整个清代学术，这一点是值得揭明的。

四、周中孚《郑堂读书记》

周中孚，字信之，别字郑堂，浙江乌程人。戴望谓周氏"幼有孝行，力于学，见四库书提要，谓为学之途径在是，于是遍求诸史艺文志，考自汉迄唐存佚诸各书，以备搜辑古籍"〔1〕。也就是说，周氏的入门基础是目录学，曾经全面研读过《四库全书总目》与历代艺文志，因此通目录之学。嘉庆二十一年至二十五年，上海李筼嘉延请周中孚整理家藏书，周氏因此撰成《慈云楼藏书志》，后又对《藏书志》原稿有所修改，乃成《郑堂读书志》，二者实为一书，稍加改易而已〔2〕。有学者以为，《郑堂读

---

〔1〕 参见戴望《外王父周先生述》，《郑堂读书记》卷首。
〔2〕 参见黄曙辉、印晓峰整理《郑堂读书记》之出版说明，上海书店出版社，2009 年。

书记》是周氏研究《四库全书总目》与历代艺文志的成果〔1〕，这在时间上是不对的，应该是先后两事，周氏先因研究《四库全书总目》与历代艺文志而有精通目录之名，而后始被李氏慕名延聘整理藏书。另一个常见的看法是说《郑堂读书记》是周氏就平生所见之书写成的，这也是误解，《郑堂读书记》既是从《慈云楼藏书志》而出的，显然也是根据李氏的家藏撰成的。《郑堂读书记》正编七十一卷、补逸三十卷，著录书籍四千七百六十二种，都是李氏慈云楼的藏书〔2〕。

《郑堂读书记》受《四库全书总目》的影响很大，其分类大致沿用了《四库全书》的分类体系。其经部的分类看上去比较乱，以孝经类居首，其次是五经通义，然后是礼、乐、诗、书、四书、小学，共八类，其中礼类书最多，阙易类，小学类中也只有韵书。在后来的补逸中增加了易类，小学类中增加了训诂书和字书，但都不甚多。经部的这种混乱很可能是受李氏慈云楼藏书的局限，也就是说慈云楼可能收藏孝经类、礼类的书比较多，收藏易类、小学类的书比较少。另如集部的书也非常少，只寥寥两卷，且均为清朝作品，补逸也没有再增加，这显然也是因为慈云楼本来就未致力于收藏集部书，不是周氏任意去取。尽管存在着多寡不均的情况，李氏慈云楼的藏书还是颇为全面的，故而可以完整地套用《四库》的分类。

《郑堂读书记》中有大量书是与《四库全书》重复的，四千

<hr>

〔1〕长则规矩也《中国版本目录学书籍解题》谓郑堂"平生最爱读《四库提要》，搜诸史之艺文志而成者即为此书"，此说不确，研读《总目》和历代艺文志是早年之学，整理慈云楼藏书则在中年以后。

〔2〕1932年吴兴丛书刊本《郑堂读书记》为七十一卷；1940年商务印书馆国学基本丛书将吴兴丛书本排印时，复自嘉业堂所藏《慈云楼藏书志》稿本六十卷中辑出《郑堂读书记》所阙之书，为补逸三十卷。

七百余种书中，与《四库》相重的书达两千八百余种，《四库》未收的书一千九百余种，其中清人著作有近千种，乾隆及嘉、道两朝的著作有六百七十余种。基于这一事实，我们评价《郑堂读书记》必须分两部分：一是就两千八百余种与《四库》相重的书来说，周氏的提要相较《四库》的提要有什么异同优劣；二是就《四库》未收的一千九百余种书来说，周氏的提要有什么价值。

后世称誉《郑堂读书记》是《四库全书总目》的续编，如果就其中包含了《四库》未收的一千九百多种书，特别是包含了《四库》之后的清人著作而言，《郑堂读书记》补充和接续了《四库》，故而的确可当续编之誉。但是，如果就二书提要的整体学术水平来看，《郑堂读书记》较之《四库全书总目》有很大差距。首先，对比二书相重书的提要，《郑堂读书记》加注了版本，这一点是比《四库全书总目》更完善的。不过，周氏所注版本，只是根据李氏慈云楼藏本，并不是为每种书注上所知的精善之本，版本质量与其他补注《四库全书总目》版本的书，如邵懿辰《增订四库简明目录标注》、莫友芝《郘亭知见传本书目》相比差得很远。其次，《郑堂读书记》在提要中系统说明了每种书在《汉书·艺文志》、《隋书·经籍志》等史志以及《郡斋读书志》、《直斋书录解题》、《文献通考·经籍考》、《经义考》、《四库全书总目》等等历代重要目录中的著录情况，这的确是一项长处。《四库全书总目》也有类似的说明，但是显然不如《郑堂读书记》作为一项体例做得全面彻底。撰写提要一般都需要说明历代目录的著录情况，由此才能辨析源流，这一点周氏做得非常好。再次，《郑堂读书记》没有类序，只有各书之提要，因为后出于《总目》，故而提要中有很多订正《总目》的地方，也有大段照录《总目》的地方。这些都是对比二书能很清楚地看出来的。

尽管如此，我仍认为《郑堂读书记》与《四库全书总目》相比有很大差距，理由不完全在这些表面的问题上，主要是总体的学术精神改变了。周氏与纪昀及四库馆臣们相比，学力、才气、见识都不及远甚。《总目》的作者们是在清代学术正处上升之势的康乾之世，而周氏作《郑堂读书记》时已是清学衰落的道咸之世。道光之后，除了今文学渐盛而开一新局之外，沿乾嘉而下的考据学则日渐衰落。一者说学者沿用乾嘉之治学条理而没有新变，集成多而独创少；二者说这时的学术已渐入窠臼，不必大才，受学于诂经精舍数年，既可成专家，其学多钞撮旧书，调和各家异见，考据上已难于精审，乏于识断，更不要说抉发义理了。周氏处在这样的时代，自然也有这样的局限，其提要之作，不像四库馆臣那样学识过人，有鲜明的个人观点，敢于纵横捭阖，敢下断语，敢于表达爱憎，而是中规中矩，客观平实，引据清楚，尽量采用通说，不持门户之见。此外，在《四库全书》之后，出现了很多由公卿大吏主持修纂的大型图书，集合众人之力，按照统一的体例而成书，这样的官撰之书与单一作者的个人撰述大异其趣，它追求调和公允，多采通说共识，达到一种可谓之"公共知识"的效果，使书中内容的适用性尽量大，被接受的面尽量宽。周氏参与过阮元主持的《经籍纂诂》编纂工作，对于这种官撰书的写法应该比较熟悉，当受其影响，故而《郑堂读书记》虽是私撰，却颇有官撰之风。

不过，尽管我认为《郑堂读书记》是道咸之学术产物，与康乾之《四库全书总目》相比有很大差距，然则对于初学者来说，《郑堂读书记》甚至是比《总目》更好用的目录书，不仅因其收书多于《总目》，其规矩平实、言之有据的学风，以及保存通说共识的特点，也恰好有利于初学者由之奠定纯正的学术根基，不致误入歧途。所以说，不妨将《总目》与《郑堂读书记》参照阅读，当有很大收获。

五、李慈铭《越缦堂读书记》

李慈铭，字炁伯，号莼客，所居曰越缦堂，绍兴人。《清史稿·文苑传》云："慈铭为文沉博绝丽，诗尤工，自成一家。性狷介，又口多雌黄。服其学者好之，憎其口者恶之。日有课记，每读一书，必求其所蓄之深浅、致力之先后而评骘之，务得其当，后进翕然大服。"李氏最著名的是以日记的方式为学，一生记有日记数十册，时间长达三十余年。日记中既有生活记录、朝野见闻、掌故议论，又有大量的读书治学笔记，这使得《越缦堂日记》不仅有晚清史料价值，还有很高的学术价值。近人云龙从《越缦堂日记》中辑录出其中的读书札记，有对于近千种古籍的评议，乃成《越缦堂读书记》一书[1]。

《越缦堂读书记》是辑出的，并不是独立的著作。即便就辑出的形态来看，它也算不上典型的目录学著作，目录书的基本要件多不具备，既没有分类，也没有类序，书的范围也随读书所至为限，而不是按照某一指导原则进行系统取舍，无论用官藏、私藏、史志、专科哪一种名目去套它，都不适合。《越缦堂读书记》只是一部读书札记的汇集而已，读到哪一书就记录哪一书，随心得多寡，有详有略，不拘一格，札记中涉及书的作者、内容、版

---

〔1〕 据上海书店出版社出版的《越缦堂读书记》（2000年）之内容提要，云龙原辑本由商务印书馆1959年出版，其中缺少咸丰二年至同治二年的日记，分类采用哲学思想、政治、社会经济、历史、地理等十二类，上海书店此版则据原日记补充了缺少的部分，并按照传统的四部分类法重新编排。

本，而辨析相关之学术源流尤为精当。从写法来说，这些札记类似于提要，又不完全合乎提要的惯例，所以说，只能姑且以提要目录视之。如果将《越缦堂读书记》与《郑堂读书记》相比，目录学成就当然远不及后者，甚至无从比起，但就其中所蕴含的学术见解而言，则又是《郑堂读书记》难以望其项背的。

《越缦堂读书记》的主要价值有两方面，一方面，在某种意义上说，李慈铭的读书记提供了一个完整个案，可以使我们了解一个晚清学者、高级文士所具有的精神修养、学识的范围与深度，可谓一个人的精神史。关于这一点超出了目录学的范围，本书姑置勿论。另一方面，李氏超越了传统提要对于书籍的揭示与考证，深入到学术内部，有些札记直接介入了学术争论，篇幅稍长者可以独立为学术文章。李氏亦是晚清有名的藏书家[1]，其所藏之书，尤以清人著作为多，相应的《越缦堂读书记》中关于清人的学术评论亦最为鞭辟入里，因时代接近，感受真切，其实就是一部当代的学术史。

略举两例，以观察李慈铭关于历代书籍之评论，以及有关古今学术之见地。首先一例是关于《宋元学案》与《明儒学案》的札记。黄宗羲、全祖望的这两部《学案》乃是研究宋明理学的必读书，也是整个中国学术史不可缺少的重要环节。但是，清儒因崇尚汉学，排斥宋学，于此二书似乎不是很重视，《四库全书总目》史部传记类著录了《明儒学案》，而无《宋元学案》，可能未得其稿本。《明儒学案》提要批评黄宗羲虽能辨析明代诸儒的

---

〔1〕　李氏越缦堂藏书后归国家图书馆，总计八百余种。李氏藏书的特点是多当时新刻之书，没有一部宋元旧椠，明刻本也不多，而清人著述占很大比例，约五百五十余种。李氏除作读书记外，还喜欢在所读书上批注，手批手校之书达二百余种，王利器辑成《越缦堂读书简端记》、《越缦堂读书简端记续编》。

源流分合，但未免于门户之余风。《郑堂读书记》也是只收了《明儒学案》，其提要更是照录《总目》，没有新见。李慈铭则于此二书用功很深，数年之间有日记七则，有的日记篇幅很长，学术性很强。李氏对于两《学案》，首先说明了其成书过程，《明儒学案》是黄宗羲一人所撰，日记中谓"南雷于此书用力甚勤，诚有明一代道学之囊括"，"梨洲于王氏一家之学，扶同抑异，翼教后先，可谓尽心"。《宋元学案》则是黄宗羲未竟稿，由全祖望续成，主要工作是由谢山完成的，李氏云：

> 谢山于此书致力甚深，其节录诸家语录文集，皆能择其精要，所附录者，剪裁尤具苦心，或参互以见其人，或节录以存其概，使纯疵不掩，本末咸晐，真奇书也。梨洲原本不过十之三四，其子末史（百家）所续亦属寥寥，然起例发凡，大纲已具，谢山以颛门之学，极力成之，故较《明儒学案》倍为可观。……谢山所撰序录八十九首，犀分烛照，要言不烦，宋儒升降原流，大略皆具，学者尤不可以不读。[1]

对于《宋元学案》中包含的两宋学术源流，《明儒学案》中包含的明代至清初的学术源流，李氏都做了比较深入的揭示和评议。关于两宋学术，李氏推崇朱子，以朱子为核心，上至北宋诸子，下至南宋的朱陆异同，都有所讨论，如以朱陆"鹅湖之会"为"南宋道学离合之会，亦千古学术分合之机"，抓住了关节点，颇显卓识。关于明代学术，李氏推崇王阳明，认为"阳明治身治事，万无可议"，而对于王门后学，则大加抨击，指责他们有不学之过，且将禅宗混入儒学，使圣学不醇。这是清人对明末思想

---

[1] 参见《越缦堂读书记》，第468页。

很典型的看法〔1〕。李氏对于整个学术史的发展脉络有一个很别
致的看法，他认为传周、孔、曾、孟之道统者，首先是汉儒，尤
以郑玄为集大成者；郑玄之后，魏晋玄学和禅宗兴盛，但都是旁
门而非正宗，直到北宋诸子和朱子才重新接续了儒家的道统；以
鹅湖之会为转机，南宋时道学又衍生出一个旁门心学，就心学而
言，陆、王都是好的，到阳明之后则逐渐败坏；明末心学泛滥，
学者放纵，西洋基督教乘机传入并广泛流行〔2〕。这一学术史脉
络将中国学术的几大方面都包括了，年代自古迄今，且有盛有
衰，有正有奇，富于变化，颇有启发性，包含了一个中国思想史
的胚胎。

再举一例是读魏源《古微堂集》札记，魏源是晚清今文学的
代表，李氏借此对于晚清今文学有系统之评论：

> 自道光以来，经学之书充栋，诸儒考订之密，无以复
加，于是一二心思才智之士，苦其繁富，穷年莫殚，又自知
必不能过之，乃刭为西汉之说，谓微言大义，汩于东京以
后，张皇幽眇，恣肆妄言，攻击康成，土苴冲远，力诋乾隆
诸大儒，以为章句饾饤名物繁碎，散精神于无用，甚至内外
祸乱，酿成于汉学，实则自便空疏，景附一二古书，寱语醉
謷，欺诬愚俗。其所尊者《逸周书》、《竹书纪年》、《春秋
繁露》、《尚书大传》，或断烂丛残，或悠谬无征，以为此七
十子之真传，三代先秦之古谊。复搜求乾嘉诸儒所辑之古
《易》注、今文《尚书》说、三家《诗》考，攘而秘之，以

---

〔1〕　清儒对于晚明王学基本持否定态度，至 20 世纪以后始有扭转，现代学
者多对泰州学派等积极肯定，认为他们是中国历史上的早期启蒙思潮。
〔2〕　参见《越缦堂读书记》，第 477 页。

为此微言大义所在也。又本武进庄氏存与之说，力尊《公羊》，扶翼《解诂》，卑《穀梁》为舆皂，比《左氏》于盗贼，盖几于非圣无法，病狂丧心。而所看之书不过十余部，所治之经不过三四种，较之宋学者尚须守五子之语录，辨朱陆之异同，用力尤简，得名尤易。此人心学术之大变，至今尤未已。

这样的评论当然也有一定的根据，基本上是晚清今文学发展的实情，可以见出李氏对于当时的今文学是非常了解的，但无可否认的是，李氏的个人好恶色彩太浓厚了，今文学在晚清学术史上的贡献被粗暴地抹煞了，故只是一家之言。李氏崇尚乾嘉之学，虽然贬低晚清今文学，倒也不属于对立的晚清古文学的阵营，这也反映了李氏不逐时流的独立精神。也许李氏之所以喜欢以日记方式治学，就是为了使自己在表达一家之言时更方便自由。

此外，李慈铭精于史学，《越缦堂读书记》中仅关于《汉书》的札记就多达三十余条，对于其他正史、野史的评论更是多不胜举。王重民将《越缦堂日记》中有关史学的部分辑成《越缦堂读史札记》三十卷，可以供人专门研究李氏的史学。作为晚清著名的文学家，李慈铭在文学与艺术方面既有创作，又有独到之思想，《读书记》中已有很多关于各家文集、诗集、诗文评以及艺术类的札记，《日记》中尚有很多关于诗文与艺术品鉴的札记有待辑录，如果将这些有关文学艺术方面的札记汇辑出来并做专门研究，或许可以为李慈铭在晚清文学史、艺术史上争得一席之地。

六、龙启瑞《经籍举要》

在充分征集图书、尽力达到完全性的收藏的情况下，通过对图书进行分类与著录体现出整个传统或一个断代的学术的源流与格局，这一目标在古代是可以达到的。到了近代之后，因为出版书籍的种类与数量的激增，完全性的收藏很难实现，加之大量新增图书很少甚至没有什么学术价值，通过全面的目录工作来反映学术的源流与格局不再是明智之举。要达成这一传统目标，只能是由学者先做去粗取精、去伪存真的汰选工作，然后作成基于某一特殊目的的推荐性目录。劝学目录就是这样一种目录。清代的劝学目录大多是由国家管理教育的官员制定的，用于劝导书院或社会其他领域的读书人的目录。劝学目录的作者于其心目中一定有一个理想的学术蓝图，按照这个学术蓝图推荐图书，由此造就理想的人材。这样的目录与其隶属于目录学，不如隶属于教育学更能体现其价值。

龙启瑞的《经籍举要》就是一部典型的劝学目录。龙氏于道光二十七年"提督湖北学政，湖北人士知礼尚文，启瑞专以根柢之学振之，著《经籍举要》一书，以示学者"[1]。道光二十八年刊行。龙氏从经、史、子、集四部中精选出学子必读之书一百七十余种，略作按语，说明其价值或读书之法；复于四部之外，设立"约束身心之书"、"扩充学识之书"、"博通经籍之书"、"文字音韵之书"、"诗古文词之书"、"场屋应试之书"六类，计四十余种，也是精选推荐。龙氏以为"今日欲振兴文教，当先于博文上用功，有博通淹雅之才，而后得敦厚笃实之士，有敦厚笃实之士，而后可得经纬卓绝之人"[2]，"博通淹雅"是首要的，龙氏作《经籍举要》的目的是使学子能够通过读精选的必读之书尽快

---

〔1〕 参见《清代七百名人传》龙启瑞传，第1670页。
〔2〕 参见龙启瑞《复邵蕙西书》，《经德堂文集》卷五。

达到"博通淹雅"，龙氏说："所举各书皆于诸生有益，所宜置之案头以备观览，其为目多而不繁，简而不漏。由此扩而充之，可进于博通淹雅之域，即守此勿失，亦不至为乡曲固陋之士。"[1]

所谓"以根柢之学振之"，乃指提倡经史之学，将以救学子急功近利于科举时文之弊。龙氏云："根柢之学，全在经史之中，经史既明，则酝酿深厚焉。"重视经史之学，是有清一代书院教育的一个重要特点。据《清通考》记载，雍正十一年，诏各直省皆建书院，封疆大吏等并有化导士子之责，各宜殚心奉行，黜浮崇实，以广国家菁莪棫朴之化。雍正时，鄂尔泰主滇，有《征滇士入书院敕》，鄂尔泰要求在书院设立图书馆，收藏历代书籍，供学子阅读，并指示读书之法，当以经为主，史副之[2]。可见自清代前期始，经史之学已被当作书院教育的基础，书院的学子首先要打好经史根基，才能进一步修养成完善的人格，也才能进

---

〔1〕 参见龙启瑞《经籍举要》后识，《丛书集成》本。

〔2〕 鄂尔泰《征滇士入书院敕》云："读书之法，经为主，史副之。《四书》本经、《孝经》，此童而习之者。此外，则先之以《五经》，其次如《左传》之淹博，《公》、《穀》之精微，《仪礼》之谨严，《周礼》之广大，《尔雅》辨晰毫芒，大至无外，而细入无间。此十三经者，阙其一，即如手足之不备，而不可成人者也。至于史，则先《史记》，次《前汉书》，次《后汉书》，此三史者，亦缺一不可。读本纪，可以知一代兴衰之由；读年表、世家，可以知大臣创业立功之所由；读列传，可以知人臣邪正公私，即以关系国家得失利害之分；读忠孝、节义、隐逸、儒林、文学、方伎等传，可以知各成其德，各精其业，以各造其极，而得其或显当时，或传后世之故；读匈奴、大宛、南夷、西域诸传，可以知安内攘外、柔远绥边，恩威各得其用；读天官、历律、五行诸书志，可以观天，并可以知天人相感之原；读河渠、地理、沟洫、郡国诸书志，可以察地，而并可以知险要之机；读礼乐、郊祀、仪卫、舆服等书志，可以知典礼掌故之因革，而有所参订；读艺文、经籍等志，可以知七略、九种、四部、六库等著作之源流，而有所考稽；读平准、食货诸书志，可以知出入取予、制度谨度之大要，而有所规鉴；读刑法、兵营等志，可以知赏罚、征伐、惩恶、劝善、立功之大法，而有所折衷。此读史之大要也。"鄂尔泰这段话是清初书院重视经史教育之明证，且可视为龙启瑞之先驱，尤详于论读三史之法，最适合与下引龙氏论读十三经之法合看，故引录之。

一步发挥为经世致用之学。这一点可以说是国家的教育方针，龙氏之《经籍举要》与此一脉相承。龙氏在《十三经注疏》下云：

> 右十三经，乃学问文章之根柢，必须精熟贯通，异日立身行事，读书作文，处处方有把握。然学者才智敏钝不同，兼习原非易事，莫若随其性之所近，量力专习一经。一经既毕，乃及他经。果能融会贯通，则一经亦自可发名成业。汉世诸儒，多以专门名家。昔人教子弟，各执一艺，亦此意也。至读经之法，陈文恭公《豫章书院学约》云："先将正文熟读精思，从容详味，然后及于传注，然后及于诸家之说。平心静气，以求其解，毋执己见，以违古训，毋傍旧说，以昧新知。本经既通，乃及他经，如未能通，不必他及。"此数语诚为切要。又读书原所以明理，使我之身心，受其约束，我之立身行事，胥有范围。程子曰："今人不会读书，如读《论语》，未读时是此等人，读了后又只是此等人，便是不会读书。"诸生于此处尤当加意用功。学问所以变化气质，果能潜心体玩，则自己有不肖性质，犹将愧悔悚惕，陶镕改换；安有口诵圣贤之言，而身蹈顽嚚之行？纵他人以读书人待我，我能不愧于心？立身一败，万事瓦解，虽淹博如戴圣、马融，讵能解免乎？此尤穷经之士所宜知也。

龙氏的这段话，既是专门指示读经之法，也可以说是全书的主旨所在，读其他书也当仿效读经之法，行己有耻，博以学文。当时各省学政皆有指导学子读书之责，按鄂尔泰、龙氏的作为推测，各省书院可能都有类似的劝学书目与读书之法，只是或者没有刊刻，或者没有龙书有名，故而湮没无闻。光绪七年，袁昶增订重刻《经籍举要》，在《跋》中称赞龙氏"用意平实，教人宜行，持之有故，言之成理。俾上质约旨而逾明，不致驰骛无涯之

智；中村㦬守而可跂，亦不至喧喧姝姝，墨守一先生之言。往复
董劝，良工苦心。推知先生居官不苟，力求称学政之职，亦可以
风世矣"。

七、张之洞《书目答问》

张之洞，字孝达，号香涛，直隶南皮人。张氏于同治十二年
出任四川学政，奏请设立尊经书院，择郡邑之秀者肄业其中，聘
名儒教授，书院的章程均为张氏手定。又撰《𬨎轩语》、《书目答
问》用以教导学生。光绪二十四年，张氏又刊布《劝学篇》，该
书之教育思想与《𬨎轩语》、《书目答问》相一贯，并明确提出
"旧学为体，西学为用"之说。《书目答问》为张之洞主撰，幕下
缪荃孙等参与其事。书成风行于世，于初学固不论，上自学者，
下至书贾，无不奉为读书、购书之指南，多次翻刻，并有叶德
辉、江人度、范希增等人的校补本。

从目录学的角度看，《书目答问》是古典目录学的最后一部
杰作，它精选了自先秦至清末——完整的古代历史——的二千二
百余种书籍，并做系统之分类和说明，藉此清晰地揭示了传统学
术的源流与格局。

《书目答问》在目录学上有独特的贡献。首先，在书籍的种
类上补充和更新了《四库全书》的著录。《书目答问·略例》云：

> 此编所录，其原书为修《四库》时所未有者十之三四，
> 《四库》虽有其书而校本注本晚出者十之七八。

这中间最重要的是补充了《四库》之后新出的清人著作，使
著录的下限延伸到清末。在全部二千二百余种书籍中，清人著作
超过一千余种，加上附录的《国朝著述诸家姓名略》，能全面、
准确地反映有清一代之学术。

　　其次，《书目答问》的分类沿自《四库全书》的四部分类法，总体上没有多少变化，只是在四部之外别立丛书部，亦可视为五部分类法，略有新意。《书目答问》在各部的类属上有非常出色的调整。比如子部将周秦诸子合为一类，居子部之首，凸显先秦诸子的地位，并使之呈现出一个整体面貌，汉代以后的诸子书，则按《四库》分为儒家、兵家、法家、农家、医家、天文算法、术数、艺术、杂家、小说家、释道家、类书等类。部类下面的子目也调整得比较合理，如儒家类的书籍历来难以处理，首先经部基本上是儒家书，《四库》设立四书类又分出一部分儒家书，到了子部的儒家类，所剩都是相对不重要的儒家书了，先秦大儒惟余《荀子》。《书目答问》对这个问题解决得比较好，《荀子》被改入到周秦诸子类，尽管看上去是把《荀子》放在儒家之外了，但从学术发展的大势看，恰恰是提升了《荀子》的地位。晚清对于先秦诸子的研究日渐兴盛，先秦诸子开始被当作一个思想整体加以研究，就连《论语》、《孟子》也走下神龛，加入到先秦诸子的行列。《书目答问》将汉代以后的儒家书，分为议论经济之属、理学之属（专书、汇集书）、考订之属三大类，并且说明一些书籍别见于他类的情况。

　　再如子部天文算法类，《书目答问》先作概述："算法与推步事多相涉，今合录。推步须凭实测，地理须凭目验，此两家之学，皆今胜于古。今日算学家习中法者，以《算学启蒙》、《九章细草图说》、《九数通考》、《四元玉鉴》为要，间习西法者，以《数理精蕴》、《梅氏丛书》、新译《数学启蒙》、《代数术》、新译十三卷《几何原本》为要。"本着中西两法并行、今胜于古的原则，《书目答问》将天文算法类的书分为中法、西法、兼用中西法三个小类，明清两代的著名数学著作，包括翻译的西人著作，都有著录。

再比如集部，对于清朝各家的著录是《书目答问》的优长之一，所著录的文集不仅有《四库》之后的，还有一些是《四库》未见或未收的，比如明清之际著名思想家王夫之的《薑斋文集》十卷、《诗集》十卷、《船山遗书》三百二十四卷得以著录。此外，《书目答问》对于清代的文集采取分类著录，分理学家集、考订家集、国朝不立宗派古文家集、桐城派古文家集、阳湖派古文家集、骈体文家集、诗家集、词家集，这样的分类较之仅按年代排列，更能辨章源流。自六朝集部兴起，一直以诗文为主，唐宋以后集部的内容渐杂，不能以文学概之，《书目答问》的做法等于为集部立下了新条例，原来集部不收的经、史、诸子文章，也堂而皇之地占有一席之地。集部既是"文章之衡鉴"，又是"著作之渊薮"。

再次，在浩如烟海的古代典籍中精选出两千多种，就像是沙里淘金，非有对传统学术的广博的了解与精审的学术眼光者莫办。在这个方面，《书目答问》在古今目录中堪称出类拔萃。其择优汰劣的原则大致有以下几点：一是存真去伪，凡是经考证确定为伪书者，不录。二是尊家法，学无家法者不录，如《诗》家与四家诗不合者，不录，《春秋》家与三传皆不合者，不录。三是贵醇黜杂，如《易》家杂道家言者，不录，《书》家不知今、古文之别者，不录。四是贵正黜偏，经学首重正经正注，史学首重正史，以为根本，其他各种经史考订之作，则为资粮；疑经者不录，有意攻驳古注者不录，偏僻者不录，淆杂者不录，孤本难见者不录。五是贵实黜虚，崇尚实学，摒斥向壁虚造，如《三礼》家不考礼制、空言礼意者，不录，元明人讲《说文》者，多变古臆说，不录。六是古今得宜，晚出转精，经史之学虽然尚古，但除正经正注之外，历代注疏以及小学、考据，以清人为极，故多取清人著作，宋、元、明人则从略。子部书亦首选"近古及实用者"，至于天文、地理之学，更是今胜于古。

复次，甄选善本。《书目答问·略例》云："读书不知要领，劳而无功，知某书宜读而不得精校精注本，事倍功半。"张之洞关于善本的看法，注重实用，以利于读书为目的，与流行的观念颇有不同。张氏以为，善本不是"旧椠旧钞偶一有之，无从购求者"，亦非"纸白版新之谓"，善本乃是"有前辈通人用古刻数本，精校细勘，不伪不阙之本也"。以此为原则，《书目答问》所著录的善本多是清人精校精注之本，都是最有利于读书的。而那些藏书家以为珍宝、世人难得一窥之宋元旧椠，恰恰在不录的范围。为了求书的方便，《书目答问》标注的版本多是丛书本，张氏云："丛书最便学者，为其一部之中，可该群籍，蒐残存佚，为功尤钜。欲多读古书，非买丛书不可。"这样的善本，不是收藏家讲究的善本，而是读书家讲究的善本。

由上述可知，《书目答问》在目录学上的贡献，足以使其在目录学史上占有一席之地。然而笔者以为，《书目答问》的价值远非目录学所能完全包容。长期以来，《书目答问》在晚清历史变局中的独特意义没有得到阐发。有的学者以为这部目录只是供初学者使用的，有的以为这只是一部指导封建科考的推荐书目。稍好一些的评价，由于其著录的清人著作较之《四库全书总目》更全面，所以称其为清代学术的总结性书目。这些评价并非没有道理，但是着眼的层次过低了。

要恰当地评价《书目答问》，必须结合晚清的历史剧变、张之洞在这段历史中的独特作用，以及张氏《劝学篇》中的思想综合来看。自道光始，中国全面处在西方的冲击之下，换一种和缓的说法，中国与西方的"共同历史"由此拉开了序幕。如张之洞所言，当时的中国面临着"保国、保教、保种"之重大问题。而张之洞给出的回答，一言以蔽之："中学为体，西学为用。"这一核心观念也贯彻到张之洞的教育思想中。张氏认为，新的方案必须兼及中学、西学两个方面，如张之洞在上奏中说的：

> 至于立学宗旨，无论何等学堂，均以忠孝为本，以中国经史之学为基，俾学生心术，一归于纯正；而后以西学瀹其智识，练其艺能，务其他日成材，各适实用。以仰副国家造就通材、慎防流弊之意。[1]

过去的学生用全部精力学习中学，而现在要一分为二，一半心智用于中学，一半心智用于西学，唯一的办法就是对中学进行简约，以便腾出足够的精力来学习西学。清初以来，学者一直以博雅相尚，但在清末的新形势下，只能改为由博返约。张之洞云：

> 今日四部之书汗牛充栋，老死不能遍观而尽识。即以经而论，古言古义，隐奥难明，讹舛莫定，后师群儒之说解，纷纭百出，大率有确解定论者不过十五而已。沧海横流，外侮洊至，不讲新学则势不行，兼讲旧学则力不给。……今欲存中学，必自守约始，守约必自破除门面始。爰举中学各门求约之法，条列于后。损之又损，义主救世，以致用当务为贵，不以稗见洽闻为贤。[2]

可以说《书目答问》就是对四部之书进行简约的结果，它是一种整体的简约，不是切割式的简约，所以虽然经过了简约，中

---

[1] 参见《清代七百名人传》张之洞传，第639页。
[2] 参见张之洞《劝学篇·守约第八》，上海书店，2002年。

学的传统格局未被破坏，中国文化的基本精神也没有被改变，相反收到了一种去伪存真、去粗取精的功效。

在对传统学术进行简约的过程中，有两点至关重要，一是宗经，张之洞云："道光以来，学人喜以纬书、佛书讲经学；光绪以来，学人尤喜治周秦诸子。"[1]这些都有可能产生流弊，"学老者病痿痹，学余子者病发狂"，所以应该尽量摒弃。二是会通，张之洞并不保守，他主张中西会通，"中学为内学，西学为外学，中学治身心，西学应世事"，不知西学则有自塞、自欺、自扰之害[2]。从《书目答问》来看，张氏的会通原则在中学内部也有贯彻，清代学术中的汉宋之争、今古之争，都通过简约而得到了很好的调和。总的来说，张氏的守约、宗经、会通三个观念可以结合在一起看，守约不是完全实用性的、功利化的，它有一个主脑，就是宗经，这个主脑不变，中国文化的基本精神就不会变；守约也不是自闭，守约的同时讲会通，就不会退缩到拘守门户或排斥西学的堡垒中，而是保持着开放的、与时俱进的态势。

有一点值得注意，张之洞《书目答问》所体现的这种经过简约，或者说经过提炼的中国学术的精华体系，即是后来所谓"国学"的滥觞，它相对完整地维系了中国传统学术的固有分野、传承与精神，进行了最后的精简与提炼，是中国传统学术的精华版。张之洞希望这个精华版的"国学"能有效地灌输到受教育者的有限的知识范围中，它所要起的是一种保障作用，即保障受教育者有此修养之后，即便接受西学也能牢固地站稳立场，使自己不失为中国之国民，不失为为中国文化所化之中国人。没有西学

---

〔1〕　参见张之洞《劝学篇·宗经第五》。
〔2〕　参见张之洞《劝学篇·会通第十三》。

也就无所谓"国学"，近现代的"国学"乃为抵御西学而产生，在文化保守主义者看来，"国学"是国家与民族的象征，其意识形态性大于其学术性。由《书目答问》所体现的即是这样一种时代性很强的"国学"，它并不是以研究与著述为目的的一般学术，不是对于旧学的延续，而是晚清维新教育的必要组成部分，也就是在中、西学合璧的维新教育中足以保持中国主体性的中学部分。对中国传统学术的非常专精的研究与著述，不在张之洞划定的范围内，这些专精的学问并非没有必要，只是它与张之洞"保国、保教、保种"的教育理想不侔。换句话说，通过读《书目答问》成为一个旧学专家是远远不够的，即便从入门的意义上说，《书目答问》也不是为了这样一个目的编纂的，甚至恰恰相反，其目的是要破除旧学的"门面"，使年轻学子从旧学的深潭中解脱出来，腾出必要的精力来学习西学。

不过，就《书目答问》中蕴含着某种特殊的"国学"理念这一点来说，可谓晚清为应对西学而制定的第一份也是最后一份"国学"的蓝图。因为在不久之后，中国教育就全面引入了西方的学科分类体制。1902年张百熙主持制定的《钦定京师大学堂章程》的"大学分科门目表"，分政治、文学、格致、农业、工艺、商务、医术七科，文学科下又分经学、史学、理学、诸子学、掌故学、词章学、外国语言文字学七个门。这一分科体制后经数次调整，到民国蔡元培主持北京大学之时，北大全面仿效西方大学的体制，1919年的《国立北京大学内部组织章程》规定北大设立十八系：数学系、天文系、物理系、化学系、地质学系、生物学系、哲学系、心理学系、教育学系、中国文学系、英国文学系、法国文学系、德国文学系、俄国文学系、史学系、经济学系、政治学系、法律学系。

　　显而易见，张之洞既是中学的保护者，又是西学的引入者。而在他之后，中学、西学之间的微妙平衡被打破了，即便是中学也被切成断片重新纳入西学的学科体制中。至此中国传统学术的全体大用，在西方学科分类体制的分割之下，被彻底瓦解了。在某种意义上说，处在传统与现代的转折点上的《书目答问》，也可以被视为整个中国古典目录学史的收官之作。

余　论

　　"目录之书"同时也是"学术之史"，通过目录可以"辨章学术，考镜源流"，这是中国古典目录学的一个传统特质。本书的主旨即在通过分析从刘向、刘歆《七略》到张之洞《书目答问》的古典目录学，揭示中国传统学术的源流与格局。在我们使用古典目录学这个名称时，意味着我们能够在古典目录学与现代目录学之间可以做出明确的区分。通常认为，所谓古典目录学，是指自汉代至清末的传统目录，有固有学术文献及佛藏、道藏三大系统，体制上则包括分类、序与提要诸项，重视书籍的内容；而现代目录学始于近代洋务运动中的西学书目以及清末公共图书馆的书目，体制上则引入了西式按学科或索引方式的分类法，与中国固有的分类法相糅杂，由重书籍的内容，渐转为重视书籍的外部标识与形式。

　　设想我们面对着自古以来的成千上万卷的书籍，分别用古典目录学的方式和现代目录学的方式制作两部目录，这两部目录形式上的不同是一目了然的，而内在性质上又有什么差异呢？我们会发现，古典目录与其中所包含的传统学术是一致的，目录的格局和学术的格局是基本相重的；而现代目录则使这些书籍分别隶属于各种现代学术，这些现代学术基本上是按照近代以来引入的西方学科体制划分的，从中已看不出传统学术的原貌。所以说，文献、目录与学术是否合一，是甄别古典目录与现代目录的本质特征。

古典目录学所呈现的学术格局，并不仅仅是对于既有书籍从内容上进行归纳的结果，它的确以归纳为基础，但同时也是目录制定者或其时代的学术理想的体现。一部成功的目录有实的一面，就像是对一座城市的既有道路的描绘，同时也有虚的一面，就像是在既有道路的基础上又加上理应如此的规划，所以它既是对既有文献与学术史的总结，又提供了一幅未来学术发展的蓝图。

在学术史的视野中，古典目录所显示的是一个传统的整体图景，在这个图景中的各种学术既有自己的位置，又可以相互会通。就像仪仗队中的某个士兵，无论玩出怎样的花样，他都能意识到他在队列中的位置，并得到队列的衬托。如果没有这样一个图景，或者不在这个图景的衬托下，一个学者的工作将陷入孤立无援的困境，得不到传统的支持。在这个意义上说，学者治学的必要前提之一，就在于使其工作能够合理地嵌入传统的整体图景之中。

另一方面，按照郑樵的看法，古典目录在进行文献分类的同时，可以区划出各种专门之学，因此在某种意义上说，古典目录的分类，也是中国传统学术的学科分类。在一个源远流长且独立完整的文化传统中，学术或者学科的分类是在历史中客观形成的，尽管有政治、意识形态或者著名学者个人的影响，但整个过程是水到渠成的自然过程，因此这样的分类也可以称作中国传统学术的自然分野。

古典目录所显示的这样一个中国传统学术的整体图景，或者说自然分野，在近代以后被突然打破了。现代中国学术是按照西方的学科体制重新建构的，其基本结构是分为人文科学、社会科学和自然科学三大类，而后各类再细分学科：人文科学下分语言学、哲学、文学、历史学、考古学诸学科；社会科学下分政治学、经济学、法律学、社会学、教育学诸学科；自然科学下分数学、物理学、化学、生物学、天文学、地质学等等更多的学科。以与中国传统文化相关度最大的人文科学为例，传统的经史子集被切分到文、史、哲三个学科中了，因此全面反映经、史、子、集的古典目录学，难免被视为屠龙之技，不切实用；新的目录学大多是与某一学科紧密结合的，如文学文献目录学、历史文献目录学和哲学文献目录学。学科的分类越细，相关的目录学也越专门，越实用。这种新的分科目录学著作早已多得不胜枚举，而古典目录学则基本变成了历史研究的对象。

现代学科体制对于 20 世纪中国学术的发展有极大的促进作用，这一点毋庸置疑。同样，它所带来的消极的影响也是难以否认的。当代的学者已逐渐认识到，来自西方的现代学科体制并不完全适应中国传统学术，或者说这种学科划分与中国传统学术的固有分野并不完全吻合，因此要重兴"国学"，首先必须进行的一项工作，就是使被文、史、哲等学科切割开的传统学术回复到自身的统一，而这一工作最好的着手点即是重建古典目录学。

基于类似的目标，本书的用意不是要写一本标准的中国古典目录学著作，也不是写一本标准的中国古代学术史著作，它有意牺牲了学术的既有规条，采取了一种灵活的居间策略，尽力使古典目录学和传统学术史二者能够互相发明、互为补充，彰显出二者共同的部分，也就是传统学术的源流与格局。

上述做法还有另一层含义，就作为现代学科之一的目录学来说，从古典目录学到现代目录学，就像古代由七略到四部一样，已经是一条不可返回的路。在今天的目录学领域恢复古典目录学似乎没有太大的学术意义。而本书主张的重建古典目录学，也是希望在传统学术史的领域为其保留一席之地，以使目录、文献与学术三位一体的基本格局得以保全。正是在这个意义上，称本书所关涉的古典目录学为"作为基础学术史的古典目录学"可能是比较恰当的。希望通过重建这样的"作为基础学术史的古典目录学"，可以摆脱现代学科体制的局限，恢复中国传统学术固有的自然分野，为原本完整统一而现在却要在支离破碎的废墟上重建的"国学"奠定一个真实的基础。

主要参考书目

《刘向歆父子年谱》，钱穆著，《古史辨》第五册，上海古籍出版社，
　　1982年

《汉书艺文志讲疏》，顾实讲疏，上海古籍出版社，1987年

《汉书艺文志注释汇编》，陈国庆编，中华书局，1983年

《〈汉书·艺文志〉研究源流考》，傅荣贤著，黄山书社，2007年

《刘咸炘论目录学》，刘咸炘著，上海科学技术文献出版社，2008年

《目录学》，姚名达著，《民国丛书》第一编第47册，上海书店

《中国目录学史》，姚名达著，《民国丛书》第一编第47册，上海书店

《中国目录学年表》，姚名达著，《民国丛书》第一编第47册，上海书店

《目录学研究》，汪辟疆著，《民国丛书》第二编第51册，上海书店

《目录学概论》，刘纪泽著，《民国丛书》第二编第51册，上海书店

《目录学发微》（含《古书通例》），余嘉锡著，中国人民大学出版社，
　　2004年

《中国目录学史论集》，王重民著，中华书局，1984年

《中国目录学史稿》，吕绍虞著，安徽教育出版社，1984年

《古典目录学》，来新夏著，中华书局，1991年

《古籍目录与中国古代学术研究》，高路明著，江苏古籍出版社，1997年

《中国目录学思想史》，余庆蓉、王晋卿著，湖南教育出版社，1998年

《中国历代图书著录文选》，袁咏秋、曾季光主编，北京大学出版社，

　　　　1997 年

《三目类序释评》，李致忠释评，北京图书馆出版社，2002 年

《四库全书总目研究》，司马朝军著，社会科学文献出版社，2004 年

《古今典籍聚散考》，陈登原著，《民国丛书》第二编第 50 册，上海书店

《中国文献学概要》，郑鹤声、郑鹤春著，《民国丛书》第二编第 51 册，
　　　上海书店

《王欣夫说文献学》，王欣夫撰，上海古籍出版社，2000 年

《古文献学四讲》，黄永年著，鹭江出版社，2003 年

《中国文献学》，张舜徽著，华中师范大学出版社，2004 年

《中国古代史籍校读法》，张舜徽著，上海古籍出版社，1962 年

《文献学论著辑要》，张舜徽选编，陕西人民出版社，1985 年

《中国古典文献学》，吴枫著，齐鲁书社，2005 年

《中国古文献学史》（上下），孙钦善著，中华书局，1994 年

《中国历史文献学述要》，曾贻芬、崔文印著，商务印书馆，2000 年

《中国历代藏书史》，徐凌志主编，江西人民出版社，2004 年

《中国古代书籍史》，李致忠著，文物出版社，1985 年

《典籍志》，李致忠、周少川、张木早撰，上海人民出版社，1998 年

《中国学术史著作提要》，张林川、周春健，崇文书局，2005 年

《中国史学史》，金毓黻著，商务印书馆，1957 年

《经学历史》，皮锡瑞著，中华书局，1959 年

《诸子学述》，罗焌著，商务印书馆，1935 年

《国学概论》，章太炎著，上海古籍出版社，1997 年

《国学概论》，钱穆著，商务印书馆，1997 年

《论中国学术思想变迁之大势》，梁启超著，上海古籍出版社，2001 年

《中国学术史讲话》，杨东莼著，东方出版社，1996 年

《中国传统学术史》，卢钟锋著，河南人民出版社，1998 年

《中国学术史》，张国刚、乔治忠等著，东方出版中心，2002 年

《中国宗教通史》，牟钟鉴、张践著，中国社会科学出版社，2000年

《中国佛教》（共四辑），中国佛教协会编，知识出版社，1980年

《中国佛教研究史》，梁启超著，上海三联书店，1988年

《大藏经总目提要》（文史藏），陈士强著，上海古籍出版社，2008年

《道藏与佛藏》，胡孚琛、方广锠著，新华出版社，1993年

《中国道教史》（共四卷），卿希泰主编，四川人民出版社，1988、1992、
　　1993、1996年

《道教》（共三卷），〔日〕福井康顺、山琦宏、木村英一、酒井忠夫监
　　修，上海古籍出版社，1990、1992年

《道藏源流考》，陈国符著，中华书局，1963年

《道经总论》，朱越利著，辽宁教育出版社，1991年

《道藏分类解题》，朱越利著，华夏出版社，1996年

《道藏书目提要》，潘雨廷著，上海古籍出版社，2003年

《道藏提要》（第三次修订版），任继愈主编，中国社会科学出版社，
　　2005年